한나
아렌트와
교육

우리의 세계에
새로움을 더하다

한나
아렌트와
교육

초판 1쇄 인쇄 2025년 1월 7일
초판 1쇄 발행 2025년 1월 14일

엮은이 모르데하이 고든
옮긴이 조나영
펴낸이 김승희
펴낸곳 도서출판 살림터

기획 정광일
편집 조현주·송승호·이희연
북디자인 꼬리별

인쇄·제본 (주)신화프린팅
종이 (주)명동지류

주소 서울시 양천구 목동동로 293, 2215-1호
전화 02-3141-6553
팩스 02-3141-6555
출판등록 2008년 3월 18일 제313-1990-12호
이메일 gwang80@hanmail.net
블로그 http://blog.naver.com/dkffk1020
한국교육연구네트워크 www.kednetwork.or.kr

Hannah Arendt and Education: Renewing Our Common World by Mordechai Gordon
Copyright © 2001 Taylor & Francis
All Rights Reserved
Korean translation © 2025 Sallimter Publishing Co.
Authorized translation from the English language edition published by Routledge,
a member of the Taylor & Francis Group LLC
Korean translation rights arranged with Taylor & Francis Group LLC through Orange Agency

ISBN 979-11-5930-310-4 93370

한나 아렌트와 교육

우리의 세계에 새로움을 더하다

모르데하이 고든 엮음 | 조나영 옮김

Hannah Arendt and Education Renewing Our Common World

살림터

내 딸 줄리아

그리고

우리의 세계를 새롭게 할 수 있도록 도움을 준

가브리엘라를 위해

추천의 말

맥신 그린(Maxine Greene)

교육철학을 가르치기 시작하면서부터 연구 주제와 내용을 떠올릴 때마다 나는 한나 아렌트의 글에서 영감을 얻었다. 사실 이전에 내가 심취해 있었던 연구 주제는 존 듀이John Dewey의 사상 일부와 어떤 근본적이고 존재론적인 것, 그리고 그중에서도 모리스 메를로 퐁티Maurice Merleau Ponty의 사상과 얽혀 있는 것들이었다. 하지만 아렌트의 사유와 사유 부재의 개념, 결정의 순간에 '잠시 멈추어 생각하는 일'의 중요성, 그리고 공적 공간에서 이루어지는 행위와 인간의 자유와의 관련성을 통해 나는 '공통세계common world'와 교육에 대한 좀 더 확장된 시각을 계속해서 유지할 수 있었다. 이런 측면에서 이 책은 깊은 의미와 다양한 관점을 제시해 준다. 편집자가 분명히 밝힌 것처럼, 지금까지 아렌트의 교육과 정치의 관계를 다룬 책은 없었다. 아렌트의 탄생성, 전통과 권위 그리고 전문대학과 종합대학에서 일어나고 있는 일들과 관련해서도 그렇다.

이 책에 수록된 깊이 있고 때론 비판적인 글들을 읽으면서, 한나 아렌트의 《의지의 역사History of the Will》 수업에 참여했었던 때가 떠올랐다. 아렌트가 칠판에 키케로Cicero의 인용문을 쓰고, 이어서 그것과 도스토옙스키Dostoyevsky, 포크너Faulkner를 자유롭게 연결했던 일도 기억난다. 종종 우리는 고든 박사가 전통이라고 묘사한 것들, 곧 "단절

추천의 말 7

과 균열로 가득한 일련의 혁신, 그리고 젊은이들이 재창조할 수 있는 것"으로 여겨지는 것들이 실현되는 것을 목격하기도 했다. 교육에서 전통의 개념과 그것의 함축적 의미를 숙고하면서, 『과거와 미래 사이 *Between Past and Future*』에 실린 글들 가운데 교육을 다룬 장에서 아렌트가 제시한 결론 부분을 되새겨 보고자 한다.

> 교육은 우리가 세계를 위해 책임을 질 만큼 세계를 사랑할지, 같은 이유로 [세계에 대한] 경신更新 없이, 새로움과 젊은이의 도래 없이는 파멸을 피할 수 없는 세계를 구할지를 결정하는 지점이다. 아울러, 교육은 우리가 아이들을 세계에서 내쫓아 그들이 제멋대로 살게 내버려 두지 않고, 새로운 어떤 것, 우리가 예측할 수 없는 어떤 것을 할 수 있는 기회를 그들에게서 빼앗지 않으며, 아이들이 공통세계를 새롭게 하는 역할을 맡을 수 있도록 미리 준비시킬 정도로 그들을 사랑할지를 결정하는 것이기도 하다.CE, 196

내가 볼 때, 이 책은 위 인용문에 담긴 다양한 의미를 탐구한 첫 번째 저작일지도 모른다. 저자들 역시 그들의 탐구 과정에서 확인한 아렌트 사상의 '비판적'이고 보수적인 측면을 분명히 논하고 있다. 이로써 독자들도 '어두운 시대'든 아니든, 오늘날 교육 안에 존재하는 긴장과 희망에 대한 나름의 더 명확한 비전을 지니게 될 것이다.

이 책은 아렌트 연구를 위한 다양한 길을 열어 줄 것이다. 모르데하이 고든과 저자들은 가르치고 배우는 일이 무엇을 의미하는지에 대해 우리가 이야기할 수 있도록 새롭고 중요한 지점들을 제시해 준다.

감사의 말

먼저, 이 책을 작업하는 동안 인내심과 훌륭한 통찰력을 보여 주었으며, 전폭적인 지지를 아끼지 않았던 사라 워너Sarah Warner, 캐서린 머피Catherine Murphy, 웨스트뷰Westview 출판사 편집자인 캐서린 챈들러Katharine Chandler에게 감사를 표한다. 또한 이 책의 모든 저자에게도 고마움을 전한다. 킴벌리 커티스Kimberley Curtis, 에두아르도 두아르테Eduardo Duarte, 피터 유벤Peter Euben, 맥신 그린Maxine Greene, 제롬 콘Jerome Kohn, 앤 레인Ann Lane, 나타샤 레빈슨Natasha Levinson, 아론 슈츠Aaron Schutz, 스테이시 스미스Stacy Smith, 그리고 엘리자베스 영 브륄Elisabeth Young-Bruehl. 그들의 헌신과 노력 없었다면 이 책은 출간될 수 없었을 것이다. 마지막으로, 이 책을 작업하는 내내 신뢰와 응원을 보내며 논평을 맡아 준 나의 멋진 친구이자 편집자인 조 킨첼로Joe Kincheloe와 셜리 스테인버그Shirley Steinberg에게도 감사의 마음을 전한다.

편집자 서문

모르데하이 고든(Mordechai Gordon)

최근 한나 아렌트의 생애와 작품에 대한 관심이 새롭게 전개되고
있다. 칼 야스퍼스karl Jaspers, 마르틴 하이데거Martin Heidegger, 메리
맥카시Mary McCarthy와 아렌트가 주고받은 편지가 세 권의 책으로 출
간되면서, 불과 몇 년 사이에 우리는 사상가로 부상한 아렌트는 물론,
그녀의 삶에 대해서도 깊이 이해할 수 있게 되었다. 게다가 아렌트가
정치이론, 윤리학, 페미니즘 분야에 공헌한 바를 충실히 다룬, 흥미로
운 선집이 근래에 여러 권 출간되기도 했다. 하지만 아렌트에 대한 관
심이 새롭게 제기되었음에도, 교육이론과 실천에 대한 그녀의 통찰력
과 그 중요성에 대해서는 중점적으로 논의되고 있지 않다. 아렌트에
관한 문헌들을 검토한 결과, 아렌트 사상의 교육적 함의를 다룬 글들
은 찾아보기 어려웠다. 『한나 아렌트와 교육: 우리의 세계에 새로움을
더하다Hannah Arendt and Education: Renewing Our Common World』는
우리가 간과해 왔던 아렌트 사상의 교육 논의에 대한 요청에 부응하
기 위해 쓰인 첫 번째 책이다.

이 책에서 일관되게 다뤄진 핵심 주제 중 하나는 아렌트의 교육사
상에 관한 진지한 고찰과 그에 대한 비판적 접근이다. 가령, 이 책의
저자들은 정치와 교육이 서로 분리되어야만 하는 아주 다른 두 개의
영역이라는 아렌트의 견해에 이의를 제기한다. 다만, 저자들은 정치적

인 것과 교육적인 것에 대한 아렌트의 구분이 논란의 여지가 많다는 점을 인정하면서도, 우리에게 교육과 정치의 여러 관계를 재고하게 해주었다는 점에서 이러한 구분이 중요하다는 것 또한 인식하고 있다. 이런 의미에서 저자들은 "아렌트의 의견에 동의하면서, 아렌트에 반反하여 생각하는 것"[1]을 제안한 세일라 벤하비브Seyla Benhabib의 선례를 따른다. 특히, '민주주의 교육', '참여 교육학', '다문화 교육', '이데올로기와 교육과정'과 같은 주제에 관심이 있는 학자들, 교육자들, 교육행정가들은 이 책에 수록된 글에서 활발하게 논의된 점들을 깊이 이해할 수 있을 것이다.

정치와 교육의 관련성을 분석하고자 했던 대부분의 학자들은 이 문제를 '비판적이고 혁명적인' 관점에서 접근한다. 이에 비판이론가, 페미니스트, 급진적 교육자, 소수 지식인과 그 외의 사람들은 미국의 정치, 경제 및 문화 권력이 교육 체계 전반에 영향을 미치는 방식을 밝혀냈다. 그뿐만 아니라, 이들은 대표적인 커리큘럼과 새로운 교수법에서부터 근본적으로 상이한 학교 설립과 운영 방식에 이르기까지 교육에 대한 대안적인 방법들을 제안하기도 했다. 이들이 이렇게 의견 일치를 보이는 이유는 미국의 교육 시스템이 젠더, 인종, 계층 그리고 여타의 부조리들을 영속시키고 강화한다고 믿기 때문이다. 이들은 우리가 교육에 관해 생각하고 실천하는 방식을 혁신적으로 바꿔야만 이 엄청난 불의와 '야만적인 불평등'을 바로잡을 수 있다고 주장한다.

물론 이 책에 실린 논문들이 대체로 비판적-혁명적 전통에 동조하는 내용을 담고 있긴 하지만, 저자 중 다수는 정치와 교육의 관계를 좀 더 자세히 검토해야 한다는 입장을 취하고 있다. 따라서 이 책의 모든 글을 관통하는 또 하나의 주요한 맥락은 한나 아렌트가 교육적

---

1. Scyla Benhabib, "Judgment and the Moral Foundation of politics in Arendt's Thought", *Political Theory*, vol. 16, no. 1 (February 1988): 31.

전환을 통해 민주적 시민의식과 사회 정의의 가치를 신장시킬 수 있도록 비판적 전통을 강조하는 독특한 의견을 제시하고 있다는 믿음과 관련이 있다. 아렌트는 주류 보수주의자나 비판이론가와는 다른 방식으로 우리에게 과거와 전통에 대한 교육자와의 관계를 개념화하는 방식을 알려 준다. 주류 보수주의자들은 과거와 전통을 무비판적으로 바라보며, 서구 문화의 관념과 가치를 우리가 현재 봉착한 어려움을 완화하는 데 활용할 수 있는 지식의 끝없는 원천으로 여긴다. 보수주의자들은 학생들이 이러한 사상과 가치를 수용하고 따를 수 있도록 그들에게 이를 서서히 주입하는 것을 교육의 목적으로 삼아야 한다고 생각한다.[2]

진보적인 이론가들과 교육자들은 과거와 전통을 지배 논리에 귀속시키면서 계속해서 그것에 반대하는 입장을 취해 왔다. 이러한 관점에서 볼 때, 서구의 정전canon은 우리 사회에서 지배 집단의 이익에 기여하고 있다. 왜냐하면 그것은 피지배 집단의 지식과 경험을 배제하고 부당하게 취급하며, 지배 집단의 가치를 정당화하는 데 계속 활용되어 왔기 때문이다. 이러한 입장은 학교가 재생산과 통치 기관으로 기능한다는 가정에 근거한다. 이러한 측면에서 전통과 과거는 해방의 가치와는 무관한 부정적이고 억압적인 힘으로 여겨진다.[3]

아렌트는 주류 보수주의자들의 의견에 반대하며, 전통이 한 세대를 다음 세대로 이어지게 하며 인류 문명을 통합하고 그것에 의미를 부여하는 하나의 술기라고 여기지 않는다. 그리고 과거와 전통을 지배 논리와 결부시켜 급진적으로 다루지도 않는다. 아렌트에게 전통은 단절과 균열 그리고 젊은이들이 재창조해 낼 수 있는 것들로 넘치는 일

---

2. 교육에서의 권위에 대한 보수주의자들의 주된 입장은 이 책의 2장에 실린 논문에 자세히 설명되어 있다.
3. Stanley Aronowitz and Henry A. Giroux, *Education Still Under Siege*, 2nd ed. (Westport, CT: Bergin & Garvey, 1993), pp. 135-158.

련의 혁신으로 여겨져야만 하는 것이다. 그녀의 관점에서, 우리의 과제는 전통과 과거와의 유대를 되살리는 것이 아니다. 오히려 우리의 임무는 변화를 겪으면서도, 다른 형태로 현재를 저지하고, 비판하며, 바꿀 수 있는 그러한 관념과 가치를 알아내는 것이다. 과거와 현재 사이의 틈을 메우기 위해서 이러한 관념과 가치를 활용하려는 주류 보수주의자들과 달리, 아렌트는 새로운 시작new beginning을 위해 그 관념과 가치가 쓰이길 바란다. 게다가 아렌트는 이러한 전통을 비판적으로 그리고 부정적으로만 바라보는 다수의 급진적인 이론가들에게 반대하면서, 학생들이 과거와 전통을 통해 변화를 일으키고 새로운 어떤 것을 창조할 수 있도록 함으로써 해방 교육학을 발전시킬 수 있다고 주장한다. 따라서 이 책의 저자들은 과거와 전통을 개념화하는 아렌트의 독특한 방식이 진지하게 다루어져야 할 민주주의 사회의 교육을 위해 중요한 의미들을 함축하고 있다고 생각한다. 이 의미들 가운데 상당 부분을 이어지는 논문들에서 살펴볼 것이다.

세 번째로 이 책에서 중점적으로 다뤄진 가장 중요하고 일관된 주제는 시민교육이자 민주주의 교육이다. 이 책의 모든 글은 민주주의 교육의 목적, 다문화주의의 중요성, 인종 갈등과 긴장의 극복, 그리고 비판적이고 능동적인 시민을 양성하는 방법 등의 시민에 관한 문제와 관련이 있다. 이 책의 저자 중 다수는 미국에서 사회 문제에 무관심한 정도는 심각한 수준이며, 이러한 상태를 극복하기 위해 교육이 중요한 역할을 한다는 데 두 가지 기본 가정을 세우고 있다. 분명, 저자들은 미국 시민의 절반도 안 되는 이들에게만 대통령 선거 투표권이 있고, 사회 문제에 참여하는 이들 역시 거의 없으며, 빈부 격차와 폭력 문화가 점점 극심해지고 있는데도 공적 담론과 시민 행위의 문화가 전무하다는 점에서 민주주의 사회가 위태롭다는 데 의견 일치를 보인다. 조 킨첼로Joe Kincheloe에 따르면, 사회는 "끊임없이 특권을 가진 사람들에게 특권을 부여하며, 소외된 사람들을 소외시킨다".[4] 저자들은 여기에 제시된 한나 아렌트의 통찰이 민주주의 사회에서의 시민교육과 교육의 역할에 대해 현재 진행 중인 논의에 크게 기여하리라고 생각한다.

흥미롭게도, 아렌트는 교육학자가 아니며 교육 문제에 관한 글도 거의 쓰지 않았다. 하지만, 그녀는 자신의 작품에서 민주주의 사회와 실질적으로 관련이 있는 정치적 개념-탄생성natality, 행위action, 자유freedom, 평등equality, 공적 영역public space, 그리고 복수성plurality-들을 광범위하게 다루고 있다. 사실, 이 책의 첫 네 개의 장에서 저자들은 민주주의 사회의 교육에 대한 여러 논쟁과 밀접한 관련이 있는 아렌트의 네 개념을 중점적으로 다룬다. 1장에서 나타샤 레빈슨Natasha Levinson은 다문화 교육과 인종차별 반대 교육에 임하는 우리가 인종 간의 차이에 대해 대화를 나누려 할 때 우리 자신과 학생들이 직면하게 되는 불가피하고 부정할 수 없는 좌절을 그들에게 교육한다는 점에서 탄생성의 조건이 지닌 문제들을 살핀다. 탄생성, 혹은 새로움이 들어설 수 있다는 가능성에 점점 더 회의적인 세상에서 예상치 못한 일을 시작하는 능력으로서의 정치적 행위는 아렌트 사상에서 가장 중요한 개념이다. 「탄생성의 역설: 늦음 가운데 가르치기The Paradox of Natality: Teaching in the Midst of Belatedness」라는 논문에서 레빈슨은 아렌트가 『인간의 조건The Human Condition』에서 정치적 행위를 가능하게 하는 조건들을 광범위하게 연구한 것과 함께 「교육의 위기The Crisis in Education」에서도 다루고 있는 탄생성의 역설을 강조한다. 또한 이 논문에서 레빈슨은 탄생성을 반대하고 사회 변화의 가

---

4. "The Foundations of a Democratic Educational Psychology", in *Rethinking Intelligence: Confronting Psycholigical Assumptions About Teaching and Learning*, ed. Joe L. Kincheloe, Shirley R. Steinberg, and Leila E. Villaverde (New York: Routledge, 1999), p. 3.

능성을 가로막는 늙음과 복수성의 조건들도 고찰한다. 그녀는 탄생성 개념이 우리가 인종 간의 차이를 초월한 대화를 시도하는 데 따르는 많은 어려움을 좀 더 잘 이해할 수 있도록 해 준다고 여긴다. 레빈슨은 우리가 이러한 이해를 통해 대수롭지 않은 만남들도 세계에 새로움을 들어서게 하는 징표가 될 수 있음을 깨닫게 되길 바란다.

「한나 아렌트의 권위 개념: 교육적 보수주의에 대한 재고찰Hannah Arendt on Authority: Conservatism in Education Reconsidered」은 교육을 보수적인 관점에서 접근하는 이들 대부분이 젊은 세대에게 가르칠 필요가 있는 주요 과목들과 도덕의 기본 가치들을 강조한다는 가정에서 출발한다. 학생들에게 변화와 혁신의 기회를 부여해야 한다고 주장하는 보수적인 교육자를 만나기는 쉽지 않다. 반면, 이 논문에서는 이러한 보수주의적 경향과는 다른 한나 아렌트의 보수주의를 소개하고, 권위에 대한 아렌트의 이해가 민주주의 교육자들에게 진지하게 받아들여져야 함을 논한다. 아렌트는 교육에서 전통적인 권위 개념을 계속 이어 가길 주장하면서도 교사들이 아이들에게 개혁적이고 혁신적인 것들을 길러 주어야 한다고 강조하기도 한다. 사실상, 아렌트는 수 세기 동안 교육자들을 괴롭혀 온 문제인 오래된 것(전통)과 새로운 것(변화)의 간극을 메워 준다. 또한 이 논문에서는 주류 보수주의자들의 견해와 달리, 아렌트의 교육적 권위 개념에는 민주주의 교육을 위한 여러 가지 중요한 의미가 내포되어 있음을 주장한다. 이에 아렌트가 교육을 다루는 방식은 주류 보수주의자들의 주장보다 훨씬 설득력이 있으며, 민주주의 사회에서의 학교교육의 목적을 논하는 데도 진정으로 기여할 것이다.

3장 「판단을 위한 교육: 아렌트적 모순인가?Education for Judgement: An Arendtian Oxymoron?」에서, 스테이시 스미스Stacy Smith는 아렌트의 정치철학에서 "판단을 위한 교육" 연구의 모순과 가능성을 분석한다.

스미스는 판단과 정치에 대한 아렌트의 관점이 미래 시민들의 판단 능력을 함양시키는 민주주의 교육을 위해 주된 역할을 할 거라고 주장한다. 판단은 "실천될 수 있을 뿐 가르쳐질 수 없는 독특한 능력"이라고 했던 칸트의 주장에서 벗어나, 스미스는 아렌트가 정치와 교육 영역을 엄격히 구분함으로써 복잡하게 만든 준비로서의 실천 개념을 상세히 다룬다. 스미스에 따르면, 판단을 위한 교육은 "우리의 세계에 새로움을 더하기" 위해 젊은 세대를 준비시키고자 했던 아렌트만의 독자적인 연구에서 가장 핵심적인 부분이다.

4장 「유토피아에 대한 논쟁: 한나 아렌트와 민주주의 교육에 대한 긴장Contesting Utopianism: Hannah Arendt and the Tensions of Democratic Education」에서 아론 슈츠Aaron Schutz는 교육 민주주의 사상에 대한 여러 교육학자의 저술을 알리려는 일종의 유토피아적 충동이 있음을 보여 준다. 슈츠는 존 듀이의 저작에 근거하여 민주주의의 미래상에 중점을 두면서, 이와 반대되는 측면에서 '공적 공간'에 대한 아렌트의 글들을 탐구한다. 현대의 여러 학자와 달리, 아렌트는 평등한 협력 공동체의 참여 활동에 내재된 근본적이고 때로는 비극적인 한계들에 주목한다. 슈츠는 아렌트의 견해를 제시한 후 특정한 맥락에서 그녀의 의견이 지닌 몇몇 가능성과 제한점을 보여 주면서, 학생들이 민주적 행위를 실천할 수 있게 하는 실제 활동 사례를 고찰한다. 그는 만일 우리가 실제 교육 상황을 통해 종종 드러나는 모순적인 변화 속에서 민주적인 행위의 약속이 지켜지길 바란다면, 민주주의와 민주주의 교육의 다양하고 때로는 갈등을 야기하는 형태들이 우리에게 필요할지도 모른다는 점을 제안하면서 글을 마무리한다.

이후에 이어지는 두 논문은 한나 아렌트의 사상이 다문화 교육을 지지하는 이들에게 어떠한 시사점을 주는가라는 물음에 답하고 있다. 킴벌리 커티스Kimberley Curtis는 아렌트의 교육적 보수주의가 다문화주의에 깊은 영감을 준다는 점을 드러내고 강조하기도 한다는 확신으로, 곧 그러한 근거에서 이 물음에 확실히 답하고 있다. 커티스는 「다문화 교육과 아렌트적 보수주의: 기억, 역사적 상처, 그리고 공통감각 *Multicultural Education and Arendtian Conservatism: On Memory, Historical Injury, and Our Sense of the Common*」에서 다문화 교육을 지지하는 이들이 정체성 집단의 파르티잔일 뿐만 아니라 아렌트적 의미에서 세계의 파르티잔이기도 하다는 사실을 우리에게 다시금 일깨워 준다. 다문화 교육 지지자들은 '우리'의 존재 의미를 드러내는 다양한 경험들과 관점들−세계의 중간 영역−을 더욱 확장하려고 한다. 시간을 거슬러 역사적 기록을 파헤치고 재해석하게 하는 것은 우리의 공통세계를 변형시키고 공유하지 못하게 하는 집단에 의한 망각과 배제의 형태일 뿐만 아니라, 그것은 권리 침해이자 박탈이다. 이런 점에서 분열과 고립의 정치적 위험을 초래하는 것과는 거리가 먼, 곧 가장 바람직한 형태의 다문화 교육은 우리가 공동으로 우리 세계를 더욱 생동감 있게 더욱 적극적으로 유지하도록 하는 것이다. 커티스는 일례로 치카노/치카나 학문을 분석하며, 다문화 교육을 통해 정치와 교육 사이에 얽혀 있는 그리고 갈등을 야기하는 부분들을 면밀히 살필 수 있어야 함을 설명한다. 그녀는 아렌트적 보수주의가 이러한 목적을 위해 다문화 교육을 재고하는 데 충분한 근거가 될 수 있다고 주장한다.

「한나 아렌트는 다문화주의자인가?*Is Hannah Arendt a Multiculturalist?*」에서 앤 레인Ann Lane은 다문화 교육과 아렌트 사상의 연관성에 대한 논의를 이어 간다. 레인은 자신의 학생들에게 아렌트의 유대인 파리아들에 대한 서술, 고통을 기반으로 한 공동체 재건의 위험성에 대한 주장, 전체주의의 확산에 대한 분석 그리고 '희생자들'에 대한 공동 책임과 관련된 모든 논쟁이 얼마나 중요한지를 설명한다. 레인은 아렌트에 관한 문헌들이 참신하고 예리한 방식으로 그녀의 사상을 다루었다는 점에서 새로운 파장을 일으키고 있긴 하지만, 이런 논평 중 상당수가 아렌트를 철학적 논의의 배경이나 정치적 삶에 관한 사상에 대해 관념적인 접근을 거부한 맥락에서 바라보고 있다고 지적한다. 하지만 레인의 학생들에게 아렌트가 고심했던 동화, 국수주의, 그리고 제국주의−사회적인 것과 정치적인 것, 제작하는 것과 행위하는 것의 구분과 함께−에 관한 주장들은 마치 아렌트가 그들의 삶과 투쟁에 대해 직접 언급하고 있는 것처럼 여겨진다. 레인은 아렌트가 우리에게 '잃어버린' 정치적 순간들을 상기시키며, 정치 운동에 참여하는 이들에게는 그들이 시작한 것을 잃을 위험성에 관해서 경고하고 있음을 확인한다.

7장과 8장에서는 교육에서 진행 중인 두 논의와 관련해서 아렌트가 공헌한 바를 다룬다. 「대학의 정치화와 진부한 표현에 대한 한나 아렌트의 관점Hannah Arendt on Politicizing the University and Other Clichés」에서 피터 유벤Peter Euben은 현대의 '문화전쟁'과 관련해서 아렌트를 대담자로 설정한다. 유벤은 소크라테스Socrates와 아돌프 아이히만Adolf Eichmann에 대한, 그리고 교육에 대한 아렌트의 저작을 통해 우리가 이러한 '문화전쟁'을 이해함으로써 우리를 혼란스럽게 하는 과장된 자기중심적인 표현과 중대한 사안을 구별해 낼 수 있다고 제안한다. 또한 그는 아렌트가 고등교육을 위협하는 정치화된 교육과 그것의 중요한 차원인 정치교육을 구분해 주는 개념적 기초를 자신의 저작에서 어떻게 제시하고 있는지를 보여 준다. 마지막으로, 유벤은 자신의 논문에서 아렌트가 지지하는 정치교육과 정치와 자유의 개념을 되살리고자 그녀가 취한 헬레니즘 정치사상에 대한 관점을 따른다.

「사유의 퇴색: 협동학습에 대한 아렌트적 비판The Eclipse of Thinking: An Arendtian Critique of Cooperative Learning」에서, 에두아르도 두아르테Eduardo Duarte는 집단학습 과정인 또래 중심의 학습공동체 형성

을 강조하는 교육학 모델을 비판하기 위한 틀로 아렌트의 사유에 대한 순수철학적 서술을 활용한다. 이러한 교육학적 모델들은 '협동학습'의 범주 아래에서 다뤄진다. 두아르테는 협동학습의 기본 가정 중 하나인, 다른 사람들과 함께할 때 학습이 가장 잘 이루어진다는 점을 비판의 대상으로 삼고 있다. 사회구성주의 인식론에 근거한 이러한 가정은 아렌트가 명명한 관조적 '사유의 긴요함'을 가로막는 교육학적 모델을 작동시킨다. 관조에 기반한 협동학습은 함께하는 사람들이 '이탈'할 경우 구조적으로 이루어질 수 없기에 결과적으로 사유는 퇴색하게 된다. 요컨대 협동학습 모델이 '생각하지 않는' 환경을 조성할 수 있다고 두아르테는 주장한다.

이 책의 마지막 장은 한나 아렌트의 두 제자가 주고받은 편지 형식의 글이다. 「한나 아렌트에게 배운 내용과 방법: 서신 교환What and How We Learned from Hannah Arendt: An Exchange of Letters」에서, 엘리자베스 영 브륄Elisabeth Young-Bruehl과 제롬 콘Jerome Kohn은 '아렌트와 함께 공부했던 즐거움'을 되살렸을 뿐만 아니라, 아렌트가 사람들에게 이해의 정치를 가르치는 데 더욱 적합하다고 여겼던 교육이 무엇인지 우리가 깨닫도록 해 준다. 콘은 아렌트의 기본 가르침과 그 가르침의 모든 근거가 전례 없는 사건인 전체주의에 있다고 역설한다. "내가 강조하고 싶은 것은 … 아렌트가 그녀의 학생들에게 분명히 하고자 했던 바는 … 그것이 그녀가 말한 것처럼 외부로부터도, '달로부터도 아닌', 혹은 그 외의 다른 곳에서 유입된 것이 아닌, 서구 문명의 중심에서 전체주의가 일어났다는 사실이다." 영 브륄은 이러한 콘의 의견에 동의하면서, 20세기 전체주의 출현에 관한 사유의 결과는 사람들이 '하나의 괜찮은 세계a decent world'를 마음속에 그리면서 그 안에서 살기 위해 노력해야 한다는 점이라고 주장한다. 영 브륄은 이 세계란 "유토피아도, 이데올로기의 전당도, 영웅들을 위한 경기장도,

도덕적 명령을 받는 곳도 아니다. 아렌트의 관점에서, 나는 이것이 전체주의가 가능하지 않은 세계를 의미한다고 생각한다"라고 썼다. 이런 생각에 이어서, 콘은 교육자로서 아렌트가 근본적으로 기여한 바를 간략히 적는다. 그는 다음과 같이 서술한다.

아렌트는 과거를 되찾기 위해 주로 스스로 모범을 보이는 방식으로 가르침으로써 우리가 세상과 만나게 해 주었다. 나는 그것의 핵심이 우리가 세계를 공유하는 수많은 남녀의 복수성에 편견 없이 반응하는 능력을 길러, 전체주의가 파괴하려 했던 공통세계를 지속하도록 돕는 것이었다고 생각한다. 지식의 문제는 아닐지라도 그러한 책임은 사유를 필요로 한다. 아렌트는 우리에게 지식을 주입하지 않았으며, 우리가 '사유'하도록 가르쳤다. 아렌트가 의미한 대로, 그것은 "사람들이 악을 행하지 못하도록 하는 조건들 가운데"라고 말했듯이 사유하는 습관에 한해서 실현 가능했다.

이 책에 수록된 논문들의 대략적인 내용은 한나 아렌트의 정치적 개념들과 그 가치들, 그리고 아렌트가 제기한 많은 질문과 문제들이 민주주의 사회의 교육에 미친 영향에 관한 것이다. 오늘날 정치와 교육의 상호관계가 점점 더 명확해짐에 따라 우리는 20세기 주요 정치이론가 중 한 사람에게서 얻을 수 있는 교육적 가르침을 더 이상 간과할 수 없다. 이제 아렌트를 교육 문제에 대해 자신이 공헌한 바를 대체로 인정받지 못한 현대의 주요 정치이론가라고 간단히 치부할 수 없다. 또한 아렌트는 현대 정치 담론이나 교육 담론 어느 쪽에도 완전히 속하지 않는 독특하고 독창적인 사상가다. 사람들이 정치적, 도덕적, 철학적, 혹은 사회적 문제들을 논하든 그렇지 않든, 그들은 아렌트의 입장이 주류 보수주의인지, 진보주의인지 혹은 급진주의인지를 명확히 규정할 수 없다. 아렌트가 기존의 범주 어디에도 속하지 않는다는 사실은 달리 표현하면 그녀의 관점을 통해 우리가 역사상 상반되는 교육 개념을 연결시킬 수도 있고, 그 틈을 메울 수도 있다는 것을 의미한다. 아렌트는 현대 학자들과 교육자들이 정치와 교육 두 분야의 상호연관성은 물론 이 두 영역의 여러 문제를 분석할 수 있도록 새로운 관점을 제시한다.

차
례

| 일러두기 |

• 이 책은 *Hannah Arendt and Education*(2001, Westview Press)을 저본으로 삼아 번역하였다.
• 본문의 각주와 소괄호 안의 내용은 모두 저자의 것이며, 대괄호 안의 문구는 역자가 보충한 것이다.
• 본문의 강조는 원서에서 이탤릭체로 표시된 것이다.
• 단행본은 『 』로, 논문, 시, 학회명은 「 」로, 잡지, 정기간행물과 강좌명은 《 》로 표기했다.
• 본문과 저자 소개에 언급된 문헌의 경우, 국내에 출간되지 않은 작품은 원제 그대로 작성했다.

탄생성의 역설:
늦음 가운데 가르치기

나타샤 레빈슨(Natasha Levinson)

*이 글은《교육이론 *Educational Theory*》통권 47권 4호(1997년 가을)에 처음 소
개되었다. 먼저, 니콜라스 버뷸러스(Nicholas Burbules)와 멜리사 오를리(Melissa
Orlie)에게 감사를 표하고 싶다. 그들은 이 연구를 지속할 수 있도록 이 글의 초안을
여러 차례 세심하게 살피고 흥미롭고 유익한 논평을 해 주었다. 아울러, 아렌트와 교
육에 관한 글이 발표될 때가 되었다는 점을 상기시켜 주며 편집에 도움을 준 모르데
하이 고든 교수에게도 감사한다.

"하나의 시작이 존재한다. 이때 인간은 창조되었고 이 창조 이전에 아무도 없었다"라고 아우구스티누스는 자신의 정치철학에서 말했다. 이 시작은 세계의 시작과 같지 않다. 그것은 어떤 것의 시작이 아니라 누군가의, 곧 시작하는 자의 시작이다.

_한나 아렌트(Hannah Arendt), 『인간의 조건*The Human Condition*』[1]

내가 원했던 모든 것은 다른 이들 속의 한 사람이 되는 것이었다. 나는 우리의 것이었던 세계 속으로 유연하고 활기차게 들어서서 세계를 함께 건설하는 데 도움이 되고 싶었다.

당신은 너무 늦게, 아주 뒤늦게 왔다, 당신과 우리 사이에는 항상 어떤 세상-백인들의 세상-이 있다.

_프란츠 파농(Frantz Fanon), 『검은 피부, 하얀 가면*Black Skin, White Masks*』

---

1. 이 논문에서는 '과거와 미래 사이의 틈'에서 살아가는 것을 배우는 일이 의미하는 바를 주장하면서, 아렌트의 일반적인 남성적 표현을 수정하지는 않았다(비록 이러한 결정이 어떠한 불편함을 야기한다고 할지라도). 이 글은 단지 아렌트 텍스트의 진정성에만 관심을 두고 있지는 않다. 그리고 본의 아니게 현재의 이미지 속에서 과거를 다시 쓰는 일도 우려스럽긴 하다. 우리를 불편하게 하는 언어를 없애는 일은 우리가 과거의 배제와 삭제를 이해하는 네 도움이 되지 않는다. 결과적으로, 현대의 배타적 행위를 변화시키고자 하는 우리의 열정은 점점 더 불분명해지고 있다.

탄생성의 역설

글로리아 안잘두아Gloria Anzaldúa는 최근 발표한 유색인 여성에 관한 책의 서문에서 그녀가 미국의 유색인 여성을 가르칠 때 자신의 학생들이 인종차별과 인종 정체성 정치 문제를 두고 직접적으로 서로 맞설 때 드러냈던 한계들을 다루고 있다.[2] 이 토론에서 학생들은 추상적이지도 않았고, 주관적인 생각을 배제하지도 않았다. 안잘두아는 인종차별에 대해 '백인들에게 책임을 묻는' 유색인 학생들에 관해 썼다. 그러면서 그녀는 인종차별을 '백인들에게 가르치고' 그것과 관련해서 유색인 학생들에게 백인들이 무엇을 했으면 하는지 밝히길 '바라는' 백인 여학생들에 대해서도 언급했다. 안잘두아는 수업 시간에 백인 학생들이 자신들의 입장에서 인종계급에 대한 정치적 양심을 표명했을 때 유색인 학생들이 반감을 드러냈다고 설명했다. 그러면서 이처럼 유색인 학생들이 백인 학생들과 '시간을 필요로 하는 대화'를 나누는 것을 거부하는 태도는 "백인들에게 인종차별에 대해 가르치려고 했던 백 년간의 노력을 헛되게 하는 것"[3]이라고 했다.

안잘두아가 공감한, '백 년간의 헛수고'라는 신랄한 표현은 백인 학생들이 다수인 필자의 교육과정 이론 수업에서 단 두 명의 아프리카계 미국인 학생 가운데 졸업반인 한 학생에 의해 무심히 되풀이되었다. 그는 수업 중 토론에서 나왔던 이야기가 캠퍼스에서도 재연되는 것을 목격하면서, 인종 간 역학관계와 인종차별에 대한 인식 변화가 여전히 이루어지지 않은 것에 분개했으며, 안잘두아의 수업에서 유색인 여학생들이 보인 반응과 유사한 불만을 표출했다. "매년 우리는

---

2. Gloria Anzaldúa, "Hecienda Caras, una entrada", in *Making Face, Making Soul/Hacienda Caras*, ed. Gloria Anzaldúa (San Francisco: Aunt Lute Books, 1990). p. xix.
3. Ibid., p. xx.

인종차별에 관해 논의하기 위해 여러 차례 포럼을 개최한다. 그런데도 캠퍼스에서의 인종 관계는 아직 진일보하지 못했다. 인종차별이라는 주제가 수업에서 다루어질 때마다 나는 백인들이 자신들의 무죄를 항변하는 듯한, 똑같은 소리를 계속 들어야만 한다. 나는 그것이 괴롭다."

이러한 좌절감이 다소 상반된 감정을 일으키는 것도 사실이다. 한편으로, 많은 유색인 학생은 자신들이 백인 학생들에게 인종차별에 대해 알려 줘야 한다는 사실에 상당히 지쳐 있다. 한동안 유색인 페미니스트들은 백인 페미니스트들이 인종차별에 대해 배워야 할 의무가 있다고 주장했다. 그래서 지배 문화-인종, 젠더, 성별, 혹은 계급 정체성에 의해 형성된 것-에 한쪽 발을 딛고 있는 우리가, 우리 정체성의 특정 부분이 어떤 것을 당연하게 받아들이는 방식을 보다 잘 인식하도록 우리를 매번 자극하는 그런 양심에 따라, 소외된 이들도 행동하길 바라면 안 된다고 그들이 지적한 것은 전적으로 타당해 보인다.[4] 그렇더라도 인종과 관련해서 또래 학생들을 깨우칠 책임을 유색인 학생들에게 지우는 것은 확실히 부당한 일이긴 하다. 하지만 이 끝없이 반복되는 일을 교육의 필연적인 만남의 과정으로 여기지 않고, 일종의 도덕적·정치적 실패의 징후로 받아들이는 순간 우리는 무언가를 놓치게 된다. 이러한 일을 여러 차례 겪었던 학생들(그리고 교사들)에게 교육적 만남은 성가실지 모르지만, 실제로는 그러한 만남이 되풀이되지 않는다는 사실을 기억하는 게 중요하다. 교육적 만남은 언제나 친숙하면서도 낯설다. 이 두 가지 의미에서 교육적 만남은 가르침의 실제를 전형적으로 보여 준다. 그것은 모두 '탄생성의 역설paradox of natality'에 해당한다. 이것은 우리가 인종 간의 차이를 해소하려고

---

4. Merle Woo's "letter to Ma", in *This Bridge Called My Back*, ed. Cherrie Moraga and Gloria Anzaldúa (New York: Kitchen Table Press, 1981), p. 146.

할 때 우리의 의욕을 떨어뜨린다. 탄생성의 역설을 이해하는 것은 교육적 진보의 단속적이고 결정적으로 비선형적인 특징에 주의를 기울이는 식으로 이 예정된 '실패'를 재구성하는 일이다.

'탄생성natality'은 한나 아렌트가 [어떤 것을] 새롭게 하는 인간의 행위 능력을 표현한 개념이다. 세계를 다시 새롭게 하고자 하는 바람은 정치적 행위에 동기를 부여하기 때문에, 탄생성은 정치적 행위의 조건들 가운데 하나가 된다. 가장 근본적인 수준에서, 탄생성은 사람들이 끊임없이 세계에 태어나고, 계속해서 그 세계에 그리고 그들 서로에게 자신을 소개할 필요가 있다는 사실과 관련이 있다. 이것이 아렌트가 탄생성을 '교육의 본질essence of education'이라고 했던 이유다.[5] 이 세계에 새로 온 모든 이는 세계를 활기차게 할 수 있는 힘을 가지고 오기 때문에, 탄생성은 사회적 희망의 원천이 된다.[6] 하지만 세계에 새로 온 자들의 끝없는 유입은 세계에 활력을 불어넣으려는 시도가 방해받을 수도, 중단될 수도 있음을 의미한다.[7] 여기에 새로움에 대한 희망과 절망이 놓여 있다. 탄생성은 정치적 행위를 가능하게 하기도 하지만, 우리가 의도한 바를 취하려는 행위를 가로막기도 한다.

우리가 세계에 어떤 새로운 것을 가져올 수 있다는 사실은 탄생성의 두 가지 특징과 연결된다. 이 글에서는 이를 중점적으로 다룰 것이다. 우선, 세계는 단순히 우리보다 **앞서** 있는 것이 아니며 실질적으로

---

5. Hannah Arendt, "The Crisis in Education", in *Between Past and Future* (New York: Penguin Books, 1977), p. 174. 이후 인용 표기는 CE로 한다.

6. '사회적 희망(social hope)'이라는 표현은 Patricia White's *Civic Virtues and Public Schooling: Educating Citizens for a Democratic Society* (New York: Teachers College Press, 1996), pp. 8-12에서 인용했다.

7. 이에 대한 아렌트의 분석은 『인간의 조건』(Chicago: University of Chicago Press, 1958; 이후 인용 표기는 HC로 한다) 행위의 장에 분명하게 명시되어 있다. 이 부분은 아렌트의 자유 개념에 관한 연구와 『과거와 미래 사이*Between Past and Future*』에 수록된 「교육의 위기*The Crisis in Education*」에 대한 평가의 핵심 내용이기도 하다.

우리를 개별적인 고유한 존재로 **여기도록 해 준다.** 이런 사실은 간단해 보이지만 우리를 당혹스럽게 한다. 우리는 자신이 이 세계에 새로온 자이자 '뒤늦게 온 자'임을 경험하면서, 우리가 특정한 역사를 계승하는 동시에 그것에 새로움을 전하는 존재라는 어려운 상황에 놓이기 때문이다.[8] '늦음'의 경험은 포스트모더니티의 조건하에서 더욱 복잡해지는 존재론적 물음을 상기시킨다. 만약 근대의 특징이 '과거를 우리 뒤로 미루어 놓으려는' 광범위한 문화적 욕망이라면, 포스트모던은 이 욕망의 불가능성—그리고 윤리적 부당함—에 직면하는 것으로 이해될 수 있다.[9] 포크너Faulkner는 "과거는 결코 사라지지 않는다. 아직 지나지도 않았다"라고 했다.[10] 하지만 만일 늦음에 따른 우리의 지연이 탄생성—우리의 행위 능력—을 통해 환기되지 않는다면, 그것은 어쩌면 쓸모없게 될 것이다.

탄생성의 두 번째 특징은 그것이 새로움에 대항하는 역설적 결과를 초래한다는 것이다. 이는 새로운 것을 시도하려는 우리의 노력이 결실을 맺는 행위를 방해하는 다른 행위자들 가운데서 일어난다는 것이다.HC, 221-236 아렌트는 이를 '복수성의 조건condition of plurality'이라고 부르며, 그것은 뚜렷한 차이를 지닌 이들과의 만남에서 그들을 매우 지치게 한다고 했다. 그들은 '어떤 성과도 못 내고', 전체적으로 그들이 이행해야 할 것도 대개 완수하지 못하는 것처럼 보인다. 차이를 극복하고 대화에 임하려는 이 헛된 노력은 인간 활동 가운데 정치 행위가 아마도 가장 덧없는 일일 거라고 했던 아렌트의 복잡한 논점을 떠올

8. Homi Bhabha, *The Location of Culture* (London: Routledge, 1994), pp. 236-237. 이후 인용 표기는 LC로 한다.

9. Jean-François Lyotard, "Notes on the Meaning of 'Post-,'" in *The Postmodern Explained: Correspondence, 1982-1985* (Minneapolis: University of Minnesota Press, 1992).

10. 아렌트의 "Preface: The Gap Between Past and Future", in *Between Past and Future*, p. 10에서 인용했다.

리게 한다. 그것은 아무것도 해내지 못했다는 의미에서가 아니라 이루고자 한 것을 대부분 완수하지 못했다는 이유에서 그렇다.^{HC, 184, 197}

생물학적 불가피성-인간이 계속해서 세계에 태어난다는 사실-에 근거한 탄생성은 잠재적 도전이 일어날 가능성이 있는 지점이다. 다만, 이러한 생물학적 사실은 새로움이 그 자체로 세계에 드러날 거라는 점을 보장하지 않는다. 아렌트가 언급한 것처럼, "내일이 어제와 같을 거라는 가능성은 언제나 거스를 수 없는 듯하다".[11] 하지만 이는 인간의 시작-결국 그것은 탄생성을 의미한다-을 더욱 중요하게 만든다. 그것이 교육자가 탄생성을 촉진하는 조건에 특별한 주의를 기울여야 하는 이유이면서, 아울러 교사가 탄생성과 관련해서 중요하고 복합적인 역할을 해야 하는 까닭이기도 하다. 교사는 새로움과 관련하여 아주 묘한 입장에 처해 있다. 왜냐하면 아렌트가 일깨워 주었듯이, 우리는 이러한 새로움이 일어나는 방식을 예측할 수도 통제할 수도 없는데, 동시에 새로움이 이 세계에 드러나도록 하라는 요청을 받기 때문이다. 우리의 호기심을 자아내는 아렌트의 표현에 의하면, 우리의 임무란 오히려 '새로움을 보전하는 것preserve newness'이다.^{CE, 193} 앞으로 설명하겠지만 이는 쉬운 일이 아니다. '새로움을 보전하는 일'에 수반되는 어려움에는 두 가지 측면이 있다. 하나는 전술한 것처럼 탄생성의 역설을 초래하는 새로움 자체의 본래적 특징이며, 다른 하나는 가르침 자체의 반복적 속성-우리는 항상 다시 시작하지만 인종 문제에서는 거의 진전이 없었다는 의미-에서 비롯된다.

새로움을 보전하기 위한 우리의 첫 번째 과제는 사회적 위치 정하기 자체의 구조에서 비롯된다. 학생들은 자신이 어떻게 보이고 싶어하는지와 상관없이 자신에게 부여되는 사회적 위치를 깨닫게 되면서,

---

11. Arendt, "What Is Freedom?" in *Between Past and Future*, p. 170.

자신이 짊어져야 할 역사의 무게를 느끼기 시작한다. 그들은 점차 자신들을 표상하는 사회적 위치를 인식하게 된다. 가령, 이러한 일은 소수 집단 학생들이 학교에서 성공하는지 혹은 실패하는지가 전적으로 그들의 인종이나 민족에 의해 좌우된다고 느낄 때 일어난다. 그에 따른 결과는 사방에서 그들을 향해 거침없이 다가오는 역사 앞에 잠재적으로 거부할 수 없는 늦음에 대한 인식이다. 하지만 늦음에 대한 이러한 인식은 점차 사회의 지배 집단에 속한 학생들에게도 해당되고 있다. 백인 학생들 역시 스스로를 전례 없이 고유한 **개별자**라기보다는 특정 **유형**에 속한 사람으로 경험하기 시작한다. 이는 안잘두아의 수업 시간에 백인 학생들에게 일어난 일이기도 하다. 그들이 스스로 인종차별에 대해 직접적으로 책임이 있음을 깨닫게 되면서, 그들 역시 과거에 대한 무게를 느끼기 시작했다.

늦음은 학생들이 자신의 위치에 부여된 의미와 함축적 결과를 바꾸려는 자신들의 시도를 소용없게 만드는 사회적 위치 정하기로 인해 중압감을 느낄 때 문제시된다. 다른 측면에서 동일하게 문제가 되는 것은 학생들이 자신의 늦음에 대해서는 거부하면서 이 세계의 신참자로서 자신들의 지위를 주장하고 있다는 점이다. 이러한 순진함naïveté은 프란츠 파농이 더 깊이 있게 표현한 자신의 소망, 곧 '유연하고 생기 있게' 환영받는 세계에 태어나고 싶어 했던 그 자신의 바람을 상기시킨다. 그가 원한 것은 흑인이나 백인이 아닌 그저 인간으로서 존재하는 것이었다. 때로 이것은 돌아갈 수 없고 앞으로 나아갈 수 없다는 인식에 사로잡힌 회고적 그리움, 애석한 마음이기도 하다. 또 때로 이 세계에 새로 온 자로서 자신의 지위를 요구하는 일은 현재와 과거 사이의 연관성을 정면으로 거부하고, 지지받을 수 없는 것에 대해 무죄를 주장하는 것이다. '결국' 이들은 "우리는 거기에 없었다, 우리는 직접적인 책임이 없다, 우리가 백인(혹은 남성)인 것은 우연의 역사

일 뿐이다"라고 반박한다. 이렇듯 결백을 호소하는 가운데 우리가 간과하고 있는 점은 늦음이 단순히 과거와 관련하여 우리를 개인으로서 위치 정하는 것이 아니라는 사실이다. 늦음은 현재의 다른 사람들과 관련하여 우리의 위치를 정한다. 아마도 많은 학생이 가장 우려하는 부분은 "우리가 살아가는 삶의 터전에서 일어나는"[12] 개인의 고의적인 잘못이 아니라 '집단의 권리 침해'에 책임져야 한다는 인식일 것이다. 바로 이 지점에서 늦음이 우리의 사회적 이해에 중요한 부분이된다. 동시에, 새로 온 이들이 과거의 무게를 가늠하는 것은 그들에게 너무 부담스러운 일일 수 있다. '새로움을 보전'하는 데 목적을 둔 교육은 탄생성의 징후를 감추기보다는 오히려 이를 촉진함으로써 '오래된 것이 주는 충격' 효과를 받아들일 수 있게 하는 것이다.

'새로움을 보전하기' 위한 가르침은 반복적인 수업 구조로 인해 더욱 어려워졌다. 해마다 우리는 일부 학생이 세계 안에서 자신의 확실한 위치가 흔들리거나 학우들과 관계를 맺으려는 노력이 실패하게 될 때 그들이 이러한 만남을 통해 아니면 다른 사람들이 느끼는 당혹스러움으로 인해 겪게 되는 피로나 비관적인 태도를 접하게 된다. 우리는 이러한 만남의 데자뷰적 특징을 통해서 가르침이 끊임없는 시작의 문제라는 점을 깨닫게 된다. 이어지는 논의에서는 새로움을 보전하려는 교사의 중요하지만 여전히 불확실한 역할에 관심을 기울이기 위해 두 가지-늦음의 사실과 교육의 반복적 특징- 형태의 어려움을 설명할 것이다. 가르칠 때 아주 실제적인 위험을 감안하면서 탄생성을 촉진하거나 저해할 수 있는 교육 방식이 무엇인지를 잠시 고려해 보고, 탄생성의 역설 가운데서 가르치는 일이 쉽지 않더라도 그러한 교육에

---

12. Melissa Orlie, "Forgiving Trespasses, Promising Futures", in *Feminist Interpretations of Hannah Arendt*, ed. Bonnie Honig (University Park: Pennsylvania State University Press, 1994), p. 341. 이 논문의 이후 인용 표기는 FTPF로 한다.

서 본질적으로 중요한 열정, 인내, 책임 그리고 거리두기를 함께 다루는 고충에 대해서도 고찰해 보고자 한다.

'새로움을 보전하기' 위한 가르침

아렌트는 어떤 것을 새롭게 시작하는 능력으로 행위를 설명한다.HC, 9 탄생성은 인간이 이 세상에 지속적으로 태어난다는 생물학적 사실에 근거한다. 하지만 개별 인간은 그들이 처음 생물학적으로 태어났을 때의 환경과 조건을 통제할 수 없기에, 아렌트는 탄생성을 우리보다 앞서 우리를 둘러싸고 있는 세계와 관련된 자기 창조적 행위로 바라보고, 이를 '제2의 탄생'에 비유한다.HC, 9, 176-177 아렌트는 "인간 탄생에 내재한 새로운 시작은 이 세계에 새로 온 자가 새로운 어떤 것을 시작하는 능력, 곧 행위 능력을 지니고 있기 때문에 오직 세계에서만 오롯이 느낄 수 있다"HC, 9라고 말한다. 탄생성은 우리가 사회적 과정에 수동적으로 이끌려 가는 존재에서 사회의 행위자-말하자면 이러한 사회적 과정의 힘에 대한 잠재적 전향자-로 변화하는 것을 암시한다. 탄생성은 개인과 집단이 세계와 관계 맺는 방식에서 드러나는데, 이는 개인과 집단이 바꿀 수 없어 보이는 사회적 과정들을 바꾸려고 행위할 때 분명히 나타난다.[13]

이러한 탄생성 개념, 곧 반응, 응답, 재구성으로서의 탄생성 개념을 통해 아렌트의 연구를 '새로움'에 대한 탈구조주의적 재개념화와 같은 맥락에서 이해해 볼 수 있다.[14] 주디스 버틀러Judith Butler가 지적했듯이, "'새로움'을 추구하는 일은 하이 모더니즘high modernism이 몰두한 문제이기도 하다. 어쨌든 포스트모던은 어떤 식으로든 이전의 '오래된 것'과 관련되지 않은 '새로움'의 가능성에 의문을 던진다."[15] 마찬

가지로 탄생성에 대한 아렌트의 이해도 새로운 것의 의미를 재개념화
한다. 탄생성은 우리가 이전에 결코 마주한 적 없었던 독창적인 일과
시작을 의미하지 않는다. 아렌트가 이해한 새로움도 전례 없는 몇몇
중대한 사건만을 나타내지 않는다. 그것은 오히려 일상적인 일들과 더
관련이 있다. 하지만 이 일상적인 일들은 개별 인간들이 관계를 맺으
며 새로운 사회적 실재를 구축하려는 놀라운 순간들이다. 솔직히 그리
고 정확히 말하면, 우리는 우리가 중재할 수 없는 수준의 많은 사회적
과정이 일어나고, 그 사회적 행동의 상당 부분에 깊게 스며들어 있어
서 마치 변화를 반대하는 것처럼 보이는, 신념이 지나치게 강한 세상
에 살고 있다. 그러기에 필연적이고 불가피해 보이는 사회적 과정을 뒤
흔들고, 방해하고, 비뚤어지게 하려는 시도에도 기적과 같은 어떤 것
이 내재되어 있다.[16]

　이러한 일상의 기적은 인간 존재들이 그들보다 앞서 구성된 세계와
관련해서 어떤 것을 시작할 때마다 일어난다. 아렌트는 역사적 흐름
이란 "인간이 행위하는 존재인 한, **시작하는** 인간*the initium man*의 시

---

13. 아렌트는 시공간의 피조물로서 인간에 대한 이러한 개념을 탐구한다. 세계에 들
어선 인간은 시간의 흐름은 물론 프란츠 카프카(Franz Kafka)의 우화 「He」에 대
해 아렌트가 상세히 설명한 사회적 힘의 예정된 흐름까지도 중단시킨다. 아렌트는
우리 각자가 인간의 자유를 위한 모든 가능성을 짓밟을 듯 전진하는 과거의 힘을
막으려는 전투에 계속 참여하는 방식에 대한 하나의 비유로 카프카의 「He」를 다
루고 있다. 아렌트는 장애물에 가로막힌 앞길을 뚫고자 과거의 적과 전투를 벌이
는 '그'의 이미지를 통해 과거와 미래 사이의 틈을 은유적으로 표현한다. 아렌트의
"Preface: The Gap Between Past and Future", in *Between Past and Future*,
pp. 7-13을 참고하라.

14. 에드워드 사이드(Edward Said)의 *Beginnings: Intention and Method*(New
York: Basic Books, 1975)는 소설가의 작품과 문예 비평에 관한 연구를 다루고 있
다. 사이드는 독창성에 대한 낭만적 개념을 좀 더 중대한 '시작'의 문제로 바꾸고 있
다. 시작의 순간들이 텍스트 자체에 보이지 않더라도, 그것은 항상 어딘가에서 시
작된다는 것을 의미한다.

15. Judith Butler, "Contingent Foundations: Feminism and the Question of
Postmodernism", in Feminist Contentions, ed. Seyla Benhabib, Judith Butler,
Drucilla Cornell, 그리고 Nancy Fraser (New York: Routledge, 1995), p. 39.

작 능력에 의해 창조되고 끊임없이 중단된다"[17]는 점을 우리에게 일깨워 준다. 프랑스혁명과 미국혁명 그리고 시민권 시대에 형성된 시민불복종 사례들은 아렌트가 관심을 기울였던 중요한 시작 능력을 확실히 보여 준다. 다만, 타인을 비인간화하는 체제에 맞서 저항하는 이들에 의해 이루어진 작지만 심오한 영웅적 행위들과 마찬가지로, 침묵으로 동조하는 이들까지도 비인간화하는 체제에서 그들이 보인 침묵 역시 인간의 시작 능력을 보여 주는 사례라고 할 수 있다.[18] 이는 비록 조심스럽게 이루어지긴 하지만 '어두운 시대'를 비추는 작은 영웅적 행위들이다.[19] 그 행위들은 금지된 우정, 다른 사람들과의 연대 표출, 그리고 아마도 가장 어려운 일이겠지만, 잘못을 바로잡으려는 용서의 노력에서 드러난다.

이들 각각의 시작이 중요한 이유—그러므로 차이의 정치에 대해 아렌트가 관심을 두게 된 것—는 정치적 차이를 적당히 회피하기보다는, 이러한 [개인, 집단, 국가 간의] 관계가 차이에 무게를 둔 의미들에 굴하지 않고 재구성되기 때문이다. 아렌트가 함부르크에서 레싱상 수상 당시 했던 연설처럼, '독일인이, 유대인이, 그리고 친구들이' 될 수 있

---

16. 아렌트는 「자유란 무엇인가?*What is Freedom?*」에서 다음과 같이 썼다. "그것은 조금도 미신적인 것이 아니다. 그것은 오히려 예견할 수도 예측할 수도 없는 것을 갈망하는, 정치 영역에서 '기적'을 준비하고 기대하는 현실주의에 대한 조언이다. 그리고 저울의 무게가 재앙 쪽으로 기울어지면 질수록, 자유 안에서 이루어진 행위는 점점 더 기적이 될 것이다. 그것은 항상 자동적으로 일어나서 저항할 수 없는 것처럼 여겨지는 구원이 아니라 재앙이기 때문이다"("What is Freedom?" in *Between Past and Future*, p. 170).

17. Arendt, ibid.

18. 아렌트는 이런 주요한 그리고 가장 공적인 시작들을 『혁명론*On Revolution*』(New York: Penguin Books, 1963)과 『공화국의 위기*Crisis of the Republic*』(New York: Harvest/HBJ Books, 1972)에서 다룬다. 아렌트는 『어두운 시대의 사람들*Men in Dark Times*』(New York: Harvest/HBJ, 1968)에서 그녀가 공적 영역의 밝음을—점점 희미해져 가는 것을 밝히는 방식으로— 더 온전히 드러내기 위해 특별한 것은 아니지만 그럼에도 심오한 순간들에 대해 탐구하였다.

19. Arendt, *Men in Dark Times*.

는 것은 예상치 못했던 것을 시작하는 하나의 방식이다. [레싱상 수상 당시] 아렌트가 주의 깊게 선택한 말들은 그녀가 전쟁 후 독일에서 독일인과 유대인이 되는 것의 차이가 중요하지 않다고 말하는 것이 아님을 보여 준다. 하지만 아렌트는 여기에 '그리고 친구들'이라는 뜻밖의 구절을 덧붙였다. 그것은 독일인들과 유대인들이 홀로코스트라는 대재앙에도 불구하고 서로의 관계를 개선할 수 있다는 희망을 계속해서 품도록 해 준다.[20]

탄생성은 세계가 새로워질 수 있다는 가능성을 제시하지만, 이러한 희망이 확실히 보장된 것은 아니다. 우리의 행위 능력은 함양되어야만 한다. 엄밀히 말하면, 탄생성과 행위의 관련성이 확실하지 않기 때문에, 교육은 아렌트의 정치철학에서 중요한 역할을 한다. 교육은 학생들의 행위 능력을 향상시킬 수도 저해할 수도 있다. 아렌트가 탄생성을 '교육의 본질'로 규정함에 따라, 우리는 교육과 탄생성의 관계에서 두 가지 관점을 인식하게 된다.[CE, 174] 우리는 이 세계에 계속해서 새롭게 오는 이들을 소개하기 위해 교육한다. 다른 한편으로 우리는 세계를 다시 새롭게 하기 위해 학생들의 행위 능력을 보전하는 방식으로 그들의 탄생성을 보호하면서 그들에게 주의를 기울여야만 한다. 다시 말해, 교육은 아렌트가 말했듯이 세계를 '바로잡기' 위한 그 조건들을 갖추어야만 하는 일이다.[CE, 192]

이는 특별히 난처한 상황에 놓인 교사들에게 쉬운 일이 아니다. 우리는 학생들에게 세계 '그 자체'를 소개해야 할 책임이 있지만, 그것이 우리 뜻대로 되지 않을지도 모른다.[CE, 189] 아울러 우리는 학생들에게 세계를 소개하는 목적이 단순히 그들을 세계에서 살아가도록 준비시

---

20. 아렌트는 함부르크에서 레싱상 수상 당시 연설했던 "On Humanity in Dark Times: Thoughts About Lessing"에서 이 문제를 아주 날카롭게 제기한다. 이는 출간된 *Men in Dark Times*, pp. 17-23에 수록되어 있다.

키는 것이 아니라 세계를 다시 새롭게 하도록 하는 일임을 알게 된다. 게다가 우리는 이러한 변화의 조건을 강요해서는 안 된다는 점을 깨닫게 된다. 바로 이 지점이 아렌트가 특히 강조하는 부분이다. 아렌트는 다음과 같이 설명한다. "우리의 희망은 항상 모든 세대가 가져오는 새로움에 달려 있다. 하지만 우리의 유일한 희망이 이것뿐이라는 이유로, 만일 우리가 새로운 것을 통제하고, 오래된 세대인 우리가 새로운 것은 어떠해야 한다고 지시한다면, 우리는 모든 것을 파괴하게 된다. 모든 아이가 지닌 새롭고 혁신적인 것을 위해서 교육은 보수적이어야만 한다."CE, 192-193

아렌트의 교육적 보수주의는 면밀히 고찰되어야 할 필요가 있다. 그것은 새로움의 유입에 반대하기 위해 과거로 돌아가려는 이들의 보수주의와는 아주 다르다. 이러한 보수주의자들에게 교육의 목적은 현재 상태를 유지하거나 이전의 생활 방식으로 되돌아가는 것이다. 이와 대조적으로, 아렌트의 보수주의는 그녀가 "세계에 대항하는 아이, 아이에게 대항하는 세계, 낡음에 대항하는 새로움, 새로움에 대항하는 낡음"을 보호하려는 '보수주의적 태도'라고 했던 데서 비롯된다.CE, 192 다시 말하면, 교육의 목적은 무비판적으로(변화를 보장할 것이 전혀 없는 것처럼) 오래된 것을 지키는 것이 아니며, 새로움 그 자체를 소중히(현존하는 어떤 것도 보존할 가치가 없다는 듯이) 여기는 것도 아니다. 새로움을 보전하는 것은 학생들이 세계나 자신들의 위치를 고정되고, 결정된 그리고 불변하는 것으로 여기지 않으면서 그들 스스로 세계를 이해할 수 있도록 하는 방식으로 가르치는 것이다.CE, 193

이를 위해, 아렌트는 온갖 가능성과 한계를 지닌 세계 '그 자체'를 학생들에게 소개해야만 한다고 주장하고 있다. 오직 이 세계에 대해서만 학생들은 해 볼 만한 것과 바꿔야 할 것에 대해 이해하게 된다. 아렌트는 특히 이 세계가 이미 다른 세계인 것처럼 가르치는 교육자들을 비판한다. 아렌트가 우려하는 바는 두 가지다. 첫째, 세계를 이미 변화된 것처럼 가르치는 교사-혹은 세계의 발전이 인간의 개입 없이 자연히 이루어진 것이라고 강하게 믿고 있는 교사-는 학생들에게 세계는 바뀔 필요가 없다는 메시지를 전한다. 세계는 지금까지 변화를 거듭해 왔다. 아렌트가 두 번째로 우려하는 바는 학생들이 자신들의 편익에 따라 세계를 바꾸는 데 익숙해질 거라는 점이다. 이 두 가지 관점은 "정치 체제 내에서 학생들이 미래에 맡게 될 역할"CE, 177을 인정하지 않는다. 이렇게 가르치는 것은 "새로 온 이들에게서 새로움에 대한 그들 자신의 기회를 빼앗는 것"CE, 177이다. 분명, 교사들은 탄생성의 역설이라는 곤경에 처해 있다. 그들은 세계를 [무조건] 옹호하지 않으면서, 세계의 변화 과정을 지시하지 않는 방식으로 세계를 있는 그대로 가르칠 수 있어야 한다.

우리의 책임은 교사들이 학생들에게 세계 그 자체를 제시해야 한다는 사실을 일깨워 주는 것이다. 그리고 그렇게 함으로써 아렌트는 교사들이 알고 있는 것보다 더 나은 '세계'가 있다는 것을 상기시킨다. 따라서 학생들을 세계로 향하게 하는 일은 그들이 이 세계를 단 하나의 방식으로만 읽도록 하는 것이 아니다. 오히려 그것은 과거와 현재 속에 거주하는 이들이 세계를 경험하고 해석한 다양한 방식으로, 세계의 특징적인 사례를 학생들에게 접하도록 하는 것이다.[21] 학생들에게 세계 그 자체를 이렇게 경험하게 하는 것은 세계를 바로잡기 위해

---

21. 관점의 복수성(plurality)은 우리 세계의 상반된 유산에 관해 판단해야 할 필요성에서 벗어나는 것을 의미하지 않는다. 복수성은 문화상대주의의 한 형태가 아니다. 이와 반대로, 아렌트에 따르면 다른 사람들의 관점과 그들의 욕구와 상충하는 것에 대해 생각하는 능력은 건전한 판단을 하기 위한 전제조건이다. 판단 능력과 다양한 관점 제시에 관한 아렌트의 의견은 그녀 작품 전체에, 특히 후기 저작에 제시되어 있다. 이러한 주장에 대한 가장 간결한 표현은 "The Crisis in Culture", in *Between Past and Future* 그리고 "Thinking and Moral Considerations", *Social Research*, vol, 38, no, 3(Autumn 1971)에서 확인할 수 있다.

서가 아니라, 학생들이 미래를 위한 새로운 가능성을 상상할 수 있도록 그들에게 동기를 부여하는 것이다.

이로써 우리는 차이의 교육학에 대해서 목적과 목표를 두고 벌이는 논쟁의 정점에 서게 된다. 많은 교육자는 집단 간 차이를 강조하면 특정한 정체성을 구체화하는 데 어려움이 있다고 우려를 표한다. 학생들의 사회적 입지를 축소하는 것, 학생들을 그 안에서 움직이지 못하게 하는 것, 그리고 학생들이 그것을 넘어설 수 없도록 하는 것. 이를 걱정하는 것은 타당하다. 우려스러운 것은 교사들이 종종 교실에서 직면하는 멈춤의 문제를 피하려고 하는 것이며, 그들이 더 이상 집단의 차이를 중요하지 않은 것처럼 가르친다는 점이다. 학생들을 과거나 현재에 머무르게 함으로써 염려되는 바는 결국 학생들이 자신의 사회적 지위와 다른 사람과의 관계를 재인식할 기회를 너무 일찍 상실하게 된다는 것이다.[22] 곧 사회 분열을 극복하려고 서두르는 과정에서, 우리는 이러한 분열이 단지 과거의 유물인 것처럼 가르치고 있다. 우리는 마치 집단의 차이가 더 이상 문제시되지 않는 시대로 이미 들어섰거나 그 시대의 문턱에 있는 것처럼 가르치고 있다.

문화평론가 호미 바바Homi Bhabha가 언급했듯이, 이러한 희망 사항이 염려되는 이유는 인종차별이 단순히 과거의 유물이 아니라는 점 때문이다. 그것은 현대 사회구조의 일부분이다. 인종의 의미가 재생산되는 방식을 적절히 포착한 구문에서, 바바는 인종 간 변화가 협의를 거쳐 이루어진다는 점에서 인종 담론에 대해 '말뿐인 현 상황'에 주목한다.LC. 242 관심을 끄는 것은 이 간결한 표현에 드러난, 우리의 다양한 신체, 자기 인식, 그리고 사회적 지위 안에 (크든 작든 간에) 본래부

---

22. 오를리는 "Forgiving Trespasses, Promising Futures", p. 344에서 배제된 정체성의 문제를 지적한다. 여기서 수장하는 바의 맥락을 꿰뚫고 있는 분노(그리고 배제와 고정의 문제에 대한 관련성)에 대한 논의 또한 오를리의 논문을 참고하였다.

터 내재한 가치, 행위, 불안, 그리고 욕구 체계로서 인종차별 이데올로기가 계속 순환된다는 점이다. 이러한 범주는 우리가 어떤 존재인지를 구성하는 요소로, 역사, 관계 대상, 그리고 미래와의 관련성 안에서 우리의 위치를 정하는데, 이는 우리 중 소수만이 선택했을 방식이며, 많은 이는 바뀌길 희망하는 것이다. 해결 불가능해 보이는 사회관계를 재구성하기 위해 이러한 늦음 가운데서 새로움이 어떻게 드러나는지를 가늠하기란 쉽지 않다.

정체성 문제: 늦음 가운데 가르치기

탄생성은 우리가 다른 사람과의 관계에서 스스로를 책임지려고 할 때 우리 삶의 순간들을 대표한다. 이렇게 탄생성은 세계와의 적극적인 관계를 시작한다. 그것은 아렌트가 모든 행위의 기초가 된다고 주장하는, 그리고 세계에 새로 온 모든 이에게 주어지는 문제, 곧 "당신은 누구인가?"[23]에 답하려는 우리 (그리고 많은) 삶의 순간들을 의미한다.

이는 쉬운 문제가 아니다. 왜냐하면 어느 정도 우리는 각자 이 질문에 응하여 우리 자신을 적응시키느라 전 생애를 허비하지만, 이 질문에 스스로 답하는 사람은 없기 때문이다.[24] 우리가 누구인지는 자기 인식의 문제인 만큼, 다른 사람에게 우리가 어떻게 드러나는지의 문제이기도 하다. 실제로, 우리의 자기 인식은 다른 사람들에 의해 우리가 불리고 위치 지어지는 방식과 관련되며, 대체로 그것에 따라 형성된다. 이러한 의미에서, 우리의 위치가 다른 사람들−공공기관, 제도,

---

23. Arendt, *The Human Condition*, p. 178. 여기서 언어는 중요하다. 아렌트적 행위자들은 그들이 단지 무엇이 아니라 누구인지를 드러내고자 한다. 다시 말해, 이것은 개별 언어.

사회조직 수준에서 그리고 개인들-에 의해 정해지는 방식은 우리가 어떤 존재인지를 구성한다. 그들은 우리가 누가 될지 결정하지는 않지만 우리를 조건화한다. 이러한 구별-어떤 이는 **무엇**이고 어떤 이는 **누구**인지 사이에서-은 아렌트에게 중요하다.HC, 179-180 우리가 무엇임 whatness은 우리가 다른 이들과 공유하는 특징들이지만, 우리의 독특한 능력들은 거의 드러내지 못한다. 이와 달리, 우리가 누구인지는 다른 이들과 우리를 구별해 주며, 그것은 대체로 우리가 행위하는 '고유하고 독특한' 개별 존재라는 점을 드러내어 깨닫게 한다. 우리의 행위 능력은 항상 다른 이들에 의해 우리의 위치가 정해지는 방식에 따라 드러난다.

우리는 전체로서의 세계와 우리를 둘러싼 것에 관한 두 가지 방식의 늦음을 직접 경험한다. 우리 대부분이 전체로서의 세계와 관련하여 처음으로 늦음을 경험하는 일은 대체로 우리가 세계에 도착하기 전에 만들어지고 발견된 모든 것에 대해 경이로움을 갖게 한다. 하지만 우리가 처음 느낀 이런 놀라움은 우리가 예전에 여기 있었다고 스스로 느낄 때 갑작스레 사라진다. 이는 우리가 다른 이들에게 가까이 다가갈 때마다 또는 고유하고 독특한 존재가 아닌, 사회의 구성원으로서만 다른 이들에게 다가설 때마다 일어난다. 이와 같은 만남은 친숙함으로 덧씌워진다. 문화적 기억의 어딘가 깊숙한 곳에서든 아니면 '바로 그 다른' 사람들과의 최근 만남에서든, 우리는 이 특정한 사람을 전에 만났을지도 모른다고 느낀다. 이러한 만남은 이 낯선 사람을,

---

24. 아렌트는 『인간의 조건』에서 다음과 같이 서술한다. "타인에게 명백하고 분명하게 드러나는 '누군가'는 바로 그 사람 자신에게 숨겨져 있을 가능성이 높다. 이는 그리스 종교의 **다이몬**처럼, 모든 사람과 평생 동행하면서 항상 뒤에서 어깨너머로 바라보기에 그를 마주하는 이들에게만 보인다"(The Human Condition, pp. 179-180). 그로 인해, 행위자는 자기 삶의 가장 뛰어난 이야기꾼이 아니다. 아렌트가 인간이 누구인가에 대한 타자의 인식에 주안점을 두는 것은 징치 행위에 대한 자기 이해의 상호주관적 관점을 강조하고 있는 것이다.

이 '타자'를 훨씬 덜 낯설게 한다는 점에서 아이러니하다. 우리는 이미 그 또는 그녀를 알고 있다. 우리는 이런 '유형'의 사람과 함께했던 경험이 있다. 이렇듯 동일함을 강요받는 입장에서, 우리는 우리 자신도 유사한 부류-우리 자신을 이미 알고 있는 대상으로 축소시키면서-로 논의되고 있음을 알게 된다. 정체성 논리의 근본적 모순에도 불구하고 우리를 친밀하게 하는 것은 바로 우리의 낯섦이다. 우리는 더 이상 고유하지 않으며, 대신 특정한 부류-여성, 유대인, 아프리카계 미국인-에 속하게 된다.

이는 파농이 자신을 특정 부류의 사람으로 규정한 백인들 가운데 자신을 찾기 위해 그가 태어난 마르티니크 공동체에서 벗어나려 했을 때 그에게 일어났던 일이다. "저기 검둥이 좀 봐!"[25] 「흑인이라는 사실 *The Fact of Blackness*」에서 파농은 사회적 위치에 대한 자기 인식의 점진적인 통합 현상을 탐구한다. 그는 식민지화에 대한 부담에서 벗어나 역사에 의해 규정되지 않기를 바라며 쓴 자신의 초심이 담긴 글에서 다음과 같이 설명한다. "내가 원했던 모든 것은 다른 이들 속의 한 사람이 되는 것이었다. 나는 우리의 것이었던 세계 속으로 유연하고 활기차게 들어서서 세계를 함께 건설하는 데 도움이 되고 싶었다."[26] 타인의 지목과 시선에 따라 흑인으로 드러나게 된 파농은 그저 한 인간으로서의 인본주의적 이상을 실현하는 것이 불가능하다는 것을 깨닫는다. 세상을 누비면서 그는 끊임없이 "당신은 너무 늦게, 아주 뒤늦게 왔다, 당신과 우리 사이에는 항상 어떤 세상-백인들의 세상-이 있다"[27]는 점을 상기시켜 주었다. 흑인으로서 파농의 여정은 인종차별 사

25. Frnatz Fanon, "The Fact of Blackness", *Black Skin, White Masks* (New York: Grove Press, 1976), pp. 109-114.
26. Ibid., p. 112.
27. Ibid., p. 122.

회에서 흑인이 되는 것이 "외부로부터 과도하게 결정된다"[28]는 것을 깨닫는 데서 시작된다. 사람들은 자신의 의미를 스스로 찾기보다는 기존의 의미를 계승하기 때문에 언제나 자신들을 뒤늦은 존재로 느낀다.[29]

바바가 적절히 지적했듯이, 파농은 흑인임을 의미하는 데에서 다소 양면적이다. 간혹, 늦음은 유독 흑인—아주 정치적인 해석이고, 식민지 시대의 충돌을 뒷받침하는 백인의 규범적 맥락에서만 의미를 갖는 조건—이 되는 경험에 놓여 있다. 파농이 백인의 세상으로서 '당신과 우리' 사이의 세상을 규정한 이유가 바로 이것이다. 사실, 인종차별 사회에서만 흑인이라는 사실은 인간을 특정 부류로 한정하는, 피하고 싶은 이유이면서 동시에 피할 수 없는 조건이 된다. 하지만 바바가 지적했듯이, 어느 순간에 파농에 의한 '**흑인**의 **늦음**에 대한 감각' 특수성은 인종 정체성에 대한 근대 산물을 표출시키고 '(근대성의) 가장 보편적 상징인 **역사성**—인간—'을 드러내는 보다 광범위한 사회 현상으로, 대개는 늦음에 대한 사실로 바뀐다. 파농은 이러한 순간에 "흑인은 더 이상 존재하지 않는다. 백인도 마찬가지다"[LC, 236-237]라고 지적한다. 파농의 경험을 통해 입증되었듯이, 흑인임이라든지 백인임이 어떤 식으로든 의미 없다고 하는 것이 사회적 정체성의 이런 측면을 줄곧 대수롭지 않게 여긴다는 뜻은 아니다.

포스트모더니티의 일반적 조건인 늦음의 사실은 지배적인 사회 집단에 속한 사람들이 백인으로서 혹은 남성으로서 자신의 특권에 상응하는 책임을 부여받게 된다는 것을 알게 되면서 점점 분명해진다. 최근까지 백인들과 남성들은 그들에게 공공장소, 교육, 취업 그리고 사유재산에 대해 특권을 보장하는 상황에서 물러설 마음이 없었다. 그들은 자신들도 늦게 온 자들이었다는 사실에 감사했을 뿐이다. 왜

---

28. Ibid., p. 116.
29. Ibid., p. 134.

냐하면 그들 역시 세계를 물려받았기 때문이다. 그렇지만 이제 그들도 자신의 미래 역할이 점점 불확실해짐에 따라 이 늙음을 부담스러워한다. 인종적 그리고 성적 위계 구조가 지속됨에 따라 백인들과 남성들의 특권적 지위에 대해 그들에게도 책임을 묻게 되면서, 그들이 역사의 무게를 회피할 수 없게 되었다는 사실은 분명해졌다. 우리가 세계에 드러남으로써 부여받은 신분을 우리 중 누군가가 초월하려고 할 때마다 우리는 다시 현실로 돌아오게 된다. 우리가 인종차별로 계속해서 혜택을 누리고 있다는 식으로 말하는 '사람들'은 역사를 파헤치려는 우리의 노력에 반발한다.

따라서 오늘날 교육자들이 직면한 문제는 흑인의 늙음이 아니다. 그것은 정복의 역사와 문화적 기억을 지닌 사회 집단에 의해 더 이상 제약받지 않는 늙음에 대한 사실이다. 이는 당연한 것으로 여겨졌던 특권의 보장과 확실성을 이제 포기하려는 사람들에게 늙음이 동일하게 영향을 미치고 있음을 암시하는 것은 아니다. 하지만 심리적 영향력은 비슷하다. 우리의 사회적 위치가 어떻든 간에, 우리가 이 세계에 도착하자마자 우리에게 지쳐 버린 세계에 대해 듣게 되는 것처럼 말이다. 세계에는 이미 우리와 비슷한 사람들이 있었다. 이에 우리 중 다수는 지치고, 원망스러워할지도 모른다. 그리고 우리는 학생들에게서 비슷한 반응을 보게 된다. 이러한 적의가 낙담으로 나타나든 혹은 독선적인 분노로 나타나든, 그것은 차이의 정치 속에서 드러나는 새로운 관계를 위한 가능성의 조건을 마련하는 데는 적합해 보이지 않는다. 인종 정체성을 초월할 수 없을뿐더러 늙음을 다루기도 곤란하다면, 우리 중 다수와 우리 학생들이 빠지기 쉬운 원망의 경향을 불식시키기 위해, 우리의 사회적 위치 정하기에 따른 의미를 완전히 바꿀 수 있는 것은 무엇인가?[30]

교사들은 두 가지 어려움에 직면해 있다. 하나는 학생들이 사회적 위치 정하기로 인해 자신들의 '운명'을 느낄지도 모른다는 것이다. 만일 학생들이 이미 정해진 자신들의 사회적 위치에 갇혀 있다고 느낀다면 그들은 사회 변혁이라는 어려운 과제를 맡지 않을 것이다. 다른 하나는, [학생들이] 사회적 위치 정하기에 따른 운명을 무시하고, 축소하고, 지우려고 하거나 거부하려고 노력하는 것은 실패할 수밖에 없다는 점이다. 왜냐하면 정체성은 단지 자기 인식의 문제만이 아니기 때문이다.[31] 우리는 우리가 사회적 지위를 극복하려는 것을 반대하고, 우리를 독특한 방식으로 규정하려는 이런 시도들에 반발하는 사회구조나 개인들과 계속해서 부딪히게 된다. 그런데 더욱 우려되는 바는 특정 정체성에 부여된 사회적 의미를 바꿀 기회를 미리 차단하는 일이 분노를 조장할 가능성을 높인다는 점이다. 분노는 "과거의 무게와 확실히 차단된 미래"[FTPF, 344]에 갇혀 있는 듯한 느낌에 대한 반응이다. 학생들의 사회적 위치 정하기에 따른 이 분노는 억압하는 사람의 범주에 속한 것들에 대한 격분 또는 보다 광범위한 문화에 의해 부정되고 동시에 강화된 지배의 역사에서 비롯된 노여움 그 자체로 나타난다. 멜리사 오를리가 지적한 것처럼, 이 두 가지 사회적 위치 정하기가 지닌 문제는 "비난이 점점 더 고조되는 싸움에 갇힌 이들은 과거에서 벗어나거나 그것을 재조명하기는커녕 과거를 그대로 반복하고 그 무게를 더하고 있다"[FTPF, 345]는 것이다.

---

30. 여기서는 "우리가 보이는 것의 영향을 어떻게 드러내는지"에 대해 책임짐으로써 분노의 주기를 '불식시킨다'는 멜리사 오를리의 생각을 따른다. 그녀는 다음과 같이 설명한다. "우리는 우리 자신을 완전히 바꿀 수 없으며, 삶의 과정에서 우리가 다른 사람을 침해한다는 사실도 바꿀 수 없다. 하지만, 우리가 다른 사람을 침해하는 행위를 늘리는 사회적 규칙 유형들에 저항함으로써 그 결과를 뒤집을 때 … 우리는 우리 자신의 의미와 중요성을 바꿀 수 있다. 우리가 우리의 의도에 대한 다른 사람들의 주장에 반응하고 우리가 그것을 바꾸려는 의지를 보일 때, 우리는 예견된 것을 혼란에 빠뜨리고, 우리가 물려받은 주체의 지위에서 비롯되는 사회적 필연성을 재조정할 수 있다"("Forgiving Trespasses, Promising, Futures", p. 348 참조).
31. 이 부분은 정체성의 은폐와 분노 사이의 관계에 대한 오를리의 논의에서 차용하였다("Forgiving Trespasses, Promising, Futures", p. 344 참조).

아렌트는 늦음의 문제에 대한 일반적인 두 가지 반응을 경계한다. 늦음에 대한 지나친 인식은 그들 자신의 정체성-그들보다 앞선 세계에 의해 결정되어 세계를 뒤흔들거나 세계에 새로운 어떤 것을 가져올 가능성이 없는-에 의해 운명 지어졌다고 느끼는 '사회적 파리아social pariahs'들을 대거 양산해 낼 위험이 있다. 사회적 파리아들은 그들의 사회적 위치를 주어진 것으로 여긴다.FTPF, 345-346 그들은 자신의 정체성에 중심이 되는 사회적 위치로 전락하는 것을 극복하려 하지 않는다. 사회적 파리아들은 거의 전적으로 다른 사람들이 그들을 인식하고 그들의 위치를 정하는 방식에 따라 스스로를 규정한다. 곧, "**사회적 파리아**는 무엇임what-ness이란 주어지는 것이기에 바꿀 수 없는 것으로 받아들인다".FTPF, 345 사회적 파리아는 정치적인 문제다. 그들은 자신들의 사회적 위치와 연관된 정치적 지위나 의미를 바꾸려 하지 않는다. 한마디로, 그들은 자신들을 사회에서 배제한 데 대해 유의미한 정치적 저항을 하지 않은 채 자신들의 비참한 지위를 받아들인다.

사회적 위치 정하기와 '벼락부자parvenus'의 관계는 완전히 상반된다. 그들은 자신의 사회적 위치를 받아들이는 것을 거부한다. 벼락부자들의 문제는 역사에 대한 인식이 없다는 점이다. 그들도 새로움을 느낀다. 그러나 늦음에 관해 논할 때, 우리는 타자에 의해 위치 정해지는 것을 피할 수 없다. 벼락부자들이 이런 상황에 처한다면, 그들은 익숙지 않은 늦음에 당황한 채 어쩔 줄 몰라 할 것이다. 그리고 그들은 인간으로서의 공통된 지위를 계속 주장하면서 그들을 특정 부류의 사람으로 위치 정하려는 이들을 거부함으로써 어떤 식으로든 그것을 넘어서려고 한다. 문제는 그 또는 그녀의 사회적 지위를 뛰어넘으려는 벼락부자들의 바람이 좌절될 거라는 점이다.

결국, 벼락부자는 고착화되고 결정되어 피할 수 없는 사회적 파리아로서의 정체성을 공유하게 된다.FTPE, 345 둘 다 자신의 무엇임에서 벗어날 수 없다는 인식을 공유한 결과 분노를 느낄 수 있다. 다만, 사회적 파리아들은 자신들의 사회적 위치를 스스로 포기하는 경향이 있는 반면, 벼락부자들은 자신들의 무엇임에 대한 사회적 의미를 바꾸려고 하지 않은 채, 불만을 드러내며 자신들의 위치 정하기에 대해 다른 사람들을 비난하기 쉽다. 이런 상황을 피하려면, 세계에 너무 늦게 왔다거나 아주 새로 왔다는 느낌을 받지 않는 식으로 자신의 무엇임을 직시하는 것이다.

교사의 역할은 학생들이 자신의 늦음에 얽매이지 않고 그것과 마주할 수 있는 공간을 만드는 것이다. 이러한 공간에서 학생들은 자신의 사회적 지위를 넘어서려고 하지 않고 의미 있는 방식으로 그것을 재구성함으로써 지구상에 새로 온 존재로 경이롭게 살아갈 수 있게 된다.

이 지점에서 교사들은 탄생성의 일시적인 다른 측면을 마주한다. 학생들은 자기 삶의 여러 단계에서 늦음을 알아 가게 된다. 다수의 학생—특히 소수 집단의 학생들과 여성들—은 오랫동안 자신의 사회적 위치를 알고 있었겠지만, 그 외 다른 학생들은 특별히 자기 자신을 백인이나 남성 또는 이성애자로 생각해 본 적이 없을 것이다. 실제로, 많은 이들이 교실에서 처음으로 자신의 늦음에 직면하게 된다. 학생들은 서로 다른 사회적 위치와 시간의 맥락에 따라 서로 간에 그리고 자기 자신과 마주하게 되면 교실에 불균형을 양산하게 된다. 이 불균형 문제는 정체성 논의에서 대두되는 분노, 불편, 분개 그리고 저항의 정도에 따라 악화한다. 이는 어쩔 수 없는 난제다. 왜냐하면 정체성 정치는 책임과 자유에 관한 난해한 물음을 불러일으키며, 다른 사람들과 공유하는 세계에서 살아가는 것의 의미를 차단해 버리기 때문이다. 하지만 이 또한 좌절감을 느끼게 하는 만남이다. 그 이유는 다른 사람과 세계를 공유하는 것이 의미하는 바에 대해 생산적으로 사고하는 것을 비난하고 책망하는 것으로 대신하는 경우가 많기 때문이다.

안잘두아가 교실에서의 만남을 구성하는 데에 따른 문제점 중 하나는 그녀가 이러한 대립에 대해 무엇이 오래되고 익숙한 것인지를 인식하고 있으면서도-역설적이게도,- 눈에 띄게 친숙하면서도 놀랍도록 새로운 일이 일어난다는 사실은 인정하지 않았다는 점이다. '대표적인 사례'로, 안잘두아의 교실에서의 위치 정하기, 인종차별주의에 관심을 기울이는 일은 다른 학생들이 맡아야 한다고 백인 학생들이 **끈질기게** 주장하는 것처럼 보이는 것, (그리고 어떤 면에서는) 그런 백인 학생들에 대한 안잘두아의 실망감, 그리고 자신의 유색인 학생들이 표현한 '백 년간의 피로'에 대한 안잘두아의 확신은 인종 간의 충돌과 관련해서 너무 익숙한 것에 초점을 맞추고 있다. 다시 말해, 백인 여성들은 백인이라는 특권적 위치를 인식하고 있는 유색인 여성들에게 비난을 받는다. 그리고 다시 한번 안잘두아는 백인 여성들이 이러한 비난에 대해 방어적으로 얼버무리면서 순진하게 반응하는 것을 목격한다.

중요한 점은, 이런 좌절감과 피로가 교육적으로 유의미하다는 것이다. 백인 여성들은 직접적으로 인종차별을 다루는 데 따른 그 엄청난 불편함을 경계한다. 또한 그들은 이러한 논의의 반복적인 속성을 지적하는데, 이는 그들을 매우 노련한 참가자처럼 보이게 함으로써 말하는 내용과 말하는 사람 모두를 예측 가능하게 만든다. 하지만 아렌트 입장에서 만일 탄생성을 교육의 본질로 여긴다면, 이러한 절망이 교육적이라는 것 역시 우리를 매우 불안하게 한다. 잃어버린 것은 늙음 속에서도 명백히 드러나는 새로움의 가능성에 대한 감각이다. 만일 교육의 목적이 단지 늙음의 감각을 학생들에게 주입하는 것이라면, 가르치는 일은 참으로 우울한 시도가 될 것이다. 이 학생들이 교실에서 직면하는 사회적 위치 정하기의 의미를 재구성할 수 있도록 하는 것은-예기치 않은 사회적 관계를 형성하고 그 과정에서 깊숙이 자리 잡은 사회적 힘을 뒤흔드는- 희망의 가능성을 제시하면서 가르침을 회복하는 데 있다.

교사에게는 익숙한 내용이지만, 혼혈집단에서 인종차별에 대해 전혀 논의해 본 적이 없었던 일부 학생에게는 아주 생소한 내용일 수도 있다. 이러한 학생들은 인종과 인종차별 문제에 대해 이전에는 직접적으로-확실히 이 특정한 학급의 친구들에 의해서는 아니다- 책임지지 않았을 것이다. 일부 학생들에게는 이러한 만남이 익숙하더라도- 그리고 그들의 늦음에 대한 감각을 개선하기보단 오히려 강화하더라도- 학생들이 그들의 늦음을 인식하게 하는 비대칭적인 방식에 유념할 필요가 있다.

이것이 식민화된 이들을 어릴 때부터 '타자'로 규정짓는, 곧 파농이 흑인에 관해 지적한 바다. 반면, 백인인 미국인은 어린 나이에 다른 인종에 속한 사람이 그 인종으로 인해 다르게 드러나는 방식을 알게 되지만, 백인이라는 사실이 자신에게 부여하는 방식에 대해서는 훨씬 나중에야 깨닫게 된다. 따라서 백인 학생들은 유색인 학생이 자신의 피부색에 진력내는 것보다는 자신의 흰 피부색에 덜 **고달파**한다. 많은 이가 안잘두아의 수업에서 처음 백인으로 호명되었을 것이다. 안잘두아가 자신의 유대인 학생들이 표명했던 것에 대해 설명한 것처럼, 이러한 위치 정하기는 많은 학생을 몹시 불안하게 한다.[32] 늦음에 대한 이러한 비대칭적 반응과 이에 상응하는 불공평한 피로도는 이와 같은 논의가 어떻게 탄생성과 긴밀히 관련되는지를 보여 준다. 이런 식의 대립이 절대로 나아지지 않을 것처럼 보이는 이유는 그것이 문화적 차이에 따른 충돌을 특징짓는 이런 불균형의 직접적인 결과이기 때문이다. 신참자들은 끊임없이 태어나고 있으며, 그들은 계속해서 서로에게 그리고 세계에 소개되는 과정에 있다. 그들은 탄생성을 통해 서로 마

---

32. Anzaldúa, "Hacienda Caras", p. xx.

주하는 이들이 지닌 친숙하면서도 새로운 이 역설적 특성을 다름으로 대하게 된다. 각각의 대립은 우리가 다시 시작하는 것처럼 느끼게 한다. 여러 면에서 이것이 바로 우리가 하고 있는 일이다.

물론, 모든 백인에게 이러한 만남이 처음인 것은 아니다. 우리 중 다수는 이런 만남에 별다른 차이를 느끼지 못할 정도로 익숙하며, 단언컨대 그들은 각자 새로운 만남 속에서 인종에 대한 자기 인식을 '증명'하는 일에 전과 다름없이 지치고 좌절할 것이다. 하지만 [우리는] 이러한 피로를 실패한 사회 과정-이런 경우에 그 과정은 인종차별에 대한 투쟁이다-에 실망한 징후로 받아들이기보다는 윤리적 만남이 진행되고 있는 신호로 여겨야 한다. 유색인 학생들이 표현한 이 피로는 우리가 같은 시기에 존재하며, 서로를 낯설어하지 않는다는 것을 입증하는 것이다. 우리의 사회적 위치가 축소되면, 우리는 '우리와 같은' 다른 이들로 우리가 대체될 수 있음을 깨닫게 된다. 이는 차이를 불식시킴으로써 만남을 반복적인 특징으로 만들며, 이러한 만남 속에서 우리는 항상 처음부터 다시 시작하는 것 같은 좌절감을 느끼게 된다.

역으로, 우리가 여전히 이러한 만남을 이어 가고 있다는 사실은, 어느 정도 우리가 이것이 필연적으로 반복되는 것이며, 우리 각자가 동시에 그리고 서로에게 낯설지 않게 존재한다는 점을 인식하고 있음을 시사한다. 이런 점에서, 만남에 따른 피로는 실패의 흔적이 아니다. 오히려 그것은 윤리적으로 (타자를) 만나는 것이 힘든 과정임을 나타내는 신호다. 다른 사람에 관해 새로운 것을 인식하는 과정과 각각의 특정한 만남에 대해 참신한 것을 알아 가는 일은 이러한 만남이 피곤하다는 사실을 없애 주지 않는다. 하지만 그것은 차이를 넘어서 계속 되풀이되고 불가피한 만남에 따른 피로를 대신하게 된다.

여기서 문제는, 확실히 이 같은 대화와 대결이 우리를 예정된 어떤 곳-차이를 넘어 더 이상 마주할 필요가 없는 유토피아적 '차이 이후

postdifference'의 공간−으로 인도할 거라는 지배적인 믿음이다. 교육의 본질인 아렌트의 탄생성 개념은 서로 다른 순간에 이 세계에 소개되고, 서로 다른 시기에 이 세계와의 관계 속에서 자신들만의 방식을 창출하는, [이 세계에] 끊임없이 새롭게 유입되는 이들을 우리에게 상기시킴으로써 이러한 유토피아적 사유에 이의를 제기한다. 탄생성은 바바가 '시간지연time-lag'LC. 238이라고 부른 것보다 더 적절한 표현인데, 이는 보통 꾸준히 앞으로 나아가는 운동으로 여겨지는 것의 형태를 바꾸면서 우리가 진보라고 생각하는 방식에 문제를 제기한다. 시간지연에 대한 생각은 지속적인 시간의 흐름에 대한 전통적 개념을 제약하고 제한하면서 전진하는 것을 멈추게 하는 일시 중지를 떠오르게 한다. 이는 바바가 시간을 '끝없는 하락'으로 이해하고 사회 진보라는 개념 그 자체를 폄하하고 있음을 보여 주는 것이 아니다. 오히려 그는 과거가 어떻게 미래를 향한 근대화의 추진력을 늦추는지에 주목하면서 진보를 더 적절히 비유적으로 표현하고 있다. 이런 관점에서 볼 때, 시간은 더디게 계속 흐르며 사회 진보는 절대 보장할 수 없는 것이 된다. 시간지연은 늦음이 항상 새로운 가능성을 능가할 조짐을 보인다는 점을 강조한다. 그것은 또다시 시작해야만 하는 우리뿐만 아니라 그들만의 새로운 시작에 착수해야만 하는 이들, 곧 신참자들이 이 세계에 끊임없이 유입된다는 사실을 상기시킨다.

바바는 미래에도 계속 문제가 되는 식민지 과거의 인종적 구성으로 인해 새로움의 가능성이 제한되는 탈식민지적 틀 안에서 다루어지고 있는 새로움의 형태에 관해 쓰고 있다. 또한 그는 미래의 모든 가능성이 이미 소진되었음을 시사하는 포스트모던 패러다임에 내재한 비관주의를 염두에 두고 글을 쓰고 있다. 다만, 바바는 이 두 개의 입장에 대한 사회적 마비에 굴복하는 대신, 과거도 지워지지 않고, 세계에 새로움을 가져올 주체의 가능성도 사라지지 않는 '제3의 공간'을 그리고

있다.LC, 218

제3의 공간은 아렌트가 "과거와 미래 사이의 틈"[33]으로 명명한 것을 떠올리게 한다. 두 사람 모두 과거를 가능성의 공간과 연결시킨다. 바바는 그것을 "미래보다 앞선 형태인 투영된 과거"라고 한다. 이러한 공간 속에서, 과거의 조건들만이 미래를 결정하는 것은 아니다. 반면, 현재는 과거를 현재 또는 과거에 있었던 것뿐만 아니라 과거에 있었을 수도 있는 것의 측면에서 바라본다.LC, 251-253 제3의 공간은 학생들이 뒤늦게 스스로를 마주하게 되는 틈이다. 하지만 그들은 과거에 의해 잊히거나 결정되지 않는 방식으로 미래를 지향해야 한다. 이 지점에서 우리는 교사의 주된 역할에 다가서게 되는데, 교사의 임무는 탄생성을 보호함으로써 과거와 미래 사이의 틈이 자유와 가능성의 공간으로 열리게 하는 것이다.

과거와 미래의 틈에서 가르치기

정치와 교육이 결합해서는 안 된다는 아렌트의 주장은 매번 비판받아 왔다. 그리고 사실, 이 둘을 구분하려는 아렌트의 시도는 모든 수준의 교육에 정치가 끼어드는 방식을 고려할 때 차이 교육학 difference pedagogy을 지지하는 이들에게 불가능한 요구로 여겨질 수 있다.CE, 177 그런데 아렌트는 정치와 교육을 별개의 영역으로 구분하려는 것이 아니다. 오히려 그녀는 우리가 누군가를 가르칠 때 요구되는 책임과 자질을 정치에서 필요로 하는 것과 구분하려고 하는 것이다.

---

33. 특히, 아렌트의 "Preface", pp. 10-14를 참고.

정치에 대한 아렌트의 관점에서, 정치적 참여는 자유로운 행위를 할 수 있는 동등한 사람들 사이에서 자유롭게 행해지는 것이다. 그것은 '세계가 진행되는 과정에 대해 동등하게 책임'지는 것이다.CE, 190 교사는 세계가 진행되는 과정뿐만이 아니라 이 세계와 연결된 학생들의 성장에도 관련이 있기에, 교육자는 학생보다 더 많은 책임을 져야만 한다. 더욱이 교육자의 책임은 우리가 정치 활동가로 맡고 있는 임무와는 다르다.CE, 189-190 왜냐하면 [교육자]의 가르침은 우리를 탄생성과의 특정한 관계에 위치시키며, 학생들이 고단한 세계에서 정치적 행위자로 자리 잡을 수 있도록 준비시키는 일이기 때문이다. 그 고단한 세계는 우리가 변화의 조건들을 지시하지 않는 방식으로 '바로잡아야' 하며, 끊임없이 새로워져야 한다.CE, 192-193 학생들이 이 세계에서 새로운 어떤 것을 시작할 수 있다는 가능성을 보호하고 권태로운 세계에 새로 온 이들을 소개하려면, 교사는 '과거와 미래의 틈'에서 학생들을 만나야 한다.

이 틈은 역사로부터의 도피가 아니라 시간 속에 내재한 균열을 상징한다. 곧 현대인의 삶을 특징짓는 전통의 단절을 의미한다. 아렌트는 이러한 전통과의 단절이 위험하지 않은 것은 아니라고 지적한다－무엇보다도, 우리가 과거를 잊어버릴 위험이 있다는 것이다. 이는 결과적으로 현재를 이해하는 지침을 우리가 잃게 된다는 것을 의미한다.[34] 인종차별주의적이고 성차별적인 담론과 관행을 재조명하는 데 주의를 기울이지 않으면서 우리를 탈인종주의와 탈성차별적인 공간으로 들어서게 하려는, 곧 이러한 기억 장애가 분명히 드러나는 곳 가운데 대표적인 곳이 미국이다.

동시에, 아렌트는 "과거의 미리 결정된 형태로 각 세대를 묶는 사

---

34. Ibid., p. 13.

슬"[35]을 풀어내는 데 도움이 되는 전통의 단절에 대해 긍정하고 있다. 그 과정에서 우리가 역사에 의해 전적으로 결정되고 운명이 정해진다는 그 개념에 저항할 수 있는 자유의 공간이 열린다.[36] 그것은 각각의 새로운 존재에게 그들이 어떻게 만들어졌는지를 볼 수 있는 기회를 제공하고, 이러한 역사에 대응하여 그들 스스로를 바꿀 수 있도록 동기를 부여한다. 이 틈에서 가르치는 것은 과거를 가르치는 데 전념하고-이해와 지도를 위해 그리고 이 두 가지의 기저에 놓여 있는 기억의 보존을 위해- 학생들에게 상황을 바로잡도록 동기를 부여하는 일이다. 더불어 우리는 학생들의 미래를 결정하고 통제하려는 유혹에 저항해야만 한다.

이는 단순한 문제가 아니다. 교사들은 특정한 사회적 정체성으로 생기는 차이를 인식하고, 학생들이 자신의 정체성에 부여하는 차이에 주의를 기울여야 한다. 이는 [교사가] 일부 학생의 경우 이런 문제를 새롭게 접근할 수도 있지만, 동시에 또 다른 학생은 이를 지루해하거나 피곤하게 느낄 수도 있음을 인식해야 한다는 사실을 의미한다. 여기서 교사의 역할은 매우 중요하다. 왜냐하면 직접적인 대결의 힘을 경험한 바로 그 학생들이 한발 물러서서 다른 사람과의 만남이 어떤 의미에서는 항상 새로운 시작일 수 있음을 인식하고 있다고 기대하기는 어렵기 때문이다. 설령 그것이 깊이 침전된 문화적 기억으로 가득 차 있더라도 말이다. 마찬가지로 어떤 다른 학생들을 힘들게 하는 것은 그들이 늦었다는 사실이며, 그것이 다른 또래에게는 너무나 아무렇지 않아 보인다는 점을 알게 되는 것이다. 과거와 미래 사이의 틈에서 가르치는 일은 좌절이나 당혹감을 상쇄시키는 것이 아니라 이러한 반응으로 인해 학생들이 절망에 빠지지 않게 하는 것이다. 좌절과

---

35. Arendt, "What Is Authority?" in *Between Past and Future*, p. 94.
36. Ibid.

당혹감, 두 반응 모두 문제가 될 수 있다. 첫 번째는 [교사가] 근본적인 문제를 내버려 두려고 하기 때문이고, 두 번째는 교사가 학생들이 새로운 것을 시작하려는 위험을 감수하도록 영감을 주어야 할 책임을 회피하기 때문이다.

교사들에게 더 나은 전략은 학생들이 경험한 불협화음에 주의를 기울이고, 이에 관심을 쏟도록 하는 일이다. 우리 중 일부는 자신의 사회적 지위를 보편적인 것으로 경험하는 데 반해, 다른 이들은 파농의 위치에서 특정 부류의 사람으로 치부되는 이유가 무엇인가? 사회적 위치 정하기에 대한 이렇듯 다양한 우리의 인식 수준은 어떻게 우리가 세계와 서로에게 관계 맺는 방식을 구체화하는가? 우리는 우리의 사회적 지위로 인해 어떠한 책임을 지고 있는가? 그리고 우리는 이러한 사회적 위치 정하기와 관련해서 어떠한 자유를 누리는가?[37] 이상의 질문은 학생들이 자신들과 다른 이들이 세계를 경험하는 방식에 대해, 그리고 자신들의 사회적 위치 정하기가 다른 사람들의 그것을 구체화하는 방식에 대해 생각하게 한다. 이런 식으로 사회적 위치 정하기의 관계적 측면이 전면에 드러난다. 새로운 관계와 전에 없던 사회적 현실을 낳을 가능성은 이러한 깨달음과 인식에서 시작된다.

가르침의 다른 측면과 마찬가지로, 교사가 이 정도로 책임지는 데에는 엄청난 인내가 필요하다. 왜냐하면 이런 만남이 끝없이 이어지기 때문이다. 새로운 세대가 태어나는 한 교사들은 필요할 것이다. 새로운 세대의 바로 그 다양성의 범주는 변할 것이며, 교사들의 사회적 영향력은 더 커지거나 작아질 수 있다. 하지만 우리는 항상 아렌트가 "시간의 중심에 있는 작은 비시간적 공간, 곧 우리가 태어난 세계와 문화와 달리, 그것은 제시될 뿐, 과거로부터 물려받거나 이어질 수 없다.

---

37. Orlie, "Forgiving Trespasses, Promising, Futures", pp. 343-345.

새로운 각 세대, 실제로 모든 새로운 인간 존재는 무한한 과거와 끝없는 미래 사이에 자기 자신을 들어서게 할 때, 그것을 발견하고 천천히 새로워지게 해야 한다"[38]라고 기술한 것을 확인하게 될 것이다.

성공에 대한 좀 더 구체적인 기준을 가진 여러 유형의 교육과 달리, 이러한 가르침에 따른 인내는 실제적인 보상이 주어지지 않는다. 여기에 아렌트가 '새로움의 파토스'라고 명명한 것이 있다. 우리가 노력한 결과는 언제나 불확실하다. 특히 이것은 우리에게 진보와 사회적 쇄신에 대한 다른 개념, 곧 무궁한 변화의 속도를 담아낼 수 있는 개념이 필요하다는 것을 의미한다. 사회적 진보가 이런 유형의 만남을 점차 쓸모없게 할 유토피아적 미래를 향해 순조롭게 진행된다는 생각은 여러모로 우리가 세계에서 다른 이들과 함께 존재하는 데 따른 책임을 회피하는 것과 관련이 있다. 바로 이것이 아렌트가 도덕적 진보, 곧 인간 존재의 '무한한 완전성'에 대한 계몽주의적 관점에 대해 문제를 제기한 이유다.[39] 아렌트가 볼 때, 그것이 20세기의 비극적 환상으로 드러났기 때문이 아니라, 탄생성과 복수성이라는 '인간의 조건'을 고려하지 못했기 때문이다.

아렌트가 '인간관계의 그물망'이라고 표현한 것과 관련해서 항상 일어나는 인간사의 특성과 직선의 형태가 아닌 그 자체로 얽히고설킨 독특한 시간의 특성으로 인해, 우리는 인간의 완전성에 대한 계몽주의의 이상을 실현해 낼 수 없다. 인간이 세계에 끊임없이 태어나고 스스로 그 세계의 '그물망'으로 들어선다는 단순한 사실은 새로움이 인식 가능한 지향점을 향해 결코 단순히 진행되지 않을 것이라는 점을 뜻한다.

이는 사회 변혁을 위한 가르침 자체가 교사들에게 부단한 혁신의

---

38. Arendt, "Preface", p. 13.
39. Arendt, "The Crisis in Education", pp. 176-178.

노력을 요구하고 있음을 의미한다. 세계에 새로운 이들이 끊임없이 태어나고 그들이 세계에 소개될 필요가 있기에, 우리는 교사로서 우리의 임무에 바바의 시간지연이라는 개념을 반영하고, 실제로 그 패러다임을 인식할 필요가 있다. 교사로서 우리는 과거와 미래의 시간 사이에 존재하며, 이 '시간의 중심에 있는 작은 비시간적 공간' 속에서 각 세대와 각 세대의 모든 아이가 지닌 "새로움을 보전"[40]하는 일을 거듭 맡아 달라는 요청을 받는다.

---

40. Arendt, "Preface", p. 13.

2

한나 아렌트의 권위 개념:
교육적 보수주의에 대한 재고찰

모르데하이 고든(Mordechai Gordon)

*이 글의 초고는《교육이론Educational Theory》통권 49권 2호(1999년 봄)의 161 ~180쪽에 수록되었다.

교육을 보수적으로 바라보는 대부분의 사람들은 젊은 세대에게 가르칠 필요가 있는 과목들과 근본적이고 도덕적인 가치들을 강조한다. 에드워드 윈Edward Wynne 같은 교육자들에게 학교의 주된 역할은 젊은 세대에게 위대한 전통의 도덕적 가치들을 주입하는 것이다.[1] 학생들에게 변화와 혁신의 기회를 제공해야 한다고 믿는 보수주의 교육자를 만나기는 쉽지 않다. 그들은 복수성, 개개인의 창의성, 그리고 비판적 시민성과 같은 문제들을 무시하기 때문에, 바바라 핀켈스타인 Barbara Finkelstein 같은 이들이 밝혔듯이, 이러한 교육자들은 현재 이루어지고 있는 민주주의 교육 논쟁에 크게 기여할 수 없다.[2]

이 장에서는 한나 아렌트의 보수주의를 소개한다. 그녀의 논의는 다수의 보수적인 주장의 극우적 성향에 반대하며 독특하게 접근하고

---

1. Edward A. Wynne, "The Great Tradition in Education: Transmitting Moral Values", *Educational Leadership*, vol. 43 (December 1985/January 1986): 9. 그리고 Edward A. Wynne과 Herbert Walberg의 "The Complementary Goals of Character Development and Academic Excellence"를 앞의 *Educational Leadership*의 동일한 권호 pp. 15-18을 통해 확인하라.
2. Barbara Finkelstein, "Education and the Retreat from Democracy in the United States, 1979-198?", *Teachers College Record*, vol. 86 (Winter 1984)와 Henry A. Giroux, "Schooling and the Politics of Ethics: Beyond Liberal and Conservative Discourses", *Journal of Education*, vol. 169, no. 2(1987): 14-15 를 참고하라.

있다. 먼저 주류 보수주의의 권위에 대한 관점과 그 궤를 같이하는 아렌트의 권위 개념을 제시하고자 한다. 하지만 아렌트가 전개한 정치철학은 그녀의 실존주의적 신념에 상당한 영향을 받았기 때문에, '보수적인' 것과는 거리가 멀다. 아렌트는 권위에 대한 전통적 관점과 정치에 대한 실존주의적 접근이라는 색다른 조합을 통해 교육에 대한 입장을 구체화하는데, 이 글의 두 번째 부분에서는 이를 다룰 것이다. 아렌트의 교육을 보는 관점이 이 두 가지 요소에 의한 것임을 확인하지 않고는 그녀의 입장을 충분히 이해할 수 없다. 이에 교육에서 아렌트의 권위에 대한 입장을 주류 보수주의적 관점과 비교하고, 그녀의 생각이 이러한 접근 방식에 진정한 대안이 될 수 있는지를 논할 것이다. 이는 교육에서 보수주의의 의미를 새롭게 조명하는 것이다. 이 글의 마지막에서는 권위에 대한 아렌트의 통찰이 민주주의 교육 논의에 시사하는 바를 고찰한다. 두 주류의 보수주의적 관점과 달리, 민주주의 교육에 중요한 여러 의미를 함축하고 있는 아렌트의 교육적 권위 개념이 무엇인지를 보여 주고자 한다.

권위와 정치적 존재

보수주의 권위 개념에 대한 역사적 접근

아렌트와 주류 보수주의자들의 권위에 대한 개념의 유사성을 논의하기에 앞서, 이 글에서 '보수적'이라는 용어가 의미하는 바를 간략히 언급하고자 한다. 보수주의자들 사이에 유의미한 차이가 있긴 하지만, 그들 대부분이 공유하고 있는 주된 관점을 제시해 볼 수 있다. 보수주의란 과거에 성공적으로 확립된 관습, 가치 그리고 제도를 보존하려는 태도를 의미한다. 대부분의 보수주의 사상가들은 "미덕, 안정성, 그리고 문명이 오랫동안 확립된 제도의 연속성에 기반한다는 데 동의했다. 정치적 안정성은 국가, 교회, 가정에 토대를 두고 세워지지만, 도덕적 안정은 강한 의무감, 오히려 종교적 신념에 따라 좌우된다."[3] 보수주의자들은 대개 급진적인 사회의 변혁, 특히 정부가 사회의 소외된 부문을 나아지게 하려고 도입한 변화를 의심하며, 심지어 그것에 적대적이기까지 하다. 그들이 변화와 개혁을 요구할 때조차, 그들은 주로 전통의 일부 가치와 관행이 지닌 이전의 영향력을 회복하려고 한다.

보수주의에 대한 이러한 일반적인 정의를 고려할 때, 권위와 관련해서 아렌트가 주류 보수주의자들과 접점을 이루는 최소 네 가지의 기본 가정을 확인할 수 있다. 가령, 이브 사이먼Yves Simon은 권위의 필요성이 진실 주장에 대한 합의의 부족이나 정의의 결핍에서 비롯되는 것은 아니라고 주장한다. 오히려 권위는 본질적이고 건설적인 목적을 갖는다.

공동체가 공동선을 위해 나아가고 있다는 점을 감안하면, 그리고 이러한 공동체 편에서 주어진, 다양한 방식으로 선을 이룰 수 있는 가능성을 수반한 탁월함의 정도인, 권위는 필수 불가결한 역할을 맡고, 이 역할은 전적으로 충만함과 성취에서 비롯된다. … 이상적으로 계몽된, 그리고 미덕의 공동체는 그 행위를 통합할 수 있는 권위가 필요하다. 우연히, 무지의 소치로 종종 환상에 빠지는 공동체보다는 권위가 덜 필요할 수 있다. 하지만 본질적으로 권위는 악과 무지에 시달리는 그 어떤 공동체보다 더 강력하다. 그리고 더 강력한 힘으로, 권위는 만장일치로는 해결할 수 없는, 오직 권위로만 해결할 수 있는 통합에 대한 새로운 문제와 관련된 선택을 통제한다.[4]

---

3. Kenneth Minogue, "Conservatism", in *The Encyclopedia of Philosophy*, ed. Paul Edwards, vol. 1 (New York: Collier Macmillan Publishers, 1967), p. 196.

많은 보수주의자가 가지고 있는 하나의 가정은 권위가 공동체의 삶 속에서 본질적으로 긍정적인 역할을 한다는 점이다. 반면, 사이먼과 같은 보수주의자들은 그들이 권위의 주된 역할이 건설적이라고 주장하듯, 이성보다는 권위에 따라 논쟁이 이루어질 때면 권위 역시 어느 정도는 부정적으로 기능할 수 있다고 인정한다.

권위의 역할이 본질적으로 건설적이라는 의미는 로마의 권위 개념에 대한 아렌트의 어원적 해석에 기초한다. "**아우크토리타스**auctoritas 는 '증대augment'를 의미하는 동사 **아우게레**augere에서 비롯되었으며, 권위나 권위적 위치에 있는 이들이 계속해서 증대시키는 것은 바로 그 [건국의] 토대가 된다. 권위를 부여받은 이들은 연장자들, 원로원 또는 **원로원의 원로들**이다. 그들은 장차 도래할 모든 것의 기초를 놓은 자들, 곧 로마인들이 **마이오레스**maiores(위대한 자)라고 불렀던 선조들로부터 전승되는 방식으로 권위를 획득했다."[5] 아렌트의 관점에서, '권위'는 긍정적인 의미를 함축한 '증대'와 '토대'라는 말과 긴밀하게 연결되어 있다. 이러한 맥락에서 '토대'는 제도, 법률, 그리고 가치로 로마라는 도시의 원형을 세우는 것을 의미하는 반면, '증대시키는 것'은 그 원래의 토대에 더해 가고 그것을 강화해 가는 방식을 말한다. 따라서 주류 보수주의자들과 같이, 아렌트는 권위의 역할이 부정적이고 제한적이라기보다는 본질적으로 긍정적이고 건설적이라고 확신한다.

아렌트가 보수주의 사상가들과 공유하는 또 다른 가정은 권위가 전통과 종교 모두에 긴밀하게 연결되어 있다는 점이다. 보수주의자들은 권위, 전통, 종교 일체를 우리가 현재 행위하고 사유하는 방식의 토대로 여긴다. 이 세 가지는 우리 삶에 안정과 의미 그리고 미덕을 제

---

4. Yves R. Simon, *A General Theory of Authority* (Notre Dame, IN: University of Notre Dame Press, 1980), pp. 49-50.
5. Hannah Arendt, "What Is Authority?" in *Between Past and Future* (New York: Penguin Books, 1977), pp. 121-122. 이후의 인용은 WA로 표기한다.

시하기 때문에 필수 불가결한 것으로 간주된다. 더욱이 보수주의자들이 볼 때, 폭력과 십 대의 임신과 같은 문제가 급증하는 것은 권위, 전통 그리고 종교의 삼위일체 관계가 끊어진 것과 관련이 깊다. 물론 아렌트는 주류 보수주의자들이 이 삼위일체를 무비판적으로 따르는 것을 옹호하지는 않지만, 그녀는 역사적으로 이 세 가지가 연결되어 있다는 데는 동의한다. 실제로 그녀는 누군가가 삼위일체의 요소 가운데 하나에 이의를 제기하면, 다른 두 요소에 대해서도 확신하기 어렵게 된다고 주장한다. 가령, 현대에 정치적 권위의 쇠퇴는 전통과 종교의 상실이기도 하다는 점에서 중대한 손실이 아닐 수 없다. "권위도 없이, 권위의 원천이 권력과 권력에 속한 이들을 넘어선다는 인식도 없이 정치 영역에서 살아가는 일은 신성한 시작에 대한 종교적 믿음 없이 그리고 전통적이며 분명한 행동 기준의 보호 없이 인간이 함께 살아가는 데 따른 기본적인 문제에 새롭게 직면하게 된다는 것을 의미한다."WA, 141

주류 보수주의자들과 아렌트가 공유하는 세 번째 가정은 공동체 삶에서 권위의 목적에 대한 문제와 관련이 있다. 많은 보수주의 사상가는 공동체에서 개별 구성원의 행위를 통합하기 위해서 권위가 필요하다고 주장한다. 사이먼에 따르면, "공동체는 다수의 개인으로 구성되어 있기에, 행위의 일치를 당연시할 수 없다. 근거가 있어야만 한다. 더 나아가 공동체가 지속되려면, 일치된 행위의 근거는 확고하고 안정적이어야만 한다".[6] 공동체는 서로 다른 개인들로 구성되어 있기에, 각자가 동일한 절차와 규범을 따르도록 보장하는 원칙이 필요하다. 보수주의자들은 권위가 아마도 이러한 판단과 행위를 일치시킬 수 있는 유일한 원칙일 거라고 확신한다. 하지만 아렌트는 확실히 이 부분에

---

6. Simon, *A General Theory*, p. 32.

대해서는 동의하지 않으며, 그녀는 (아래에서 논한) 행위 개념을 통해 민주주의의 삶에서 공적 논의와 깊은 사유가 중요하다는 점을 보여 준다. 그렇지만 주류 보수주의자들과 마찬가지로, 아렌트는 역사적으로 권위가 "정치 구조에 지속성, 연속성 그리고 영속성을 부여한"WA, 127 원칙이라고 주장한다. 아렌트는 과거에 인간 행위를 통합하고 인간 존재에게 의미와 일관성을 부여한 것이 바로 이 동일한 원칙이라고 확신한다.

마지막으로, 아렌트는 권위가 설득과 합리적 토론에 달려 있지 않다는 많은 보수주의자의 의견에 동조한다. 아렌트는 권위와 달리 설득은 동등한 관계를 전제로 하고 논쟁 과정을 통해 작동하기 때문에 이둘은 근본적으로 다르다고 생각한다. "논쟁이 이루어지는 곳에서 권위는 보류된다. 항상 위계적인 권위주의적 질서는 설득의 평등주의적 질서와 대립한다."WA, 93 이것은 보수주의자들이 권위 관계에 의한 복종이 합리적 토론과 설득에 달려 있다는 많은 자유주의자의 주장에 반대하고 있음을 의미한다. 그들은 전문가의 권위란 전문가의 우수한 지식과 도덕적 청렴성에 대한 그 대상자들의 신뢰에 기반한다고 지적한다. 결론적으로, 이 권위는 거의 항상 논쟁 없이 받아들여지며, 그것에 대하여 의문을 제기하거나 의심할 수 없다. 알벤 마이클 니만Alven Michael Neiman은 이를 교사와 학생의 예를 통해 설명한다. "수학을 공부하는 학생들은 단순히 교사가 말하는 것에 기초하여 분수를 나누는 특정한 공식이 확실하다고 믿는다. 그들은 시를 모두가 유사한 방식으로 해석하게 하는 특정한 개념을 받아들이고 표현하게 된다. 이두 사례에서 학생들은 토론이나 논쟁 없이 그들이 받아들인 것이 옳다고 암묵적으로 믿는다."[7] 니만과 사이먼 같은 보수주의자들은 지위

---

7. Alven Michael Neiman, "Education, Power, and the Authority of Knowledge", *Teachers College Record*, vol. 88 (Fall 1986): 68.

를 가진 사람과 그들의 지시를 따르는 사람 사이의 권위 관계가 "그것의 적절성과 정당성을 모두가 인정하고 그 안에서 미리 정해진 안정된 곳을 확보하는"WA. 93 위계질서에 놓인다는 아렌트의 견해와 논조를 같이한다.

정치적 존재에 대한 실존주의적 관점

지금까지는 권위에 대한 아렌트의 개념이 주류 보수주의자들의 관점과 접점을 이루는 몇 가지 근본적인 가정들이 있다는 점을 피력했다. 그런데 곧 확인하겠지만, 이러한 '보수적' 개념은 교육적 권위에 대한 아렌트의 입장을 충분히 설명하지 못한다. 아렌트의 교육적 권위 개념을 확실히 이해하기 위해서는 그녀의 행위와 탄생성 개념 또한 다룰 필요가 있다. 행위와 탄생성 개념이 정치적 존재에 대한 아렌트의 접근 방식을 이해하는 데 핵심이 되기 때문이다.

『인간의 조건』에서, 아렌트는 역사 속에서 행위하고 새로운 시작을 창조하려는 행위자의 입장에서 정치적 존재를 논한다. 아렌트에 따르면 정치적 행위는 '탄생성'이라는 인간의 조건, 곧 우리는 탄생을 통해 이 세계에 들어섰으며, 각각의 탄생은 전적으로 새로운 시작이라는 사실과 관련이 있다.

탄생에 의한 새로운 시작은 세계에 새로 온 사람이 어떤 것을 새롭게 시작할 수 있는 능력, 곧 행위 능력을 발휘하는 그 세계에서만 겉으로 드러날 수 있다. 이러한 창발성의 의미에서, 행위의 요소, 곧 탄생성의 요소는 모든 인간 활동에 내재되어 있다. 더욱이, 행위는 탁월한 정치 활동이기 때문에 사멸성이 아닌 탄생성은 형이상학적 사고와 구별되는 정치사상의 핵심 범주가 된다.[8]

아렌트는 행위하는 것이 말과 행위로서 스스로 세계에 들어서는 일이라고 설명한다. 하지만 이러한 들어섬은 노동의 필연성에 의한 것도 아니며, 작업의 유용성에 따라 촉발된 것도 아니다. 아렌트가 주장하는 행위는 종종 우리가 함께하길 원하는 다른 사람들의 현존에 의해 일어나지만, 결코 그들에 의해 좌우되지는 않는다. 행위의 욕구는 시작으로부터 나온다. 그것은 우리가 태어난 세계에 들어서서 처음으로 새로운 어떤 것을 시작함으로써 세계에 반응하는 것이다.

아렌트가 주장하는 핵심은 두 가지다. 첫째, 행위의 가치는 단지 더 높은 목적을 달성하기 위한 수단에 불과한 작업이나 노동과 달리, 활동 그 자체에 있다는 것이다.[9] 행위는 목적이 없기에 수단/목적의 범주를 벗어난 시각으로 신중하게 봐야 한다. 그 행위 과정의 힘은 결코 분명한 결과를 가져오는 하나의 행위로 축소될 수 없지만, 반대로 그 결과가 배가될 때 확대될 수 있다. 둘째, 동물의 행동과 달리, 인간 행위는 완전히 조건화되거나 통제될 수 없다는 사실이다. 다시 말해, 탄생과 마찬가지로 행위는 그 결과를 미리 완전히 예측할 수 없기에 의외의 요소를 내포하고 있다. 이는 행위가 이 세계에서 (유일하게) 시작하고, (처음으로) 시작하는, 그래서 뜻밖의 일을 해내는 능력이 있는 존재들이 합심해서 이루어 내는 것이기 때문이다. 어느 누구도 혁명은 물론, 공개 토론이나 노동자 파업으로 인한 모든 가능한 결과를 결코 예상할 수 없다. 요컨대 행위는 자유라는 인간 조건의 실현이다. 그것은 완전히 새로운 것을 시작할 수 있는 우리의 능력을 실현하는 것이다.

---

8. Hannah Arendt, *The Human Condition* (Chicago: University of Chicago Press, 1968), p. 9.
9. 이는 활동이 끝나고 나면, 우리가 이미 보고 들은 것에 대한 기억 외에는 그 어떤 흔적도 남기지 않는다는 점에서 정치적 행위는 공연 예술과 흡사하다는 아렌트의 관점과 관련이 있다.

하지만 아렌트는 우리에게 이 행위가 일종의 수단/목적을 초월하는 활동이며, 자유를 경험하는 것과 같은 활동이라는 사실보다는, 그것이 정치적 존재에 대해 더 많은 것을 알려 준다는 점을 제시한다. 이에 못지않게 중요한 것은 행위가 역사의 파멸과 역사적 흐름의 비극으로부터 인간 행위를 구한다는 점을 아렌트가 꿰뚫어 보았다는 점이다. 만일 이러한 인간사를 고려하지 않는다면, 인간 삶의 과정은 모든 인간의 개별적 삶이 필연적으로 마주하게 되는 사멸성의 법칙을 따라야만 한다. 행위는 새로운 것을 시작하기 위해 되돌릴 수 없고 예측할 수 없는 인간 삶의 과정을 가로막는 활동이다. 요점은 [인간 삶의 과정을] 중단시키고 다시 시작할 수 있도록 하는 능력으로서 행위가 인간 존재에게 의미를 부여한다는 것이다. 그렇지 않으면, 인간 존재는 화산 활동과 같은 다른 자연적 과정과 유사하게 될 것이다.

인간 행위의 비가역성과 예측 불가능성을 해결하기 위해, 행위는 더 대단한 능력을 취할 필요가 없다. 왜냐하면 이 [비가역성과 예측 불가능성이라는] 곤경에 대한 해결책이 행위 자체에 내재된 특성 중 하나이기 때문이다. 인간 행위의 비가역성에 대한 해결책이 용서인 반면, 미래의 불확실성에 대한 대안은 약속하고 지키는 데 있다. 용서받지 않은 채 우리는 우리 행위의 나쁜 결과에서 결코 해방될 수 없으며, 따라서 우리가 새롭게 행위할 수 있는 능력도 크게 제한될 것이다. 또한 약속을 지키지 않는다면, 우리는 인간의 자유와 복수성으로 인해 동시에 야기되는 혼란스러운 미래를 결코 극복할 수 없을 것이다. 시작하고, 용서하며, 그리고 약속하는 힘을 고려하면, 행위는 기적과도 같다. 이러한 기적은 인간사에 믿음과 희망을 부여할 뿐만 아니라 위대함(위대한 말과 행위)이 언제나 정치 영역의 일부가 되도록 보장한다. "인간사의 영역인 세계를 그것의 정상적이고 '자연적인' 파멸에서 벗어나게 하는 기적은 궁극적으로 탄생성이다. 인간의 행위 능력은 존재론적으로 이 탄생성에 기초한다. 다시 말해, 기적은 바로 인간이 태어났기 때문에 가능한 행위, 곧 새로운 인간의 탄생과 새로운 시작이다."[10]

이 간략한 설명은 아렌트가 비록 고대 그리스와 로마의 경험과 철학에서 자신의 정치 개념을 상당 부분 이끌어 냈다고 하더라도, 아렌트 사유에는 실존주의적 요소가 농후하다는 점을 보여 준다. 아렌트는 대부분의 정치철학자들보다 위력적인 역사 과정과 오래된 억압 제도(가령, 현대의 혁명을 가능하게 했던 것)에 직면하여 새로운 것을 행하고 시작할 수 있는 인간의 능력을 더욱 강조한다. 그리고 아렌트는 일반 시민이 공적 관심사에 대한 이슈들을 모으고, 숙고하며 그리고 결정할 기회를 갖지 못한다면, 어떤 민주주의 국가도 평등하고 정당한 국가로 여겨질 수 없다고 주장한다. 이러한 사회에서, 정치적 계획에 따라 다른 사람들과 함께할 자유, 곧 개인의 적극적 자유는 보장된다. 이러한 자유에는 우리가 내린 결정에 대한 책임이 따른다고 아렌트는 믿고 있다. 공적 사안을 결정할 자유를 부여받은 시민들이 자신들의 이러한 결정에 책임을 지지 않는다면, 이는 이치에 맞지 않는다. 이제 이러한 실존주의적 신념이 교육에 대한 아렌트의 관점에 어떤 심오한 영향을 미쳤는지를 확인할 것이다.

교육적 '보수주의'에 대한 재고찰

교육에서의 권위

「교육의 위기」에서 아렌트는 1950년대 후반의 교육적 권위의 위기

---

10. Arendt, *The Human Condition*, p. 247.

를, 곧 현재까지 지속되는 위기에 대해 미국이라는 특수한 사회의 지역적 현상일 뿐, 20세기 전반의 문제와는 관련이 없다고 주장하는 이들을 비판한다. [이들의 주장이] 사실이라면, 미국 학교의 위기는 정치적인 문제가 되지 않았을 것이며, 교육자들은 제때 [이 권위의 위기에] 대처할 수 있었을 것이다. 아렌트는 미국의 학교 체제 전반이 초등학교 수준으로 떨어진 것보다 더 많은 문제가 이것과 관련 있다고 느꼈다. 오히려 문제는 서구 세계에 만연한 권위의 실추가 일반적으로 미국의 학교 체제와 교육 전반에 스며들었다는 것이다. 따라서 아렌트는 미국에서 여전히 실제로 느낄 수 있는 교육의 위기가 머지않은 미래에 다른 국가에서도 어렵지 않게 현실로 드러날 수 있다고 확신한다.

그렇다면 미국 교육 체제에서 점점 약화되고 있는 특정 권위의 본질은 무엇인가? 아렌트에게 교육에서의 권위는 세계에 대해 책임지는 일과 밀접한 관련이 있다. 그녀는 이렇게 설명한다.

교육자들은 이곳에서 세계의 대표자로서 젊은이들과 관계를 맺는다. 비록 젊은이들이 그들 스스로 세계를 만들지 않더라도, 심지어 비밀스럽게 혹은 공개적으로 기존의 세계가 아닌 다른 세계를 원할지라도 그들은 세계를 위해 책임을 져야 한다. 이 책임은 교육자에게 임의로 부과되지 않는다. 그것은 어른들이 끊임없이 변화하는 세계에 젊은이들을 소개해야 한다는 사실을 내포한다. … 교육에서 세계를 위한 이러한 책임은 권위의 형태를 띤다. 교육자의 권위와 교사의 자격은 같지 않다. 자격의 기준이 권위와 불가분의 관계에 있다 하더라도, 최고의 자격은 결코 그 자체로 권위를 불러일으키지 못한다. 교사의 자격은 세계에 대한 지식을 갖추고 다른 사람에게 그것을 가르치는 데 있지만, 교사의 권위는 세계에 대하여 책임을 지는 데 달려 있다. 아이와의 관계에서, 교사는 [세계 내] 모든 어른을 대표하여 아이들에게 [세계에 관한] 세부 사항을 알려 주고 그들에게 다음과 같이 말하는 것 같다. 이것이 우리의 세계다.[11]

이 구절을 길게 인용한 이유는 이 글이 아렌트가 교육에서 권위의 본질에 대해 생각한 바를 보여 주었을 뿐만 아니라 교육적 권위와 정치적 권위의 연관성에 대해서도 알려 주고 있기 때문이다. 또한 그것은 아렌트의 실존주의적 신념이 교육에 대한 생각에 어떠한 영향을 미쳤는지를 보여 준다. 고대 로마인들에게는 물론 미공화국의 창시자를 포함해 많은 후손에게도, 진정한 권위는 언제나 세상 돌아가는 일에 함께 책임을 지는 것이었다. 권위를 가진 이들은 자신과 자신의 재산 그리고 자신들의 권한 아래 있는 모든 사람과 모든 것에 책임을 져야 한다는 사실을 알고 있었다. 마찬가지로 교육에서도 아렌트는 부모와 교사들이 권위를 가지려면, 그들은 젊은이들이 공통세계에 참여할 수 있도록 준비시키는 데 책임을 다해야 한다고 주장한다. 이에 아렌트의 교육적 권위 개념은 고대 로마의 정치적 권위 경험에 대한 그녀의 이해에 기초한다.

하지만 교사의 권위가 그들이 세계를 책임지는 일에 달려 있다는 아렌트의 주장은 교육에 대한 그녀의 입장이 어떻게 실존주의적 신념에 의해 형성되었는지를 보여 준다. 아렌트가 주장한 것처럼, 젊은이들을 세계에 소개할 책임이 부모와 교사에게 있다는 것은 책임과 자유가 인간 조건의 근본적인 가능성임을 전제로 한다. 사실 아렌트는 현재 교육의 이러한 권위 상실이 부분적으로는 이러한 책임을 거부한 부모와 교사들에게 있다고 본다. 교육의 영역에서, 아렌트는 어른과

---

11. Hannah Arendt, "The Crisis in Education", in *Between Past and Future*, p. 189. 이후의 인용은 CE로 표기한다.

아이가 동등하게 아이들의 교육을 책임질 수 없다고 주장한다. "아이들은 마치 그들이 다수의 어른에게 억압받는 것처럼 느껴지더라도, 이러한 교육적 권위를 떨쳐 버릴 수는 없다."CE, 190[12] 오히려 아렌트는 어른들에 의해 권위가 상실되었다고 생각한다. 이는 어른들이 아이들을 태어나게 한 그 세계에 대한 책임을 점점 더 거부하고 있다는 것을 의미한다. 이를 설명하기 위해, 우리는 미국에서 일어나고 있는 수많은 일을 생각해 볼 필요가 있다. 가령 마약과 알코올을 남용하는 부모들은 그들의 자녀를 세계에 소개하는 데 대개 혹은 전혀 책임을 질 수 없다.

따라서 아렌트는 자신의 실존적 신념에 기초한 전통적 권위 개념에 따라 교육에 대한 독특한 보수주의적 접근 방식을 마련했다. 오해를 피하기 위해 아렌트는 다음과 같이 설명한다. "교육활동의 본질은 보전의 의미에서 보수적이어야 한다. 교육의 임무는 항상 어떤 것-세계에 대항하는 아이, 아이에게 대항하는 세계, 낡음에 대항하는 새로움, 새로움에 대항하는 낡음-을 소중히 여기고 보호하는 것이다. 그러므로 세계를 위한 포괄적 책임까지도 당연히 보수적인 태도를 취한다."CE, 192 다시 말해, 이는 젊은이들을 자기 마음대로 하게 내버려 둔다면, 세계의 일부를 파괴할지도 모르기에 그들로부터 세계를 보전해야 함을 의미한다. 아렌트에 의하면, 세계는 끊임없이 언제가 필멸할 사람들에 의해 계속 만들어지기 때문에, 세계는 그들처럼 필멸하고 일시적인 것이 될 위험에 처해 있다. 여기서 아렌트는 인간이 만들어 낸 세계, 즉 인간 문화의 총체를 주로 다룬다. 세계를 창조한 이들의 사멸성에 대항하여 이러한 인간 세계를 보전하는 일은 끊임없이 세계를 새롭게 함으로써 세계에 거주하게 될 다음 세대들을 위한 안정된 장

---

12. 이 주장은 과거에 사용된 선동적이고 선제적인 교육 방법이 좀 더 자유주의적이고 민주적인 접근 방식으로 대체되었기 때문에 오늘날 특히 강한 의미를 지닌다.

소를 제공할 수 있어야 함을 의미한다. 이 지점은 주류 보수주의자들의 주장을 떠오르게 한다. 그들은 젊은이들에게 과거의 가치와 위대한 사상을 전달함으로써 사회와 전통을 지켜야 한다고 역설한다.

다만, 아렌트는 이에 대해 더 강한 입장을 내세운다. 교육적 보수주의는 모든 아이의 새롭고 혁신적인 것을 억압하려는 세계(예를 들어 사회적 관습)에서 아이들을 보호하려는 어른들의 의지를 말한다. 주류 보수주의자들은 어렵게 이 세계에 새로 온 아이들이 가져오는 새로운 가능성을 무시하는 접근 방식을 취하지만, 그와 달리 아렌트는 그러한 가능성을 소중히 다루고 촉진해야 한다고 주장한다. 아마도 아렌트에게 교육에서 가장 중요하고 어려운 문제는 어떻게 아이들의 새로움과 혁신적인 것을 보호하면서, 동시에 인간을 위한 안정된 공간으로서 세계를 구할 것인가 하는 점일 것이다. 그렇다면 문제는, '어떻게 하면 우리가 젊은이들이 창조적이고 독창적일 수 있는 기회를 짓누르지 않으면서 그들의 그러한 행위로부터 세계를 보호할 것인가?'이다. 요컨대 교육의 문제는 오래된 것(과거와 전통)과 새로운 것(변화와 창조) 사이의 간격을 메우는 것이다. 바로 확인하겠지만, 아렌트 관점에서 이 문제를 풀 수 있는 유일한 방법은 보수주의적 태도를 견지하는 것이다.

아렌트가 볼 때, 오늘날 교육이 직면하고 있는 주요 딜레마에 대해 해답을 제시하는 보수주의적 태도는 주류 보수주의자들의 접근 방식과는 구별되어야 한다. 한편으로 아렌트는 에드워드 윈과 앨런 블룸Allan Bloom 같은 주류 보수주의자들의 의견에 동의한다. 그들은 교육자의 임무가 오래된 것과 새로운 것을 중재하는 것이라고 주장한다. 이는 교육자라는 직업 자체가 그들에게 과거에 대한 경건한 태도를 지니길 요구한다는 점을 의미한다. 가령 윈은 교육자들이 위대한 전통과의 단절이 의미하는 바에 민감할 필요가 있으며, 학생들에게 도덕적 가치를 의도적으로 전달해야 한다고 생각한다. 그에 따르면, "우리는 위대한 전통의 중요성을 이해하기 위해 과거에 대한 이해를 풍부하게 하고, 현대 교육에 만연한 잘못된 인식을 이해함으로써 의식을 고양시키는 데 집중해야 한다".[13]

한편, 아렌트는 이러한 보수주의자들이 권위의 위기가 전통의 위기와 밀접하게 연관되어 있다는 사실을 간과하고 있다고 주장한다. 아렌트는 권위와 함께 서구 전통의 가치와 타당성이 현대에 문제시되고 있으며, 우리는 더 이상 과거를 존중하는 로마적 태도를 당연시할 수 없다고 지적한다. 이러한 관점은 [전통에 따른] 제한적인 범위와 억압적 요소에 대해 교육자들이 비판적인 입장에 설 필요가 있다고 주장하는 현대의 자유주의적이고 급진적인 사상가들에 의해 강조되고 있다. 대부분의 보수주의자들과 달리, 아렌트는 과거와 전통에 대한 교육자의 태도가 문제시될 수 있다는 주장을 인정한다.

더욱이 아렌트는 주류 보수주의자들이 전통과 권위가 중요한 역할을 했던 구시대의 정치적 존재로 회귀하려는 것을 비판한다. 아렌트에게 그러한 입장은 터무니없어 보인다.

근대 세계에서 위기가 발생하는 곳은 어디든, 단순히 삶의 행보를 계속할 수도 없고, 그렇다고 쉽게 발길을 돌릴 수도 없다. 이 같은 역전은 위기가 바로 발생한 동일한 상황을 제외하고는 결코 우리를 어느 곳으로도 데려다주지 않을 것이다. … 반면에, 단순하고 성찰 없는 인내는 시간의 흐름에 종속되어 [우리를] 파멸로 이끌 뿐이다. 그 인내가 위기를 더욱 진전시키든, 아니면 위기가 특정한 삶의 영역을 잠식하지는 않을 거라고 담담하게 받아들이는 일상을 고수하든 [그 결과는] 크게 다르지 않을 것이다.CE. 194

---

13. Wynne, "The Great Tradition", p. 4.

위 인용문은 과거에 대한 교육자들의 태도와 관련해서 아렌트와 다른 보수주의 사상가들의 근본적인 차이를 보여 준다. 여기서 제시하는 바는 전통을 개념화하는 아렌트의 방식과 블룸, 원과 같은 보수주의자들의 방식이 매우 상이하다는 것이다. 이러한 차이는 아렌트가 독일 문학비평가 발터 벤야민Walter Benjamin에 대해 썼던 에세이에서 아주 분명히 드러난다. 아렌트는 벤야민이 권위의 위기와 전통과의 단절이 되돌릴 수 없는 것이라는 점을 잘 알고 있었고, 그래서 그는 과거를 다루는 새로운 방식을 찾으려고 했다고 언급한다. 벤야민은 이것을 '인용의 파괴적인 힘'과 '시적인 사유'를 통해 이루어 냈다. 아렌트는 이러한 사유가 현재로부터 나온 것이라고 서술한다. 그리고 그것은 "과거로부터 떨어져 자기 주변으로 모여드는 '사유의 파편'과 함께 작동한다. 바닥을 파헤쳐서 그것을 드러내는 것이 아니라 진귀하고 색다른 것, 곧 바다 깊은 곳의 진주와 산호를 들어올려 그것을 수면으로 가져오기 위해 바다 밑으로 내려가는 진주조개 채취 잠수부처럼, 이러한 사유는 과거의 심연으로 파고들어 간다. 이는 과거를 예전처럼 부활시키는 것이 아니라 사라진 시대를 되살리는 데 기여하는 것"이다.[14]

진주조개 채취 잠수부들과 달리 원, 블룸과 같은 보수주의자들은 과거를 부활시키고 가치를 새롭게 하며 전통을 실천하려고 함으로써 우리 시대에 허무주의로 인식되고 있는 것에 답하려 한다. 블룸과 원은 만일 과거의 위대한 업적과 공적이 밝혀지고 인정받을 수 있다면, 권위와 전통은 쇠퇴하지 않고 활성화될 수 있다고 믿는다. 이러한 확신의 바탕에는 전통이 이음새와 같고, 그 기능은 과거와 현재를 연결하고 인류 문명의 여러 시기에 통일감을 부여한다는 생각이 놓여 있다. 따라서 교육자의 임무는 이러한 이음새를 바로잡고 강화하거나

---

14. Hannah Arendt, "Walter Benjamin, 1892-1940", in *Men in Dark Times* (New York: Harcourt Brace Jovanovich, 1968), p. 205.

"연약한 넝쿨손을 보호하고 기르는 것"[15]이다. 그렇게 하여 교육자는 과거를 통해 현재를 계속해서 비추고 우리에게 일관성과 일체감을 심어 준다.

윈, 블룸과 같은 보수주의자들의 의견에 반대하며, 아렌트는 전통을 한 세대와 다음 세대를 연결하고 인류 문명에 통일성과 의미를 부여하는 이음새로 보지 않는다. 오히려 아렌트에게 전통은 그 자체로 단절과 균열 그리고 그녀가 젊은이들이 만들어 주길 바라는 발명품과 같은 일련의 혁신으로 여겨진다. 이러한 생각을 명확히 하기 위해 잠시 진주조개 채취 잠수부에 대한 비유로 되돌아가 보자. 아렌트는 비록 인간의 문화가 시간의 파멸을 겪는다 하더라도, "그 쇠락의 과정은 동시에 결정화의 과정이기도 하다. 곧, 한때 살아 있는 것도 가라앉고 용해되어 버리는 바다의 심연에서 어떤 것들은 '큰 변화를 이겨 내고' 언젠가 자신들에게 내려와 자신들을 삶의 세계로 데려갈 진주조개 채취 잠수부만을 기다리는 것처럼 어떠한 요인에도 영향을 받지 않은 채 새롭게 결정화된 형태와 유형으로 생존한다"[16]라는 벤야민의 생각을 따른다.

이러한 관점에서, 우리의 과제는 낡은 이음새를 수리하듯이 전통과 과거의 관계를 되살리는 것이 아니다. 그것은 오히려 우리가 현재를 저지하고 비판하는 데 그것을 사용할 수 있도록, 파괴력에도 살아남은 결정화된 형태와 유형들을 발견하는 것이다. 이는 벤야민에게 그가 수집한 인용문들이 과거와의 관련성을 재구축하기 위한 것이 아니라, 현재의 흐름을 멈추고 새로운 무언가를 도입하기 위한 것이었음을 의미한다. 아렌트는 이러한 생각을 교육 분야에 적용하고, 교육자들이

---

15. Allan Bloom, *The Closing of the American Mind* (New York: Simon & Schuster, 1987), p. 380.
16. Arendt, "Walter Benjamin", p. 206.

과거의 심연으로 내려가 결정화된 유물을 찾을 수 있는 '진주조개 채취 잠수부'가 되도록 도울 수 있어야 한다고 주장한다. 곧, 교육자들은 변화를 겪었음에도 불구하고 다른 형태로 살아남아 현재를 저지하고 비판하며 변형시킬 수 있는 그러한 생각과 가치들을 학생들이 경험하도록 해야 한다.

주류 보수주의자들이 과거와 미래 사이의 틈을 메우는 데 이러한 생각과 가치가 활용되길 바라는 데 반해, 아렌트는 새로운 시작을 위해 그것이 사용되길 바란다. 전자는 과거를 깊이 아는 것이 전통적인 작품을 기존 맥락과 복잡한 구조 속에 놓고 파악할 수 있다는 것을 의미한다고 주장한다. 벤야민과 하이데거에 이어, 아렌트는 오히려 그것이 "진주와 산호로 변한, 그리고 새로운 사유의 '치명적인 충격'으로 그것들을 해석하는 과정에서 기존 맥락을 해체해야만 구할 수 있고, 현재로 비약하게 할 수 있을 듯한, 살아 있는 눈과 뼈"[17]를 발견하는 능력이라고 생각한다. 주류 보수주의자들은 과거의 유물이 우리 삶에 연속성, 통일성 그리고 유의미함을 부여할 수 있다고 주장한다. 하지만 아렌트는 이러한 유물을 우리가 현재의 문제를 비판하고, 새로운 시작을 창출할 수 있도록 도움을 주는 도구로 바라본다.

실천적 함의

아렌트가 볼 때, 근대 교육자들이 직면한 가장 시급한 문제 가운데 하나는 권위와 전통 모두를 포기할 수 없다는 것이다. 하지만 다른 한 편으로 그들은 권위에 얽매이거나 전통을 고수하지 않는 세계에서 계속 살아가야 한다. 아렌트에게 이것은 교육자나 교사뿐만이 아니라 모든 어른이 서로에게 취하는 태도와는 근본적으로 다른 태도로 아이

---

17. Ibid., p. 201.

들을 대해야 한다는 것을 의미한다. 아렌트는 우리가 교육의 영역을 다른 모든 영역, 특히 정치 영역과 구분해야 한다고 이야기한다. 이렇게 주장하는 것은 "교육의 영역에는 적합하지만 일반적으로는 타당성이 없는, 그리고 성인의 세계에서는 통상 그 정당성을 요구해서는 안되는 권위 개념과 과거에 대한 태도를 교육의 영역에서만 적용하기 위해서다".CE. 195 이렇게 말하면서 아렌트는 우리가 아이들을 존중해서는 안 된다거나 아이들이 우리의 의지에 임의로 복종해야 한다고 제안하고 있는 것은 아니다. 다만, 아렌트는 교육에서 성인들이 아이들을 동등한 대상으로 여겨서는 안 된다고 생각한다. 왜냐하면 오직 성인만이 아이들과 세계를 더 나아지게 하는 데 진정으로 책임져야 하기 때문이다.

권위에 대한 전통 개념을 유지하기 위해 교육 영역을 모든 다른 영역과 구분하려는 것에는 여러 실천적 의미가 내포되어 있다. 첫째, 아렌트는 학교의 기능이 아이들에게 세계란 어떤 곳인지에 **대하여** 가르치는 것이지 그들에게 삶의 기술을 알려 주는 곳이 아니라는 점을 우리가 인식해야 한다고 생각한다. 이는 권위가 세계에 책임을 진다는 의미에서 세계에 친숙한 누군가가 그것을 다른 이들에게 가르칠 수 있다는 것을 전제로 하기 때문이다. 세계는 언제나 아이들보다 앞서 있기에 그들이 아무리 변화하는 현재에 적응해야 한다고 하더라도 배움은 필연적으로 과거를 겨냥하게 될 것이다. 이런 식으로 권위와 전통은 둘 다 비록 우리 삶의 다른 부분에 대한 영향력을 상실했음에도 불구하고, 교육에서는 언제나 중요한 역할을 하게 될 것이다. 전 장에서 나타샤 레빈슨이 서술했듯이, 교육학에 대한 이러한 접근 방식의 이점은 "각각의 새로운 존재에게 그들이 어떻게 형성되었는지를 알 수 있는 기회를 제공하고, 이러한 역사에 대응하여 스스로를 재구성할 수 있는 동기를 부여한다"는 것이다.

둘째, 권위를 통해 아이와 어른을 구분하는 선은 아이를 어른으로 대할 수도, 어른을 교육할 수도 없다는 의미를 함축한다. 그렇지만 아렌트는 바로 이 선이 아이와 어른 사회의 모든 접촉을 차단하는 벽이 되어서는 안 된다는 단서를 덧붙인다. 아렌트는 우리가 서로를 대하는 것과는 다르게 아이들과 관계를 맺어야 한다고 생각한다. 그것은 어른들이 누리는 권리와 자유를 아이들에게 허용하거나, 같은 방식으로 아이들에게 책임을 물어서는 안 된다는 것을 의미한다. 그래도 아렌트는 이 둘 사이의 완전한 분리를 요구하지 않는다. 그녀가 바라는 바는 자신의 규율에 따르는 젊은이들을 위해 자율적인 세계를 세우는 것과 관련이 있다.

반면, 아렌트가 어른들을 교육할 수 없다고 말한 것은 무엇을 의미하는가? 이것이 의미하는 바를 이해하기 위해, 아렌트가 가르침과 배움을 구분한다는 점을 유념할 필요가 있다. 아렌트는 어른들이 세계의 특정한 측면에 대해 가르침을 받으면 확실히 그것에 대해 배울 수 있다고 믿는다. 하지만 교육은 더욱 구체적인 기능을 하며, 젊은이들을 세계 전체에 소개하는 것을 목표로 한다. 교육은 책임지고 아이들을 공통세계에서 살 수 있도록 준비시키고, 그들이 이 세계를 새롭게 하도록 하는 것과 관련이 있다. 아렌트는 교육이 해로운 것으로부터 아이들을 보호하고, 그들이 새로움을 실현할 가능성을 보전하기 위해 세계와 아이들 모두를 책임지는 일이라고 주장한다. 공통세계는 인간 행위에 의해 보호받아야 하며, 아이들에게는 그들의 성장 발달을 위한 안전한 환경이 필요하다. 세계와 젊은이들 모두에게 해당하는 이러한 보수주의적인 태도는 교육에서 오래된 것과 새로운 것의 틈을 메우는 데 도움이 된다. 그러므로 아이들과 세계는 보호받아야 하며, 더이상 이 둘이 완전히 반대되는 것으로 여겨져서는 안 된다.

이러한 관점에서 교육은 교육자, 세계 그리고 아이들 간의 독특한 삼중 관계에 놓여 있으며, 여기서 교육의 역할은 세계와 아이들을 중재하는 것이다. 아렌트에 의하면, 그러한 관계는 권위에 기반을 두고 있어서 근본적으로 불평등하기 때문에 유지하기도 어렵고, 다른 영역에서는 바람직하게 여겨지지도 않는다. 하지만 교육에서 세계를 경신하고 혁신하는 데 여지를 두는 것은 바로 권위와 관련이 있고 보수주의적 태도와도 일치한다. 세계에 대한 경신과 혁신은 세계를 알아 가는 젊은이들에게 달려 있다. 이미 세계에 익숙한 어른들만이 아이들에게 세계에 대해 가르칠 수 있다. 아렌트는 보수주의자들과 혁명가들이 함께 새로운 것을 위해 과거를 보존할 때 교육은 가치 있는 것이 된다고 주장한다. "모든 아이의 새롭고 혁신적인 것을 위해 교육은 보수적이어야 한다. 교육은 아이들의 새로움을 보존해서 새로운 것으로서의 오래된 세계에 소개해야 한다. 오래된 세계에서 그 행위가 아무리 혁명적일지라도, 다음 세대의 관점에서 보면 언제나 시대에 뒤떨어지고 파괴 직전의 것과 가깝다."CE, 192-193

현대 사상가 중 아렌트만이(주목할 만한 또 다른 사상가인 안토니오 그람시는 예외로 하더라도) 새로운 것을 위해 교육이 보수적이어야 한다고 주장하고 있기에, 이 마지막 부분은 중요하게 다루어져야 한다. 아렌트는 주류 보수주의자들처럼 아이들의 중요한 교육적 통찰력과 우리 삶의 관련성 때문에 과거의 위대한 작품을 아이들에게 가르쳐야 한다고 주장하는 것이 아니다. 오히려 아렌트는 과거와 권위의 관계가 아이들이 새로운 것을 창출할 수 있도록 돕는 데 대단히 중요하다고 역설한다. 전통적인 고전 작품들을 배우지 않으면 아이들은 세계를 변화시키고 새롭게 하는 데 필요한 기본 지식을 얻지 못할 것이다. 그리고 어른들이 공통세계에 책임을 지고 그 안에서 젊은이들을 지도하지 않는다면, 젊은이들은 급변하는 세계에서 적절히 움직이는 데 필요한 안전을 보장받지 못할 것이다. 아렌트 입장에서 교육의 가장 중요한 목적은 아이들이 세계에 친숙해지고 그 안에서 안정감을 느껴 새로운 것을 창출하고 시도할 기회를 갖도록 하는 것이다.

그런데 교육적 권위에 대한 아렌트 개념이 [다른 개념과] 차이를 보이는 것은 단지 새로움을 보호하기 위해 과거를 보존해야 한다고 아렌트가 주장했기 때문이 아니다. 그에 못지않게 중요한 점은 아렌트가 강조하는 인간 행위와 이러한 행위의 존재론적 기반이 되는 탄생성이다. 아렌트에게 모든 아이는 "각각의 탄생과 더불어 유일하게 새로운 어떤 것을 세계에 드러낸다"[18]라는 사실 덕분에 세계에서 새로운 것을 시작할 잠재력을 지닌다. 탄생이 시작하는 자이면서 고유한 특성을 지닌 새로운 사람들을 이 세계에 끊임없이 데려온다는 사실은 그들에게서 예상치 못한 일을 기대할 수 있다는 것을 의미한다. 이는 젊은이들이 일상의 사건에 개입하고 사회에 급진적 변화를 일으킬 수 있다는 것을 뜻한다. 아렌트는 인간의 행위 능력을 대단하게 여기기 때문에, 가치 있는 교육이란 젊은이들에게 과거의 위대한 사상과 가치를 전수하는 데 기반을 둔다는 블룸, 윈과 같은 보수주의자들의 견해를 거부할 것이다. 대신, 아렌트에게 교육은 젊은이들이 행위하는 삶, 세계에 참여하여 그것을 변화시키는 삶을 살도록 준비시키는 것을 목표로 삼는 것이어야 한다.

교육은 우리가 세계를 위해 책임을 질 만큼 세계를 사랑할지, 같은 이유로 [세계에 대한] 경신更新 없이, 새로움과 젊은이의 도래 없이는 파멸을 피할 수 없는 세계를 구할지를 결정하는 지점이다. 아울

---

18. Arendt, *The Human Condition*, p. 178. 창조성과 재생을 위해 과거를 보전하려는 아렌트의 관심사와 결을 같이하는 니체 같은 사상가조차도 인간 조건의 보편적 가능성으로서의 행위의 중요성을 고려하지 않는다. 니체에게 파멸로부터 우리의 문명을 구하는 것은 공적 영역에 모여 행위하는 평범한 사람들에 의한 변화가 아니라 오히려 소수의 자유로운 영혼과 위대한 인간 존재의 창조적 작업이다.

러, 교육은 우리가 아이들을 세계에서 내쫓아 그들이 제멋대로 살게 내버려 두지 않고, 새로운 어떤 것, 우리가 예측할 수 없는 어떤 것을 할 수 있는 기회를 그들에게서 빼앗지 않으며, 아이들이 공통세계를 새롭게 하는 역할을 맡을 수 있도록 미리 준비시킬 정도로 그들을 사랑할지를 결정하는 것이기도 하다.[CE, 196]

따라서 아렌트의 관점에서 교육은 젊은이가 세계에 대해 책임질 수 있도록 준비시키는 데 목적을 둔다. 하지만 세계에 대한 이러한 책임은 많은 보수주의자가 지지하는 것처럼 전통적인 도덕에 집착하거나 '황금빛 과거'로 회귀하려는 것을 의미하지 않는다. 앞서 지적했듯이, 오히려 그것은 학생들을 행위하도록 준비시키는 것, 곧 세계에 관여하고 더 인간적인 사회를 형성하도록 하는 것을 의미한다. 이러한 맥락에서 대학생들의 저항운동에 대한 블룸과 아렌트의 해석에 어떤 차이가 있는지 주목하는 것은 흥미로운 일이다. 블룸은 1950년에서 1970년 사이에 미국에서 일어난 시민 권리 운동과 다른 주요한 역사적 변화에서 학생들이 미비한 역할을 했으며, 많은 학생이 '가식적인 도덕성'[19]에 시달렸다고 논한다. 반면, 아렌트는 학생들이 이러한 변화를 가져오는 데 결정적인 역할을 했으며, 학생들은 "단순히 선전 운동을 한 것이 아니라 **행위했던 것이며, 더욱이 대부분이 완전히 도덕적 동기를 가지고 행위했다**"[20]라고 주장한다.

여기서 무엇보다 주목할 점은 역사적 사건에 대한 두 가지 다른 해석이 아니라 교육과 행위의 관계에 대한 다양한 개념이다. 블룸에게 학생 저항운동에서 나타난 행위는 주로 교실에서 행해지는 진정한 배

---

19. Bloom, *The Closing of the American Mind*, pp. 333-334.
20. Arendt의 "Thoughts on Politics and Revolution", in *Crises of the Republic* (New York: Harcourt Brace Jovanovich, 1972), p. 203을 참고하라.

움을 회피하는 방식이며, [학생들이] 자유로운 영혼을 소유하고 진리를 사랑하는 사람으로서 자신의 교육에 책임을 지지 않으려는 방법으로 이해된다. 이와는 대조적으로, 아렌트는 교육이 학생들의 행위에 필요한 여러 정보와 기술(예를 들면, 도덕적 추론)을 그들에게 제공함으로써, 학생들이 세계를 책임질 준비를 하도록 도울 수 있는 이상적인 공간이라고 확신한다. 간단히 말해서, 블룸은 교육을 헛되이 그 목적에서 빗나가게 하는 것으로 행위를 바라본 반면, 아렌트는 행위를 그 자체로 충만하게 여긴다.

아렌트와 민주주의 교육

지금까지 교육에 대한 아렌트의 보수주의적 접근이 주류 보수주의자들의 주장보다 더 확실하고 강력하게 진정한 대안이 될 수 있다고 서술했다. 주류 보수주의자들은 젊은이들의 창조적 가능성을 무시하는 반면, 아렌트는 이러한 가능성을 높이 평가하고 교육자들이 그것을 길러 주어야 한다고 주장한다. 이 글의 마지막에서는 민주주의 교육 논의에 대해 아렌트 견해의 타당성을 논하고자 한다. 권위에 대한 아렌트의 통찰력은 민주주의 교육의 목적을 확립하는 데 대한 논의에 상당히 기여하고 있다. 이러한 관점이 고무적인 이유는 헨리 지루Henry Giroux와 피터 맥라렌Peter McLaren이 보여 주었듯이, 새로운 보수주의적 담론이 표준화, 역량, 기술 전문성 그리고 편협하고 무비판적인 문화와 같은 교육 목적을 강조함으로써 민주주의적 덕목을 위시한 공교육을 해체시키고 있기 때문이다.

새로운 보수주의적 제안을 암시하는 이데올로기적 이해관계는 관습, 민족적 통합, 그리고 전통에 대한 호소를 통해 합법화된 도덕과 정치에 기반한다. 이러한 담론 안에서 민주주의는 그 역동성을 잃고, 학생들에게 사회의 기본 규칙에 의문을 제기하기보다는 오히려 그것에 순응하는 법을 가르치는 일련의 계승된 원칙과 제도적 장치로 축소된다. 새로운 개혁안에 남아 있는 것은 이미 정해진 규칙을 따르고 이행하기 위한, 명백한 문화적 전통을 전하기 위한, 그리고 산업 분야를 정당화하기 위한 권한을 기반으로 권위를 바라보는 관점이다.[21]

지루와 맥라렌은 미국 대학생들의 상대주의와 반지성주의에 대해 우려를 표하고 있는 앨런 블룸 같은 보수주의자들을 언급한다. 그들은 이러한 문제를 해결하기 위한 유일한 방법이 서양 문화의 고전에 특별한 의미를 부여하는 자유교양교육의 형태로 돌아가는 것이라고 주장한다. 블룸의 자유교양교육 개념은 다음과 같이 정의할 수 있다. "일반적으로 인정받은 특정한 고전 텍스트를 읽고, 그런 다음 바로 질문이 무엇인지, 그리고 질문에 접근하는 방법-텍스트를 우리가 만든 범주에 억지로 집어넣지 않고, 역사적 산물로 다루지 않으며, 저자들이 읽히길 바랐던 방식으로 텍스트를 읽으려고 하는 것-을 구술한다."[22]

자유교양교육에 대한 블룸의 개념에서 문제가 되는 부분은 매우 제한적으로 서구의 고전을 우선해서가 아니라 전달과 강요[형식]에 크게 의존하는 교육학을 선호한다는 점이다. 블룸에게 고전 텍스트를 읽는 바람직한 방법은 단 하나뿐이며, 그 텍스트로부터 얻을 수 있는 교훈은 명백하고 고정적인 것이다. 이러한 관점에서, "비판적인 글 읽

---

21. Henry A. Giroux and Peter McLaren, "Teacher Education and the Politics of Engagement: The Case for Democratic Schooling", *Harvard Educational Review*, vol. 56, no, 3 (August 1986).
22. Bloom, *The Closing of the American Mind*, p. 344.

기는 소위 합법적인 문화 자본을 전유하거나, 텍스트를 번역하거나, 대가들의 의견을 승인하는 것으로 축소된다".[23]

가르침과 배움에 대한 블룸의 기본 가정에 동의하며, 교육학에서 보수주의적 관점을 취하고 있는 또 다른 이는 에릭 도널드 허시E. D. Hirsch다. 그는 자신의 저서 『문화적 소양Cultural Literacy』에서, 표준화된 시험 점수의 하락이 분명히 보여 주고 있는 것처럼 문제는 미국 학생들의 무지와 능숙한 문해력의 결핍이라고 지적한다. 허시는 문화적 소양에 대해 다음과 같이 정의한다.

> 모든 유능한 독자들이 가지고 있는 정보 네트워크. 신문을 집어들고 충분히 이해하면서 그것을 읽고, 요점을 파악하며, 함축적 의미를 헤아리고, 그들이 읽은 내용을 진술되지 않은 문맥(그들이 읽은 것에 의미를 부여하기만 하면 되는 것 …)과 관련짓는 것이 바로 그들의 정신에 기억된 예비지식이다. 높은 수준의 보편적인 문해 능력을 [학생들이] 성취하도록 하는 것은 미국 교육의 다른 모든 분야의 근본적인 개선을 위한 핵심 사안이다.[24]

요약하면, 허시에게 문화적 문해 능력은 본질적으로 사람들이 텍스트를 이해하고, 효과적으로 서로 의사소통하며, 시장에서 효율적으로 경쟁할 수 있게 해 주는 정보나 실제 사실의 총체다. 문해 능력에 대한 이러한 개념은 파울로 프레이리Paulo Freire가 '은행저금식 교육'이라고 불렀던 것을 전제로 하는데, 이는 대개 학생들에게 무의미한 지

---

23. Henry A. Giroux의 논문 "Curriculum Theory, Textual Authority, and the Role of Teachers as Public Intellectuals", *journal of Curriculum and Supervision*, vol. 5, no. 4 (Summer 1990): pp. 370-371을 참고하라.
24. E. D. Hirsch, *Cultural Literacy: What Every American Needs to Know* (Boston: Houghton Mifflin, 1987), p. 2.

식을 그들의 머리에 저축하듯 쌓이도록 하는 것이다.[25] 프레이리는 이러한 방식의 교육이 스스로 질문하고, 의문을 가지며, 생각할 줄 아는 학생이 아닌, 수동적이며, 길들여지고, 체념하는 학생을 길러 낸다고 주장한다. 허시에 따르면, 우리에게 제시되어야 하는 것은 문해 능력에 대한 접근법이다. 그것은 보편적인 문화자본을 적절히 활용하는 데만 중점을 둘 뿐, 학생들이 이러한 자본을 평가하고 비판할 수 있는 기술과 능력을 발달시키는 방법에 대해서는 거의 언급하지 않는다.

블룸, 허시와 반대되는, 교육에 대한 아렌트의 독특한 보수주의적 접근은 학생들이 비판적이고 활동적으로 성장할 수 있는 보다 민주적인 교실을 만들기 위한 자유주의적이고 급진적인 노력을 강화하는 데 활용될 수 있다. 이 논의를 발전시키기 위해, 다음 질문에 주목하고자 한다. 민주주의 교육을 이루는 데 필요한 조건들과 관련해서 우리가 아렌트의 교육적 권위 개념에서 배울 수 있는 것은 무엇인가? 세계에 대한 책임에 근간을 둔 권위 개념은 민주주의적 교육자들이 가르침과 배움의 실천을 재정의하기 위해 두 가지의 주요 조건을 고려해야 한다는 점을 시사한다. 첫째, 교사가 문화적 전통과 과거에 관해 아이들에게 가르치지 않는 한, 아이들의 창의성과 주도성을 향상시키려는 민주주의 교육의 목표는 이루어질 수 없다는 것이다. 그 이유는 우선 세계에 대해 잘 알지 못하면서 그것을 비평하고, 바꾸고, 새롭게 하는 것은 타당하지 않기 때문이다. 곧, 가치 있고 유효한 비판은 언제나 과거에 대한 심도 깊은 지식에 근거한다는 점을 아렌트는 분명히 지적한다. 마찬가지로 창의성과 혁신은 그들 앞에 놓인 세계와 관련해서만 진정으로 중요하다. "이 세계와 관련해서만 학생들은 그들이 도전하고 바꾸어야 할 것이 무엇인지 이해하게 될 것이다."[26]

---

25. 이 개념에 대한 자세한 논의는 프레이리의 *Pedagogy of the Oppressed* (New York: Continuum Publishing, 1970)의 2장 내용을 참고하라.

따라서 이러한 아렌트 관점이 중요한 이유는 교육이 학생들의 창의성과 비판적 사고에 반하기는커녕 오히려 학생들이 과거의 문화적 전통에 책임 있게 들어서게 하여 실제로 이러한 교육의 목표를 발전시킬 수 있다고 주장하는 데 있다. 이러한 입장에 따르면, 과거와 전통에 대한 위대한 작품들을 배우는 것은 주류 보수주의자들이 주장하는 것처럼 그것을 미화하고 모방하기 위해 행해져서는 안 된다. 오히려 아이들이 이러한 사례에 반응하고 새로운 것을 창출하게끔 하기 위해 그러한 작품들을 가르쳐야 한다. 이때 학생들은 자신의 전통과 과거의 특징을 알게 되면서 자신들의 창조성과 주도성을 억제하는 것이 아니라 사실 그것에 대한 반응으로 [창조성과 주도성을] 드러낸다. 이러한 아렌트의 논점은 전통에 대한 위대한 작품이 우리 삶에 귀중한 통찰력을 내포하고 있어서 그것을 가르쳐야 한다고 주장하는 주류 보수 교육자들의 주장을 넘어서고 있기에 중요할 뿐만 아니라, 과거와 전통이 프래그머티즘적 논의에 통합되어야 한다고 강조하는 많은 진보주의 교육자들보다 더 강한 논조를 띠고 있기에 시사하는 바가 크다. 예를 들어, 존 듀이는 민주주의 교육이 기존 사회와 관행에 대한 생각에서 출발하지 않는다면, 교육 목표는 유토피아적이고 실현 불가능한 것이 될 거라고 주장한다.[27] 요컨대 아렌트는 민주주의 교육자들에게 전통과 과거의 위대한 작품을 교육과정에 통합하려는 기존 주장보다 더 설득력 있는 근거를 제시한다.

다만, 어떻게 해야 아렌트의 교육학이 이전 세계에 대해 알아야 할 필요성과 세계를 새롭게 할 필요성 사이의 틈을 메울 것인가? 그리고 서구의 '정전'에 대한 아렌트적 접근은 어떤 양상일 것인가? 이러한 질문에 대한 답은 아렌트가 강조한 교육자의 이중적 책임에서 찾을

---

26. 이 부분은 이 책에 수록된 나타샤 레빈슨의 글(1장)에서 인용한 것이다.
27. John Dewey, *Democracy and Education* (New York: Free Press, 1966), p. 83.

수 있다. 인간 문화(세계) 전체를 보전해야 하는 책임과 젊은이의 혁신 가능성과 창의적인 잠재력을 보호해야 하는 책임이 그것이다. 아렌트의 주장이 지닌 강점은 이 두 가지 책임이 대립적이기보다는 상호의존적이라는 데 있다. 한편으로, 위에서 논의한 바와 같이 교육자가 먼저 아이들에게 전통과 과거에 대한 사상을 소개하지 않는 한, 아이들은 획기적이고 창의적일 수 없다. 반면에 위대한 예술 작품을 지속적으로 창조하는 일은 과거에 대한 단순한 반복이 아니라 그것을 변화시키고 새롭게 하는 젊은이들의 능력에 달려 있다.

주디스 페털리Judith Fetterly 같은 페미니스트 문학평론가들이 우리에게 확실히 보여 준 것처럼, 아렌트의 주장에 따라 여기서 제안하는 바는 "현재 미국의 고전 문학으로 여겨지는 핵심 텍스트를 읽는 것이 남성이라는 정체성을 확인하는 일"[28]은 아니라는 것이다. 사실상 페털리는 여성이 특정한 방식으로 텍스트에 반응**해야 한다**고 주장함으로써, 주류 보수주의 교육자들이 받아들이는 것과 같이 전통적인 읽기 개념을 당연시한다. 이 개념에 따르면, 저자는 이미 텍스트의 의미를 정의 내렸기에, 독자의 임무는 그 또는 그녀의 상황과는 별개로 그 텍스트에 숨겨진 의미를 발견하려고 노력하는 것이다. 하지만 오늘날 널리 알려진 것처럼 텍스트의 의미는 그것을 읽는 독자의 사회적이고 정치적인 맥락과 무관할 수 없다. 더욱이 독자들은 텍스트와 마주해서 서로 다른 관점을 지니기 때문에, 그 텍스트의 의미는 다양성과 타자성에 대한 인식에서 나오게 된다.[29] 아렌트에게 독자들이 문학 작품의 특정한 의미를 받아들여야 한다고 **요구**하는 일은 도전하고 새로운 것을 창출하는 인간 능력을 무시하는 것으로 보일 것이다.

---

28. Judith Fetterly, *The Resisting Reader: A Feminist Approach to American Fiction* (Bloomington: Indiana University Press, 1978), p. xii.
29. Martin Buber, "The Education of Character," in *Between Man and Man* (London: Fontana Library, 1964).

페털리처럼, 텍스트가 일반적으로 '동일시' 반응을 이끌어 낸다고 제안하는 것도 옳지 않다. 오히려 더 정확히 말해서 마르틴 부버Martin Buber가 언급했듯이, 우리의 성격에 깊은 감동을 주는 많은 것 중 일부는 "동의, 모방, 욕망, 노력을 자극해서 영향력을 발휘하며, 다른 부분은 질문, 의심, 혐오, 저항을 유발함으로써 파급 효과를 낸다. 성격은 이 모든 다양하고 반대되는 영향력들의 상호 침투에 의해 형성된다". 수백 명의 여성과 소수 민족 대학생들과 고전 텍스트를 읽고 토론한 필자의 경험상, 동일시는 이러한 텍스트를 통해 일어날 수 있는 수많은 반응 중 하나일 뿐이라는 사실을 보여 준다. 사실, 저항과 혐오가 일어날 가능성이 크다.[30]

따라서 교육과정이론과 교육학에서 중요한 물음은 '어떻게 교사들이 비판 능력과 창의력이 풍부한 독자와 학습자가 되도록 학생들에게 의욕을 불러일으킬 수 있는가?' 하는 점이다. 아렌트와 마찬가지로, 교육에서 본질적인 것은 교육과정에 포함된 **내용**이 아니라 전통적이든 현대적이든, 페미니스트든 소수자든 어떤 텍스트든 읽고 토론하는 **방법**일 것이다.[31] 그러므로 많은 비판적 교육자들처럼 유럽 중심의 교육과정이 학생들을 수동적이고 체념하게 만드는 데 책임이 있다고 주장하는 것은 바람직하지 않다.[32] 이러한 교육과정이 아무리 왜곡되어 있더라도, 전통적인 교수법에 동의한 교사들의 지지 없이는 그 자체로 학생들에게 영향을 미칠 수 없다. 실제로, 노예나 엘리트 사회

---

30. 이러한 주장은 지루의 "교육과정이론"에서 다루어지고 있다. Tony Bennet's "Texts in History: The Determinations of Readings and Their Texts", in *Post Structuralism and the Question of History*, ed. Derek Attridge, Geoff Bennington, and Robert Young (New York: Cambridge University Press, 1987)을 참고하라.
31. 동시에 필자는 아렌트가 역사적으로 함께해야 하는데 배제되었던 여성과 소수자들의 목소리를 우리가 '[서구의] 고전'에 통합시켜야 한다는 페미니스트와 비판적 교육자들의 주장에 공감할 거라고 확신한다.

의 가치를 묘사한 작가들의 글도 해방의 효과를 가질 수 있다. 예를 들어, 플라톤Plato이 "시험에서 재현되는 추상적인 문화 아이콘이 아니라 주장, 동의와 비동의, 수용 그리고 거부할 수 있는 살아 있는 힘으로"[33] 읽힌다면, 그러한 효과가 가능하다. 다른 맥락에서, 페미니스트적 텍스트가 독단적이고 무비판적인 방식으로 읽힐 수 있는 상황도 상상해 볼 수 있다. 아렌트에 따르면, 학생들에게 비판적이고 능동적인 독자와 학습자가 될 수 있는 능력을 부여하는 데는 다른 어떤 요소보다 교육자의 책임이 더 크다고 말할 수 있다.

민주주의 교육자들이 교육적 실천을 재정의하기 위해 마땅히 갖추어야 하는 두 번째 조건은 세계를 위해 책임을 진다는 것이 과거의 위대한 작품들을 보존하면서 젊은이들의 경신 가능성을 보호하는 것이자, 다음 세대에게 안식처를 제공하기 위해 우리의 공동 거주지를 보존하고 새롭게 하는 것을 의미한다는 아렌트의 생각과 관련이 있다. "왜냐하면 세계는 필멸하는 존재들에 의해 만들어지기 때문에, 세계는 점점 허물어져 간다. 그리고 세계는 계속해서 거주자들을 바꾸기 때문에, 그 거주자들처럼 세계도 필멸할 위험에 처한다. 세계의 창조주들과 거주자들의 필멸성에 대항하여 세계를 보전하려면 세계는 늘 새로워져야 한다."[CE, 192] 이렇게 '세계가 늘 새로워져야 한다는 것'은 교육자들이 우리의 공통세계를 파괴하기 위해 위협을 가하는 문제들을 회피하기보다는 그것에 정면으로 맞서야 한다고 확신한 아렌트의 주장을 생각나게 한다.

---

32. 위에서 언급한 페털리의 책 외에도, 이러한 관점은 제임스 뱅크스(James Banks)의 에세이 "A Curriculum for Empowerment, Action, and Change", in *Empowerment Through Multicultural Education*, ed. Christine E. Sleeter (Albany: State University of New York Press, 1991), p. 130에도 예시되어 있다.
33. Paul Lauter, "Whose Culture? Whose Literacy?" in *Canons and Contexts* (New York: Oxford University Press, 1991), pp. 268-269.

수백만 명이 기아로 사망하고 있고, 자본주의와 자유기업을 위한다는 명목으로 환경은 파괴되고 있으며, 폭력이 만연해지고 있는 오늘날, 공통세계를 위한 책임은 그 어느 때보다 중요하다. 흔히 인간의 행위로 인해 자행된 이러한 전 지구적, 지역적 재앙은 많은 이에게 세계가 더 이상 확실한 안식처가 되지 못한다는 것을 보여 준다. 아렌트는 교육자들이 자신들의 행위가 현재 이 세계를 공유하는 이들은 물론, 내일 이곳에 머물 이들의 삶에도 필연적으로 영향을 미칠 수 있다는 사실을 사람들에게 인식시켜야 한다고 제안한다. 이런 아렌트의 주장은 민주주의 교육이 공동체 의식, 연대 그리고 타인에 대한 책임감의 향상을 목표로 삼아야 한다는 많은 진보주의 교육자들의 우려를 다시금 떠오르게 한다.

하지만 그러한 목표를 달성하기 위한 방법적 측면에서 아렌트는 자유주의자들 그리고 급진주의자들과는 구별된다. 많은 자유주의적 그리고 급진주의적 교육자들은 학생들이 억압적인 제도와 사회 불평등을 비판적으로 생각하고, 이에 맞서 투쟁하도록 함으로써 이러한 목표를 달성할 수 있다고 주장한다. 이러한 교육자들은 대화, 평등 그리고 배움의 과정에서 교사와 학생이 책임을 공유해야 한다는 생각에 기반한 교육학을 지지한다. 가령 지루는 학생들에게 직접적으로 영향을 미치는 경험과 문화를 통합하고 분석하는 급진적 교육학을 옹호한다. 게다가 그러한 급진적 교육학은,

학생들의 이해력과 잠재력을 넓히기 위해 그들의 삶에 직접적으로 영향을 미치는 외부 경험에 존재하는 지식의 형태를 비판적으로 전용한다. 이는 학생들이 억압에 저항하고, 공동으로 작업하며, 계속 발전하는 지식과 전문성 그리고 의무감에서 비롯되는 권위를 행사하는 것이 무엇을 의미하는지 그들에게 끊임없이 평가하도록 요구하

면서, 그들이 자신의 지평을 넓히는 시간과 장소에서 다양한 담론은 물론 경험의 다른 규범을 배우고 그것을 적절히 활용해야만 한다는 것을 의미한다.[34]

이러한 사상가들과 반대로, 아렌트는 교사들이 책임져야 할 배움의 과정을 학생들과 공유할 수 없다고 주장한다. 아렌트에게 부모와 교사는 학생들에게 세계가 아이들을 위한 안식처로 남아 있다는 사실을 이해시키면서, 그들이 공동체 의식과 세계에 대한 관심을 기르도록 돕는 일에 책임을 맡아야 하는 유일한 존재다. 엘리자베스 영 브륄Elisabeth Young-Bruehl이 주목했듯이, 아렌트는 성인이 "어린아이에 대한 책임을 저버려서는 안 되고, 아이들이 세계의 안식처에 있기에 그들이 보호받아야 하는 성숙기에 그들을 거부해서는 안 된다"[35]라고 확실히 믿고 있다. 따라서 아렌트는 아이와 어른의 경계를 모호하게 하는 지루나 맥라렌과 같은 진보주의 교육자들을 비판할지도 모른다. 또한 그녀는 그들이 아이들에게 인종차별적 억압과 불평등 같은 사회적 문제에 대한 책임을 전가하고 아이들을 정치적 투쟁에 참여하도록 독려한다고 그들을 강하게 비난할지도 모른다.

진보주의 교육자들에 대한 아렌트의 비판은 현대 미국 교육의 중대한 문제에 비추어 볼 때 지극히 당연해 보인다. 이 문제는 오늘날 미국 사회에서 십 대에게 안전한, 그리고 그들의 정신적 성장이나 발전에 도움이 되는 공간이 부재한 것과 관련이 있다. 1980년대 중반 데이비드 엘킨드David Elkind는 이 문제를 잘 설명했다.

---

34. Henry A. Giroux, "Authority, Intellectuals, and the Politics of Practical Learning", *Teachers College Record*, vol. 88 (Fall 1986): 35-36.
35. Elisabeth Young-Bruehl, *Hannah Arendt: For Love of the World* (New Haven: Yale University Press, 1982), p. 317.

오늘날 미국 사회에 십 대들이 설 자리는 없다. 가정에도, 학교에도 그리고 사회 곳곳에도. 그러나 항상 그랬던 것은 아니다. 겨우 10년 전만 해도, 십 대들은 사회 구조상 분명하게 규정된 사회적 지위를 갖고 있었다. 그들은 미국의 '차세대'이자 '미래의 지도자'였다. 그들의 지적, 사회적, 도덕적 발달은 중요하게 여겨졌으며, 따라서 그것은 보호되었고, 양육되었다. … 이렇게 십 대들은 그들의 몸과 마음 그리고 감정이 겪고 있는 놀라운 변화에 적응하는 데 필요한 시간을 부여받았다. 미국 사회는 어린 세대들이 아동기에서 성인기로 이행하는 것이 어렵고 이를 시도하는 데 시간과 지원 그리고 지도가 필요하다는 점을 인식하고 있었다.[36]

엘킨드가 지적한 문제는 오늘날 대다수의 부모와 교사가 청소년들에게 그들이 건강한 어른으로 성장하는 데 필요한 주요한 지침과 방향을 제시할 수 없거나 그렇게 하기 싫어한다는 것과 관련이 있다. 많은 부모와 교사는 십 대들을 성인처럼 여기고 그들 또는 그녀들에게 "준비할 시간을 주지 않고 중년들에게나 요구했을 법한 성숙함으로 삶을 대하고 그것에 도전하기를 기대한다".[37]

엘킨드는 십 대들에게 일찌감치 성인이 되라고 부추기는 일이 두 가지의 해로운 결과를 초래할 수 있다고 주장한다. 첫째, 아동기에서 성인기로 이행하는 시기, 곧 명확하게 규정된 그 과도기의 부재는 그들이 확실히 자신의 정체성을 형성할 수 있는 능력을 손상시킨다. 둘째, 십 대들이 이른 시기에 성인이 되어 과도한 스트레스를 받게 되면, 그들 가운데 상당수가 급격히 변화하는 사회에서 요구하는 바에 부응할

---

36. David Elkind, *All Grown Up and No Place to Go* (Reading, MA: Addison Wesley Publishing, 1984), p. 3.
37. Ibid.

수 없게 된다.

엘킨드와 다른 이들은 십 대들에게 해당하는 사실-분명하게 규정된 기간인 청소년기가 사라지는 것-이 더 어린 아이들에게도 그대로 적용된다고 주장한다. 닐 포스트먼Neil Postman은 『유년기의 소멸*The Disappearance of Childhood*』에서 순수의 시대로서 어린 시절은 거의 사라졌으며, 오늘날 아이들은 한때 어른들만이 누릴 수 있었던 모든 형태의 정보에 노출되어 있다고 주장한다.[38] 어린아이들조차 텔레비전을 통해 폭력적이고 성적인 정보에 쉽게 접근할 수 있어서 많은 아이가 그들이 성숙하기도 전에 순수함을 잃고 만다. 그 결과, 청소년들과 마찬가지로 어린아이들도 과도한 스트레스를 받고 있으며, 그들 중 상당수는 스트레스를 감당하기 어려운 지경이라고 보고되고 있다.

분명하게 규정된 시기인 어린 시절과 청소년기가 사라지는 문제는 교육적 권위의 더욱 일반적인 문제와 관련 있어 보인다. 좀 더 구체적으로 말하면, 오늘날 수많은 십 대와 어린아이들이 겪고 있는 위기는 주로 교육적 권위의 영향력이 점차 줄어들면서 생겨난 것이라고 할 수 있다. 아렌트가 교육에서 권위의 상실은 어른들이 "그들의 아이를 데려온 이 세계에 대하여 책임지는 일"CE. 190을 점점 거부하기 때문이라고 주장한 것은 타당해 보인다. 다시 말해, 교육자들이 아이들과 세계에 대한 책임을 부인할 때 교육적 권위는 위태로워진다.

이렇게 책임지기를 거부한다는 사실은 많은 부모가 자녀들에게 어른들의 보호와 지지 없이 그들이 직면한 어려운 문제에 대해 스스로 중대한 결정을 내리길 바란다는 점에서 확인할 수 있다. 학생들이 사회 변화와 정의를 위해 투쟁하길 원하는 급진적 교육자들은 유년기의

---

38. Neil Postman, The Disappearance of Childhood (New York: Delacorte, 1982), 그리고 "On Our Changing Family Values: A Conversation with David Elkind", *Educational Leadership*, vol. 53 (April 1996)의 인터뷰 내용을 참고하라.

소멸이라는 문제를 무심코 야기하고 있는지도 모른다. 적어도 교육자라면 연령대가 다른 아이들에게 어떤 유형의 책임이 필요하다고 생각하는지 분명히 밝혀야 한다. 학생들이 배움의 과정에 책임을 져야 한다고 믿는 교육자들에게 가장 중요한 것은 학생들이 기꺼이 책임을 맡을 준비가 되어 있는지 확인해야 한다는 점이다.

만일 우리가 민주주의 교육이 억압적 사회구조에 대해 비판적으로 생각할 수 있는 학생을 길러 내는 것을 목표로 삼고 있다는 민주주의 교육자들의 의견에 동의한다면, 교육자들의 책임이 중요하다는 교육적 권위 개념을 받아들여야만 한다. 다수의 급진적 교육학자들의 민주주의 교육 개념에 누락되어 있는 것은 과거와 전통에 대한 긴밀한 관계에 기초한 비판과 개혁의 필요성이다. 게다가 가장 명석한 아이들과도 공유해서는 안 되는 공통세계에 대한 특정한 책임이 [교육자들에게] 있다는 인식도 부족하다. 급진적 교육학자들이 교육적 권위가 우리의 아이들과 세계를 더 나아지게 하는 데 대해 책임을 다하고자 하는 교육자들의 의지에 달려 있다는 아렌트의 주장을 진지하게 수용한다면, 이러한 실수는 바로잡을 수 있다.

아렌트의 이러한 관점이 중요한 이유는 그녀가 단지 교육자들의 이중적 책임을 강조했기 때문만이 아니다. 이 두 가지 책임이 어떠한 연관성을 갖는지 우리가 이해할 수 있도록 돕기 때문이다. 교육자들이 먼저 과거의 가치와 사상을 아이들에게 소개하지 않는 한 그들은 혁신적이고 창의적일 수 없을 것이다. 이 두 가지 책임이 상호의존적이라는 사실을 인식하는 것이 아주 중요하다. 왜냐하면 그것이 주류 보수주의자들이 강조하고 있는 전통의 보존과 진보주의자들이 중점을 두고 있는 비판적 시민성과 사회 정의 사이의 교착 상태를 타개할 수 있도록 돕기 때문이다.

판단을 위한 교육: 아렌트적 모순인가?

스테이시 스미스(Stacy Smith)

아렌트는 자기 생의 마지막 무렵에 인간의 세 가지 정신 능력인 사유, 의지, 판단을 설명하는 데 중점을 두면서 자신의 철학적 연구를 진행한다. 아렌트 전기 작가 엘리자베스 영 브륄이 '정신의 선한 지배에 관한 논문'[1]이라고 언급한 그녀의 마지막 저작 『정신의 삶Life of the Mind』은 3부로 구성되어 있으며, 각 부는 세 가지 정신 능력을 각각 다룬다. 아렌트는 사유와 의지에 관해서는 완성했지만, 마지막 부분인 판단은 그녀가 사망한 날 저녁에 작성했던 [판단이라는 두 글자가 찍힌] 타자기의 그 페이지로만 남아 있다.[2]

아렌트가 판단에 대한 연구를 끝내지 못했음에도 불구하고, 그녀가 지속적으로 현 세계의 정치와 철학을 결합시키려 했던 연구에서 [판단이라는] 정신 능력은 중요한 역할을 한다. 그리고 『정신의 삶』의 세 번

---

1. Elisabeth Young-Bruehl, *Hannah Arendt: For Love of the World* (New Haven: Yale University Press, 1982), p. 458.
2. 이와 관련된 내용은 『정신의 삶』 편집자 서문에서 메리 매카시(Mary McCarthy)가 언급한 부분과 아렌트의 칸트 정치철학 강의를 편집한 책에서 로널드 베이너(Ronald Beiner)가 해석한 「한나 아렌트의 판단Hannah Arendt on Judging」이라는 글에서 확인할 수 있다. Hannah Arendt, *The Life of the Mind*, vol. 1: Thinking, ed. Mary McCarthy (New York: Harcourt Brace Jovanovich, 1978), p. 218. 그리고 Ronald Beiner, ed., *Hannah Arendt: Lectures on Kant's Political Philosophy* (Chicago: University of Chicago Press, 1982), p. 89를 참고하라. 아렌트의 칸트 정치철학 강의에 대한 이후의 인용은 KL로 표기한다.

째 부분에 대한 설명이 충분히 이루어지지 않았지만, 우리는 2차 문헌과 아렌트의 다른 저작들을 통해 판단에 대한 아렌트의 사유를 추론해 낼 수 있다. 물론 이러한 주장은 문제가 있고, 모순적이기도 하지만, 판단에 대한 아렌트 사유의 주요한 맥락은 그녀가 판단을 중요한 정치적 능력으로 분명히 구분했다는 점이다. 아렌트의 이러한 사고방식에서 판단은 정치적 행위자들이 '표상적 사유representative thinking'에 참여하거나 의견을 형성하고 향후 행위 지침을 결정하게 하는 '확장된 정신enlarged mentality'을 지니도록 하는 능력으로 설명된다.[3]

언뜻 보면, 아렌트의 민주정치에 대한 비전과 관련해서 판단 능력의 중요한 역할은 교육적 임무를 제안하는 데 있다. 민주주의 사회에서 정규 교육과정이 미래 시민들을 정치적 삶에 참여하도록 준비시키는 한, 판단 능력을 함양시키는 일은 교육적 시도로 적절해 보인다. 하지만 이러한 예비적 결론은 아렌트가 판단은 가르칠 수 없고 단지 실천할 수 있는 어떤 것이라고 제안하면서 그리고 교육과 정치 영역을 엄격하게 구분함으로써 복잡해진다. 이러한 주장에 기초하면, 아렌트가 판단 능력을 함양하는 일을 교육자의 적절한 임무로 여기지 않을 거라고 결론지을 수 있다.

'판단을 위한 교육'은 가능하지도 적절하지도 않다는 판단과 교육

---

3. 판단을 정치적 능력이라고 주장한 아렌트 사유의 한 부분은 그 능력을 활동적 삶의 행위 영역 안에서 고찰한다. 아렌트 사유에서 판단에 대한 또 다른 주요한 맥락은 정신적 삶의 관조 영역에서 판단을 고려하고, 행위자가 아닌 관조자를 중시한 부분이다. 판단에 대한 이 두 가지 관점이 서로 상충하는지는 아렌트 학자들 사이에서 논란이 되고 있다. 판단에 대한 모순과 긴장 그리고 아렌트 사유의 진전과 관련된 추가적인 논의는 다음의 연구를 참고하라. Beiner, "Hannah Arendt on Judging"; Seyla Benhabib, *Situating the Self* (New York: Routledge, 1992), chap. 4; Richard Bernstein, "Judging: The Actor and the Spectator", in *Philosophical Profiles* (Philadelphia: University of Pennsylvania Press, 1986); Maurizio Passerin d'Entreves, *The Political Philosophy of Hannah Arendt* (London: Routledge, 1994); 그리고 Albrecht Wellmer, "Hannah Arendt on Judgment: The Unwritten Doctrine of Reason", in *Hannah Arendt Twenty Years Later*, ed. Larry May and Jerome Kohn (Cambridge, MA: MIT Press, 1997).

에 대한 아렌트 관점의 해석은 그녀가 정치적 평등을 중시한다는 점에 비추어 볼 때 문제가 된다. 판단이 '특별히 정치적인 능력'[4]임에도 어떤 사람들은 간단히 좋은 판단을 내리고 다른 사람들은 그렇지 않다면, 정치적으로 동등한 성인들이 정치적 행위를 위한 근본적인 능력을 다르게 지닌다는 점은 충분히 납득하기 어렵기 때문이다. 게다가 행위는 개인들이 자신의 인간성을 가장 여실히 드러내는 방법이기에, 행위를 안내하고 평가하는 판단 능력을 함양시킬 기회를 갖지 못한다는 것은 인간이 미적, 정치적 그리고 도덕적 존재로서 자신을 발전시키는 데 결정적인 한계가 있다는 것을 의미한다.[5] 우리가 판단을 통해 다른 사람들과 함께 공통세계에서 살며 그것을 공유하는 한, 이 능력을 함양시킬 기회는 아렌트 말을 빌리자면, 완전한 인간 존재의 '되어감becoming'을 위해 매우 중요하다.

이 글에서는 판단 능력을 함양하는 일이 교육의 타당하고 불가피한 임무이며, 참여민주주의 정치에 대한 아렌트 비전에 비추어 볼 때 특히 그러하다는 점을 주장한다. 현명한 판단은 아렌트가 민주적인 공적 생활에 필수적인 것으로 여겼던 일종의 시민 참여와 정치적 숙고를 위해 긴요한 것이다. 필자는 판단 능력을 함양하는 일이 교육의 영역에 속하지 않는다고 주장한 아렌트의 입장에 반대한다. 먼저 정규교육을 위해 특정 능력이 필요하다는 의미에서 '준비로서의 실천' 개념을 구체화함으로써, 판단은 가르칠 수 없고, 단지 실천할 수 있을 뿐이라는 아렌트의 주장에 이의를 제기하고자 한다. 다음으로, 정치와

---

4. Hannah Arendt, "The Crisis in Culture", in *Between Past and Future* (New York: Penguin Books, 1977), p. 221. 이후의 인용은 CC로 표기한다.

5. 판단이 도덕적 능력인지 아닌지에 대한 아렌트의 입장은 그녀의 저작에서 긴장을 야기하는 또 다른 지점을 드러낸다. 판단을 정치적인 능력이면서 도덕적인 능력으로 여기고 있는 아렌트 사상에 대한 해석은 벤하비브의 *Situating the Self*에서 4장 "Judgment and Politics in Arendt's Thought"의 내용을 참고하라.

교육 영역에 대한 아렌트의 엄격한 구분을 이해하는 데 어려움을 주
는 준비로서의 실천 개념을 폭넓게 고찰해 보고자 한다. 확인한 바에
따르면, '판단을 위한 교육'은 "공통세계를 새롭게 하는 임무를 위해"[6]
젊은이들을 준비시키는 아렌트 자신만의 교육 기획에서 핵심적인 요
소다.

아렌트 사유에서의 판단

여기서는 판단에 대한 아렌트의 입장을 두 개의 주요 문헌을 통해
개괄적으로 설명하고자 한다. 하나는 1961년 미국에서 처음으로 출
간된 「문화의 위기The Crisis in Culture」이며, 다른 하나는 1970년 가
을 뉴스쿨 사회연구소에서 발표했던 「칸트 정치철학 강의Lectures on
Kant's Political Philosophy」다.[7] 이 각각의 문헌에서 아렌트는 칸트의 『판
단력 비판Critique of Judgment』을 통해 발전시킨, 칸트의 '미적' 또는
'반성적 판단' 모델을 따른다. 아렌트는 칸트가 집필하지 않은 그의 정
치철학을 이 저작을 통해 확인할 수 있다고 주장한다. 로널드 베이너
에 의하면, 아렌트는 1961년 「자유와 정치Freedom and Politics」라는 글
에서 처음으로 이러한 주장을 펼쳤는데, 여기서 그녀는 칸트가 『순수
이성비판Critique of Practical Reason』과 『판단력 비판』에서 매우 상이한

6. Hannah Arendt, "The Crisis in Education", in *Between Past and Future*, p.
   196. 이후의 인용은 CE로 표기한다.
7. Arendt, "The Crisis in Culture"; 그리고 Beiner, ed., *Hannah Arendt*. 아렌트
   의 판단에 대한 견해를 담고 있는 주요한 다른 출처는 다음과 같다. "Truth and
   Politics", in Between Past and Future (이후의 인용은 TP로 표기); "Thinking
   and Moral Considerations", Social Research, vol. 38, no. 3 (Autumn 1971); 그
   리고 『정신의 삶Life of the Mind』의 『사유Thinking』와 『의지Willing』 부분에서 다
   루고 있는 여러 내용 참고.

두 가지 정치철학을 설명하고 있다고 역설한다. 아렌트는 『판단력 비판』에서 제시한 판단의 역할에 특별히 관심을 기울이는데, "자유는 의지의 힘이 아니라 상상력에 입각하며, 상상력은 탁월한 정치적 사유인 폭넓은 사고방식과 가장 긴밀하게 연결되어 있다. 왜냐하면 상상력을 통해 우리는 다른 사람의 마음속에 우리 자신을 놓아 볼 수 있기 때문"[8]이라는 점에서 그렇다. '확장된 사고방식'이나 '다른 사람의 마음속에' 우리 자신을 놓아 보는 것에 역점을 두는 것이 아렌트의 정치 판단 개념의 핵심 부분이다.

아렌트의 칸트 해석에 따르면, 판단은 "옳고 그름, 아름답고 추한 것을 구별"[9]하는 능력이다. 인간의 모든 특수성과 복수성으로, 우리가 공통세계에서 자신의 관점을 공유할 때 우리는 판단을 내릴 수 있게 된다. 궁극적으로, 인간은 서로의 관점을 공유함으로써 한 개인(그 또는 그녀)이 홀로 무언가를 이해하는 것보다 더 충분히 파악할 수 있게 된다. 이러한 이해는 어떤 대상이나 사안이 여러 각도에서 다루어질 수 있도록 하는 일반적인 관점을 통해 드러난다. 따라서, 판단은 개인의 기존 관점과 이 개인과 세계를 공유하고 있는 다른 이들의 입장을 연결하고 조정하는 데 달려 있다.

개별적 인간을 그들의 공통세계와 연결하는 판단의 역할은 아렌트 사상에서 정치적 삶의 핵심적인 부분에 대해 말해 준다. 아렌트의 칸트 강의에 대한 베이너의 해석에 따르면, 그는 아렌트에게 "판단 능력은 인간의 이해력을 위한 것에 속하며 … 그리고 이해시키는 것이 정치의 의미"[10]라고 주장한다. 판단은 인간이 세계에 대한 자신(그 또는 그녀)의 독특한 관점을 넓히고 새로운 통찰력을 갖게 하는 '확장된 정

---

8. Beiner, ed., *Hannah Arendt*, pp. 101-102.
9. Arendt, "Thinking and Moral Considerations", p. 8.
10. Beiner, ed., *Hannah Arendt*, p. 100.

신'을 북돋우며, 그것에 기반하는데, 이러한 정신 능력은 우리가 세계를 이해하고 다른 이들과 그 세계의 의미를 공유하도록 해 준다. 따라서 아렌트는 "판단이 공통세계의 공적 영역에서 인간이 스스로 [세계에] 익숙해질 수 있도록 돕는 한, 정치적 존재인 인간의 기본 능력 중 하나일 수 있다"라고 주장한다.CC, 221

아렌트 사상에서 판단, 정치, 공적 영역, 인간의 복수성, 그리고 공통세계와 같은 각각의 개념들은 독특하고 복잡하기에 설명이 좀 필요하다. 인간의 조건인 복수성에 대한 아렌트의 주장은 고대 그리스의 **독사**doxa 개념에 근거한다. 아렌트에 따르면, **독사**doxa라는 말은 개별 인간의 "세계에 대한 자신의 열림"[11]을 의미한다. 아렌트는 다음과 같이 설명한다.

전제는 세계가 모든 인간이 자신이 서 있는 위치에 따라 다르게 열린다는 점이다. 또한 세계의 '동일함', 그것의 공통성 … 또는 객관성 … 은 동일한 세계가 모든 이에게 열려 있다는 사실, 그리고 그 세계에서 인간과 그들의 위치-결과적으로 그들의 **독사이**doxai(의견들)- 사이의 차이에도 불구하고 "너와 나는 모두 인간이다"라는 사실에 입각한다. **독사**doxa는 의견뿐만 아니라 영광과 명성을 의미하기도 한다. 바로 그런 점에서 그것은 모든 이들이 등장하여 자신이 누구인지를 보여 줄 수 있는 공적 공간인 정치적인 영역과 관련이 있다. 자신의 의견을 주장한다는 것은 자신을 보여 줄 수 있고, 다른 사람들이 보고 들을 수 있다는 것이다.[12]

---

11. Hannah Arendt, "Philosophy and Politics", *Social Research*, vol. 57, no. 1 (Spring 1990): 81.
12. Ibid., p. 80.

아렌트가 고대 그리스로 거슬러 올라가 정치와 공적 현상을 관련짓는 것은 그녀가 왜 칸트의 '미적' 판단 개념 역시 '정치적' 판단을 위한 모델이 된다고 주장하는지를 설명해 준다.

「문화의 위기」라는 글에서 아렌트는 문화 개념을 출발점으로 삼아 예술과 정치를 연결한다. 아렌트는 문화와 예술이 "결코 같지 않지만 … 문화에 대한 논의라면 어떻게든 예술 현상을 출발점으로 삼아야 한다"CC, 210-211라고 주장한다. 그녀는 "예술 작품은 오직 현상만을 목적으로 만들어지며", 그리고 "현상을 판단하는 적절한 기준은 아름다움"이라는 점을 전제로 삼는다. 결국 아렌트는 정치 활동도 현상에 달려 있다는 주장으로 예술과 정치를 연결한다. 그녀는 "진정한 정치 활동, … 말과 행위는 다른 사람들의 현존 없이, 공적인 것 없이, 다수에 의해 구성된 공간 없이는 절대 이루어질 수 없다"CC, 217라고 이야기한다. 따라서 아렌트는 미적이고 정치적인 활동 모두 공적 현상의 영역에 자리하고 있기 때문에 반성적 판단이 이 두 활동 모두에 적용된다고 결론짓는다.

리처드 번스타인Richard Bernstein이 설명한 것처럼, 아렌트의 판단 개념은 "그것이 아무리 정신적 삶의 내적 활동일지라도 결코 현상 세계를 벗어나지 않는다".[13] 이는 아렌트가 예술적 산물(가령, 소설과 회화)을 판단하는 과정과 정치적 산물(예를 들면, 미덕과 행위, 특히 연설 행위)을 판단하는 과정을 관련짓고 있기 때문이다. 칸트의 입장을 따르면서 아렌트는 판단을 "관조적 쾌락이나 비활동적 즐거움 … 취미라고 불리는"[14] 것에서 기인한다고 본다. 그러면서 아렌트는 미적 영역에서 취미의 역할을 확장하여 칸트의 반성적 판단 개념을 또 다른 공적인 현상 영역(곧, 정치 무대)으로 확대하려 한다. 아렌트의 해석에 의

---

13. Bernstein, "Judging", p. 236.
14. Beiner, ed., *Hannah Arendt*, p. 15.

하면, "취미 판단은 … 설득력 있는 정치적 견해를 공유한다. 판단하는 사람-칸트가 상당히 멋지게 표현했듯이-은 결국 합의에 이르기를 희망하면서 '다른 모든 이들의 동의를 구'할 수 있을 뿐이다. 이러한 '호소'나 설득은 (그리스인들에게) 사람들이 서로 이야기하는 전형적인 정치 형태로 여겨졌으며, 사람들에게 확신을 주고 그들을 설득하는 연설 … 과 긴밀히 부합된다."CC, 222

옳고 그름, 아름다운 것과 추한 것을 구별할 수 있는 능력으로 판단을 연구한 아렌트는 개개인이 의견을 형성하고 교환함으로써 스스로를 표현하거나 드러내는 공적 공간과 관련되는 한에서 문화와 정치 영역을 결합한다. 아렌트는 다음과 같이 설명한다. "결국 문화와 정치는 한데 속한다. 왜냐하면 관건은 지식이나 진리가 아니라 오히려 판단과 결정이기 때문이다. 곧 문화와 정치가 공적 삶의 영역과 공통세계에 대한 신중한 의견 교환, 그리고 그 영역과 세계 속에서 장차 그것이 어떻게 보여야 하는지, 어떤 것들이 나타나게 되는지는 물론 어떤 행위를 해야 하는지를 결정하기 때문이다."CC, 223[15] 미적 영역에서 취미의 역할과 마찬가지로, 정치적 능력으로서의 판단은 개인의 특성과 자기 관심사가 "더욱 광범위하게 공유되는 공적 또는 공통의 관심사"[16]로 변화하는 것과 관련이 있다. 이는 다른 이들의 그럴듯한 의견과 판단을 포함하는 확장된 관점-왜냐하면 세계는 스스로 방향을 잡을

---

15. 이러한 전개는 정치적 결과의 정당성을 위한 근거를 제시해 주기 때문에 민주주의 이론가들이 특히 주목할 만하다. 가령, 숙의 민주주의자인 세일라 벤하비브(Seyla Benhabib)는 "칸트가 미적 영역에만 국한해서 제한한-아렌트가 보기에는 잘못된- 그 자신의 반성적 판단 개념 안에서, 아렌트는 공적 영역에서 상호주관적 타당성을 확인하는 절차를 알아냈다"라고 주장한다(*Situating the Self*, p. 132). 아렌트는 "다른 모든 이들을 대신해서 생각"할 수 있는 능력으로 구성된 '확장된 정신'이라는 칸트의 개념에서 이러한 타당성을 도출해 낸다("*The Crisis in Culture*", p. 220).

16. Seyla Benhabib, *The Reluctant Modernism of Hannah Arendt* (Thousand Oaks, CA: Sage Publications, 1996), p. 42.

수 있는 안정적이고 객관적인 기준점을 제공하기 때문에-, 그리고 공통세계의 드러나지 않은 상황을 필요로 한다. 세일라 벤하비브의 설명처럼, "판단은 그 자체로 세계에 대한 통찰을 드러낼 수 있는 능력인 '확장된 정신' 활동, 곧 여러 관심사를 인식함으로써 어떤 사안을 보고 평가해야 하는 활동이다".[17] 이러한 '확장된 정신'은 민주주의 정치에 필요하다. 왜냐하면 '확장된 정신'은 개별 시민들이 공적인 것에 대한 집단적이고 공통적인 관심을 드러낼 때 보편적이고 공평한 관점에서 의사결정할 수 있도록 해 주기 때문이다.[18]

정치적 판단을 위한 확장된 정신은 자신의 의견이 다른 의견과 교류함으로써 확장되고 검토되는 공적인 방식으로 다른 이들에게 자신의 의견을 드러내는 비판적 사고 과정을 통해서만 이루어질 수 있다. 자신의 의견-자신의 **독사이**doxai 또는 세계를 향한 열림-은 세계에 대한 전혀 다른 관점과의 상호작용을 통해 형성된다. 그리고 이러한 복수성-혹은 다양한 관점들에 대한 통찰-은 정치적 삶에서 핵심적인 부분이다. 번스타인의 설명에 의하면,

의견 … 은 정치의 본질이다. 개인들은 단순히 의견을 '가지는' 것이 아니라 그것을 **형성한다**. … 의견은 상이한 의견과 진정으로 대면하게 될 때만 검토되고 확장될 수 있다. 더 나은 **공적** 논의의 힘 말고는 어떠한 의견의 타당성에 대한 검증도 없고, 그것을 판단할 권한도 없다. 따라서 의견을 형성하려면 평등한 정치 공동체, 다른 관점

---

17. Ibid., p. 191.
18. 필자가 읽은 바에 따르면, 아렌트에게 불편부당성은 규범적 이상으로 기능한다. 달리 표현하면, 각각의 개인들은 그 또는 그녀 자신의 관점으로 세계를 바라보기 때문에, 완전한 공정성은 인간이 되는 일과 상충한다. 하지만 공정한 관점은 편협하거나 특이한 입장이라기보다는 오히려 충만한 이해를 표상한다는 측면에서 기능하는 어떤 것이다.

을 표상할 수 있는 상상력, 그리고 공개하고 검토할 의견을 제시할 용기가 필요하다.[19]

다시 말하지만, 아렌트가 여기서 '타인에게 동의를 구하기' 위해 개인적 의견과 확장된 정신에서 이끌어 낸 둘 사이의 관련성은 확실히 정치와 인간의 복수성에 대한 자신의 개념에 근거하고 있다. 의견을 형성하는 일은 인간이 자기 안에 정체성을 형성하는 일과 유사하며, 이 두 과정 모두 개인들이 서로에게 드러나고 행위하는, 무엇보다 민주적이고 정치적인 삶을 규정하는, 주로 설득이 요구되는 논쟁이 이루어지는 공적 공간을 필요로 한다.

아렌트는 「진리와 정치Truth and Politics」라는 글에서 "토론은 정치적 삶의 정수"[20]라고 분명히 밝힌다. 그리고 번스타인은 아렌트의 작품을 통해 다음을 상기시킨다. (a) "토론은 그 자체로 행위의 한 형태다." (b) '행위'는 독특하고 고귀한 인간 활동을 지칭하는 용어다. 그리고 (c) 행위를 통해 "인간의 독특한 인간성이 **발현된다**".[21] 따라서 정치판단은 우리가 스스로 외부의 대상에 대해 판단을 내리는 능력일 뿐만 아니라 독특한 인간 존재로서 우리 자신을 '형성'하고 '드러내는' 과정이기도 하다. 아렌트에 따르면, "사람들이 그들에게 공통적인 세계의 대상들을 판단할 때 그들의 판단에는 이 대상 자체보다 더 많은 것들이 함축되어 있다. 사람들은 자신의 판단 방식에 따라 자신이 어떠한 사람인지를 어느 정도 드러낸다. 그리고 이렇게 본의 아니게 자신을 드러내는 일은 개인적 특성에 불과한 것을 스스로 해방시켰다는 점에서 어느 정도 타당성을 확보한다."CC, 223

---

19. Bernstein, "Judging", pp. 227-228.
20. Arendt, "Truth and Politics", p. 241.
21. Bernstein, "Judging", p. 222.

판단 과정을 통해 밝혀진 드러남은 부분 대 전체 또는 불편부당한 관점들 사이의 연속선상에서 그 드러남의 위치와 직접적인 관련이 있다. 한 개인의 관점이 단지 개별적 '특성'이거나 특정 전통의 편견에 깊이 물들어 있는 한, [그 개인의 관점은] 우리와 같은 인간 존재가 차지하고 경험하는 세계와 관련된 여러 입장을 고려하지 못한다. 따라서, 판단은 우리가 세계의 '객관적' 상에 가능한 한 가까워지도록 해주는 다채로운 관점들에 비추어 볼 때, 우리 자신을 세계와 관련시키는 능력이다. 의견을 형성하는 일은 무엇보다 탁월한, 곧 '표상적으로 사유'하는 일이기 때문에, 우리는 다른 이들과의 교류를 통해서만 이 폭넓고 깊은 관점에 이를 수 있다.

아렌트는 판단을 '소통 가능성'이나 '공공성의 요소'로 특징짓는 표상적 사유의 외적 지향성에 대해 언급한다.KL, 40-41 이는 아렌트가 사람들이 자신의 생각을 공정한 것으로, 따라서 자신의 판단을 훌륭하게 확립하는 기준에 대해 이야기한 것이다. 다만, 비록 판단이 비판적 사유의 소통 가능성이나 공공성에 달려 있긴 해도, 그 판단 능력을 행사하기 위해 다른 사람들과의 실제적인 상호작용이 언제나 필요한 것은 아니다. 아렌트는 다음과 같이 설명한다.

> 판단의 힘은 다른 사람과의 잠재적 합의에 달려 있으며, 무언가를 판단하는 능동적인 사유의 과정은 순수한 추론의 사고 과정과 달리 나와 내가 나누는 대화가 아니다. 이 사유의 과정은 비록 내가 결정을 내릴 때 온전히 혼자일지라도, 항상 기본적으로 내가 마침내 어떤 합의에 도달해야 한다는 점을 알고 있는 다른 이들과의 예상된 의사소통 속에 놓인 나 자신을 발견하는 것이다. 이 잠재적 합의로부터 판단은 그 구체적인 타당성을 도출한다.CC, 220

이처럼 판단이 아무리 본질적으로 '공적인' 활동일지라도, 그것은 다른 사람들과의 '예상되는' 의사소통 안에서 독자적으로 이루어질 수 있다. 스스로 판단을 내리려는 노력은 사실상 여전히 근본적으로 정치적이다. 왜냐하면 그것은 "우리가 다른 이들과 공동으로 함께 공유하는 '객관적' 세계"와 긴밀히 연결되도록 우리의 사적이며 주관적인 세계관을 제시하기 때문이다. 이런 관점에서 "판단은 설령 으뜸은 아니더라도, 다른 이들과-함께-이 세계를-공유하는 중요한 활동 중 하나이다."CC, 221

따라서 아렌트 사상에서 판단은 공적 외현의 공간에서 드러남을 통해 개별 정체성을 형성하는 일이자 공적인 숙의 공간에서 다른 이들에게 정보를 받고 그들과 비교해서 검토한 자신의 의견을 형성하는 일과 관련된 행위의 한 형태로서 중추적인 역할을 한다. 그렇기 때문에 개인의 발전과 활기찬 정치적 삶을 위한 이러한 판단 능력의 중요성은 교육에 대한 중대한 반론을 제기한다. 어떻게 젊은이들이 이러한 능력을 기를 수 있을 것인가? 판단에 대한 아렌트의 관점은 확인했으니, 이제 그녀가 자신의 글에서 제시한 [판단과 교육] 이 두 개념을 연결하기 위해 교육에 대한 사유의 맥락을 살펴보고자 한다.

아렌트 사상에서의 교육

아렌트는 '판단을 위한 교육' 기획에 대해 직접적으로 접근하는 것이 문제시될 수 있는 두 가지 특징을 제안한다. 첫째, 칸트에 이어 아렌트는 가르칠 수 있는 것과 실천할 수 있는 것을 구분하고 판단을 후자로 이해한다. 둘째, 아렌트는 교육과 정치의 영역을 엄격하게 구분한다. 만일 우리가 아렌트를 '문자 그대로'로 읽고 그녀가 구분한 것을 액면 그대로 해석한다면, 판단을 위한 교육을 탐구하는 기획을 굳이 진행할 이유가 없어 보인다. 판단을 가르칠 수 없다는 이유에서 판단과 교육은 양립 불가능하며, 판단이 정치적인 영역에 속하는 능력이기 때문에 판단과 교육은 부적절하다. 하지만 우리가 "아렌트를 옹호하기도 하고 반대하기도 하는"[22] 벤하비브의 선례를 따른다면, 우리는 아렌트의 엇갈리는 주장을 한층 더 유의미한 관계로 이끄는, 더욱 복잡한 방식으로 이해할 수 있다. 이 부분에서는 아렌트가 교육과 판단 각각의 특징을 지나치게 제한적으로 파악하고 있으며, 각각의 경계를 모호하게 하는 '실천으로서의 준비' 개념을 제시한다고 보고 있다.

먼저, 아렌트는 칸트를 따르면서 가르칠 수 있는 것과 간단히 실천할 수 있는 것을 구분해서 서술한다. 「사유Thinking」라는 제목이 붙은 『정신의 삶』 후기에서, 아렌트는 어쩌면 자신이 마지막에 발전시키려고 했을, 칸트의 판단 개념으로 되돌아온 이유를 밝힌다. 아렌트는 이렇게 썼다. "칸트에게 판단은 '단지 실천할 수 있을 뿐 가르칠 수 없는' 독특한 능력으로 나타난다."[23] 이러한 구분 때문에, 우리는 아렌트가 '가르침과 배움' 그리고 '실천과 배움' 간의 차이에 대해서뿐만 아니라 이 둘의 관계가 교육 영역에서 어떻게 서로 엇갈리는지에 대해서 생각했던 바를 의심할 수밖에 없다. 실천이 가르치고 배우는 것과 구별된다면, 판단 능력을 함양하는 일은 정규 교육의 범주에 속하지 않을 수도 있다. 다시 말해, 아렌트는 젊은이들의 판단 능력을 함양하는 데 교육자나 학교의 역할에 대해 어떤 것도 확인할 수 없을 것이다. 따라서 이 글에서는 가르침과 배움에 대한 학교의 정규 교육과정과 쉽게 분리될 수 없는 '판단의 실천'에 대해 제시해 보고자 한다.

---

22. Benhabib, *Situating the Self*, p. 123, 그리고 *Reluctant Modernism*, p. 198.
23. Hannah Arendt, "Postscriptum", in *Life of the Mind*, vol. 1: *Thinking*, ed. McCarthy, p. 215.

판단은 실천할 수는 있지만 가르칠 수 없다는 칸트의 개념은 '판단을 위한 교육' 기획에 몇 가지 흥미로운 물음을 자아낸다. '실천'에는 가령, 변호사 일을 하듯 무언가를 **행한다**는 행위의 의미가 있다. 그런데 이러한 의미 외에 '실천'에는 음계로 음을 익히거나 골프 스윙을 연습하는 것처럼 무언가를 하기 위해 **준비한다**는 행위의 또 다른 뜻도 담겨 있다. 이렇게 실천의 이중적 의미를 고려할 때, 실천과 교육에 대한 칸트의 엄격한 구분은 다소 설득력이 없어 보인다.

아렌트는 다음 구절에서 가르침 그리고 배움과는 구별되는 칸트의 실천 개념을 자세히 설명한다. "칸트에게서 이론에서 실천으로의 전환을 꾀하고 제시하는 '중간 항'은 판단이다. 칸트는 전문직 종사자 — 예를 들면, 먼저 **이론을 배운 다음** 의술이나 법률을 **행하고** 자신들이 **배운 규칙을 특정 사례에 적용하는** 의사나 변호사 — 를 염두에 두고 있다."KL, 36; 강조는 필자 이 단락에서 칸트의 판단에 대한 아렌트의 설명은 '이론'과 '규칙'이 학습되어야 하므로 교육 영역에 속할 수 있지만, 판단은 정식 교육이 마무리된 이후에 행해진다는 점을 시사한다. 하지만 의사와 변호사를 이론을 배우고 **그런 다음** 실천하는 사람으로 가정한 이런 사례는 배움과 실천의 주요 요소를 간과한 것이다.

의사 교육을 생각해 보자. 2, 3년 동안 미래의 의사들은 교실에 앉아 나중에 진료할 때 활용할 의학 이론과 규칙을 '배운다'. 그런데 의학 교육에서 또 다른 중요한 요소는 미래의 의사들이 인턴과 레지던트를 하며 보내는 시간이다. 인턴과 레지던트로서 미래의 의사들은 병원에 배치되어 환자들의 회진에 참여하게 되는데, 이때 그들은 의학 서적과 강의실에서 익힌 규칙들을 환자들의 특정한 상태에 적용한다. 미래의 교사 양성 교육에서도 이와 유사한 교육과정이 적용된다. 교사 교육 프로그램에 참여하는 학생들은 때때로 직접적인 현장 실습을 병

행하며 여러 시간 이론 수업을 받은 다음 '학생-교사'인 [교육 실습생]
으로 활동하게 된다. 하지만 그들은 엄밀한 의미에서 학생도 교사도
아니며, 오히려 그들은 학습자이자 전문가로 활동하는, 이 두 가지 모
두에 걸쳐 있는 중간 단계에 속해 있다.

교실에서의 이론 수업과 자율적인 실습을 조정하는 이러한 '중간'
단계는 독특한 형태의 활동을 구성해서 [학생들을 교사로] 준비시키
는 실습의 형태를 띤다. 이런 의미에서 실천은 준비 행위이다. 그리고
이 과정은 따로따로 진행되지 않는다. 오히려 이러한 중간 단계에서 이
루어지는 준비로서의 실습은 지식과 경험이 풍부한 전문가가 담당한
다. 이 사례에서 준비로서의 실천은 교육과정의 핵심적인 부분이다.
준비로서의 실천은 의사, 변호사 또는 교사의 직함을 취하면서 **행위**
한다는 의미에서 실천 **방법**을 익히도록 해 주는 **배움**의 일부다.

자율적 행위를 위한 준비로서의 실천 개념은 판단은 가르칠 수 없
고 단지 실천하게 할 뿐이라는 칸트의 판단 개념은 물론, 교육과 정치
영역은 구분될 수 있고 엄격히 분리되어야 한다는 아렌트의 개념에
대해서도 이의를 제기하게 한다. **교육이 정치를 위해 젊은이들을 준비**
시키는 한, 준비는 행위의 독특한 형태라는 점에서 정치적이다. 이에
교육과 정치 영역을 엄격히 구분하는 아렌트의 관점에 의구심을 갖고
이를 재고찰함으로써 이 부분을 상세히 서술하고자 한다.

아렌트가 자신의 작품에서 서술한 교육과 정치의 구분, 그 두 번째
특징은 판단을 위한 교육 기획에 매우 치명적일 수 있다. 아렌트는 「교
육의 위기」에서 교육이 성인으로서의 '일시적 우위성'에 근거한 교육
자의 권위와 세계에 대한 보수적인 태도에서 진행되어야 한다고 주장
한다. 권위와 보존은 교육 영역에 적합한데, 그 이유는 이 두 가지가
서로 상반된 목적을 동시에 이루어야 하기 때문이다. 그것은 기존의
세계를 보호하는 것 그리고 새로운 것과 혁신 가능성, 곧 이 세계에

들어서서 변화를 가져올 모든 아이의 탄생성을 보전하는 일이다.CE, 191-193

아렌트가 권위와 보수적인 태도를 교육 영역에서의 전형적 사례로 여기기 때문에, 그녀는 평등과 새로움이 만연한 정치 영역과 교육을 구분하는 것이 중요하다고 본다. 아렌트는 다음과 같이 주장한다. "교육 영역에는 적합하지만 일반적으로는 타당성이 없는, 그리고 성인의 세계에서는 통상 그 정당성을 요구해서는 안 되는 권위 개념과 과거에 대한 태도를 교육의 영역에서만 적용하기 위해서 우리는 교육 영역을 다른 영역, 무엇보다도 공적, 정치적 삶의 영역과 명확하게 구분해야 한다."CE, 195 따라서 교육은 아이들을 대상으로 하는 독특한 과정이며, 아이들이 성인의 세계로 들어서면서 끝이 난다. 정치 영역에서 성인은 권위가 아닌 평등과 자유의 관계를 기반으로 상호작용한다. 이러한 맥락에서만 개별 정체성을 드러내고 삶에 의미를 부여하는 행위가 가능하다.

아렌트는 교육이 끝나는 지점에서 정치가 시작된다고 역설하고 있지만, 두 영역에 대한 아렌트의 이러한 구분은 여러 가지로 문제가 있다. 특히 민주주의적 맥락에서, 이러한 구분은 명확하지 않다. 교육과 정치 둘 다 정적이고 제한적인 절차에 비해 역동적이고 연속적이다.[24] 하지만 이러한 영역 간의 엄격한 구분에 제기될 수 있는 여러 가지 일반적인 논쟁은 차치하더라도, "판단 능력은 확실히 정치적인 능력이

---

24. 필자는 민주주의 사회의 교육 제도는 정치적 과정 그리고 정치적 의사 결정과 불가분의 관계에 있다는 점에서 교육과 정치 영역을 엄격하게 구분할 수 있다는 아렌트의 생각에 동의하지 않는다. 정치는 교육 환경에 대한 거버넌스뿐만 아니라, 우리 아이들이 무엇을 배우고, 그들을 어떻게 가르쳐야 하는지에 대한 집단적인 의사 결정에도 영향을 미친다. 하지만 여기서는 글의 목적과 제한된 지면을 감안하여, 거버넌스 문제를 다루지는 않는다. 대신 이 장에서는 교육이 젊은이들을 정치 영역을 위해 준비시킨다는 관점에서 그리고 이렇게 [다소] 불충분한 의미에서 정치적인 몇 가지 중요한 방식을 설명함으로써 두 영역을 구분한 아렌트에게 이의를 제기하고자 한다.

다"CC. 221라는 아렌트의 주장에 비추어 볼 때 정치에서 교육을 분리하는 것은 특히 문제가 된다. 판단은 정치적이고, 교육과 정치는 분리된 채로 있어야 하기에, 아렌트가 판단 능력의 함양에 수반되는 모든 것—가령 '확장된 정신'을 추구하고 다른 사람들에 대한 자신의 의견을 검토하는 것—을 정치적인 영역으로 한정하고 있다고 우리는 봐야 하는가? 판단, 정치 행위 그리고 교육에 대한 아렌트 저작에 담긴 암묵적 긴장을 감안할 때 미래 시민의 정치적 판단 능력이 어떻게 함양되어야 하는가 하는 질문은 해결되지 않은 채 남아 있다.

그럼에도 불구하고, 학교가 특별히 판단과 같은 정치적 능력을 함양해서는 안 된다고 한 아렌트의 교육과 정치에 대한 명백한 구분을 교육에 대한 아렌트의 긍정적 의제에 초점을 두고 파악해 본다면, 이러한 긴장을 조정할 방안이 생긴다. '아렌트에게 교육의 근본적인 목적은 무엇인가?'라는 질문으로 돌아가서 시작해 보자. 앞서 설명했듯이, 아렌트는 교육의 목적을 세계와 그 세계에 들어설 준비가 된 젊은 이들의 탄생성을 동시에 보전하는 것으로 여긴다. 아렌트는 「교육의 위기」를 마무리하면서 자신의 이런 통찰력을 인상적으로 표현한다.

> **교육**은 **우리가 세계를 위해 책임을 질 만큼 세계를 사랑할지**, 같은 이유로 [세계에 대한] 경신更新 없이, 새로움과 젊은이의 도래 없이는 파멸을 피할 수 없는 세계를 구할지를 **결정하는 지점이다.** 아울러, **교육**은 우리가 아이들을 세계에서 내쫓아 그들이 제멋대로 살게 내버려 두지 않고, 새로운 어떤 것, 우리가 예측할 수 없는 어떤 것을 할 수 있는 기회를 그들에게서 빼앗지 않으며, **아이들이 공통세계를 새롭게 하는 역할을 맡을 수 있도록 미리 준비시킬 정도로 그들을 사랑할지를 결정하는 것이기도 하다.**CE, 196; 강조는 필자

이 대목에서 아렌트가 주장하듯이, 만일 교육의 임무가 공통세계를 새롭게 하기 위해 아이들을 준비시키는 일이라면, 교육은 **비정치적**인 과정이 아니다. 비록 공식적이고 정치적인 영역과 구분되어 있더라도, 교육은 공통세계를 창조하고 유지하는 그러한 공적 과정을 공유하는 일과 관련된다는 점에서 정치적이다. 만일 젊은이들이 궁극적으로 참여적 정치 행위-공적 판단, 말 그리고 행위를 포함하는-를 통해 공통세계를 공유하고 새롭게 하고자 한다면, 그들은 교육을 통해 이러한 과정에 참여할 수 있도록 준비해야만 한다. 교육은 젊은이들이 판단하는 능력, 결과적으로 관점에 대한 편향된 형태가 아닌, 오히려 충만한 상태에 이르도록 공적으로 말하고 행위하는 능력을 함양하도록 해야 한다.

따라서 "교육은 정치에서 어떤 역할도 할 수 없다"CE, 177라는 아렌트의 주장은 정치를 **위해 준비**-공통세계를 새롭게 하기 위해 아이들을 준비시키려는 정신으로-하는 일이 교육에서 전혀 어떤 역할도 할 수 없음을 의미하는 것은 아니다. 다시 말해, 권위와 평등의 영역이 구분되어야 한다고 주장한 아렌트는 젊은이들이 정치적으로 평등해지도록 준비시키는 데 활용되는 교육적 권위를 금하고 있는 것이 아니다. 사실상, 이와 같은 기획은 아렌트가 지지하는 책임 있는 시민의 참여와 참여 정치의 비전에 반드시 필요한 것이다.

아렌트의 교육 기획이 공통세계를 거듭 새롭게 하도록 아이들을 준비시키는 것을 포함하는 한, 그리고 이 공통세계를 공유하는 인간 존재에게 판단 능력이 무엇보다 중요하다는 점에서, 우리는 젊은이들에게 판단 능력을 함양시키는 일을 교육의 주된 과제 중 하나로 여겨야 한다. 다음 절에서는 정치 영역에서 미래 시민이 평등하게 자신의 판단 능력을 행사할 수 있도록 준비시키는 데 반드시 필요한 교육의 조건을 살펴보고자 한다.

판단을 위한 교육

'판단을 위한 교육'이라는 일관된 기획 아래 아렌트 작품에서 해결되지 않은 물음과 긴장을 완화하기 위해, 이 글에서는 행위의 두 가지 형태로 '판단 실천'에 대한 해석을 제시하고자 한다. 교육적 실천의 의미에는 동시에 이루어지는 두 가지의 행위 형태, 즉 행함과 준비가 결합되어 있다. 그리고 이러한 의미에서 젊은이들이라는 말에는 전적으로 인간이 '되어가는' 가운데 있다는 아렌트의 생각이 반영되어 있다. 아렌트는 아이들을 "아직 완전하지는 않지만, 되어가는 가운데 있는 인간 존재"로 설명한다.^{CE, 187} 아직 성인이나 정치적으로 동등한 존재가 되지는 않았지만, 이 단계에서 아이들은 고유한 형태로 판단을 실천한다. **아이들이** 어떤 대상에 대해 **결정을 내린다**는 점에서 그들은 칸트적 의미에서 판단을 실천하고, 그렇게 함으로써 '완전히 인간이 될' 때 **그들은 제대로 판단을 실천할 준비를 한다.** 이 부분에서 '준비로서의 실천'은 배움의 과정일 뿐만 아니라, 엄밀히 말하면 판단 능력을 연습하는 데 필요한 일종의 능력이기 때문에 정규 교육에 적합한 과정이기도 하다.

젊은이들이 판단력을 발휘하기 위해 그들에게 필요한 능력은 무엇인가? 어떠한 교육과정이 젊은이들에게 자신의 정체성을 형성하고 공통세계를 경신하는 방식으로 자신을 세계에 드러내고 다른 사람들과 협력하여 행위하는 인간 존재가 되도록 준비시키는가? 이러한 물음에 대해 아렌트의 반성적 판단 개념은 두 가지의 교육 과제를 제시한다. 첫째, 교육은 젊은이들이 표상적으로 사유하는 법을 배울 수 있는, 또는 '확장된 정신'에 이를 수 있는 조건들을 제시해야 한다. 둘째, 교육은 젊은이들에게 판단을 실천할 기회를 부여해야만 한다. 개별 인간은 표상적 사유를 통해 불편부당함의 이상적 측면에서 문제를 헤아린다.

행함에 근거한 준비라는 교육적 의미의 실천을 통해, 학생들은 표상적 사유에 필요한 기술과 함께 행위의 특정한 맥락에서 '좋음' 혹은 '나쁨'에 대해 판단을 내리는 데 필요한 기술들도 연마하게 된다.

표상적 사유를 위한 조건

판단은 옳고 그름 또는 아름답고 추함을 구별하는 인식 능력이라는 점을 기억하라. 아렌트는 이러한 판단 능력을 '표상적 사유'라는 칸트의 미학 개념에 기초한 의견 형성 과정의 근거로 삼고 있는데, 이로써 판단하는 이는 '다른 모든 이의 동의를 얻길' 바란다. 앞서 설명한 바와 같이, 의사소통성 또는 공공성 요인은 판단을 가능하게 하는 일종의 비판적 사고의 핵심적인 특징이다. 따라서 비판적으로 사유하고 다른 이들의 동의를 구하는 데 필요한 관점을 상상함으로써 올바른 판단을 내리기 위해, 젊은이들은 다양한 관점을 명확히, 계획적으로 접할 필요가 있으며 그렇게 함으로써 그들은 표상적으로 사유하는 **법을 배운다.**

칸트 강의에서, 아렌트는 두 가지 정신 작용이 판단과 관련이 있다고 주장한다. 상상과 반성이 그것이다. 아렌트는 상상하는 일이 "'반성 작용'을 위한 대상을 준비"하고 "이 두 번째 작용인 [반성] … 은 무언가를 판단하는 실제 활동"이라고 설명한다.KL. 68 상상력은 대상을 잘 보이게 함으로써 그것을 반성하기 위한 준비를 한다. 우리는 이 상상력을 통해 특정 위치에서 단순히 우리 자신에게 국한된 유리한 관점이 아닌 다양한 관점으로 대상을 바라보게 된다. 그런 다음 우리 자신이 바라본 것을 판단하는, 곧 승인하거나 승인하지 않는 행위를 포함하는 반성을 한다. 우리는 의사소통성이나 공공성을 기준으로 이러한 평가를 내린다. 다시 말해, 자신의 의견을 다른 사람과 공유할 수 있는 입장에서 어느 정도 의사소통할 수 있느냐가 그 판단의 타당성을 좌우한다.

이러한 과정을 포함해서, 그 중요성과 관련된 교육의 핵심적인 역할을 충분히 이해하기 위해, 의견 형성에 대한 아렌트의 관점을 구체적인 실례를 통해 이해하는 것도 도움이 될 것이다. 의견 형성에서 표상적 사유는 세계에 대한 편파적 관점이 더욱 완전하고 더 많은 정보에 입각한 관점으로 확장될 수 있도록 해 주는 역할을 한다. 아렌트는 다음과 같이 설명한다.

정치적 사유는 표상적이다. 나는 주어진 문제를 다른 관점에서 다룸으로써, 곧 부재하는 이들의 관점을 내 정신에 떠올림으로써 의견을 형성한다. 다시 말해 나는 그들을 표상한다. 표상의 이러한 과정은 다른 곳에 있는 이들의 실제 의견을 맹목적으로 수용하는 것이 아니기에 세계를 다른 관점에서 바라보도록 해 준다. 이것은 내가 다른 이의 입장이 되어 보려고 하거나 그들처럼 느끼려고 하는 것과 같은 감정이입의 문제도 아니고, [사람들의] 수를 헤아리고, 다수와 함께하려는 것도 아니다. 이는 내가 실제로 존재하지 않는 나 자신의 정체성 안에서 존재하고 사유하는 문제다. 내가 주어진 문제에 대해 심사숙고하는 동안 내가 더 많은 사람의 입장을 정신에 떠올릴수록 만일 내가 그들의 입장이라면 어떻게 느끼고 사유할지를 더 잘 상상할 수 있게 된다. 나의 표상적 사유 능력이 강해질수록 나의 최종 결론, 곧 내 의견의 타당성은 커질 것이다. … 의견이 형성되는 바로 그 과정은 누군가의 입장이 되어 생각하고, [그렇게 하기 위해] 자신의 정신을 활용하는 이들에 의해 결정된다. 그리고 이러한 상상력을 발휘하기 위한 유일한 조건은 사심 없음, 곧 우리 자신의 사적 관심으로부터의 해방이다. 따라서, 의견을 형성하는 동안에는 내가 관계하는 모든 이를 기피하거나 혹은 [그들로부터] 완전히 고립되어 있더라도, 철학적 사유의 고독 속에서 내가 단순히 나 자신과만 있는 것은 아니다. 나는 이러한 보편적 상호의존의 세계에 남아 있으며, 그곳에서 나 자신은 다른 모든 이의 대표자가 될 수 있다. 물론, 나는 이것을 거부하고 나 자신의 관심사만을 고려하여 의견을 형성할 수도 있다. 실제로 매우 지적인 사람들 사이에서조차 상상력 부족과 판단 실패로 인한 맹목적인 완고함이 다반사로 나타난다. 하지만 판단과 마찬가지로 의견의 본래 가치도 그것의 불편부당성 정도에 달려 있다.TP, 241-242

이 단락은 판단을 위한 교육 기획의 중요성에 대해 언급한다. 매우 지적인 이들조차 종종 공정하지 못하다는 아렌트의 주장은 젊은이들이 표상적으로 사유할 수 있도록 준비시키는 교육과정의 필요성을 강조하는 것이다. 상상력과 반성 능력이 없다면, 젊은이들은 세상을 바라보는 다른 이들의 관점을 스스로 표상하지 못해 올바른 판단을 내릴 수 없는 성인으로 성장할지도 모른다. [성인들의 경우] 서로 고립되어 있더라도 시민으로서 그들은 상당히 다른 관점을 지닌 이들과 함께 있는 것처럼 사유할 수 있어야 한다.

이 지점에서 바로 상상력이 발휘된다. 아렌트에 의하면, 홀로 있을 때조차 표상과 비교를 가능하게 하는 능력을 "상상력이라고 한다".KL, 43 아렌트는 다음과 같이 설명한다.

비판적 사고는 다른 모든 관점을 검토할 수 있는 곳에서만 가능하다. 그러므로 비판적 사고는 여전히 고독한 일이긴 하지만, '다른 모든' 관점과 분리되지 않는다. 분명, 비판적 사고는 고립 속에서 이루어지지만, 상상력을 통해 그것은 다른 이들을 현존하게 하여 잠재적으로 공적인, 곧 모든 면에서 열린 공간으로 들어서게 한다. 달리 말

하면, 그것은 칸트적 세계시민의 입장을 취한다. **확장된 정신으로 사**
유한다는 것은 다른 곳을 방문하도록 자신의 상상력을 기르는 것을
의미한다.KL, 43; 강조는 필자

이 구절에 기술된 일종의 [비판적 사고] 훈련이 바로 판단을 위한
교육 기획의 과제다. 젊은이들은 그들 특유의 전통 안에서 자신들의
상상력을 자극할 만한 어떤 것도 얻지 못할 것이다. 판단을 위한 교육
의 주된 역할 중 하나는 젊은이들이 불편부당성의 이상에 입각해서
판단을 내릴 수 있도록 그들에게 상상하고 반성하는 능력을 길러 주
어야만 한다는 것이다. 정규 교육은 [젊은이들이] 상상력을 기를 수
있도록 그들을 특별히 준비시키기 위해 두 가지 방식을 취한다. [그들
의] 정신이 [다른 곳을] '찾아 나서도록' 훈련시키는 것과 다양한 전
통을 지닌 현실의 타인들에게 그들 각자가 드러나도록 하는 것이 그것
이다.

첫째, 정규 교육은 무엇보다도 문학, 역사, 그리고 인류학 분야의 학
제적 연구를 통해 정신이 다른 곳을 찾아 나서도록 독려한다. 판단을
위한 교육은 젊은이들이 칸트의 반성적 판단 개념에서 매우 중요한
'표상적 사유' 방식에 임하도록 그들에게 상상력을 단련시키는 체계적
인 과정과 교육적인 지원을 제공해야 한다. 아렌트는 다음과 같이 주
장한다.

> 의견의 문제에서 … 우리의 사유는 참으로 광범위한데 이를테면
> 사유는 이곳에서 저곳으로, 세계의 한 부분에서 다른 부분으로, 온
> 갖 상반된 관점들을 통해 마침내 그것이 특수한 사항에서 어떤 불
> 편부당한 일반성으로 나아갈 때까지 이어진다. 이러한 과정(에서) …
> 특정한 문제는 인간 이해력의 충만한 빛이 밀려들어 투명해질 때까

지, 모든 가능한 관점에서 다방면으로 드러나도록 공개된다.TP, 242

예컨대, 학생들이 문화적 맥락이 다른 소설을 읽고 다른 민족의 역사를 연구하게 될 때, 그들은 자신의 정신을 이리저리 놓아 보고 광범위한 사유를 독려하는 학문적 탐구 방식에 임할 필요가 있게 된다. 각 학문들 안에서 그리고 학제 간 이루어진 연구를 통해 전달된 다양한 경험과 의견은 그 대상을 명료하게 하고 공평하게 이해하도록 돕는 빛을 제공하기 위해 활용되어야 한다.

둘째, 정규 교육은 세계에 대해 서로 다른 관점을 지닌 다른 이들과의 상호작용을 통해서 젊은이들이 다양한 관점을 접하도록 해 준다. 판단을 위한 교육 기획은 학교 환경 내에 존재하는 실제 다양한 관점들을 잘 활용하여 젊은이들의 상상력을 길러 주어야만 한다. 젊은이들은 다양한 관점들을 주고받으면서 공공성의 기준에 따라 자기 생각을 형성하고 검토할 기회를 갖게 될 것이다.

칸트에 대한 아렌트 해석에 따르면, "사유, 바로 그 능력은 그것의 공적 사용에 따라 달라진다. '자유롭고 개방된 검토' 없이는 사유도 의견 형성도 불가능하다. 이성은 '자신을 고립시키는 것이 아니라 다른 사람들과 공동체에 들어서게 하는 것'이다".KL, 40 하지만 다른 사람들의 관점을 접하기 위해 실제 대화에 이런 소통 가능성이나 공공성의 요소가 반드시 전제되어야 하는 것은 아니다. 오히려 비판적 사유에 대한 칸트의 이상적 모델은 독자적인 사유가 공적 사유를 가능케 하는 상상력을 필요로 한다. 칸트와 아렌트 모두 이런 식으로 상정된 '타인과의 공동체'가 다른 이들과의 실제적인 접촉 없이도 가능하다고 단언하고 있지만, 이 글에서는 개개인이 다른 사람들과의 실제적인 공동체를 통해 자신의 의견을 검토하고, 그 검토하는 방법을 가장 잘 배우게 된다고 주장하고자 한다. 사람들, 특히 다양한 관점을 접할 길이 없었던 젊은이들이 만일 다른 누군가가 세계를 어떻게 바라보는지에 대한 감각을 거의 갖고 있지 않다면, 그들은 어떻게 자신과 다른 이들의 판단을 비교할 수 있는가? 만약 젊은이들이 세계를 다르게 바라보는 방식을 전혀 접한 적이 없다면, 그들은 어떻게 자신과 다른 관점을 스스로 상상하거나 표상할 수 있을 것인가? 자신과 다른 사람의 의견을 비교하는 것이 경험, 시간 그리고 공간의 제약을 받는 한, 교육의 핵심적인 과제는 판단이 부재한 이들에게 표상하는 능력을 함양시키는 일이 될 것이다.

여기가 바로 정규 교육의 중추적인 역할이 이루어지는 지점이다. 정규 교육의 맥락은 개개인이 근본적으로 자신과 다른 관점과 의견을 지닌 이들과 관계를 맺게 한다. 아렌트와 칸트 모두 우리가 우리 자신의 '독특한' 관점에 이의를 제기하는 것을 비판적 사유와 그에 따른 판단에 본질적인 것으로 보고 있다. 세계를 바라보고 궁극적으로 판단하게 하는 '보편적 관점'을 산출해 내는 '확장된 정신'을 추구하는 일은 우리 자신의 사적이고 주관적인 의견 또는 세계에 개방적인 태도를 의심하게 한다.

인간사를 성찰하고 판단할 수 있게 하는 이러한 보편적인 관점에 이르기 위해 개개인은 자신의 관점에 '비판적 기준'을 적용할 수 있어야 한다. 아렌트는 다음과 같이 설명한다. "비판적으로 사유한다는 것은 다른 이들에게서 받은 교리와 개념, 자신이 물려받은 편견과 전통에만 적용되는 것이 아니다. **비판적 사유 기술을 익히는 것**은 바로 자신의 사유에 비판적인 기준을 적용하는 것이다. 그리고 이렇게 비판적인 기준을 적용하는 일은 공공성 없이 **배울** 수 없으며, 다른 사람들의 사유를 접함으로써 생기는 검토 없이도 **익힐** 수 없다."KL, 42: 강조는 필자 이러한 검토는 우리가 "우리의 판단을 다른 이들의 실제 판단이 아닌 가능한 판단과 (비교하고), 우리 스스로 다른 사람의 입장이 되어 보게"KL, 43 하는 칸트의 '확장된 정신'이라는 개념을 통해 이루어진다.

이 부분에서 다시, 칸트는 다른 사람들의 '가능한' 판단과 '실제' 판단을 비교하는 데 주목한다. 하지만 칸트는 결코 은둔하기 위해 고독을 필요로 하는 사유나 그러한 사유에서 도출된 결론이 확정된 것으로 여겨지도록 의도하지 않았다. 다른 사람들과의 실제적 상호작용 없이, 비판적 사유는 불가능하다. 아렌트는 다음과 같이 설명한다. "사유는 '고독한 일'이다. … 그러나 만일 당신이 홀로 있을 때 알아낸 것이 무엇이든 간에, 구두로든 서면으로든 다른 사람들과 어떻게든 상호작용하고 [자신의 의견을] 그들에게서 검토받지 못한다면, 홀로 고군분투한 이 능력은 사라지게 될 것이다."KL, 40 교육 영역은 편파적 관점을 지닌 젊은이들이 접촉하는 실제적인 공적 공간이다. 판단을 위한 교육에서는 상상력과 비판적 반성 능력을 발휘하기 위해 이러한 관점들을 접하고 상호작용하는 일이 중요하다는 점을 강조한다.

따라서 교육 영역은 특히 판단 능력을 행사하는 데 반드시 필요한 표상적 사유를 길러 주는 과정에서 여러 역할을 하는 데 매우 적합하다. 판단을 위한 교육은 사람들이 그들 자신과 세계에 대한 관점이 근본적으로 다른 이들을 접하게 함으로써 표상적 사유에 필요한 확장된 정신을 북돋아 준다. 학생들은 다양한 주관적인 입장들을 접합으로써, 세계의 여러 대상을 반추하고 판단하게 해 주는 더욱 '보편적인 관점'으로 나아갈 수 있게 된다. 또한 판단을 위한 교육은 다른 사람들이 그들 자신의 의견을 드러내지 않더라도 그들의 관점을 헤아리는 데 필수적인 상상력을 발달시켜 준다. 마지막으로, 판단을 위한 교육은 젊은이들이 자신의 최종적인 판단을 말이나 글로 전달할 수 있도록 준비시킬 뿐만 아니라 이러한 관점의 타당성을 공적 맥락에서 검토할 수 있도록 그들에게 여러 가지 방법을 제시해 주기도 한다. 이런 식으로 판단을 위한 교육은 표상적 사유를 위해 반드시 필요하고 결국에는 좋은 판단을 내릴 수 있도록 공공성의 기준에 부합하는 조건들을 제시해 준다.

실천을 위한 기회

상상력 다음에 이어지는 활동은 반성 작용으로, 그것은 실제로 무언가를 판단하는 활동을 포함한다. 그러므로 판단을 위한 교육 기획은 젊은이들에게 판단을 실천할 기회도 제공해야만 한다. 교육적 맥락에서 성인이 지닌 권위의 역할에 대한 아렌트의 관점에 비추어 볼 때 이러한 실천을 어떻게 볼 것인가? 앞서 설명한 바와 같이, 아렌트는 교육에서 권위의 역할과 보수주의적 태도를 강조하고 있는데, 이는 그녀가 아이들을 성인들과 비교해서 '동등하지 않은' 존재로 바라보고 있으며, 또한 세계를 있는 그대로 보호하는 것을 교육의 본질로 삼고 있기 때문이다. 게다가, 권위와 보호에 근거한 교육은 "모든 아이에게 속한 새롭고 혁신적인 것"을 보전하여 그 새로운 것이 이전 세계에 소개될 수 있도록 해야 한다.CE, 192-193 권위와 보호를 둘다 강조하는 것은 아이들을 교육하는 초기 단계에는 적절할 수 있다. 하지만, 만일 교사의 권위가 아이들 교육 전반에 걸쳐 그들이 판단을 실천할 기회를 침해한다면, 아렌트가 순전히 인간이 되어가는 과정과 판단 능력에 대해 특별히 고려한 사항은 다루어질 수 없다. 만약 교사의 권위가 학교 교육 전반에서 판단을 실천할 기회에 앞선다면, 어떻게 학생들은 성인과 아이가 동등하지 않은 권위주의적 관계에서 정치적 동등함에 기반한 평등주의적 관계로 이행할 수 있을 것인가?

동등한 성인들 사이에서 판단 능력을 발휘하는 것은 공통세계에서의 삶을 가능하게 하고, 따라서 인간다움도 가능하게 한다. 이 능력의 중요성을 감안할 때, 정규 교육의 절정에 이르는 단계에서는 머지않아 성인이 될 사람들의 판단 능력을 함양하는 일에 주안점을 두어야 한다. 아렌트가 주장한 것처럼, 정규 교육과정은 [어느 순간] 끝나게 되는 만큼, 이 '해방'의 순간이 다가옴에 따라 판단 능력은 점점 더 중요해진다.

가령 중등교육 수준의 고학년 학생들이 판단력을 발휘해야 한다는 점을 강조한다고 해서 그것이 교육자가 자신의 권위를 포기해야 한다는 의미는 아니다. 학교는 독특한 형태의 공적 공간이다. 학교는 어른과 아이의 불평등한 관계를 정당하게 여기는 권위에 기반한 교육 공간이다. 하지만, 교육이 정치와 분리되어야 한다는 아렌트의 주장에도 불구하고, 학교는 그래도 여전히 외현과 행위의 공적 공간이다. 존 듀이가 설명했듯이, 학교는 광범위한 민주주의 사회의 본질적 특징을 반영한 '작은 사회'다. 혹은 아렌트의 표현을 빌리면, "아직 실제 세계는 아니지만 학교는 세계를 표상한다".CE, 189 이러한 관점에서 학교는 정치적 견해를 다루는 공적 세계의 일부이지만, 학교의 목적이 본래 정치적이기보다는 오히려 교육적이라는 점에서 다른 공적 공간과 구별된다.

아직 세계라고 할 수 없는 이러한 공적 공간에서, 비록 학생들이 정치적 존재인 어른들과 동등하지는 않더라도 그들은 판단을 실천해야 한다. 학생들에게는 민주주의 정치가 요구하는 시민 참여와 집단적 의사 결정 유형에 대한 연습이 필요하다. 이러한 연습에는 역사적 행위의 적절성을 판단하고, 향후 행위 과정에 대한 의사 결정을 가볍게 하고, 그러한 의견을 형성하고 전달하기 위해 설득력 있게 논쟁하고 말하는 것이 포함된다. 이러한 과정에 참여하는 학생들은 민주주의의 맥락에서 공적 삶을 준비할 뿐만 아니라 고유한 인간 존재로서 자신만의 정체성을 드러내고 그렇게 함으로써 스스로를 창조할 수 있게 된다.

여기서 옹호하는 실천의 형태는 단지 등급을 매기기 위해 수사적인 문장을 동급생 앞에서 단순히 발표하거나 교실에서 이루어지는 일종의 연습으로서 사례 연구에 답하기 위해 도덕적 결정을 내리는 것을 넘어선다. 작은 사회 또는 '아직 세계가 아닌' 학교는 훨씬 더 깊은 의미에서 판단을 실천하기 위한 여러 상황을 제공한다. 예를 들어, 학생회는 학생들에게 실질적인 결과를 낳는 집단적 관심사에 관해 민주적인 의사결정에 참여할 기회를 제공한다. 물론 대표적인 형태의 학생회 다수가 해당 학교의 소수 학생, 흔히 학교 문화의 규범에 가장 익숙한 학생들만을 대상으로 하고 있지만, 다른 형태의 학생회는 더 많은 학생이 참여하길 독려한다. 적실성 있는 문제가 논의되고 실행되는 마을 단위의 모임이나 전교 회의는 학생 참여 및 포용 가능성을 높이는 좋은 사례이다. 이러한 회의를 통해 전교생은 논쟁에 참여하여 공적으로 자신의 의견을 형성하고 검토하면서, 그러한 토론회에서 결정된 결과를 경험한다. 이러한 형태의 연습을 통해 학생들은 판단의 옳고 그름을 가늠할 수 있는 유의미한 맥락과 경험을 갖게 된다. 더욱이 이러한 학교 단위의 공개 토론에서 학생들은 아렌트가 최고의 인간 활동이라고 했던 행위에 참여하게 된다. 정규 교육이 마무리되었을 때, 아마도 학생들은 바로 이러한 구체적인 경험을 통해 그들이 공유하는 공통세계를 책임질 수 있도록 준비되어 있을 것이다.

학생들은 학교 운영에 참여하는 것 외에도, 지역사회 봉사활동과 광범위한 정치 토론회를 통해 판단을 실천할 기회를 맞는다. 학생들은 지역사회 봉사활동을 통해 더 넓은 사회구조 내에서 자신의 위치와 특정 봉사활동의 맥락에서 적절한 행위 방침에 대해 도덕적인 질문을 제기하는 동시에 다른 사람의 관점을 상상할 수 있는 능력을 함양함으로써 자신들의 시야를 넓혀 간다. 유권자 등록, 투표, 항의나 시위, 혹은 언론 매체나 선출직 공무원에게 투서를 넣는 캠페인과 같은 학생 참여 활동은 정치 과정에 영향을 미친다. 학생들은 아직 시민이 아니지만, 그렇더라도 그 자리에서 그들이 맡은 행위는 여론과 정치적 결과에 잠재적인 영향력을 행사한다.

　요컨대 시민성을 갖추기 위한 준비로서의 판단을 실천하는 일은 미성년자인 아이들의 정치적 행위를 구성하면서, 동시에 동등한 시민으로서 어른들의 '진정한' 정치적 행위에 선행한다. 학교가 담당하는 학생회 같은 기구에서 학생들이 판단을 실천함에 따라 그들은 학내 정치적 행위 형태에 관여하기도 하고, 비록 견줄 수는 없지만 보다 넓은 지역, 주 그리고 국가적 맥락 안에서 완전한 시민으로서 향후 판단을 실천할 수 있도록 준비하기도 한다. 학생들이 지역 봉사활동과 여타의 시민 참여 활동에 관여할 때, 판단을 위한 준비 혹은 행위와 같은 실천의 동일하고 이중적인 측면이 작용한다.

　이러한 아렌트의 판단을 위한 교육 기획은 민주적이고 공적인 삶에 도움이 될 뿐만 아니라 그것이 대단히 중요한 도덕적 문제와 정치적 사안에 의해 주도되기에, 학교교육을 위한 유의미하고 통합적인 교육 과정 체계를 제시할 것이다. 예컨대 학생들은 2차 세계대전과 같은 사건이 일어난 날짜를 기억하기보다는 홀로코스트가 자행되던 때 평범한 유대인과 독일인들이 수행했던 역할에 대해 질문하고 이러한 역사적 행위에 대한 판단을 동유럽에서 일어난 인종청소 같은 현대적 사례와 비교해 볼 수 있을 것이다. 아니면, 학생들은 전쟁 중 히틀러의 우생학 프로그램에 비추어 인간 복제의 타당성에 대해 자신의 의견을 개진해 볼 수도 있다. 이 같은 사안들은 판단을 위한 연습을 통해 이루어질 수 있으며, 또한 이는 학생들이 관련 사실을 배우고, 실제적인 기량을 쌓아서, 비판적 사유 능력을 갈고닦을 수 있는 유의미한 교육적 맥락을 제공하기도 한다.

결론

아렌트 사유에서 "판단이 가장 중요하지는 않지만, … 그것은 다른 사람들과 더불어 세계를 공유하는 일을 실현시키는 중요한 활동 중 하나"다.^{CC, 221} 이는 판단이 공적 능력이기 때문이다. 그 판단의 대상들은 현상 세계에 있고, 그 기준들은 부분적 관점과는 대비되는 확장된 관점의 타당성에서 만들어진다. 칸트의 반성적 판단 모델에 대한 아렌트의 전유는 정치 행위의 합리적 타당성을 위한 토대를 제시할 뿐만 아니라 교육 영역을 포함해 미학과 정치학 분야를 연결하는 일도 가능하게 한다.

아렌트 자신이 주장하듯이, "예술과 정치를 연결하는 공통 요소는 둘 다 공적 세계의 현상이라는 점이다. 예술가와 행위자들 사이의 갈등을 중재하는 것은 **쿨투라 아니미**cultura animi, 곧 그것은 미적 기준을 지닌 이들이 현상 세계를 소중히 다루고, 돌볼 수 있도록 단련되고 함양된 정신이다".^{CC, 218-219} 세계를 가늠하는 정신 능력이 판단이고 교육의 목적이 "공통세계를 새롭게 하기 위해 (우리의 아이들을) 준비시키는 것"^{CE, 196}이라면, 판단 능력을 기르고 함양하는 일은 적절할 뿐만 아니라 매우 중요한 교육 과업이기도 하다. 우리는 아이들에게 표상적 사유를 위한 조건들-상상과 반성의 정신작용을 북돋우는 조건들-을 제시하고 나이에 맞는 판단 연습 기회를 제공함으로써 이러한 과업을 수행할 수 있다. 이런 맥락에서, 젊은이들은 인간 존재로서 자신의 정치적 견해와 정체성을 동시에 형성하고 드러내는 방식으로 판단을 실천할 것이다.

유토피아에 대한 논쟁:
한나 아렌트와 민주주의 교육에 대한 긴장

아론 슈츠(Aaron Schutz)

20세기 내내 여러 단체의 교육학자들은 근본적으로 비민주적인 학교들과 명목상 민주적인 사회로 보이게 만드는 것들에 맞서 저항해왔다. 흔히 주변부로 여겨지는 이런 계통에서 연구하고 있는 학자들은 가령 19세기와 20세기 초에 지배적이었던 암기 위주의 학습과 가난한 소수 민족 학생들을 하위의 노동계층으로 몰아넣는 교육 형태를 거부해 왔다. 이와 관련된 많은 연구과제의 핵심은 사회를 더 나은 방향으로 변화시킬 수 있는 권한을 지닌 시민들을 양성할 수 있도록 더욱 민주적인 학교를 만들기 위해 노력하는 것이었다.[1] 오늘날, 민주주의에 대한 문제는 여러 쟁점 가운데서도 세계경쟁력, 학업성취도 저하, 그리고 개인의 도덕성에 대한 우려 때문에 뒷전으로 밀리면서 과거에 그랬던 것처럼 주류 교육 담론에서 지엽적으로 다루어지고 있다. 그럼에도 최근 발표된 많은 책과 논문들을 볼 때, 보다 민주적인 학교교육을 구상하고 증진하려는 학문적 시도는 조금도 누그러지지 않고 계속되고 있다. 아울러 미국의 여러 도시에서 인종에 따른 분리 교육이 재시행되고 표준화 검사에 따른 고부담 시험이 점차 대수롭지 않게 인식되면서 학생들을 '획일화'하려는 시도가 부상함에 따라, 민주적인 학교

---

1. 이와 관련해서는 가령 Herbert M. Kliebard, *The Struggle for the American Curriculum*, 2nd ed. (New York: Routledge, 1995)를 참고하라.

교육을 위한 투쟁은 여전히 매우 중요하게 다루어지고 있다.[2] 한나 아렌트의 독특한 '공적 공간' 모델이 우리가 민주주의와 교육 간의 관계를 이해하는 데 어떤 잠재적인 역할을 하는지 탐구하면서 그것에 관해 논하는 것은 이러한 노력에 크게 기여하는 일이 될 것이다.[3] 아마도 가장 중요한 지점은 아렌트가 자신의 연구를 통해 현재 여러 교육학자들 사이에서 문제시되고 있는 '유토피아적 충동'을 반박할 가능성을 제공한다는 사실일 것이다.

민주주의 교육이란 정확히 무엇인가? 사실, 굉장히 다양한 형태의 공동체가 각기 다른 시대에 '민주적'이라고 일컬어져 왔으며, 학자마다 대단히 상이하게 이 용어를 이해했다.[4] 바우처 제도에서 홈스쿨링, 시민교육 강좌, 표준척도 개발 프로젝트에 이르기까지 광범위하게 다양한 정책적 시도들이 각기 다른 시대에 '민주적'이라고 불렸다. 마이클 애플Michael Apple과 제임스 빈James Beane이 지적한 바와 같이, 미국에서 "가령 민주주의 개념이 어떤 사건과 사상을 판단하는 중요한 기준점 역할"을 할지라도, 이런 유형의 "중심 교리와 윤리적 기반"은 "온갖 사상에 대한 대중적 지지를 얻기 위해 수사적 기호나 정치 규약으

---

2. 이와 관련해서는 다음의 자료, Elliot Eisner, "Standards for American Schools", *Phi Delta Kappa*, vol. 76, no. 10(1995): 758-764.와 Gary Orfield, Susan E. Eaton, & the Harvard Project on School Desegregation, *Dismantling Desegregation* (New York: New Press, 1996)를 참고하라.

3. 아렌트 학자들은 이 글에서 아렌트 자신이 학교에서 일반인들을 위한 교육을 다루는 것(Hannah Arendt, "The Crisis in Education", in *Between Past and Future* [New York: Penguin Books, 1968], pp. 173-196 참고)을 거부했다는 점을 불분명하게 처리했다는 사실에 주목할 것이다. 이와 관련해서는 이 글의 다른 부분에서 다룰 것이다. 간략히 말하면, 여러 가지 이유에서 아렌트는 본래 일반인들의 관행이 '학습된' 실천이 아니라고 주장한다. 그러나 이는 아렌트 저작에서 상당한 모순을 초래하는 굉장히 논쟁의 소지가 많은 생각이다. 따라서 이 글에서는 그것이 애당초 지지받을 수 없는 주장이라고 본다. 이를 중점적으로 다루기엔 지면이 한정되어 있어, 여기서는 사실상 일반인들이 다른 이들처럼 배워야만 하는 것을 관행이라고 간단히 상정하고자 한다.

4. David Held, *Models of Democracy* (Stanford: Stanford University Press, 1987).

로 변질되는 경향이 있다". 그래서 "우리는 사람들이 하려고 하는 거의 모든 것을 정당화하기 위해 매일 수도 없이 민주주의를 옹호하는 소리를 듣는다".[5]

이렇듯 다양한 의견에도 불구하고, 교육 분야의 주요 단체에 속한 학자들은 교육 민주주의에 관한 한 가장 유명한 저술가인 존 듀이를 통해 민주주의의 기본적인 사항들을 이해하려는 경향이 있다.[6] 20세기 전환기에 본격적으로 접어들면서, 듀이는 그 시대에 지배적이었던 엄격한 학교교육뿐만 아니라 개개인이 산업주의의 팽창에 점점 무력해지고 있다고 느꼈던 사회에 대해서도 글을 썼다. 듀이가 언급했듯이, "우리 각자는 자신의 행위를 다른 사람의 행위에 비쳐 보고, 자기 행위의 주요 관점과 방향을 제시하기 위해서는 다른 이들의 행위를 고려해야 한다"[7]는 관점에서, 듀이는 민주적 공동체란 개인들의 집합체가 공동 활동에 함께 참여하는 것이라고 주장했다. 듀이가 이해한 것처럼, 민주주의에서는 사람들이 공동의 문제를 해결하기 위해 함께 협력한다. 나아가, 그는 모든 인간이 유일무이한 존재이며, 자신만의 고유한 잠재력을 지니고 있다고 주장했다.[8] 하지만 학교 (그리고 사회)에서 예나 (그리고 지금이나), 인간은 이 잠재력 자체를 완전히 드러낼 기회가 거의 없었다. 듀이는 민주적 공동체의 맥락에서만 개개인이

---

5. Michael Apple and James Beane, "The Case for Democratic Schools", in *Democratic Schools*, ed. James Beane and Michael Apple (Alexandria, VA: ASCD, 1995), p. 5. 이후의 인용은 DS로 표기한다.

6. [이와 관련해서] 몇 가지만 예로 들자면, James W. Fraser, *Reading, Writing, and Justice: School Reform as if Democracy Matters* (Albany: State University of New York Press, 1997), Walter C. Parker, "Curriculum for Democracy", in *Democracy, Education, and the Schools*, ed. Roger Soder (San Francisco: Jossey-Bass, 1996), 그리고 Douglas J. Simpson & Michael J. B. Jackson, *Educational Reform: A Deweyan Perspective* (New York: Garland Publishing, 1997)을 참고하라.

7. John Dewey, *Democracy and Education* (New York: Free Press, 1916), p. 87.

공동의 결실을 위해 각자가 창조적으로 기여하는 법을 배우면서 자신의 고유성을 길러 낼 수 있다고 확신했다. 현대 학자들은 종종 이러한 어우러짐을 위해 '집단'의 다양성이 중요하다는 논리를 듀이의 견해에 덧붙인다. 결국, 듀이 민주주의 모델의 핵심은 세계와의 비판적이고 '과학적'인, 그리고 협력적 참여를 통해 적어도 우리가 현재의 억압과 불평등을 해소하고 집단과 계층을 구분하는 장벽을 허물면서 점점 더 사회를 민주적이고 평등하게 발전시킬 잠재력을 지니고 있다는 것이다.[9] 듀이는 우리가 환경과의 상호작용을 통해 차츰 세계와 우리 자신에 대한 통제력을 발전시킬 수 있다고 믿었다.

듀이는 사회가 더 민주적으로 발전해 가는 데 엄청난 장애물이 놓여 있다고 생각했다. 그는 어떤 특정한 맥락에서 구체적인 일련의 사회적 관행으로, '민주주의'를 구성하는 것이 추상적으로 미리 결정될 수 없다는 점을 아주 분명히 했다. 그는 민주적 참여에 대한 논쟁이 해결될 거라고 주장하지도 않았고, 그렇게 되어야 한다고 믿지도 않았다. 그리고 그를 따르거나 추종하는 이들은 일반적으로 민주주의가 명확하게 규정된 목표가 아니라 '과정'이라는 점, 곧 완벽한 민주주의는 불가능하다는 것을 인정했다. 하지만 그러면서도, 종종 민주주의에 대한 듀이주의자들의 **기준**은 마치 그것이 모든 인간 존재에게 보편적으로 관련되는, 논쟁의 여지가 없는 선을 구성하는 것처럼 보였다. 더

---

8. 이와 관련해서는 John Dewey, "Human Nature and Conduct", in *John Dewey: The Middle Works*, vol. 14, ed. Jo Ann Boydston (Carbondale: Southern Illinois University Press, 1982)와 Craig Cunningham, "Unique Potential: A Metaphor for John Dewey's Later Conception of the Self", *Educational Theory*, vol. 44, no. 2(1994): 211-224를 특히 참고하라. 이는 매우 일반적이고 개략적인 내용으로, 이 글에서는 커닝햄이 지적한 것처럼, 시간이 흐르면서 이 부분에 대한 듀이 생각이 어떻게 변했는지를 다루지는 않는다.

9. 필자의 글 Aaron Schutz, "John Dewey's Conundrum: Can Democratic Schools Empower?" *Teachers College Record* (in press)에서는 듀이의 민주주의 모델을 더욱 상세히 분석한다.

욱이 듀이는 인간 존재에게 최소한 무엇이든 가능하며, 모든 장벽은 적어도 주의 깊은 '과학적' 탐구를 통해 극복될 수 있다고 굳게 믿었다.[10] 따라서 듀이의 민주주의 모델과 그에게 영향을 받은 이론적 형식들 가운데는 이해하기 어려운 '유토피아적' 양상으로 여겨지는 것이 있다. 언덕 위의 찬란한 도시 같은 추상성에도 불구하고, 그 비전은 말하자면 그것이 절대 완전히 이루어질 수 없더라도 항상 요구된다.[11]

듀이의 비전을 기반으로 한 최근의 저술들은 매우 폭넓고 다양하며, 학자들마다 듀이에 대한 자신만의 독특한 해석을 내놓고 있는데, 이때 그들은 듀이뿐만 아니라 다른 자료들도 함께 활용하고 있다. 그럼에도 위에서 간략히 언급했던 민주주의의 근본 기준에 대한 표현들은 여전히 두드러진다. 애플과 빈이 그에 대한 선례를 제시하고 있다. 그들은 듀이의 저작에 중점을 두고 있지는 않지만, "민주적인 학교 교육을 향한 대부분의 욕구가 … (듀이의) 많은 작품에 의존하고 있음"을 인정한다. 그리고 그들이 대략적으로 제시한 이론적 틀 역시 여기서 방금 논의한 것과 충분히 양립될 수 있다.[DS. 21] 듀이의 관점에서, 애플과 빈은 "민주주의에 생명을 불어넣는 일이 항시 고군분투해야 하는 일임을 암시하면서", "민주주의의 실천은 긴장과 모순을 수반한다"라고 인정한다. 하지만 궁극적으로 그들은 "그(가령, 이러한 긴장

10. 이 부분에 대해서는 John Dewey, *The Public and Its Problems* (Athens, GA: Swallow Press, 1927), p. 185를 참고하라.
11. 듀이는 자신이 가장 중시하는 가치들조차도 세계 안에서 일어나는 일이나 행위들을 통해 배운 바에 따라 변경할 수도 있다는 가능성에 대해 적어도 이론적으로 열려 있었다. 하지만 동시에, 이러한 프래그머티즘과 민주주의의 특별한 비전에 대한 듀이의 핵심적인 신념 사이에는 근본적인 긴장이 놓여 있다. 듀이가 민주주의의 추상적 비전을 반대하긴 했지만, 그럼에도 그의 저작에서 민주주의 이론에 대한 윤곽을 확인할 수 있으며, 상당히 다양한 방식으로 해석된 이러한 비전은 여전히 오늘날에도 영향을 미치고 있다. 듀이의 유토피아적 충동에 대해서는 Aaron Schutz, "John Dewey and the 'Paradox of Size': Some Limitations of Teaching for Local Democracy" (1999년 몬트리올에서 열린 미국교육연구협회 회의에서 발표한 논문)에서 더욱 상세히 다루고 있다.

과 모순) 너머에 전문 교육자들과 시민들이 공동체 전체의 공익을 도모하는 더 민주적인 학교를 만드는 데 함께할 가능성이 있다"DS. 8라고 주장한다. 이때 애플과 빈의 문제는 듀이의 이론에 근거한 민주주의 교육 비전을 지지하는 많은 이들과 마찬가지로, 그들이 평등민주주의를 '이상주의적 가치 체계'라고 명명한 데 있지 않다. 그들은 "우리가 평등 민주주의의 가치(에 따라) 살아야 하고, 그것이 우리 민족의 삶을 이끌어야 한다"DS. 7라고 했다. 오히려 그들의 문제는 이러한 이상을 완전히 실현하지 못한 데 있다. 따라서 애플과 빈은 "듀이와 다른 이들이 '민주주의적 신념'이라고 부른 것, 곧 민주주의가 강력한 의미를 갖고 작동할 수 있다는 근본적인 믿음, 그리고 사회문제에서 우리가 자유와 인간 존엄성을 지키기 위해서는 반드시 그것이 필요하다는 것"DS. 6을 인정한다.

이 글의 요점은 민주주의를 거부하려는 것도 아니고, 교육 민주주의에서 실행되었던 중요한 작업을 폄하하려는 것도 아니다. 물론 그렇더라도, 코넬 웨스트Cornel West와 마찬가지로 듀이와 그를 따르는 이들이 "성공한 것을 포함하여 … 모든 인간의 투쟁은-가능성은 적지만, 특정 형태의 악에 맞서 새로운 형태의 악을 생성한다"[12]라는 사실을 때때로 이해(또는 적어도 강조)하지 못하는 것은 우려되는 부분이다. 따라서 여기서는 공적인 것에 대한 아렌트의 비전이 이러한 한계와 절충이 불가피하다는 점을 진지하게 다루고 있기 때문에 그것이 부분적으로 교육에 유용하다는 점을 논하려 한다. 한 인터뷰에서 아렌트는 "나는 자유를 위해 대가를 치러야 한다는 것을 안다", 심지어 "내가 그 대가를 치르려 한다고 밝힐 수 없을지라도 말이다"[13]라고 했다.

---

12. Cornel West, *The American Evasion of Philosophy* (Madison: University of Wisconsin Press, 1989), p. 229.

듀이와 마찬가지로, 아렌트는 자신이 세계에서 마주한 억압－특히, 나치 독일에서의 자기 경험과 연구－에 대응하여 공적인 것에 대한 자신의 이론을 발전시켰다. 하지만 듀이와 달리 아렌트는 나치로부터 "모든 것이 가능하다"[14]는 믿음의 위험성을 배웠다. 아렌트는 나치가 "모든 것이 가능하다"고 믿었기 때문에, 그들은 자신들의 욕망을 추구하는 데 "존재하는 모든 것이 ⋯ 단지 일시적인 장애물에 지나지 않았음을" 알게 되었다고 주장했다.OT. 387 그러한 비윤리적 경험주의자들, 왜곡된 프래그머티스트들에게 현실의 불편한 사실, 특히 그것의 예측 불가능성과 복잡성은 자신들의 야망을 실현하는 데 참을 수 없는 제약이었다. 듀이처럼 그들도 실험실을 만들었으나 그것이 민주주의 정신에 입각한 것은 아니었다. 대신, 나치는 강제 수용소의 완벽한 '과학적' 통제를 추구하기 위해, "무엇이 가능한가에 대한 추악한 실험 관찰"을 실시하면서, 자국민을 대상으로 "현실을 혹은 오히려 현실에 반하는 실험"을 자행했다.OT. 392, 436 공동체 안에서 개인의 성취감을 고취시키는 대신, 나치는 개별 행위자의 마지막 모든 흔적까지 제거하고, 파블로프의 개처럼 "모두가 자신의 죽음을 향해 갈 때조차 반사적으로 행동하는 것 외에는 아무것도 하지 않는"OT. 455, 진정 살아 있으나 죽은 자들의 영역을 개발하고자 했다. 그들은 전체주의 운동을 통해 그리고 그 지도자들이 [인간을] 집단 유기체로서 완전히 장악함으로써 전체적으로 순응하는 허구적인 세계를 건설하려 했다.

듀이는 끊임없이 변화하고 있다면 완전히 민주적인 방식[15]－사실 그

13. Hannah Arendt, "'What Remains? The Language Remains': A Conversation with Günter Gaus", in Hannah Arendt, *Essays in Understanding*, ed. Jerome Kohn (New York: Harcourt Brace & Co., 1994), p. 20.

14. 이와 관련해서 가령, Hannah Arendt, *The Origins of Totalitarianism* (New York: Harcourt Brace Jovanovich, 1967), pp. 382, 387, 427, 441, and 471을 참고하라. 이후의 인용은 OT로 표기한다.

는 민주주의가 민주적인 수단을 통해서만 이루어질 수 있다고 주장했다―을 통해 점점 더 완벽한 민주주의를 달성할 수 있다고 믿었지만, 아렌트는 나치를 통해 유토피아적 목표를 지향하는 바로 그 실천, 모든 것이 가능하다는 믿음, 인간 한계에 대한 거부가 전체주의로 나아가는 첫걸음이 될 수 있음을 깨달았다.[16] 듀이의 비전과 듀이로부터 답을 얻으려는 많은 이의 비전이 '초월적인 것'을 지향한다면, 아렌트의 비전은 확실히 '인간적'이고 '비극적'[17]인데, 그것은 미약한 타협과 불가피한 상실이라는 진창에 놓여 있다.[18]

여기서는 '공적인 것'에 대한 아렌트의 이론을 개관하고, 그녀가 자신의 이론에 내포되어 있다고 확신한 절충적 내용들에 대해 논의를 이어 가면서, 학교에서 그것이 지닌 잠재적 관련성을 설명하고자 한다. 그런 다음, 비교적 구체적인 사례를 들어 어떻게 '공적 공간'이 교육적 맥락으로 귀결되는지를 고찰하고자 한다. 이를 진행하면서, 아렌트와 듀이 이론 간의 몇 가지 주요 유사점과 차이점에 대해 논할 것이다. 물론 그렇더라도, 두 학자의 의미심장한 비전을 상세히 비교하여 그

---

15. 이와 관련해서는 가령, John Dewey, "Freedom and Culture", in *John Dewey: The Later Works*, vol. 13, ed. Jo Ann Boydston (Carbondale: Southern Illinois University Press, 1988), p. 178을 참고하라.

16. 사실 아래에서 언급한 것처럼, 때로 아렌트는 우리가 당연히 목적이 수단을 정당화할 거라고 믿기 시작할지도 모른다는 우려에서 모든 수단/목적적인 사유를 거부했다.

17. Maxine Greene, in "Exclusions and Awakenings", in *Learning from Our Lives*, ed. Anna Neumann and Penelope L. Peterson (New York: Teachers College Press, 1997), p. 22에서 맥신 그린은 듀이가 결코 진정으로 비극을 이해하지 못했다고 주장한다.

18. 사실상 이 말은 그리스인들이 정의한 것이라고 아렌트가 이야기한 것처럼, 그녀는 자신이 언급했던 것이 민주주의나 다수결보다 더 평등한 것이었다고 했다. 그보다도 공적인 것은 아렌트가 '이소노미(isonomy)'라고 표현했던 것의 한 형태였거나, 또는 자신의 『혁명론*On Revolution*』(London: Penguin Books, 1963, p. 30)에서 주장했던 '비지배'였으며, "고대인들이 열거한 바와 같이, 정부 형태들과 달리 그것의 두드러진 특징은 지배 개념이 … 전혀 존재하지 않는다는 것이었다". 그럼에도 여기서는 우리에게 평이하고 친숙한 '민주주의'라는 용어를 사용하기로 한다.

것을 완전히 정의 내릴 여지는 없다. 그리고 그것을 이 글의 목적으로 삼지도 않았다. 궁극적으로, 이 글의 목적은 어떻게든 듀이의 이론을 아렌트의 이론으로 대체하는 것이거나 두 이론을 종합적으로 다루는 것이 아니다. 오히려 이 글은 공적인 것에 대한 아렌트 이론이 민주주의와 교육에 관한 최근 문헌에서 불거진 문제, 곧 '유토피아적' 경향을 바로잡는 데 도움이 된다는 점에 주목한다. 아렌트가 논의한 개별 인간의 한계는 민주적 행위에 대해 그녀 자신이 독특하게 개념화한 것에 속한다. 하지만 아렌트의 연구는 민주주의 교육에 대한 반유토피아적 접근 방식을 모델로 제시하는데, 이는 더 넓은 맥락에서 유의미해 보인다. 동시에, 이 글을 통해 우리는 아렌트의 이론적 관점이 어쩌면 듀이의 다른 비전들과 함께 교육적 상황에서 민주적 행위 가능성을 조명할 수 있는 독특한 방식을 제공한다는 점을 더 깊이 이해하게 될 것이다.

공적 공간: 첫 번째 접근

아렌트는 "유일무이한 누군가(가령, 모든 사람)와 관련하여, 전에는 아무도 없었다고 말할" 정도로 모든 인간 존재가 근본적으로 고유하다고 믿었다. 아렌트는 이러한 고유함이 주로 개별 인간의 반복할 수 없는 일생의 경험을 통해 나타난다고 주장한다. 아렌트의 관점에 따르면, "인간에게 예측할 수 없는 것을 바라는 것 … (그리고) 도저히 있을 수 없는 일을 인간이 행할 수 있는 것"[19]은 개별 인간의 고유함 때문이다. 이러한 이유로, 모든 인간에게는 아렌트가 '행위'라고 불렀던,

---

19. Hannah Arendt, *The Human Condition* (Chicago: University of Chicago Press, 1958), p. 178. 이후의 인용은 HC로 표기한다.

곧 이전의 것으로는 전혀 예측할 수 없는 완전히 새로운 과정을 시작할 수 있는 능력이 있다.

그런데 아렌트는 진정한 인간 행위란 행위하는 행위자의 모습을 드러내는 말을 동반하지 않고서는 가능하지 않다고 주장한다. 인간 "행위가 언어를 동반하지 않은 그 적나라한 형체로 여겨지더라도", 아렌트는 "행위가 인간이 무엇을 하고, 무엇을 했으며, 무엇을 할 것인지를 드러내면서 행위자로서 인간이 자기 자신임을 확인하게 해 주는 말을 통해서만 유의미하다"HC, 178라고 지적한다. 행위자가 행위에 숨겨진 것을 밝히기 위해 말하지 않는다면, '행위'는 행위자의 요구와는 아무런 관련이 없는, 맹목적인 사건이 단지 일어나는 것처럼 된다. 이런 이유에서 민주주의에 대한 아렌트의 비전은 상당히 대화적이라고 할 수 있다.

모든 말은 어느 정도 개별 인간의 고유함을 드러내지만, 아렌트는 전체주의를 고찰하면서 사실 개인의 고유함이 거의 완전히 억압될 수 있고 사람들이 로봇과 같은 수준으로 전락할 수 있는 상황이 가능했다는 것을 알게 되었다. 더욱이 그녀는 자신이 현대 사회에서 점차 만연해지고 있다고 말했던 '사회'나 '사회적인 것'이 "그 사회의 구성원들에게 특정 행위를 기대하고, 무수한 규칙들을 부과하며, 이러한 모든 것이 그 구성원들에게 '표준화'된 행동을 강요함으로써 그들이 자발적으로 행위하지 못하게 한다"HC, 40라고 우려를 표했다. 사실 아렌트는 주위에서 개별 인간의 고유함에 내재된, 곧 자신이 '누구'인지를 드러내는 능력인 말을 점차 잃어 가는 사회를 보았다. 아울러 그녀는 나치 시대를 연상시키듯 거침없고 새로울 게 없는 '사회'라는 집단 유기체가 예측 불가능한 개별 주체인 행위자를 서서히 위협하는 것을 목격했다. 이를 극복하기 위해, 아렌트는 개개인이 집단에 함몰되지 않고 억압에 대응한 사회적 실천의 증거를 찾고자 서구 역사의 기록을 계속 들여다보았다. 아렌트는 고대 그리스부터 프랑스와 미국 혁명까지 그리고 자신이 시민 배심원으로 봉사한 경험까지 놀라울 정도로 다양한 범주의 사례를 제시하면서, 자신의 '공적 공간' 모델을 정리했다.

아렌트에게 공적 공간이란 개인들이 공통의 관심사나 문제, 곧 '공통 과제'로 이해할 수 있는 대상이나 이슈와 관련해서 특정한 방식으로 모일 때 형성된다. 이러한 공통 과제는 "사람들이 서로 연결되기도 하면서 동시에 분리"되기도 하는, 아렌트가 '틈새in-between'라고 불렀던 것 혹은 라틴어에서 유래한 **'사이**inter-est'에서 작동하는데, 여기서 각 참여자는 공통 과제에 대한 아렌트의 독특한 해석에 나름대로의 의견을 제시한다.HC, 182, 54 이런 다양한 해석에 근거할 때, 공간 자체는 각 구성원이 그들의 공유된 관심사와 관련하여 독특한 '위치'에서 '나타남'으로써 하나의 공간으로 **구성된다**는 점이다. 다른 맥락에서, 개별 인간은 말을 통해 자신에 관해 무언가를 드러낼 수 있지만 그들은 오직 공적 공간에서만 자신의 견해를 다른 이들의 의견과 결부시키면서 일관된 **입장**을 취할 수 있다. 그러한 공간에서 개개인은 하나의 단위로서가 아니라, 공동의 노력이 요구되는 일에 각자 나름대로 기여하면서, 아렌트의 표현에 의하면 '함께' 행위한다. 그리고 공적 공간에 참여하는 이들은 독자적이지도 그렇다고 단순히 [집단에 귀속된] 하찮은 존재도 아니기 때문에, 예측할 수 없는 변화를 위해 대단히 창조적인 '권력'을 창출해 낸다.HC, 201 아렌트는 이러한 '권력'을 폭민이나 광신도들처럼 개개인이 하나의 단위로 모이는 집단에 의한 '힘'과 구분했는데, 그러면서 그녀는 이 힘이 권력에 해당하는 잠재력에 의해 언제나 극복될 수 있다고 주장한다.[20] 사실 아렌트는 공적 행위를 통해, "현저히 강한 지배자에게 저항하는 민중의 항쟁은 … 실질적으로 훨씬 더 우월한 세력에 맞서 폭력을 사용하지 않더라도, 대개 저항할 수 없는 권력을 낳을 수 있다"HC, 200-201라는 점에 주목한다.

다만, 공적 공간은 우리가 단순히 다른 이들과 함께하는 곳이 아니다. 공적 공간은 우리가 일관된 행위자로서 스스로를 충분히 경험할 수 있는 그런 맥락에서만 규정된다. 역설적이게도, 아렌트 이론에서 우리는 다른 이들과 함께 행위할 때만 고유한 행위자로서 드러날 수 있다. 보니 호니그Bonnie Honig가 주목한 것처럼, 아렌트 저작에서 "행위하기 전이나 또는 그것과는 별개로" 공적 공간의 외현에서 비롯된 "자아는 정체성이 없다. 그것은 파편화되고 불연속적이며 불분명하다. … 아렌트에게 행위자들은 그들이 이미 있기 때문에 행위하지 않으며, 그들의 행위는 이전의 안정된 정체성을 드러내지 않는다. 그들은 기껏해야 행위와 그에 따른 정체성 안에서 일시적인 자아실현을 추구하는 불안정하며 다중적인 자아를 전제로 한다".[21] 개개인은 공적 영역에서만 자기 발견의 이러한 충격을 경험할 수 있다. 그리고 공적 공간에서 담론이 멈추고, 개개인이 서로의 위치에서 드러나지 않게 될 때, 공적 공간은 무너지고, 참여자들은 그들이 공적 공간으로 들어서기 전에 있었던 덧없는 영역으로 되돌아간다. 사실 아렌트의 저작에는 개개인이 흔히 세계 안에서 공적인 존재 방식과 공적이지 않은 존재 방식 사이를 왔다 갔다 한다는 점이 제시되어 있다. 따라서 아렌트의 공적 자아는 극히 미약하다.

이 글의 도입부에서도 언급했듯이 분명히 말하자면, 공적 영역에 대한 이러한 전망은 듀이 철학의 민주주의 기본 이념과 유사한 부분들

---

20. 여기서는 아렌트가 『인간의 조건』에서 분명히 밝힌 '힘'에 대한 정의를 어느 정도 추측해 볼 수 있다. 아렌트는 이 책에서 개인들에 대해서만 논하고 있다. 하지만, 분명 개개인이 단지 그들에게 할당된 역할만 수행하는 집단은 권력이 아닌 그 힘을 모아 집단적으로 행동하게 될 것이다. 이 문제는 여기서 다루지 않은 아렌트의 '폭력'에 대한 논의와 밀접하게 연결되어 있다.
21. Bonnie Honig, "Toward an Agonistic Feminism: Hannah Arendt and the Politics of Identity", in *Feminist Interpretations of Hannah Arendt*, ed. Bonnie Honig (University Park: Pennsylvania University Press, 1995), pp. 140-141.

이 많다. 다만, 듀이도 인간의 고유한 잠재력을 함양하기 위해서는 민주적인 프로젝트에 참여하는 것이 중요하다고 역설하긴 했지만, 인간의 자기실현을 설명하면서 듀이가 아렌트 저작에서 주로 다룬 그 덧없음을 대수롭지 않게 여기고 있다는 점은 눈여겨볼 만하다. 게다가 아래에서 더욱 상세히 언급하겠지만, 아렌트 이론은 전적으로 고유한 개개인이 자신들의 고유성—듀이가 실제로 자세히 다루지 않았던 문제—을 포기하지 않은 채 함께 행위하고자 할 때 일어나는 긴장을 중점적으로 다룬다. 사실 크레이그 커닝햄Craig Cunningham이 지적했듯이, 듀이는 자기 삶의 끝자락에 이르러서야 아렌트에게 영향을 미친 바로 그 전체주의의 기원과 관련하여, "민주주의를 확실히 지키기 위해서는 그가 이전에 생각했던 것보다 개인의 결단과 선택이 훨씬 더 중요하다"[22]라는 사실을 인정했다. 그러므로 물론 아렌트가 선택한 길이 듀이가 택했던 그것과는 상당히 다르겠지만, 어떤 의미에서 우리는 아렌트 작품을 통해 듀이 저작들에 대개 감춰진 채 남아 있는 평등주의적 민주주의의 양상에 대한 의미를 발견하게 된다.

한 초등학교 5학년 학급을 다룬 최근 기사는 그 학생들이 살고 있는 주의 어린이 안전벨트 착용에 관한 법률을 개정하기 위해 그들이 성공적으로 협력한 내용을 담고 있다. 이는 아렌트의 이론이 실제 교실 현장에서 어느 정도 실천될 수 있는지에 대한 함축적 의미를 조명할 수 있는 유용한 사례다.[23] 그 기사는 학생들이 정확하게 무엇을 했는지를 아주 상세히 다루고 있지는 않기에, 우리는 다른 가능성에 대해서 짐작해 볼 필요가 있다. 어떤 사람은 이미 이 프로젝트를 진행하는 방식이 아렌트의 공적 이론에 부합하지 않는다는 점을 생각해

---

22. Cunningham, "Unique Potential", p. 220.
23. Susan Seigel and Virginia Rockwood, "Democratic Education, Student Empowerment, and Community Service: Theory and Practice", *Equity and Excellence in Education*, vol. 26, no. 2 (1993): 65-70.

봤을 수 있다. 가령 토론 과정에서 모든 학생의 관점에 귀 기울이지는 않을 것이며, [협력하는 과정에서] 모두의 노력이 동등하게 여겨지지도 않을 거라는 점에서, 어떤 이는 교사나 논리정연하고 설득력 있는 소수의 학생에 의해 그 토론과 협력 과정이 주도될 거라고 가정할 수도 있다. 또 다른 이들은 그러한 협력 활동이 시작되기도 전에 개별 학생에게 미리 정해진 역할과 책임을 부여했을 수 있다는 식으로 접근할 수도 있다. 만일 이 교실에서 아렌트가 정의한 대로 [학생들이] '공적' 행위를 하려고 한다면, 모든 학생의 관점이 고려되어야 할 뿐만 아니라 학생들이 스스로 노력한 바에 대해 최대한 정직하게 말할 수 있을 정도로 그들이 편안하게 느끼도록 해 주어야 한다.

공적 공간의 긴장들

공적 공간에서 창출되는 엄청난 창의력에도 불구하고, 아렌트는 이를 위태로운 성과라고 주장했다. 이 장에서는 공적 공간에 참여하는 이들이 서로 상반된 존재 방식과 다른 이들의 행위 사이에서 힘들게 균형을 잡으려는 그런 복잡한 움직임에 따라 공적 공간이 지탱될 수 있다는 점에 주목한다. 여기서 주장하는 바는 공적 공간에 참여하는 이들이 직면하게 되는 근본적으로 다른 긴장들이 최소한 세 가지가 있다는 것이다. 우선, 만일 공적 공간에 참여하는 이들이 자신들의 공간이 분열되거나 대중 사회의 영역으로 함몰되는 것을 피하려면, 행위자들은 스스로 자신의 독특함을 표출하는 것을 억제하면서 그들 자신의 고유한 관점을 드러낼 각오를 해야 한다. 둘째, 공적 공간에 참여하는 이들은 끊임없이 판단을 내리고, 때로는 용감하게 논란의 소지가 있는 입장을 취할 수 있지만, 그들은 반박의 여지가 없는 진리나 확실성에 대한 주장이나 논리적 설명을 통해 다른 이들을 억압하려고 해서는 안 된다. 마지막으로, 만일 공적 공간에 참여하는 이들이 자유롭게 행위할 수 있으려면, 그들은 자신들이 공유하는 공간을 어느 정도 안정되고 예측할 수 있게 만들어야 하지만, 미래를 통제하고 지배하려는 시도들은 거부해야만 한다. 근본적으로, 고유한 개인들이 집단을 이루고 하나의 집합체로서 함께하면서 자신들의 독특함을 보호해 주는 그런 공적 공간이 유지되는 동안, 온갖 [행위의] 시도들은 무산되기 쉬운 타협으로 인해 훼손된다. 사실 이런 선례에 대해 해명을 요구하는 일이 상당해서, 아렌트가 더 영구적인 [형태의] 공적 영역을 구축할 방법을 모색하긴 했지만, 그 주제와 관련해서 그녀는 자신의 초기 저작에서 공적 행위가 "이미 확립된 그 어떤 정치 구조와도 양립될 수 없을 만큼 무정부적인"[24] 어떤 것이라며 우려를 표했다.

독특함과 진부함

아렌트는 각각의 개별적인 인간 존재가 고유하다고 믿고, 이러한 개인의 다름이 '드러나는' 장소로 공적 공간을 상정했음에도 불구하고, 공적 공간의 구조 자체가 거기서 표현된 개인의 독특함 수준에 심각한 제한을 가할 수 있음을 절감했다. 위에서 언급했듯이, 공적 공간은 그곳에 참여하는 이들이 다른 참여자들과 관련하여 자신의 위치를 정하도록 해 주는 공적 관심사 없이는 존재할 수 없다. 따라서 공적 공간은 이러한 대상들, 이런 공유 프로젝트가 "정체성을 잃지 않고 다양한 측면에서 보여질" 때에만 오래 존속된다. 곧, 공적 공간에 참여하는 이들이 스스로 관심을 두고 있는 동일한 사안을 다른 이들이 자신의 행위나 말로 어떻게 다루는지 이해할 수 없을 때, 공적 공간은 해

---

24. Margaret Canovan, *Hannah Arendt: A Reinterpretation of Her Political Thought* (Cambridge: Cambridge University Press, 1992), p. 137.

체된다.HC, 57-58

따라서 공적 공간에서는 다른 참여자들에게 '유의미한' 것으로 이
해되는 공헌들만이 용납될 수 있다. 근본적으로 독특한 "정신의 사유,
감각의 기쁨"은 "말하자면 공적인 모습에 맞는 형태로 변형되고, 박탈
되고, 탈개인화"되어야만 한다.HC, 50 [공적 공간의] 다른 참여자들은
아렌트의 이러한 해석을 점점 자신들의 공유 프로젝트에 도움이 된다
고 생각하지 않기에, 이런 [변형, 박탈, 탈개인화라는] 변화를 거부하
는 사람이 공적 영역에서 가차 없이 추방되는 것을 몸소 발견하게 될
것이다. 그리고 공적 영역에서 상당수의 참여자가 이러한 해석을 지나
치게 따르면서, 그들은 자신의 경험이라는 고립된 특이성 안에서 길을
잃게 되고, 그에 따라 그들 노력의 **공통적인** 특징은 전부 사라지고,
공간 전체가 와해될 수도 있다. 물론 이를 통해 유의미한 것으로 '간
주'될 수 있는, 그리고 명백히 평등한 공간에 수용될 수 있는 여러 다
양성의 잠재적 한계에 대한 복잡한 문제가 제기될 수 있다. 또한 그것
은 (아렌트가 이를 주장하지는 않았지만) 복합적으로 인식되는 하나의
문제에 종종 여러 공적 영역이 있을 수 있음을 의미한다.

마찬가지로, 공적 영역에 참여하는 이들은 자신들의 완전한 독특
함 안에서 다른 이들을 보려고 하는데, [그들이] 아렌트가 '친밀한' 관
계라고 지칭한 것을 공적 관계로 전환하려는 시도는 공적 공간의 존
재를 위협한다. 가령 사랑은 다른 사람을 그 또는 그녀의 전체 안으
로 포함시키기에, 그것은 "사랑하는 사람이 **어떤** 사람일지, 우리를 다
른 사람들과 관련짓고 분리하는 그 사이를 … 파괴하는 … 그의 업적,
실패 그리고 일탈들 못지않게 그의 자질과 단점들과도 전혀 관련이 없
다".HC, 242 아렌트가 주장하는 사랑은 우리가 상대적으로 일관된 입
장에서 다른 사람의 위치를 결정하는 능력뿐만 아니라 있는 그대로
다른 사람을 받아들이는, 곧 사랑하는 사람이 아닌 그들의 행위를 통

해 판단하는 정치적 행위자로서 다른 사람에게 반응하는 능력 또한 제거한다. 여기서 아렌트는 우리가 사랑하는 사람들과 함께 공적 공간을 마련할 수 없음을 지적하고 있는 것이 아니다. 사실 다른 사람들과의 친밀한 관계는 우리가 공적 공간에서 사람들이 말하는 것의 이면에 놓인 경험을 수월하게 이해할 수 있도록 해 준다.[25] 대신, 우리는 공적 공간에 들어서기 위해 우리가 사랑하는 이들과 상호작용하는 방식을 잠시 바꾸어야만 한다. 두 상원의원이 결혼했다 하더라도, 국회에서 이 두 사람은 반드시 서로를 상원의원으로 대해야만 한다. 공적으로 참여하기 위해서, 사랑은 공적 영역으로부터 따로 떨어진 채 적어도 한동안 뒤에 남겨져야 하며, 다른 사람들의 정치적 입장을 존경하고 존중하는 것으로 대체되어야 한다. 아렌트는 공적 대화란 "긴밀하게 사적인 것이 아니라 정치적으로 요구하고 세계에 대해 계속해서 언급하는 것"[26]이라고 썼다.

그런데 극단적인 독특함은 공적 영역을 위협한다. 그리고 진부함, 경박함, 그리고 군중 속으로 침잠하려는 시도들 또한 위험하다. 앞서 언급했듯이, 아렌트는 개개인이 점차 자신의 고유한 잠재력과 전혀 상관없는 활동들에 몰두하느라, 현대 세계에서 공적 공간이 급속히 사라지고 있음을 줄곧 걱정했다. 만일 이러한 태도와 존재 방식이 공적 공간을 침해한다면, 또 공적 공간에 참여하는 이들이 다른 사람들 앞에 자신들의 독특한 관점과 이해를 흔쾌히 드러내려고 하지 않는다면, 공간의 다원성은 사라질 것이며 그 공간은 진부함으로 파괴될 것이다.

초등학교 교실 사례로 되돌아가 보면, 아렌트 이론은 공적 공간에

---

25. Eleanor Honig Skoller, *The In-Between of Writing: Experience and Experiment in Drabble, Duras, and Arendt* (Ann Arbor: University of Michigan Press, 1993)를 참고하라.

26. Hannah Arendt, *Men in Dark Times* (New York: Harcourt Brace Jovanovich, 1968), p. 25. 이후의 인용은 MDT로 표기한다.

참여하는 법을 배우는 학생들이 종종 자신들과 개인적 친분이 있는 바로 그 아이들을 '공적' 관계에서는 다르게 대해야 한다는 사실을 익혀야 함을 보여 준다. 이러한 의미에서 학생들이 공적 실천에 임하게 하려면, 그들이 공적 행위에 참여하고 있을 때와 그렇지 않을 때 자신과 다른 이들이 취하는 자아를 구별하도록 해야 한다. 공간을 활기차게 하려면, 아이들은 검토 중인 그 프로젝트와 관련된 자신들의 의견을 서로가 지지하도록 도와야 할 것이다. 동시에 그들은 학급 친구들이 하는 말을 주의 깊게 들을 필요도 있다. 왜냐하면 겉으로 무관해 보이는 많은 의견이 실제로는 잠재적으로 혁신적인 아이디어로 나타날 수 있기 때문이다. 그리고 그것은 다른 참여자들이 그 아이디어와의 관련성을 이해하기 위해 그들이 공유한 프로젝트의 특성에 대한 해석을 바꾸도록 해 준다. 결국 그들은 독특함과 진부함 사이에서 아슬아슬 줄타기하면서, 진심 어린 참여에 대한 격려와 자신들의 공간이 지나친 다양성에 대한 압력으로 인해 와해될 수 있다는 위험 사이에서 끊임없이 균형 잡는 법을 배워야 할 것이다.

교사들은 능수능란하게 이러한 활동을 지도할 필요가 있는데, 그 이유는 이런 관점에 내재된 복잡한 특성이 학생들을 바로잡을 일련의 정해진 규칙이 없음을 나타내기 때문이다. 가령, 학생들은 그들이 집단적으로 참여하는 과정에서 '관련성'이라는 바로 그 아이디어에 대해 줄곧 고심해야 할 것이다. 흥미롭게도 이러한 이론 모델에서, 대화를 이끄는 명확한 공동 프로젝트가 아닌, 그리고 연관성이 있어야 한다고 강제하지 않는 브레인스토밍 같은 활동은 본질적으로 전정치적인 실천으로 여겨진다. 하지만 사실, 우리가 다른 이들의 문화적·인격적 개별성을 온전히 알아가는 것, 곧 그들과 갖는 전정치적 참여는 가장 동질적인 사람들을 제외한, 모든 이가 함께할 수 있는 공적 공간의 발전을 위한 근본 요건일지도 모른다.[27]

진리를 파악하고 있는 어떤 사람이 만일 공적 공간으로 들어선다면, 그 사람은 다른 사람들의 의견에 많은 관심을 기울일 이유가 없다. 의사소통의 유일한 목표는 자신의 논리나 수사를 통해 다른 사람들이 자신의 관점을 수용하도록 요구하는 것이다. 만일 이러한 일에 성공을 거두고, 그 진리에 대한 합의가 실제로 공적 영역 안에서 이루어지게 된다면, 그리고 참여자들의 다양한 관점이 축소되어 동일한 단 하나의 관점만을 그들이 공유하게 된다면, 존재 자체의 의견 차이에 의존하는 공간은 즉시 붕괴될 것이다. 따라서 아렌트는 "공적 토론은 … 우리가 확실히 파악할 수 없는 것들만 다룰 수 있다"[28]라고 주장했다. 그런데 모든 개개인이 이러한 관점에서 근본적으로 완전히 고유하기 때문에, 두 사람 중 한 사람 혹은 두 사람 모두 자신의 관점을 억누르지 않는 한, 이 두 사람이 **완전히** 동의하고 전적으로 일치된 이해를 보이는 것은 불가능하다. 가령 특정한 과학적 연구에 대해서는 참여자들이 이의를 제기할 여지가 없는 반면, 이러한 [과학적] 탐구가 세계에 미치는 의미에 대해서는 여전히 결론을 낼 수 없는 문제로 남아 있다.MDT, 7[29]

공적 행위자들이 공공의 장에서 직면하는 문제에 어떻게 접근해야 하는지에 대한 아렌트의 생각 가운데 가장 좋은 사례 중 하나로는 18세기 작가 고트홀트 레싱Gotthold Lessing에 관한 글을 들 수 있다. 당대의 문제와 어느 정도 분리된 채 보편적인 객관성을 확보하려는 시도들을 거부하면서, 아렌트는 레싱이 "'증거를 통해 믿음을 강요'

---

27. 확실히, 넬 나딩스(Nel Noddings)의 저작은 이를 암시하고 있다. 예를 들면, *Caring* (Berkeley: University of California Press, 1984)을 참고하라.
28. Hannah Arendt, "On Hannah Arendt", p. 317.
29. 사실, 아렌트는 과학적 '신리'와 일상적인 의견이 **근본직으로** 다르다는 자기 관점을 글마다 각기 다르게 서술하고 있기에 모순적이다.

하고자 하는 이들에 의해 위협받고 있는"MDT, 7 자유 양식을 보존하려
고 했다는 데 주목했다. "그는 누구도 자신에게 강요하지 않기를 원했
을 뿐만 아니라 그도 힘이나 증명을 통해 누군가를 강제하지 않기를
원했다."MDT, 8 창의적이고 참여적인 사유가 무엇보다 중시되는 세계를
만들고자, 레싱은 "글을 쓰고 말을 하는 모든 이에게 반드시 적용되
는 모순적이지 않은 자명한 이치와 자기 일관성에 관한 주장"MDT, 7까
지도 기꺼이 포기했다. 레싱에게, 세계를 위한 자기모순은 미덕이었다.
"그는 사실상 절대적 진리를 발견한다면 이것이 대화의 끝을 의미하
고, 따라서 관계를 단절시키고, 끝내 인간다움을 종식시킬 것"MDT, 26
이기에 이를 두려워하면서, 사람들이 이 세계의 사건들에 대해 토론할
때 나타나는 무수한 의견들에 기뻐했다.

레싱은 진리를 거부했지만 정반대의 극단으로 가지 않았으며, 가령
최근 쇄도하는 문화이론인 '포스트모더니즘'의 좀 더 단순한 버전에서
볼 수 있는 일종의 부주의한 상대성과 무절제한 활동을 높이 평가하
지도 않았다. 대신 레싱의 의견은 항상 다른 사람들이 기여한 바에 반
응하는 것이었으며, 그가 글을 쓴 특정 시점에 세계가 필요로 한 것을
이해하고 세심하게 헤아리는 것이었다.MDT, 7[30] 게다가 아렌트의 관점
에서 볼 때, 사람들이 공적 영역에서 제시하는 의견들은 단순히 그들
의 내적 자아의 어둠으로부터 어떻게든 끄집어낼 수 있는 것이 아니라
다른 이들의 의견과 특정 사안에 대해 심사숙고하면서 그것에 관심을

---

30. 로널드 베이너와 같은 아렌트 평론가들은 그녀가 '판단'을 공적 행위를 하는 행위
자들에 의해 수행되는 것으로 인식했는데, 이런 판단이 냉정하게 거리를 두고 떨어
져 싸움의 모든 면을 볼 수 있는 관중에게 유보된 행위로 인식되는 변화를 평생 겪
어 왔다고 주장했다. 이러한 견해는 어느 정도 사실이겠지만, 공적인 것에 대한 아
렌트의 관점에서 판단이 배제될 수 있다고 주장한 시도는 공적인 것 자체의 본질을
근본적으로 오해하고 있음을 드러낸다. 한창 판단에 임하고 있는 과정에서 행위자
는 반성할 시간도 없고, 관중의 폭넓고 섬세한 견해도 들을 수 없지만, 그렇더라도
행위할 때는 주변의 다양한 의견들과 역사적 순간의 우연적 속성들을 고려하면서
일시적인 형태의 판단을 내릴 것이기 때문이다.

가지고 참여하는 데서 비롯되는 것이어야 했다. 물론 레싱은 공적 공간이 거의 가능하지 않았던 시대에 살았지만, 그렇더라도 아렌트는 공적 행위자의 당파적 견해란 "자아의 관점이 아닌 세계와 인간의 관계, 인간의 입장과 의견의 측면에서 늘 규정되었기에, 그것이 무엇이든 간에 (고립된) 주관성과는 무관하다"MDT, 29는 점에서, 그 당파적 의견을 지닌 레싱을 전형적인 최초의-공적 행위자로 여겼다. 아렌트가 분명히 보여 준 것은 바로 "레싱이 완전히 정치적 인간이었기 때문에, 그가 진리란 담론에 의해 인간화되는 곳에서만 존재할 수 있으며, 각자가 순간 그에게 어떤 일이 벌어졌는지가 아닌 그가 '진리라고 여기는 것'이 무엇인지를 말할 수 있는 곳에서만 존재할 수 있다고 주장했다"MDT, 30는 점이다. 따라서 아렌트적 공적 공간의 행위자는 다른 사람들을 설득하려고 하지만, 언제나 다른 이들의 행위와 진술에 따라 그들의 관점이 달라질 수 있도록 열려 있어야만 한다. 확실성도 주관성도 반영되지 않는 공적 의견은 간단히 치부된 일시적 판단, 절대 그 이상도 이하도 아니다.

이러한 긴장은 아마도 듀이의 프래그머티즘적 비전에 가장 잘 부합할 것이다. 듀이는 과학적으로 접근해서 환경을 점차 통제해 갈 수 있으리라는 자신의 기본 신념에도 불구하고, 그 역시 인간이 항상 직면해야 하는 끊임없는 변화와 불확실성을 강조하면서 세계의 어떤 '확실성에 대한 탐구'도 거부했다. 그렇더라도 듀이는 아렌트와 마찬가지로, '진리'가 민주주의라는 존재 자체를 지켜 낼 수 있다는 바로 그 위험한 지식에 중점을 두진 않았다.[31]

진리와 상대주의 사이의 이러한 긴장과 관련해서, 레싱의 사례는 초

---

31. 듀이는 비슷해 보이지만 그러면서도 뚜렷이 구별되는 문제에 집중했다. '행위'에서 '사유'의 분리 문제 그리고 듀이 관점에서 볼 때 이는, '사유'하는 이들과 '작업'하는 이들 사이의 계급을 구분하는 방식으로 이어지며, 이로써 후자는 진자의 명령에 따른다(Dewey, *Democracy and Education*, p. 255 참조).

등학교 학생들이 세계와의 복잡한 관계에서 균형 잡는 법을 배울 때 본보기가 될 수 있다. 아이들에게 그들의 진정한 공적 행위를 위해서는 지속적으로 변화하는 세계, 다른 이들의 다양한 관점과의 관계, 그리고 그들이 공동으로 노력하는 데 도움이 되는 각자의 독특한 시각이 필요할 것이다. 가령 아렌트 관점에서 엄밀히 살펴보면, 현재 많은 수의 학교에서 흔히 관행적으로 이루어지는 정답 맞히기 방식은 대화를 중단시키고 집단 행위에 반하여 '합의' 가능성을 파괴하는 도구로 여겨진다. 물론 이는 최근 발표된 구성주의 교수법에 관한 일부 저술과 확실히 양립한다. 더욱이 레싱의 사례는 공적 공간에서의 행위가 아이들의 독특한 흥미보다는, 아렌트의 용어로 표현하면 '세계를 돌보기' 위해 집단적으로 노력해야 한다는 데 주안점을 두고 있음을 강조한다. 이러한 의미에서 개인의 의견은 세계가 어떻게 되길 바라는 것이 아니라, 이 특정한 순간에 세계가 필요로 하는 것이 무엇인지를 이해하는 것과 관련되어야 한다.

통제와 혼란

공적 영역이 맞닥뜨릴 수밖에 없는 가장 곤란한 긴장 상황은 공적 영역에서 창조적 힘을 발생시키는 바로 그 조건이 불안정성과 예측 불가능성을 초래한다는 사실에서 비롯된다. 그리고 그러한 상황은 걷잡을 수 없이 세계에 반향을 일으키고 계속해서 공적 공간 (때때로 세계 그 자체)을 파괴할 수 있다고 위협하는 결과를 가져온다. 왜냐하면 **당연히** 사람들은 공적 공간에서 자신의 행위가 가져올 결과나 자신이 한 말을 다른 사람들이 해석하는 방식을 결코 통제할 수 없기 때문이다.

아렌트는 "행위 영역에서 고립된 지위는 다른 사람들이 더 이상 자신의 동기와 목적을 가지고 자발적으로 그 대담한 일에 참여할 필요가 없을 때만 획득할 수 있다"HC, 222라고 했다. 사실 아렌트는 적어도 공적 영역에서 "행위가 이루어지기 때문에, 자신의 행위를 수행할 수 있는 존재에 대한 응답과는 별개로, [행위에 대한] 반응은 항상 자체적으로 일어나서 다른 이들에게 영향을 주는 새로운 행위"라고 주장했다. 공적 행위는 미래에 잠재적으로 영원히 반향을 일으킨다는 점에서 무한하며, "지극히 제한적인 환경에서 이루어지는 최소한의 행위 또한 마찬가지로 무한성의 단초가 된다. 왜냐하면 하나의 행위, 때때로 한마디 말이 모든 것을 변화시킬 만큼 충분하기 때문이다".HC, 190 따라서 행위는 근본적으로 비극적이다. "행위자인 그 사람은 결코 자신이 무엇을 하고 있는지 알지 못하기 때문에 … 그는 자신이 결코 의도하지 않은, 심지어 예견하지 못한 결과에 대해서도 언제나 '유죄'다."HC, 233 따라서 이러한 범주에서 행위자는 "자신이 한 행위의 입안자이자 실천가이기보다 훨씬 더 피해당하고 있는 고통받는 사람"으로 나타난다.HC, 234

아렌트는 과거에 많은 이가 공적 행위와 집단 권력에 으레 따르는 비극을 모면하기 위해 행위의 예측 불가능성을 기반으로 이러한 과정을 안정화하고 통제하는 방식을 찾으려 했다고 주장한다. 하지만 공적인 것의 구조 자체는 인간 행위의 결과를 통제하여 동료 행위자들의 창조적이고 예측할 수 없는 시작 능력을 제거함으로써 공간 그 자체를 파괴하는 일을 초래할 수 있다. 알 수 없는 내일의 우발적인 상황에 대처하기 위해 미래의 인간이 지닌 자유를 없애면, 인간 자신의 미래 행위를 보장하기 위한 선택에도 부정적인 영향을 미칠 것이다.

하지만 미래에 대한 완전한 통제만큼이나 이 혼란을 받아들일 수 없다. 일관된 사람이라면 누구라도 혼돈의 한가운데서 지각하게 된 [그 무질서를] 견뎌 내기 어려울 수 있다. 그 혼돈은 자체적으로 산출되어 어쩔 수 없이 분열을 조장할 것이며, 걷잡을 수 없는 과정들을 일으켜 파괴적인 변화의 폭풍으로 세계를 뒤흔들 것이다. 완전한 예측 불가능성은 심지어 우리의 일관된 자의식을 파괴할 것이다. 왜냐하면, 만일 우리가 내일의 우리가 누가인지에 대해 전혀 의지할 수 없다면, "우리는 결코 우리의 정체성을 지킬 수 없기 때문이다. 우리는 모순과 모호함에 사로잡힌 각자의 외로운 마음의 어둠 속에서 정처 없이 속수무책으로 방황하게 될 것이다".HC, 237 우리는 그 공간에서 우리와 함께 있는 다른 이들이 그리고 심지어 우리 자신이 어떻게 행위할지에 대해 어느 정도 확신해야 하며, 창조적으로 행위하는 모든 이의 능력에는 어느 정도 제한을 두어야 한다.

아렌트의 견해에 따르면, 통제와 혼란의 두 가지 위험에 대한 유일한 해결책은 어쨌든 대중을 존재하게 하는 바로 그 자유를 제거하지 않으면서 대중과 세계를 위해 어느 정도 안정을 가져오는, 이 두 극단 사이에서 불안정하고 언제나 불확실한 균형을 모색하는 것이다. 아렌트가 볼 때, 이러한 절충 행위는 두 가지 다른 측면을 의미한다. 약속하는 능력과 타인을 용서하는 능력이 그것이다. 약속은 대중들에게 "동일한 의지가 아니라 … 약속이 유효하고 구속력 있는, 합의된 목적에 따라 결속되고 함께 제한되고 유지되는 집단의 주권"을 허용한다. 이 제한된 주권의 영역은 "어떤 약속에도 얽매이지 않고, 어떤 목적에도 구애받지 않는 완전히 자유로운 이들보다 확실히 우위에 있다".HC, 245 우리가 다른 사람과의 "약속을 이행"함으로써, 우리는 이전에 말했던 것에 책임을 지고 미래에 우리가 할 일에 관해 확신하면서 "우리의 정체성을 지킬 수 있다".HC, 237 이러한 약속을 통해, 공적 공간에서 자유로운 참여자들은 "이를테면, 약속을 매개로 하여 예측 가능한 섬을 만들고자 인간사의 예측 불가능성과 인간에 대한 신뢰 불가능성을 그대로 내버려 둔다". 하지만 "약속이 불확실성의 바다에서 따로 떨어져 확실성의 섬으로서의 성격을 상실하는 순간, 즉 미래의 모든 분야를 망라하여 여기저기 확실한 길을 계획하는데 약속 능력을 잘못 사용하

면, 약속은 그 구속력을 잃고 전체 계획을 스스로 망치게 된다".HC, 244

그런데 약속만으로 대중들이 안정감을 느끼긴 어렵다. 이는 두 가지 이유에서 그렇다. 하나는 일련의 행위와 반응으로 인해 산출되는 엄청난 반향들 때문이며, 다른 하나는 공적 영역에 참여하는 이들이 지속적으로 다른 이들과 맺는 협약을 이행하지 못하는 처지에 있기 때문이다. 아렌트는 "용서를 통해 우리가 행한 일의 결과에서 해방되지 않으면, 우리의 행위 능력은, 말하자면 우리가 결코 회복할 수 없는 단 하나의 행위로 국한될 것이며, 우리는 영원히 그 행위 결과의 희생자로 남게 될 것"HC, 237이라며 우려를 표했다. 또한 아렌트는 "인간이 그들 자신이 행한 일에서 서로를 해방시켜 주어야만 자유로운 행위자로 남을 수 있으며, 자신의 마음을 바꾸고 다시 시작하려는 부단한 의지를 통해서만 인간은 새로운 것을 시작할 수 있는 놀라운 힘을 신뢰할 수 있게 된다"HC, 240라고 했다.

하지만 이 곤궁한 해결책은 주로 공적 공간 **안에서**만 영향을 미치고 반응을 일으킬 뿐, 그것을 초월해서까지 영향력을 행사할 수 없다. 누군가 세계로 들어서서 행위할 때, 그 누군가는 예측하거나 통제하는 다른 누군가의 능력을 극복해 나아가는 과정을 시작한다. 예를 들어, 자연을 상대로 행위함으로써 과학자들은 점점 더 "해방되고 … 이전 상태로 되돌릴 수 없고, 치유할 수 없는 '회귀 불가능의 과정' … 이 과정의 결과가 인간 세계를 자유롭게 하든 자연의 세계를 자유롭게 하든 여전히 불확실하고 예측할 수 없다"HC, 231-232는 점에서 아렌트는 우려를 표했다.[32] 이와는 다른 이유로, 마치 미래를 계획적으로 조작해서 행위 결과를 통제할 수 있는 것처럼, '만듦'에 빗대 공적 '행

---

32. Hanna Pitkin, *The Attack of the Blob: Hannah Arendt's Conception of the Social* (Chicago: University of Chicago Press, 1998)의 내용을 참고하라. 그녀는 아렌트가 실제로 초인적인 사회적 영향력을 믿었는지를 밝히고자 애썼다.

위'를 이해하려는 시도를 아렌트는 격렬히 거부했다.

이 지점에서 아렌트의 비전은 듀이 철학의 비전과 어쩌면 근본적으로 다르다. 앞서 언급했듯이, 듀이는 민주적인 행위를 인간이 자신의 환경을 점차 통제해가는 과정으로 여겼다. 듀이의 프래그머티즘에서 모든 행위는 비록 언제나 잠정적이긴 하지만, 세계의 목적, 이후에는 더 많은 행위의 수단이 되는 특정한 목적들을 목표로 한다. 듀이 철학의 영역에서, 인간은 항상 세계 안에서 결과를 얻기 위해 행위하며, 그 행위 결과에 따라 자기 행위의 성과를 판단한다.[33] 반면, 이 글에서는 부분적으로 언급했던 위험 때문에, 행위자가 자신의 특정한 목적을 달성하려는 이유로 공적 영역에 참여해서는 절대 안 된다고 주장했다.HC, 229 대신에 행위자와 관찰자는 "자유로운 행위를 위해 한편으로는 그 원인에서, 다른 한편으로는 예측 가능한 결과로서 그것의 의도된 목표로부터 자유로워야만 한다"[34]는 '원칙', 아렌트가 다소 모호하게 언급했던 그 원칙에 따라 행위하고 판단해야 한다. 따라서 아렌트는 "행해진 행위와 발화된 말의 가장 내밀한 의미는 … 그 결과가 좋든 그렇지 않든 간에, 궁극적으로 그 결과에 영향을 받지 않아야 한다"HC, 205라고 했다.

아렌트 주장에는 여기서 정의한 것보다 더 미묘한 지점들이 있긴 하지만, 여전히 그녀의 입장은 자신이 제기한 문제에 대해 꽤 극단적으로 반응하는 것처럼 비친다.[35] 가령 우리가 행위의 결과를 완전히 알 수는 없겠지만, 우리는 우리가 행위할 때 일어나는 결과의 패턴을 확실히 알아차릴 수 있다. 따라서, 그것이 결코 완벽하진 않더라도 우

---

33. 한 예로, 이 부분은 듀이의 저작 『민주주의와 교육Democracy and Education』에서 여러 번 제시된다. 여기서는 간단히 요약했지만, 이 문제에 대한 듀이의 논의는 상당히 복잡하다.

34. Arendt, "What Is Freedom?" in Between Past and Future, p. 151. 여기서는 이 문제에 대한 아렌트 주장의 복잡한 특징 전부를 다루지 않는다.

리의 환경을 통제할 정도는 될 수 있다는 듀이의 말은 전적으로 타당해 보인다. 그러나 아렌트는 듀이와 현대의 많은 학자가 간과하고 있는-필자는 확신하고 있는- 부분들에 대해 지적한다. 사실 듀이는 인간 자신의 행위가 미래에 미치는 영향을 추적하는 데에서의 한계들을 인식하고 있었으며, 가령, "어느 누구도 자신이 수행한 행위의 모든 결과를 참작할 수 없다"[36]라고 했다. 하지만 이러한 한계에 내재된 잠재적 의미를 드러내 보여 주고, 행위에 깔린 비극을 조명한 사람은 듀

---

35. 여기서 '만듦(making)'과 정치에 대한 아렌트 논의의 복잡한 특징들과 '수단/목적' 사유가 지닌 문제점들을 자세히 분석할 여지는 없다. 그리고 이렇듯 복잡한 특징들은 이 글의 논지와도 관련이 없다. 다만, 이 부분에 관심 있는 이들을 위해 몇 가지 사항을 덧붙이려 한다. 아렌트는 고대 그리스인들의 사례에서 인간 개개인이 이상적이고 변하지 않는 형상을 마음에 품고 영속적인 대상을 만들어 간다는 플라톤의 '제작(work)'과 '만듦(making)'이라는 개념을 도출해 냈다. 게다가 아렌트에 따르면 하나의 형태로 "만들어진 것(fabrication)의 제작을 안내하는 것은 그 제작자(fabricator)의 외부에 있으며, 이는 실제 제작 과정에 앞선다"(*The Human Condition*, pp. 140-141). 주로 제작에 대한 이러한 이해 때문에, 아렌트는 "하나의 목적, 일단 그것이 달성되면, 목표한 바를 중단하고, 수단의 선택을 안내하고 정당화하거나 그것을 조직하고 생산하는 능력을 잃는다"(ibid., pp. 141-142)라고 확신했다. 따라서 이는 아렌트가 '행위' 이론을 토대로 구체적인 목적을 이루려는 시도를 거부했던 또 다른 이유다.

　듀이 역시 자기 시대에 이러한 사안들을 마주했을 때 유사한 방식으로 중요한 문제를 제기했다. 그는 사람들이 작업할 때 단순히 고정된 이상을 목적으로 삼지는 않는다고 주장했다. 대신 사람들은 환경과의 상호작용을 통해 끊임없이 자기 자신의 목적과 수단을 재구성한다는 것이다. 게다가 듀이는 단지 사람들이 활발한 활동의 '완성'을 통해 이전에 보지 못했던 새로운 목적을 보게 될 뿐이라는 사실을 지적하면서, 정치 영역에서의 목적 달성에 무관심했다. 이런 점들을 미루어 볼 때, 듀이는 아렌트적 관점에서 '제작'을 의미하는 거의 모든 것을 거부했을 것이다(사실 아렌트 스스로 어떤 것을 만든 적이 있었는지 의아하기도 하다). 이와 관련해서는 일례로 듀이의 『민주주의와 교육』 8장을 참고하라.

　아렌트는 또한 정치 행위와 관련하여 사람들이 '수단/목적' 논리를 사용해서는 안 된다고 주장했다. 왜냐하면 "우리가 정치 영역에서 목적과 수단을 다루는 한, 우리는 승인된 목적을 추구하기 위해 누군가가 모든 수단을 동원하는 것을 막을 수 없을 것이기 때문이다"(*The Human Condition*, p. 229). 듀이는 이를 매우 문제가 있는 가치와 사실의 분리로 보았으며, 이는 (사실상 불가능했던) 수단/목적적 사유에 의해 요구되지 않는다고 설득력 있게 주장했다. 일례로 이에 대한 듀이의 비교적 간결한 답변은 "Theory of Valuation", in *Later Works*, ed. Boydston를 통해 확인할 수 있다.

36. Dewey, "Human Nature and Conduct", p. 181.와 Dewey, "Freedom and Culture", p. 105를 참고하라.

이가 아닌 아렌트다.

실제로, 필자는 21세기에 들어선 우리에게 아렌트의 비전은 특별한 의미가 있다고 확신한다. 예를 들면, 최근 울리히 벡Ulrich Beck은 우리가 기술과 과학을 통해 "통제 가능성, 확실성, 또는 안전이라는 개념 자체를 … 무너뜨리는"[37] 정도의 규모와 복잡성을 지닌 환경 및 여러 위험을 일으키는 '위험사회'를 야기했다고 주장한다. 벡의 논평은 민주적인 '과학적' 탐구를 통해 환경을 계속해서 통제하려는 듀이의 희망과 극명하게 대조를 이룬다.[38] 학생들과 함께 그리고 민주주의와 민주주의 교육에 관한 글에서 이러한 사안을 다루지 못하는 것은 적어도 필자가 볼 때 대단히 문제가 있고, 잠재적으로도 위험해 보인다.

이런 위험에도 불구하고, 아렌트는 그것이 그녀가 중시한 공적 행위에 반해서가 아니라 인간의 자기 과신에서 비롯된다고 생각했기에 그 위험에 반대했다. 사실 누군가 공적 행위와 세계의 특정 목표나 목적 간의 관계에 대한 아렌트의 진술을 적당히 얼버무리려고 한다면, 다음에 제시된 웨스트West의 입장과 매우 부합하는 관점에 이르게 될 것이다.

예언적 프래그머티즘은 시시포스적 비관주의와 유토피아적 비관주의 (모두를) 부정한다. 오히려 그것은 인간 진보의 가능성과 인간 낙원의 불가능성을 조장한다. 이 진보는 원칙적이고 장기간에 걸친 프로메테우스적 노력의 결과이지만, 그 같은 노력조차도 보장되지는 않는다. … 그것은 현실의 정세에 역행하는 영구적이고, 항구적인 기획, 반체제적이고 개혁적인 전략들을 산출하는 에너지들과 행위들,

---

37. Ulrich Beck, *World Risk Society* (Cambridge: Polity Press, 1999), p. 2.
38. 벡이 그렇게 논평하긴 했지만, 실제로 그는 이러한 사안의 부분적인 해결책으로 지역민주주의를 활성화해야 한다고 했다.

곧 유토피아적 에너지와 비극적 행위를 요구한다.

웨스트는 "이러한 전략들이 결코 그 자체의 목적이 되지는 못하지만, 오히려 인간 사회와 인간의 삶에 만연한 악의 형태에 직면하여 도덕적 분노와 인간의 절박함을 표출하는 수단으로 남을 수 있다"라고 주장한다. 이런 식으로, 웨스트는 "비극이 대립적 활동의 장애물이기보다는 오히려 자극이 될 수 있다"[39]는 사실을 간과할 수 없다고 강조한다.

따라서 교실 내에서 발생하는 이 세 번째이자 마지막 [곧 통제와 혼란 사이의] 긴장에 대응하기 위해, 교사는 우선, 초등학교 아이들이 다른 사람의 실수를 받아들이고, 심지어 가치 있게 여기는 법을 배우도록 도울 필요가 있다. 또한 교사들은 집단의 행위를 위한 계획을 수립해야 하지만, 그렇더라도 이 계획은 다른 이들의 창조적 행위를 위해 열려 있어야 하며, 종종 특수한 용어를 사용해서 미래를 계획하는 일은 삼가야 할 것이다. 아이들은 세계의 변화에도 불구하고, 아무 의미 없는 합의와 고정불변하고 깨뜨릴 수 없는 규칙 사이의 긴장을 넘나드는 법을 배워야 할 것이다. 마지막으로, 소규모의 공적 영역 너머의 세계와 관련해서 아이들이 공적 공간의 이런 특징적 긴장을 이해하도록 돕기 위해서는 아이들이 교실에서 벗어나 자신들이 살고 있는 주의 어린이 안전벨트 착용에 관한 법률을 개정하려는 시도와 같은 활동에 그들을 참여시키는 일이 필요해 보인다. 왜냐하면 학교 안에서 더 큰 사회의 복잡하고 종종 정도를 벗어난 일들을 시뮬레이션하는 일은 매우 어렵기 때문이다.

물론, 학생들은 미국에서 분리 교육을 불식시키려는 (또는 실제로

---

39. West, *American Evasion*, pp. 229-230. 웨스트의 주장에서 핵심적인 부분은 그의 종교적 헌신에서 비롯된다. 다만, 이러한 점들이 그의 주장을 뒷받침하는 데 필요한 것인지를 확신할 수는 없다.

교육 기회의 평등을 이루려는) 시도에 상충하는 결과를 놓고 토론하면서, 과거에 이루어졌던 투쟁 이야기에 관여할 수 있다. [그 역사 속에서] 이루어진 것을 폄하하지 않으면서, 학생들은 수천 명의 아프리카계 미국인 교사들을 해고하고, 다수의 백인 학교에서 수천 명의 유색인 학생들을 낮은 수준의 학급에 편성하고, 그리고 지역에 있는 수백 개의 아프리카계 미국인 학교들을 철거하는 일이 어떻게 '성공적으로' 이루어질 수 있었는지를 배울 수 있다.[40] 하지만 궁극적으로 학생들이 학교 너머의 세계에서 이루어지는 실질적인 집단 활동에 참여해야만, 그리고 비교적 통제되고 있는 환경의 안정성에서 벗어나야만 그들은 세계 속에서 행위할 때 일어나는 헤아릴 수 없이 많은 그리고 제어하기 힘든 요소들을 충분히 경험할 수 있을 것이다. 그리고 이렇게 풍부한 경험을 통해서만 학생들은 공적 참여에 따른 딜레마를 진정으로 배울 수 있을 것이다. 따라서 아렌트적 모델 안에서, 행위로 인한 실패와 예측할 수 없는 결과를 받아들이는 것을 배우는 일은 '성공'을 배우는 것과 동일한 의미를 지닌다. 학생들을 위해 이러한 복잡성을 얼버무리며 넘어가고, 그들이 자신들의 프로젝트에 대해 낙관하도록 허용하는 것은 앞으로 공적 영역에서 함께 행위할 그들의 능력에 결코 이롭지 않다.

종합: 공적 성취(Public Achievement, PA)의 사례

이 지점에서 아렌트 비전을 상당 부분 떠오르게 하는 활기찬 시민 정치의 실천에 젊은이들을 참여시키려는 포괄적인 시도를 검토하고자

---

40. 이와 관련해서는 Michele Foster, *Black Teachers on Teaching* (New York: New Press, 1997)을 참고하라.

한다. 먼저, 아렌트의 공적 이론에 따른 공적 성취Public Achievement, 이하 PA 모형이라고 이름 붙여진 프로젝트를 통해 이런 측면을 강조함으로써, 아렌트가 프로젝트 개발자들을 더 독려했을 영역에 대해서도 주목하려 한다. 비록 상당수의 PA 모형이 아렌트의 공적 행위에 대한 이해와 양립하고, 일부 개발자들이 그녀의 사상으로부터 분명히 영향을 받긴 했지만, 그렇더라도 이 절의 마지막 부분에서 논의한 것처럼, 그 프로젝트는 여러 가지 중요한 측면에서 아렌트의 관점과 다르다.[41]

본래 미네소타대학교의 공공생활 프로젝트(현재는 민주시민센터)와 미네소타주 세인트폴 시장과의 공동 기획인 PA 모형은 "젊은이들을 위한 시민교육 실험"이다.[42] 그것은 해리 보이트Harry C. Boyte와 공공생활 프로젝트의 공동기획자, 그리고 그의 동료들에 의해 개발되었으며, 민주주의의 비전을 따른다. 이런 측면에서 "중요한 민주주의 정치는 시민들이 공적 문제, 우리라는 공동 존재의 문제를 다룬다는 점에서, 쌍방의 양보가 필요한 골치 아픈 일상 활동"이다. 개발자들은 이러한 '시민 정치'에 참여하려면 "정치적 아이디어와 역량, 그리고 사람들이 정치적 기술을 배우고 실천할 수 있는 환경에 대한 교육이 필요하다"라는 점을 강조한다.「평가」, 3

그 프로젝트의 일환으로, "6~12명의 젊은이로 구성된 팀은 코치와 함께 그들이 소속된 학교나 다른 집단에서 겪게 되는 중요한 공적 문제들을 해결하기 위해 노력한다". 이 팀들은 "몇몇 지역사회 기반 조

---

41. 가령, Harry C. Boyte and Nancy N. Kari, *Building America: The Democratic Promise of Public Work* (Philadelphia: Temple University Press, 1996), 그리고 Harry C. Boyte, *Commonwealth: A Return to Citizen Politics* (New York: Free Press, 1989)에서 아렌트를 인용한 부분을 참고하라.

42. Melissa Bass, "Towards a New Theory and Practice of Civic Education: An Evaluation of Public Achievement" (master's thesis, University of Minnesota, 1995), p. 1; 이 논문은 http://www.cpn.org/scctions/topics/youth에서 확인할 수 있다. 이후의 인용은 「평가」로 표기한다.

직 및 고등학교와 함께 공립, 사립 초·중학교, 그리고 교구가 설립한 초·중학교"를 기반으로 한다. 코치들은 "대학생들, 청소년 기관의 성인 지도자들, 경우에 따라서는 지역사회의 지도자들"이 맡는데, 이들은 학생들이 자신들의 계획과 쟁점들을 발전시킬 수 있도록 지도하고 그들이 자신들의 경험으로부터 배우고 반성하도록 돕는다.「평가」, 4

프로젝트와 관련해서, 개개인이 다양하게 수집한 것으로 여러 시기에 작성, 재작성한 활동 매뉴얼은 학생들이 행위할 때 취할 수 있는 일련의 단계를 설명한다. (여기서 필자는 광범위한 실천이 포함된 **규칙 만들기**라는 제목의 이 매뉴얼에서 두 가지 형태를 도출해 냈다.) 첫째, 학생들이 그들을 고유하게 만드는 경험의 역사를 접할 수 있도록 그들이 자신만의 '이야기'를 할 수 있게 격려한다. 학생들에게 제시된 이 매뉴얼의 이야기는 "우리가 누구인지에 대한 단서"를 다른 사람들에게 전함으로써 그들이 각 개인의 관점을 이해하도록 돕는다. 동시에, 그 매뉴얼에는 그러한 이야기들이 "당신 자신을 이해하는 데도 도움이 된다"라고 명시되어 있다. 따라서 이는 "당신이 자신만의 고유한 이야기를 하도록 배움으로써 당신이 누구인지를 깨닫는 것이 공적 영역으로 나아가기 위한 첫 번째 단계"임을 분명히 보여 준다. 그래서 초기에 이 프로젝트는 학생들이 자신의 독특한 관점을 알아낼 수 있도록 격려하는 데 초점이 맞춰져 있었다.[43]

저자들은 이러한 과정의 한 부분으로서 학생들이 '자기-이익'을 더 잘 파악해야 한다고 주장하기도 한다. 언뜻 보기에는 세계를 돌보라는 아렌트의 권유와 사뭇 다르게 보일 수 있지만, 사실상 매뉴얼에는 인간의 사적 욕망과 관련된 '이기주의'와 공공연히 다른 사람의 이익

---

43. Melissa Bass et al., *Making the Rules: A Public Achievement Guidebook* (St. Paul, MN: Project Public Life, 1994); http://www.cpn.org/sections/topics/youth/stories-studies/makingrules.lhtml(1998년 12월 온라인 검색). 이 가이드북에 대한 이후의 인용은 MTR로 표기한다.

과 자신의 이익을 연결하는 인간의 '자기-이익'이 구분되어 있다. 자신의 이익을 통해, 인간은 자신과 관련된 현안들을 다루면서 동시에 세계에 기여한다. 사실, 개발자들이 아렌트를 인용하지는 않았지만, 그들은 아렌트가 '사이'라고 했던 그 독특한 정의를 끄집어내어, 그것이 **"사이에 있다**'라는 라틴어 구문에서 유래했다"는 점을 지적하고 "자기-이익이란 당신이 집단에서 일하는 것과 관련이 있다"MTR, 10라고 주장한다.

매뉴얼에는 학생들이 자신들의 독특한 행적을 접할 수 있도록 해주는 다양한 활동들이 제시되어 있다. 또한 매뉴얼에는 다른 정치적 행위자들에 둘러싸인 공적 공간에서와는 반대로, 친구들과 가족 간의 사적인 환경에서 학생들이 취할 수 있는 인간관계와 자아 사이에 중요한 차이가 있다고 그들에게 주의를 주는 내용도 포함되어 있다. 그들의 사적인 이야기를 전부 공개할 수는 없다. 아렌트와 마찬가지로, 그 프로젝트 개발자들은 사적인 삶이란 "당신이 친밀한 관계를 추구하는 곳 … (그리고) 당신이 별다른 기여를 하지 않아도 당신 그 자체로 인정받는 곳에 있다"라고 주장한다. 사적 영역은 당신이 당신의 온전한 자아를 드러낼 수 있는 곳이다. 반면, 공적 영역은 "당신이 다른 사람들과 공유하는 희망과 근심을 깨닫고 그에 따라 행위하는 곳이다. 그곳에서 당신은 다양한 관점들을 경청하는 일이 중요하다는 점을 배운다. 또한 당신은 그곳에서 책임을 지고 당신이 기여한 바에 따라 인정받게 된다. … 그곳에서 사람들은 당신의 행위, 공헌 그리고 영향력에 따라 당신을 얼마나 진지하게 여길지를 결정한다"MTR, 20 게다가 아렌트처럼 그들은 인간이 "자기 발견의 감각"MTR, 21을 획득하는 곳이 바로 공적 영역이라고 주장한다. 물론 이 매뉴얼에서 집단의 다양성에 대한 보다 광범위한 문제들을 다루고 있긴 하지만, 이 매뉴얼은 아렌트 이론과의 유사성에도 불구하고 아렌트의 주요 쟁점 가운데 하나-곧, 각 개인의 지나친 독특함이 공적 영역의 지속성을 위협하는 정도-를 놓치고 있다.

브레인스토밍 활동으로 시작하는 매뉴얼에는 학생들이 자신들의 무수한 이기심과 관련된 공통 문제를 발견하는 데 도움이 되도록 설계된 과정이 안내되어 있다. 공통 문제를 정의한 후, 학생들은 다음과 같은 행동 방침을 개발해야 한다. "우리, 곧 가상으로 만든 중학교의 PA 모형 팀은 우리가 우리의 지역사회와 세계에 일으킨 오염을 우리 학교가 무시할 경우 더 이상 방관하지 않을 것이다. 부정적인 환경 영향을 줄이기 위한 첫 번째 목표로, 우리는 학교에서 재활용 프로그램을 개발하기 위해 행정기관, 교직원, 그리고 학생들과 함께 협력할 것이다."MTR, 14 이 같은 방침에는 공통 프로젝트에 대한 아렌트의 주요 조건 중 두 가지가 분명히 반영되어 있다. 첫째, 비록 이러한 방침이 미래 행위들에 대한 합의를 나타내긴 하지만, 그것에는 정확히 무슨 일이 일어날지 모르는 예측 불가능성의 여지가 꽤 많이 남아 있다. 둘째, 부분적으로 이러한 여지 때문에, 이 행동 방침은 다양한 관점에서 각자의 방식으로 쉽게 해석될 만큼 그 내용이 모호하다. 따라서 그에 대한 합의로 인해 공간의 다양성이나 공간에 미칠 수 있는 예측 불가능한 창조적 기여가 파괴되지는 않는다.

사실, PA 모형은 다양한 개인들이 언어를 해석하는 여러 방식에 대해 학생들 간의 이해를 증진시키기 위해서도 활용된다. 여기에는 학생들이 특정한 정치 단어를 선택해서 각자 자신들의 고유하고 개별적인 관점으로 이를 정의하는 활동이 포함된다. 이 활동은 "정치와 마찬가지로, 언어는 단지 '전문가'만이 아니라 그것을 사용하는 이들의 것"임을 분명히 보여 주면서, "개인적인 해석 없이 모두가 받아들일 수 있는 보편적 의미를 단어에 부여하는" 사전적인 방식에 반대한다.MTR, 16 이어서 다양한 방법으로 학생들이 함께 시도했던 것과 관련해서 그들 각자가 독특한 관점을 발견하도록 격려한다.

비록 매뉴얼에서 직접적으로 '진리'에 대해 다루고 있지는 않지만, 그럼에도 그것에는 세계에서 다른 이들과 함께 그리고 다르게 행위하는 것에 대해 본질적으로 상관관계에 있는 비전이 포함되어 있다. 학생들은 환경 변화에 대비하기 위해 끊임없이 전술과 전략을 조정해야 한다. 인터뷰와 적극적인 청취 능력을 기르도록 특히 강조하고 있는 이 프로젝트를 통해, 참여자들은 그들 집단의 안팎에서 자신들의 문제에 대한 다른 이들의 관점, 생각, 그리고 감정들에 대한 정보를 지속적으로 얻을 수 있다.

하지만 PA 모형에 빠져 있는 아렌트 비전의 핵심은 아마도 그녀가 가장 중요하다고 했던 긴장, 곧 혼란과 통제 사이의 긴장인 듯하다. 이 문제에 대한 아렌트의 비전은 다소 비관적이지만 PA 모형의 비전은 상당히 낙관적이다. 개발자들은 학생들이 스스로 통제**할 수 있고**, "규칙을 만들" **수 있으며**, 그리고 암암리에 그러한 규칙들이 지시하는 결과들을 결정할 수 있다는 사실을 믿도록 격려하고자 했다. 사실 '작업'에 대한 참여로서의 민주주의에 대해 보이트가 쓴 책에서 분명히 도출된 그 매뉴얼의 이후 버전에는 「세계를 형성하고, 삶을 변화시키며, 역사를 만들다*Building Worlds, Transforming Lives, Making History*」라는 제목이 붙었으며, 거기에는 PA 모형에서 아이들이 "오늘날 그들 스스로 **역사에 남을 일을 할 수 있으며**", "매우 명백한 의미에서, PA 팀들이 해마다 **역사에 남는 일을 할 수 있다**"[44]는 사실을 아이들에게 가르쳤다는 점이 분명히 서술되어 있다. 개발자들은 학생들이 실패로부터 많은 것을 배울 수 있다는 점을 인정하지만, [학생들이 했던] 많은

---

44. 이에 덧붙여 강조하자면 다음과 같다. Robert Hildreth et al., *Building Worlds, Transforming Lives, Making History* (Minneapolis: Center for Democracy and Citizenship, 1998), p. 18.

중대한 노력들의 예측할 수 없고 파악할 수 없는 결과에 대해서는 언급하지 않는다. 웨스트가 지적한 것처럼, 승리가 종종 자체적으로 새로운 '악'을 생성해 내는 방식에 대해서는 다루지 않는다. 아렌트가 볼 때, 이는 복잡하고 갈등이 팽배한 세계에서 학생들이 행위의 실재를 충분히 준비하지 못하게 하여 그들을 잘못된 길로 이끌 위험이 있다.

PA 모형이 아렌트 비전과 충분히 양립할 수 있는 것처럼 보여도, 사실 이 프로젝트의 중요한 측면은 아렌트의 이상적인 이론과는 상당히 큰 차이가 있다. 정치이론가로서 아렌트가 서구의 역사적 경험에 대한 광범위한 스펙트럼을 살펴보면서, 집단 행위의 이상적이고 비교적 추상적인 비전을 개발하기 위해 애썼던 반면, PA 모형 개발자들은 미국의 경험, 특히 20세기의 경험에 더 중점을 두고 시민 조직의 실천적인 전통을 훨씬 더 이끌어 내고자 했으며, 솔 앨린스키Saul Alinsky 같은 프래그머티즘적 '풀뿌리' 운동가로부터 영향을 받았다.

다시 말해, 아렌트는 사람들에게 힘을 실어 주기 위한 노력의 일환으로서뿐만 아니라 그녀가 나치 독일에서는 물론 현대 '사회'의 진부함 속에서 다양한 방식으로 경험했던 개성의 몰락에 대한 대응으로서 자신의 공적 영역 이론을 구축했다. 아렌트에게 가장 중요한 것은 정치적 행위 안에서 특정한 종류의 복수성을 유지하는 것이다. 이러한 복수성을 명백한 합의로 무너뜨리려는 경향이 있기 때문에 '진리'는 아렌트가 꿰뚫고 있는 공적인 것의 가능성을 매우 위태롭게 한다. 사실 아렌트에게 공적인 영역에서 생성되는 집단적 '권력'은 근본적으로 이러한 복수성에 의존한다. 아렌트가 폄하한 연대의 '힘' 대신, 공적 영역에서의 권력은 고유한 행위자들이 '함께' 행위함으로써 산출되는 예측할 수 없는 창조적 에너지에서만 나올 수 있다. 하지만 아렌트는 집단 행위의 한계를 감안하면서 가능한 한 개별 인간 존재가 지닌 고유성을 길러 주고자 했던 자신의 열망에 따라, 특정한 공동체나 맥락을 긴밀하게 연결하지 않은 채 본질적으로 자유롭게 움직이는 공적 영역의 행위자들을 개념화했다. 실제로, 아렌트는 공동체를 보다 정상화하고자 할 때 흔히 발생하는 통제와 책임에서 사람들이 **벗어날** 수 있는 공간으로서 공적 영역을 발전시켰다.

PA 모형 또한 모든 참여자의 고유성을 길러 주는 일이 중요하다는 점을 인정한다. 그럼에도 개발자들에겐 [아렌트가 바라보는] 인간의 경험과 영향력이 그들 스스로 짊어지고 다니는 단순한 소유물처럼 여겨진다는 점에서, 개발자들은 아렌트처럼 정체성에 접근하는 방식을 '여행가방suitcase' 모델이라며 비판적으로 설명한다. 그에 반해, 개발자들은 "땅에 깊이 뿌리내리고" 있다는 점에서 '나무'라는 개념을 정체성에 비유한다. 매뉴얼에서는 학생들에게 "너희들의 정체성은 네 가족, 공동체, 그리고 문화에서 살아온 과거의 삶에 뿌리를 두고 있다. 이러한 뿌리-개인적인 이야기-는 너희들이 지속적으로 성장할 힘과 자양분을 제공한다"MTR, 10-11는 점을 보여 준다. 따라서 PA 모형에서 '이기심'은 최소한 부분적으로 **집단**의 이익이라는 추가적인 특징을 띤다. 그리고 어느 정도, PA 모형에서 학생들이 자신만의 독특한 이야기를 하는 활동은 그들의 고유한 관점을 파악하기 위해서이며, 그뿐만 아니라 그들이 특정 집단에 깊이 참여하고 그 공동체를 책임져야 하는 수준을 강조하기 위해서 계획된 것처럼 보인다. 보이트와 그의 동료들이 품은 더 큰 비전은 단순히 권한이 부여된 개개인이 아니라 매우 다양한 권한이 부여된 **공동체들** 중 하나에 있다.[45]

PA 모형 개발자들은 개개인이 [각자 나름의 방식으로] 독특하게 이바지하는 것을 높이 평가하긴 하지만, 그들 프로젝트에서는 언제나 완

---

45. Paul Lichterman, *The Search for Political Community: American Activists Reinventing Commitment* (Cambridge: Cambridge University Press, 1996)를 참고하라.

전히 평등한 복수성의 공간을 강조한 아렌트 이론보다 이를 훨씬 더 중요하게 다루지는 않는다. 요컨대, 가령 매뉴얼에는 그들 집단이 하나의 단위로 행위하는 상대적인 연대 상태로 전략상 결합하는 것에 대한 명확한 조언이 포함되어 있지 않다. 따라서 그들에게 연대의 '힘' 은 또 다른 유용한 정치적 도구일 뿐이다. 이런 상황에 근거할 때, 근본적으로 비민주적으로, 곧 그들 스스로 주도적으로 힘쓰지 않는 한, 그것을 개인의 비교적 자유로운 참여로 볼 수는 없다.

아렌트와의 또 다른 중요한 차이는 사적 공간의 인간이 어떻게 공적 영역에 '출현'하는지에 대한 PA 모형의 비전에서 나타난다. 아렌트는 각각의 행위자들이 최대한 솔직하게 자신을 드러낸다는 점에서 공적 영역을 완전한 평등의 공간으로 상정했다. 비록 그 공간의 지속을 위해 현시되어야만 하는 행위자 자신의 고유함이 초래하는 위험 때문에 인간이 스스로를 온전히 드러낼 수는 없지만 말이다. 반대로, PA 모형은 (아렌트 이론에서 훨씬 더 광범위하게 설정된) 공적 영역을 인간이 결코 함께 일하는 이를 완전히 신뢰할 수 없는, 항상 잘못 규정된 '전략적' 행위의 공간으로 본다. PA 모형에서 공적 영역은 우리의 언행을 '조심해야 하는' 곳이다.[46] 다른 사람들이 당신을 상대로 얻은 당신의 약점과 당신에 대한 정보들을 종종 이용하려고 할 것이기에 공적 영역은 불평등한 권력이 존재하는 곳이다.[47]

확실히 PA 모형은 교육 환경에서 공적 공간의 개발을 가늠할 수 있는 유일한 방법은 아니다. 하지만, 아이들의 안전벨트 착용에 대한 개

---

46. Hildreth et al., *Building Worlds*, p. 102.
47. 이는 각기 다른 수준의 안정성과 신뢰성을 가진 다양한 공적 영역들이 있음을 의미한다. 사실 그것은 공적 영역과 사적 영역이라는 단순한 이분법, 바로 그 관점에 이의를 제기한다. 이와 관련된 논의는 Nancy Fraser, "Rethinking the Public Sphere: A Contribution to Critique of really Existing Democracy", in *Habermas and the Public Sphere*, ed. Craig Calhoun (Cambridge, MA: MIT Press, 1992)을 참고하라.

략적인 예시와 마찬가지로, 그것은 아렌트의 비교적 추상적인 이론적 기준이 실제적인 교육 실천에 적용될 수 있는 하나의 방법을 보여 준다. 그리고 이 과정에서 학생들이 무엇을 배웠는지에 대한 정보는 거의 없지만, 적어도 일부 팀들은 비교적 성공적이었다는 평가 결과를 보여 주었다. 보이트와 낸시 카리Nancy N. Kari가 주목했듯이, PA 모형에 참여한 팀들은 "미혼모들을 위해 고등학교에 어린이집을 설치했다. 그들은 이웃들의 회의적인 태도를 접하면서도 어른들이 처음에 포기했던 그곳에 지역주민을 위한 공원을 조성했다. 그들은 인종적 편견과 성희롱 같은 문제를 다루기 위한 커리큘럼과 그 실천 방안을 만들었다."[48] 또한 [PA 모형은] 분명 일반적인 교실 수업을 위한 추가적인 기능으로 여겨질지 모르지만, 적어도 한 학교에서 "4학년에서 8학년까지의 거의 모든 학생이 … 참여했다". 그리고 일부 교사들은 "교실에서 PA 모형 수업을 증진시키고 있다."「평가」, 10

결론

이러한 편견과 난제들에 대해, 이 책은 답을 제시하지 않는다. 그에 대한 답은 날마다 주어지며, 그것은 다수의 동의를 얻어야 하는 실제적인 정치 문제다. 마치 우리가 오직 하나의 해결책만이 가능하다는 것처럼 여기서 문제들을 다루듯, 그에 대한 답은 결코 이론적인 고찰이나 한 사람의 의견에 있을 수 없다.

_한나 아렌트, 『인간의 조건』

---

48. Boyte and Kari, *Building America*, p. 176.

역설적이게도, 아렌트의 추상 모델과 **차이**를 보이는 PA 모형은 그녀의 비전을 잠재적으로 구현할 수 있는 선례가 된다. 아렌트는 이론가의 추상적 관점에서 현실 세계의 답을 찾을 수 없다는 점을 이해하고 있었기 때문이다. 하지만 PA 모형 존재 자체는 (보이트와 다른 이들에 의해 창작된 매뉴얼의 수를 통해 알 수 있듯이) 아렌트만의 것이라고 할 수 있는 민주적 집단 행위의 본질에 대한 이론적 관점과 광범위하게 관계를 맺고 있다. PA 모형이 보여 주는 것은 특정한 맥락에서 이런 이론을 실제로 사용하는 것이 그 이론들을 조정, 변형하고 그것을 **직접** 시도하는 것이기보다는 정보를 **전달**하는 정도라는 것이다.

PA 모형 개발자들은 시민 행위의 또 다른 접근 방식이 '잘못'된 것은 아니며, "흔히 기관이 그 실천에서 둘 이상의 접근 방식을 결합하는 경우가 있다"라고 언급하면서 그들이 모든 답을 가지고 있지는 않다는 점을 조심스럽게 인정한다. 사실 그들은 "공적 생활을 위한 단계별 방안이 아닌, … (이러한) 시도를 돕기 위한 도구 키트를 제공한다는 점을 분명히 함으로써 자신들의 매뉴얼을 소개한다. 그러한 방안은 있지도 않고, 창조적 시민으로서 당신은 그것을 어차피 원하지 않을 것이다. PA 모형은 비교적 큰 시민연구소에서 이루어지는 실험"이다.[49] 이러한 제한 사항에도 불구하고, PA 모형은 여전히 그 매뉴얼을 통해 학생들을 적극적인 시민이 되도록 준비시키기 위해 취해야 하는 '올바른' 방안이 있음을 보여 준다. 민주주의 이론가들 사이에서는 그들 자신이 사실 하나의 정확하고 본질적으로 보편적인 답을 가지고 있다는 인상을 주는 동시에, 다른 많은 가능성에도 열려 있다고 말함으로써 긴장감 넘치는 이런 경향이 흔히 나타난다. 아렌트의 경우, 위 인용문에서 이론의 한계에 대해 서술했음에도 불구하고, 그녀는 여

---

49. Hildreth et al., *Building Worlds*, p. 2.

전히 종종 그것이 "정치적 행위에 대한 기본 원리"[50]인 것처럼 자신의 공적 이론을 제시했다. 그리고 이미 언급했듯이 듀이는, 아마도 의도하지는 않았겠지만, 자신의 프래그머티즘적 신념에도 불구하고, 그것이 보편적인 것처럼 민주주의에 대한 자신의 기준을 내세우는 경향이 있었다.

아렌트 이론의 관점에서 PA 모형을 검토하면, 그 프로젝트를 통해 혼란과 통제 사이의 긴장을 피하는 것과 같은, 곧 드러나지 않은 결점을 파악할 수 있다. 동시에, PA 모형 사례는 특정한 목적에 대해 아렌트의 추상적인 이론이 갖는 한계들을 드러낸다. 이론과 실제 혹은 아렌트와 듀이처럼 이론과 이론 사이의 대화적 상호작용은 매우 생산적이다. 하지만 결국 민주주의에 대한 가르침을 위해 이 세 가지 비전을 단일한 접근 방식으로 통합하려는 것은 불가능할-그리고 어떤 경우에도 역효과를 낳을- 것이다. 대신 우리 시대의 특별한 일들과 사건들을 조명하고, 그것을 위해 다양한 관점들이 적용될 수 있도록 보장하면서, 평등주의적 집단 행위의 본질에 대한 아주 상이한 관점들의 다양성을 보존하는 것이 중요하다.

이는 이론적인 문제만은 아니다. 가령 미국의 행동주의 연구에서 찰스 에우츠너Charles C. Euchner는 어떤 정치적 실천도 모든 행동주의자의 노력보다 나은 것이 없다고 주장한다. 사실 그는 여러 사안과 맥락을 파악하려고 하면서, **다양한** 층위에서 성공적인 활동들과 체계들은 서로 다른 전략의 중첩 구조를 구현하는 것들이라고 역설한다.[51] 여기서 아렌트의 공적 모델을 제시한 것은 바로 이러한 복수성과 대

---

50. Arendt, *On Revolution*, p. 173. 현재 검토 중인 "Theory as Performative Pedagogy: Three Faces of Hannah Arendt"라는 필자의 글에서는 아렌트 저작에 나타난 이 부분과 다른 모순들에 대한 논의를 보다 상세하게 다루고 있다. 인용문 역시 공적 행위가 실제 문제를 해결하기 위한 방안일 거라고 암묵적으로 가정하는 것처럼 보인다.

화의 정신에서다. 이는 유토피아적 사유 경향에 대한 대응이면서, 학자들이 교육 민주주의의 딜레마에 더욱 폭넓은 관심을 기울일 수 있도록 하는 또 다른 관점이기도 하다.

---

51. Charles C. Euchner, *Extraordinary Politics: How Protest and Dissent Are Changing American Democracy* (Boulder: Westview Press, 1996), Aaron Schutz, "Creating Local 'Public Spaces' in Schools: Insights from Hannah Arendt and Maxine Greene", *Curriculum Inquiry*, vol. 29, no. 1 (1999): 77-98, 그리고 Schutz, "John Dewey's Conundrum"에서는 민주주의에 대한 아렌트와 듀이의 비전 모두 사실상 적어도 중상류층 전문가들에게 기여하기 위해 고안된 것이며, 문화적으로 전혀 중립적이지 않다는 점에 대해 논하고 있다.

5

다문화 교육과 아렌트적 보수주의: 기억, 역사적 상처, 그리고 공통감각

킴벌리 커티스(Kimberley Curtis)

미국의 역사는 그 누가 말한 어떤 것보다 유구하고, 광대하며, 다채롭고, 아름다우며 끔찍하다.

_제임스 볼드윈(James Baldwin), 「교사와의 대화*A Talk to Teachers*」

　　역사, 우리의 실제 역사는 언제나 과한 측면이 있다. 보통 우리가 감내할 수 있는 것보다 놀라우면서도 끔찍하다. 그래서 우리는 그것에 윤을 내고 다루기 쉬운 형태로 포장해서 젊은이들에게 더 나은-안정적이고 신뢰할 수 있으며 완전한- 형태로 역사를 이해시키고 전달하는 것이 낫다고 생각한다. 그렇지 않을 경우, 우리는 그것의 잔혹함, 아름다움, 진부함에 너무 당황하고 혼란스러워 아이들에게 그것을 물려주는 일을 간단히 저버리기도 한다.

　　그 어느 때보다 역사를 잘 다듬고 논리적으로 만들어서 그것이 지닌 혼란스러움과 우연성에서 벗어나게 할 때 강조되는 첫 번째 전략은, 우리 역사의 통제 불가능한 부분에 이념적으로 대응하면서, 이를 수행하는 이들이 정치적 스펙트럼을 넘나드는 것이다. 두 번째 전략은 우리가 역사에 수동적으로 반응하는 것이며, 이때 역사는 자연스럽게 이데올로기의 계략에 따라 좌우된다. 두 전략 모두 한나 아렌트가 현대를 규정하는 조건이라고 확신하면서 일컬었던 '세계소외world alienation'의 징후들이다. 세계소외의 상황에서, 우리는 비교적 안정적인 사물이나 사상과 관습을 통해 서로를 연결함으로써 서로에게 소속감을 부여하기도 하지만, [다른 한편으로] 우리 각자가 지닌 독특함을 유지할 수 있도록 서로를 분리시켜 주는 중간세계를 충분히 구현해 내지 못하기도 한다.

아렌트가 표현한 '세계'는 적극적인 의미에서 공통의 삶을 공유하고 있는 사람들 사이에서 생겨난다. 인간의 복수성을 전제할 때 "동일한 세계를 다른 사람의 관점에서 바라보는 능력, 곧 같은 것을 전혀 다르게 그리고 종종 반대되는 측면에서 바라보는 능력"[1]에 의해 세계는 발생하고 유지된다. 이렇게 적극적인 의미에서 세계를 공유할 때만 비로소 다소나마 의미 있는 이해가 가능하게 된다. 세계소외로 인해, 우리는 이러한 능력을 발휘하지 못하고 그것을 낳는 중간세계를 잃게 된다. 이로써 우리의 세계는 대중사회가 되거나 각자가 홀로 고립되는 장소가 된다. 어떤 경우든, 우리는 올바른 판단을 내릴 수 있는 충분한 태도를 갖추지 못하며, 또한 우리가 시작하지도 않고 바꿀 수도 없는 세력과 절차에 무력감과 중압감을 느끼게 된다.[2]

세계소외라는 바로 이 현실적이고도 상당히 견디기 힘든 상황이 결국 교육의 위기를 초래한다고 아렌트는 주장했다.[3] 부모와 교육자는 모두 세계에 대한 공동 책임을 질 수 없다고 느끼기에, 그들은 세계에 대한 자신들의 책임을 이데올로기나 아이들, 전문가들 그리고 편협한

---

1. Hannah Arendt, *Between Past and Future* (Middlesex, England: Penguin Books, 1954), p. 51.
2. 세계소외에 대한 아렌트의 설명은 『인간의 조건』(Chicago: University of Chicago Press, 1958)을 통해 자세히 확인할 수 있다. 아렌트가 설명하고 있는 현상은 그녀가 '사회의 부상'이라고 언급했던 것, 곧 관료제와 점점 통제되고 있는 세계의 합리화 과정과 일치한다. 그녀의 분석은 막스 베버(Max Webe), 미셸 푸코(Michel Foucault), 위르겐 하버마스(Jürgen Habermas) 등의 작업과 일치되는 부분이 있다.
3. "The Crisis in Education", in *Between Past and Future*, pp. 173-196을 참고하라.

학습법에 떠넘긴다. 이 학습법은 세계에 대한 지식의 토대로서 폭넓게 의사소통하도록 하는 상상력보단 '스스로 할 수 있는' 권한을 [아이들에게] 부여하는 것이다. 요컨대, 부모와 교육자의 세계소외는 권위의 상실을 수반한다. 세계소외 상황에서 평범한 부모들의 감성을 확인하기 위해 아렌트는 그들이 자신의 아이들과 소통하는 모습을 상상한다. "이 세계에서는 집에서조차 안전하지 않다. 세계 안에서 어떻게 살아가야 할지, 무엇을 알아야 하는지, 어떤 기술을 익혀야 하는지는 우리도 이해하기 어렵다. 너는 네가 할 수 있는 한 최선을 다해 알아내야 한다. 어떤 경우에도 너는 우리에게 책임을 물을 권한이 없다. 우리에겐 아무 잘못이 없다. 그저 네게서 손을 떼려는 것뿐이다."[4]

아렌트가 1954년 목도한 위기에 대한 반응은 오늘날 터무니없어 보이는 제안이다. 그녀는 교육 영역이 정치적 삶의 공적 영역과 '엄격히 분리'되어야 한다고 주장한다.[5] 아렌트는 오늘날의 교육원리가 세계소외의 상황에 대응해야 한다고 강조한다. 교육자는 보수적이어야 한다. 그들은 정치 영역에서는 전적으로 부적절한, 곧 과거에 대한 일종의 권위와 태도를 행사하면서 '있는 그대로의 세계'를 보전해야 한다.[6] 또한 아렌트는 젊은이들이 교육을 마친 후 행위하고 판단하는, 그리고 세계를 변화시키는 것이 존재 이유가 되는 정치 영역에 들어설 수 있도록 교육과 정치의 분리가 반드시 필요하다고 주장한다.[7] 이에 현내의 급신석 교육자들은 행위를 위해 정치 참여적 교육학을 마련해야 한다고 주장한 반면, 아렌트는 자유와 행위를 위해 정치와 교육이 엄격히 구분되어야 한다고 역설한다.[8]

---

4. Ibid., p. 191.
5. Ibid., p. 195.
6. Ibid., p. 192.
7. 여기서 주의할 점은 아렌트가 배움(learning)과 달리, 교육(education)을 고등학교 졸업과 함께 마무리되는 것으로 생각하고 있다는 것이다.

언뜻 보면 아렌트의 생각이 빗나간 것처럼 보인다. 예를 들어, 정치와 교육 사이의 암묵적 관계에 대해 다음의 사실-제안할 수 있는 것 중 몇 가지만-을 생각해 보자. 고도로 도시화된 지역에서, 라틴계 미국인의 56%는 고등학교를 중퇴한다. 일반적으로 여학생은 남학생보다 1.5배 정도 더 감정적 스트레스를 받을 가능성이 크다. 여학생들 사이에서 라틴계 여학생들이 가장 불안해한다.[9] 유색인 고등학생들은 백인학생들보다 수학 성적이 약간 저조하다. 백인/유색인 학생들의 차이는 영어에서 크게 벌어진다. 가장 큰 차이를 보이는 분야는 역사이며, 여학생들은 남학생들에 비해 역사를 덜 좋아하는 것으로 보고되고 있다.[10] 이러한 사실들을 어떻게 정치적 인식 없이 이해할 수 있겠는가? 더 중요한 것은, 성정체성과 권력, 빈곤과 권력, 그리고 인종차별과 권력, 이러한 경우들 간의 현대적이고 역사적인 관계를 조명하는, 예리하고 꾸준한 정치적 분석에서 만일 교육학이 **벗어나 있기**보다는 **이에 깊이 뿌리박고** 있지 않다면, 어떻게 교육자들이 이러한 문제들을 해결-사실상, **어떻게 교육**-할 수 있겠는가? 이다. 사회 권력과 권한 강화의 목적을 이해하는 것이 실제적으로 민주주의 교육에서 핵심이 되어야 하지 않겠는가?

여기서 언급한 이러한 물음에 대해 '정치적 다문화주의political multiculturalism' 지지자들은 언제나 긍정적으로 답한다.[11] 그들은 역사

---

8. 이와 관련해서는 가령, *Education Still Under Siege*, 2nd ed. (Westport, CT: Bergin Sc Garvey, 1993), p. 210에 제시된 스탠리 아로노위츠(Stanley Aronowitz)와 헨리 지루의 주장을 참고할 수 있다.

9. Peggy Orenstein, School Girls: Young Women, *Self-Esteem, and the Confidence Gap* (New York: Doubleday, 1994), p. 310을 참고하라. 아울러, 라틴계 미국인들의 전체 빈곤율은 40%라는 사실에도 주의를 기울일 필요가 있다. 라틴계 인구의 3분의 2가 멕시코계 미국인이며, 이러한 사실들은 이 장의 뒷부분에서 설명할 것이다.

10. James W. Loewen, *Lies My Teachers Told Me* (New York: New Press, 1995), p. 1을 참고하라.

적으로 자신의 권리를 박탈당해 온 이들의 힘과 주체성을 강화하기 위해 의식적으로 정치와 교육을 연결한다. 따라서 그들은 열정적으로 그리고 다채로운 방식으로 미국의 역사에 관여하기 시작한다. 그들은 자신들의 이야기가 수정되고 바로잡혀야 한다고 주장한다. 그뿐만 아니라 승자가 가한 상처와 패자들의 고통도 밝혀져야 하며, 엄청난 압박 속에서 정신과 문화를 유지하기 위해 벌인 투쟁도 규명되어야 한다. 더불어, 우리는 이러한 이야기들을 통해 현재 권리를 박탈당한 주체들에게 권한을 부여하고, 한층 복잡하긴 하지만, 그러면서도 국가 그 자체를 이해할 때 이데올로기적으로 지나치게 접근하지 말아야 한다.

다문화 교육에 대한 진보와 보수 비평가 모두 이러한 자의식적인 '정치화'를 개탄한다. 그들은 "역사가 우리에게 선사한 [서구 문명의] 놀라운 유산"을 문제시하면서 다문화주의 지지자들이 "국가공동체를 소수민족 거주지들, 게토들, 그리고 부족들의 잦은 다툼으로 분열"[12]시킨다고 주장한다. 더욱이 다문화주의자들은 허무주의와 상대주의—간단히 말해, 지배적인 정치적 기류에 의해 조작되기 쉬운 견딜 수 없는 혼란—를 초래하면서 서구 문명의 도덕적 유산을 약화시킨다고 강조한다.[13]

이 양극화된 논의에서 양쪽이 동의하는 바는 다문화 교육이 정치

---

11. 여기서 이야기하는 정치적 다문화주의는 스탠리 피시(Stanley Fish)가 '부티크 다문화주의(boutique multiculturalism)'라고 부른 것과 구별된다. 부티크 다문화주의자들은 문화적 다양성을 존중하는 동시에 문화적 다양성이 명료하게 표현된 범위 내에서 그리고 그것을 통해서 지배와 불평등의 조건을 지운다. 피시의 논의에 대해서는 "Boutique Multiculturalism", in *Multiculturalism and American Democracy*, ed. Arthur M. Melzer, jerry Weinberger, and M. Richard Zinman (Lawrence: University of Kansas Press, 1998), pp. 69-88을 참고하라.

12. Arthur Schlessinger Jr., *The Disuniting of America: The Disuniting of a Multicultural Society* (New York: Whittle Communications, 1991), pp. 137-138. 그리고 C. Vann Woodward, "Meanings for Multiculturalism", in *Multiculturalism and American Democracy*, ed. Melzer et al.을 참고하라.

와 교육을 결합한다는 것이다. 양쪽의 차이는 이 결합을 어떻게 평가하는가다.[14] 정치와 교육의 분리 필요성에 대한 아렌트의 주장은 정치 다문화주의자들의 교육학적 실천과 확신에 반대되는 듯하다. 여기서 제기될 수 있는 질문은 역사에 대한 가장 깊은 충동을 지닌, 곧 볼드윈주의자로 여겨지는 다문화 교육 지지자들에게 아렌트의 [정치와 교육의 분리와 관련된] '터무니없는 명제'와 이를 옹호하는 보수주의가 과연 그들의 흥미를 끌 만한지에 대한 것이다. 그들의 흥미란 우리가 속한 역사를 광대하게, 그리고 더 잔혹하고 아름답게 하는 것이다.

이 글에서는 아렌트의 교육적 보수주의가 다문화주의의 가장 심오한 실천력에 대한 중요성을 밝혀 주고 동시에 강조한다고 확신하기에, 위의 질문을 제한적으로 인정한다. 다문화 교육 지지자들은 정체성 집단의 열렬한 신봉자들이기만 한 것이 아니라(비록 그들도 매우 자주 그러기도 하지만), 아렌트적 의미에서 그들은 세계의 열렬한 지지자이기도 하다. 그들은 '우리'가 누구인가에 대한 의미가 생성되는 경험과 관점─세계의 중간 영역─을 넓히고 더 다원화하려고 한다. 그들이 과거로 돌아가 역사적 기록을 찾아내고 재해석하게 하는 것은 우리의 공통세계를 기형화하고 공공성을 훼손하는 집단들에 의한 상처와 박

---

13. 이러한 주장은 여러 곳에서 확인할 수 있다. Allan Bloom의 *The Closing of the American Mind* (New York: Simon & Schuster, 1987)와 Dinesh D'Souza 의 *Illiberal Education: Politics of Race and Sex on Campus* (New York: Free Press, 1991)가 대표적이다.
14. 정치적 다문화주의 지지자들은 교육의 정치화에 대해 반대하면서 동시에 과거와 우리의 지적 유산에 대한 자신들의 설명을 부정하는 이들의 정직하지 못함을 곧바로 지적한다. 아이러니하게도 이런 식으로 그들의 목적에 익숙해지도록 하는 것은 전형적인 '정치적' 조치이다. 어빙 크리스톨(Irving Kristol)과 노먼 포드호레츠 (Norman Podhoretz)는─그들이 수용하는─ 정치와 교육의 얽힘을 인정하고 있기 때문에, 그들은 솔직히 우파의 입장에 치우쳐 주장하고 있다고 덧붙이고 싶다. 이러한 결과를 가져온 그들의 의견에 대해서는 Neil Jumonville, *Contemporary Crossings: The New York Intellectuals in Postwar America* (Berkeley: University of California Press, 1991), pp. 231-232를 참고하라.

탈, 망각과 배제의 형태 때문이라고 할 수 있다. 이러한 측면에서 다문화 교육은 분열과 고립의 정치라는 위험을 자초하기는커녕, 우리 세계를 더욱 생동감 있는, 모두에게 활기찬 곳으로 만든다. 다문화 교육 지지자들은 우리의 **공통**세계를 보전하려 한다.

다문화 교육에서 이러한 보수적인 요소를 조명하고 수용하는 것은 여러 가지로 중요한 이유를 가진다. 그 가운데 가장 핵심적인 부분은 그것이 오직 이익 집단의 또 다른 정치 형태로 다문화주의를 희화화하는 것을 저지할 수 있다는 점이다. 또한 이를 통해 다문화주의 지지자들은 억압받는 이들을 위한 권한 부여와 중재 문제에 지나치게 몰두하는 교육학의 위험성을 구별해 낼 수 있다. 다문화 교육학은 정치와 교육 사이의 얽히고설킨 관계와 그 긴장에 대한 명확한 이해를 바탕으로 해야 한다. 이러한 목적을 위해 다문화 교육학을 재고하는 데 아렌트적 보수주의는 귀중한 자료가 된다.

다음 장에서는 정치와 교육에 대한 아렌트의 구분에 대해 자세히 설명하고, 아렌트가 어떤 근거에서 그리고 어떤 목적을 위해 그러한 구분이 필요하다고 생각했는지에 대해 검토하고자 한다. 이 글에서는 가장 훌륭하다고 판단되는, 그리고 가장 중요하다고 여겨지는 아렌트의 논의를 다루고, 다음으로 치카노Chicano/치카나Chicana 연구를 사례로 제시하면서 다문화 교육에 대한 현대적 논쟁의 효용성에 대해 고찰하려 한다. 1960년대 후반에 등장한 치카노/치카나 연구는 [멕시코계 미국인들의] 자기결정권을 위한 치카노 운동을 통해서 발전했다. 따라서 이는 아렌트적 보수주의 그리고 정치와 교육 사이의 긴장을 고려하는 데 특별히 흥미로운 사례라고 할 수 있다. 치카노 운동은 교육과정에 멕시코계 미국인의 문화와 역사가 포함되지 않았다고 주장한 고등학교 학생들에 의해 촉발되었다. 그뿐만 아니라 이 운동이 오늘날까지 가장 크게 기여한 바 중 하나는 교육과정과 관련이 있다. 이에, 치카노 운동이 불러일으켰던 학문적 경향을 검토함으로써 우리는 다문화 교육에서 정치와 교육의 결합 문제와 그 전제를 명확히 파악하게 될 것이다.

아렌트적 보수주의

한나 아렌트의 정치이론은 수많은 급진적 민주주의자들에게 영감을 주었다. 그녀는 분명 20세기 최고의 정치이론가다. 그렇다면 이러한 질문으로 시작해 보자. 교육과 정치의 관계에 대한 아렌트 사상의 본질은 무엇인가? 아렌트가 정치와 교육의 관계를 체계적으로 다룬 유일한 논문인 「교육의 위기」가 생소하고 불명확한 논거를 제시하고 있기에, 이 물음에 대한 답을 찾기 위해서는 상당한 해석 작업이 절실하다. 필요한 경우, 아렌트 정치이론의 좀 더 광범위한 맥락에서 그녀의 주장을 살펴봄으로써 앞으로의 논의를 전개해 갈 것이다.

오늘날의 교육적 상황에서는 급진적 교육자들이 아렌트의 주장을 진지하게 받아들이기 어렵기 때문에, 우선 아렌트가 제안한 [정치와 교육의] 구별에 대한 **본질적인** 물음으로 논의를 시작하고자 한다. 이렇게 하는 데에는 그럴만한 이유가 있다. 부모, 교사, 행정가, 시민 모두가 책임을 떠넘기는 현대의 교육 형태는 우리에게 정치와 교육의 연계는 더욱 절실하며, 교실에서의 권위는 덜 중요하고, 그리고 사회를 변화시키는 것 이상을 목적으로 삼는 교육학이 필요하다는 점을 암시하기 때문이다. 가령 학교 운동장에서 대규모의 홍보를 진행하는 대가로 영리 기업이 학군에 제공하는 '기념품'의 급증, 교실에서 권위주의 교육 형태의 부활, 시험 준비를 위한 교육, 그리고 열악한 학군과 부유한 학군 간 재정 지원의 심각한 불평등을 예로 들 수 있다.[15] 이 글에서 보여 주고자 한 것처럼, 아렌트가 권위와 과거에 대한 존중에 관심을 기울이고, 정치와 교육의 구분을 주장한 것은 나름의 대단히 중요한 가치를 지닌다. 다만, 그것은 급진적 교육자들이 어려움을 감내하면서까지 외면하고자 했던 것이기도 하다.

아렌트는 교육의 본질이 '보전'이라는 의미에서 보수적이어야 한다고 주장했다. 아렌트는 독특하게 현상학적인 방법으로 교육에 대한 요구가 발생하는 실존적인 상황을 가려냄으로써 교육자의 책임을 드러낸다. 이러한 관점에서, 시대와 문화를 막론하고 교육은 언제나 모든 필멸하는 세계가 새로워져야 하며, **그렇게 되도록** 세계에 새로 온 자들을 소개하려는 연장자들의 요구로부터 시작된다. 한 아이가 가정을 벗어나 더 넓은 세계와 최초로 마주하는 곳으로서의 학교는 세계에 새로 온 이들이 "세계 그 자체"[16]에 관해 처음으로 배우는 장소다. 이로 인해, 교육자의 근본 책임은 이 세계에 새로 온 이들에게 그들보다 앞서 항상 이미 존재하는 낡은 세계를 소개하는 것이다. 교육자의 책임은 "이것이 우리의 세계다"라고 말하는 것이다. 다시 말해, 교육자는 낯선 이가 공동체의 일원이 됨으로써 부여받는 심오한 감각인 소속감을 아이들에게 심어줄 책임을 맡아야만 한다. 이를 위해, 아렌트는 교육자가 "과거에 대한 남다른 존경심"을 가져야 하며, "세계를 있는 그대로 … 받아들이고 오직 현 상태를 유지하기 위해 노력"[17]해야 한다고 주장한다. 아렌트는 교육자가 (반드시 지녀야 할) 권위란 이러한 보전의 의미를 받아들이는 데 있다고 강조한다.

---

15. 미국 학교에 대한 자본의 침투에 대해서는 Steven Manning, "Students for Sale: How Corporations Are Buying Their Way into America's Classrooms", *The Nation*, September, 27, 1999, pp. 11-18을 참고하라. 재정 지원의 불평등한 분배가 리터러시에 미치는 영향에 대해서는 Gerald Coles, *Reading Lessons: The Debate over Literacy* (New York: Hill & Wang, 1998), pp. 136-159를 참고하라.
16. Arendt, "Crisis in Education", p. 192.
17. Ibid.

이러한 주장은 아렌트의 정치이론 가운데 가장 심미적이고 종교적인 감수성에 가까운 어떤 것을 떠오르게 한다. 무언가에 대한 감사가 그것이다. 아이의 존재에 책임을 지고, 아이의 순수한 요구에 반응하기 위해, 한 논평자가 말한 것처럼 교육자는 "주어진 모든 것에 일종의 성스러운 감사"[18]를 느껴야 한다. 존재의 기적에 대한 감사, 그것은 교육자들에게 젊은이들을 교육하기 위해 그들이 해야 할 임무의 기본 방침을 제시하고 알려 준다.

하지만 교육자들이 이러한 섬세한 감각을 지니기는 쉽지 않다. 우리는 세계가 분노와 원망, 그리고 그 세계를 부정하고 거부하려는 욕망에 비참하게 시달리는 그런 세계가 되지 않길 바란다. 다만, 교육자가 이 세계에 새로 온 이들을 옛사람들에게 성공적으로 소개하고 그들에게 소속감을 부여하려면, 교육자는 바로 이 욕망을 참아내야만 한다. 말하자면, 일종의 정치적 관용이 교육자가 활용할 수 있는 방법일 수도 있겠다.

따라서 권위의 필요성과 '세계'를 구성하는 중요한 지식을 전달하는 교육에 대해 아렌트가 한 말들과 주장들은 이미 우리에게 익숙한 보수주의적 입장과 상당히 유사해 보인다. 아렌트는 "성인의 세계에서는 **보편타당할 수 없고**, 그것을 요구해서도 안 되는 권위 개념과 과거에 대한 태도"[19]를 교육 영역에 적용함으로써 교육자는 보수적이어야 한다고 설명한다. 교육은 보호의 시간이다. 젊은이와 노인, 스승과 제자의 관계는 본질적으로 불평등한 관계 중 하나다. 그렇기에 교육학의 기본 방침은 일반적으로 성인의 삶, 특히 정치적 삶을 규정하는 대등한 관계와 철저히 대립된다. 사실, 아렌트는 정치적 삶의 관계들이 권

---

18. *Hannah Arendt: Politics, Conscience, Evil* (Totowa, NJ: Rowman & Allenheld, 1984), pp. 163-178에 제시된 조지 카텝(George Kateb)의 매우 통찰력 있는 논의를 참고하라.

19. Arendt, "Crisis in Education", p. 195.

위나 세계에 대한 보수적 태도에 의해 이루어지면, 그것은 바로 세계를 변화시키는 행위가 마땅히 일어나는, 곧 "매일 세계를 새롭게 해야만 하는 정치 영역을 파괴하는 것"[20]이라고 주장한다. 정치의 존재 이유는 자유, '모든 것을 변화시킬', 행위의 자유인 반면, 교육의 최우선적인 기본 목표는 이 세계에 새로 온 이들이 세계를 공유하도록 하는 것, 곧 그들이 소속감을 느끼게 하는 것이다.[21]

따라서 아렌트에게는 한편으로 세계에 속한 것을 보전한다는 의미에서 지시, 불평등, 권위, 보수주의의 영역인 교육과 다른 측면에서 평등, 설득, 변화 그리고 자유의 영역인 공적이고 정치적인 삶이 서로 상충한다. 하지만 전술했듯이 아렌트가 전통적인 보수주의의 목적을 위해 이러한 모순을 드러낸 것은 아니다. 아렌트는 정치와 교육이 '명확하게 분리'되어야 한다는 입장을 유지하면서 "모든 아이의 새롭고 혁신적인 것을 위해서라면 교육이 보수적이어야 한다"[22]라고 주장한다. 아이들의 행위 능력, 바로 그것을 위해서 우리는 아이들에게 '있는 그대로의' 세계를 소개할 필요가 있다.

이때 교육과 정치가 분리될 필요가 있다는 아렌트 논의의 핵심은 그녀가 부름을 받았던 그 세계에 새로 온 아이들을 조심스럽게 소개해야 한다는 데 있다. 왜냐하면 끊임없이 변화하는 세계에 아이들이 등장한다는 것은 '이미 있음'과 '아직 없음'의 경계를 표시하는 일이기 때문이다. 그리고 어른들이 알고 있는 것은 바로 이 '이미 있음'의 세계에 관한 것이다. 어른들은 아이들에게 그 세계에 대해 정확한 지식을 전달해야만 한다. 세계의 복잡하게 얽힌 해석들, 사실에 입각한 것, 그

---

20. Ibid., p. 191.
21. 자유에 대한 아렌트의 탁월한 논의는 *Between Past and Future*에 수록된 글 "What Is Freedom?"을 참고하라.
22. Arendt, "Crisis in Education", pp. 192-193.

리고 '다양하고 수시로 대립하는 양상들'을 전해야 한다. 아이들이 자라면서 만일 이를 통해 깊이 있는 지식을 갖지 못한다면, 그들은 자신들의 고유하고 독특한 행위를 세계에 드러내는 일에 실패하게 될 것이다. 아이들에게는 새로운 어떤 것을 시작할 지점도, 먼저 질문하고 그런 다음 다르게 행위 할 반성적 거리도 없기 때문이다. 또한, 다른 세계에 대한 어른들의 열망으로 형성된 정치적 의제에 따라 그 교육의 성격이 규정되어서는 안 된다. 만약 그렇게 된다면, 새로 온 이들에게는 이미 낡아 버린 세계에서 어쩔 수 없이 나타나는 어른들의 욕망에 아이들의 감성과 소망이 지배당하게 될 것이다.[23]

그러므로 아렌트에게서 교육자의 책임은 이중적이다. (1) **"이것이 우리의 세계다"**-곧, 구체적이고 복잡하며 깊이가 있고 다루기 어려운 것, 여기에 그것에 대한 이야기가 있고 그 모습이 바로 이렇다는 것-라고 말하는 책임을 떠맡음으로써 이 세계에 새로 온 이들의 행위에 대항해 세계를 보전하는 것, 그리고 (2) 지구에 태어난 모든 이가 세계에서 어떻게 행위해야 하는지를 미리 정하지 않음으로써 그들의 고유함을 드러내는 특성과 재능을 보호하는 일. 이 두 가지 의미에서 교육자는 보수적이며, 그들은 이 세계에 새로 온 이들이 반응할 수 있도록 하기 위해 '있는 그대로'의 세계에 대한 책임을 맡는다. 궁극적으로, 교육자의 목적은 젊은이들이 세계와 관계 맺을 수 있도록 함으로써 인간이 살아가기에 적합한 곳으로 세계를 새롭게 하는 것이다. 아렌트는 "희망은 언제나 새로운 것에 달려 있으며", 관건은 언제나 젊은이들이 "더 나은 세계를 만들기 위해"[24] 필요한 행위를 할 수 있도록 교육하는 데 있다고 썼다.

---

23. 제임스 밀이 자기 아들을 완벽한 공리주의자로 길러 내기 위해 단속하고 관리한 사실은 교육적 간섭의 매우 적절한 사례라고 할 수 있다. 하지만 제임스 밀이 자초한 일은 그의 아들이 자아를 잃고 신경쇠약의 상태에 빠지게 했다.
24. "Crisis in Education", p. 192.

그렇다면 아렌트가 교육자들에게 '있는 그대로의' 세계를 보전해야 한다고 했을 때 그녀가 의미한 바는 무엇인가? 마치 그것은 지배적인 헤게모니 관계를 유지하려는 정치적으로 유해한 지시처럼 여겨진다. 하지만 그건 그렇지 않다. 이 애매한 지시의 의미를 좀 더 깊게 파악하기 위해 우리는 아렌트가 오랫동안 걱정해 온 몇몇 상황에서 그것을 헤아려 볼 수밖에 없다. 아렌트가 우려한 첫 번째 사항은 사실적 진리에 내재하는 허무함이다.[25] 아렌트는 사실적 진리를 합리적이고 논리적인 진리와 대조하면서 그것이 바로 "사람들이 함께 살아가고 행위한 결과로 드러나는 그런 사실들과 사건들"[26]이라고 했다. 그녀는 계획된 거짓말이 완벽히 이루어진 전체주의의 정치를 경험하면서 그러한 세계로부터 상처를 받았고, 전체주의를 경계하면서 다음과 같이 주장했다. "사실적 진리, 만일 그것이 오늘날 특정 집단의 쾌락이나 이익에 반하는 것이라면, 그것은 그 어느 때보다 더 큰 적대감을 불러일으킨다."[27] 이와 관련해서 아렌트는 우리에게 공통적이고 실제적인 현실 그 자체를 구현해 낼 수 있는 기초 자료를 냉엄하게 마음속에 간직하면서, 독일은 히틀러를 선택했고, 프랑스는 1940년 독일군 앞에 무너졌음을 일례로 제시한다. 특별히 이러한 구체적 사실들을 언급하면서, 아렌트는 그러한 사실들이 독일과 프랑스에서 각각 묵인되어 왔고, 그런 만큼 그 사실들은 그저 단순한 의견으로 치부되어 세계를 혼란스럽게 했다고 설명한다. 그리고 아렌트는 이렇게 사실의 지위에서 단순한 의견으로 전락하는 것이 좀더 일반적으로 말해 포스트 전

---

25. 아렌트적인 이러한 주제를 뒷받침하는 핵심적인 생각들에 대해서는 *The Origins of Totalitarianism* (New York: Harcourt, Brace & World, 1951, pp. 460-479)의 "Ideology and Terror", *Crises of the Republic* (New York: Harcourt Brace Jovanovich, 1969)의 "Lying in Politics", 그리고 *Between Past and Future*의 "Truth and Politics"를 참고하라.

26. "Truth and Politics", p. 231.

27. Ibid., p. 236.

체주의 세계의 끊임없는 유혹이라고 확신했다.

사실적 진리는 진실을 말하는 사람이 되려는 우리의 의지, 곧 "그것이 있기에 (우리)에게 있는 것처럼 보인다는 점에서 그리고 그것을 증명하는 데"[28] 달려 있다는 점에서 취약하다. 그리고 그런 의지는 결국 반정치적 (당파적이지 않다는 의미에서) 능력에 좌우된다. 그것은 입장을 유보하고, 사리사욕에 얽매이지 않으며, 일종의 공정성에 입각해서 승자와 패자 **모두의** 행위를 드러내고, 그렇게 함으로써, 인간에게 존재해야 하는 것-친구든, 적이든-을 보존하기 위해 우리 스스로를 바치는 것이다. 이러한 의미에서 진실을 말하는 사람들은 세계를 열렬히 지지하는 이들이다.

이 같은 진실 말하기는 세계를 변화시키고자 하는 정치적 행위자의 근본적인 욕구와 극적인 긴장관계에 놓여 있다. 사실, 정치적 행위자는 언제나 사실적 진리의 반대인 거짓 때문에 사실적 진리를 거부하려는 유혹을 받는다. 왜냐하면 거짓은 우리에게 낯설고 귀에 거슬리는 사실적 진리의 특징을 아주 그럴듯하게 덮어 버리기 때문이다. 만일 정치적 행위자가 [그 유혹을 거부하지 않으면] 세계가 달라질 수 있다는 그들의 희망은 좌절될 수 있다. 그리고 비록 아렌트가 정치를 이론화하는 과정에서 정치적 삶과 새로운 것을 시작함으로써 사건의 흐름을 바꾸는 우리의 능력에 유난히 몰두하고 있긴 하지만, 그럼에도 그녀는 다양한 모습을 띠고 있는, 진실을 말하는 이가 인류 번영에 꼭 필요하다고 강조한다. 아렌트는 만약 우리에게 그것이 무엇인지를 말하려는 의지가 없다면, 상대적 영속성도, 행위할 적절한 출발점도, 우리가 올바른 행위 방침에 대해 판단을 내릴 때 우리의 입장을 취할 곳도 있을 수 없다고 주장한다. 정치는 우리가 마음대로 바꿀 수 없는

---

28. Ibid., p. 229.

것에 의해 제한되어야 한다. 정치는 그 자체의 한계를 고려해야 한다. "개념상, 우리가 바꿀 수 없는 것을 진리라고 할 수 있다. 비유하면, 그것은 우리가 서 있는 땅이며, 우리 위에 펼쳐진 하늘이다."[29]

따라서 아렌트가 교육자는 세계를 '있는 그대로' 보전할 책임을 져야 한다고 썼을 때, 그녀가 가장 치열하게 골몰했던 사안 중 하나는 이 대지와 하늘의 형상을 지닌 중대함과 연약함, 그리고 그것에 대해 증명하고자 한 의지다. 진실을 말하는 이와 마찬가지로, 교육자 또한 흔히 [지키기 쉽지 않은] 사실적 진리의 엄중함을 준수하는 이가 되어야 한다.[30]

교육자들에게 이것이 실제로 의미하는 바는 무엇인가? 한 예로, [교육자가] 미국의 노예제도를 젊은이들에게 설명하는 경우, 아렌트는 교육자가 '있는 그대로'의 세계에 책임을 지고 진실을 말하는 자로서, 노예 소유자들(정치 행위자들)이 노예 소유의 잔혹성과 위선이라는 '아주 기본적인' 사실적 실제를 바꾸고, 그렇게 함으로써 그들 자신을 지키기 위해 전개한 거짓말과 자기기만을 꿰뚫어 볼 수 있어야 함을 은연중에 요구한다. 이와 관련해서 토머스 제퍼슨의 사례는 교육자들에게 흥미로운 연구 자료가 될 것이다.

제퍼슨은 흔히 생각하는 것처럼, 노예들은 어린아이처럼 통찰력이 부족하다고 믿고 있었다. 사실, 역사가들은 이러한 그의 믿음이 노예 해방에 걸림돌이 되었을 만큼 그를 무겁게 짓눌렀다고 주장한다.[31] 제퍼슨의 이런 통찰력 부족과 관련해서, 그가 가장 자주 거론했던 사례 중 하나는 자신의 노예에 관한 것이었다. 그가 (분명하게 자주) 말했

---

29. Ibid., p. 264.
30. 아렌트는 진실을 말하는 이에 역사가, 기자, 예술가, 철학자, 과학자 그리고 진상 조사원을 포함시킨다. 이와 관련해서는 "Truth and Politics"(p. 260)를 참고하라.
31. Lucia Stanton, *Slavery at Monticello* (Thomas Jefferson Memorial Foundation, 1996), p. 41을 참고하라.

듯이, "(여름이 다가오자) 노예들은 자신들이 어디 있든지 간에 외투가 어떻게 되든 상관하지 않고 그것을 벗어서 던져 버렸고, 그런 후에 그들은 자신들의 단순한 부주의로 숲이나 들판에서 외투를 잃어버리곤 했다."[32] 하지만 만일 우리가 이 문제를 면밀히 살펴본다면, 사실과는 아주 다르다는 것을 알게 될 것이다. 루시아 스탠튼Lucia Stanton에 따르면, 미국 남부의 북쪽에 살던 노예는 외투를 허투루 다루지 않았다. 더군다나 역사적 기록에 따르면, 제퍼슨의 노예 감시인들은 제퍼슨이 지시한 대로 노예들에게 3년마다 정기적으로 새 외투를 지급하지 않았다고 나와 있다. 따라서 아이러니하게도 노예들이 보인 행동은 그들이 미리 계산하고 의도한 표현일 가능성이 크다. 노예들은 그들이 잃어버린 외투를 제퍼슨이 기꺼이 보충해 주리라고 계산해서, 이 교묘한 전략으로 그들의 낡은 외투를 대체하거나, 그것을 '여분'으로 남겨두기 위해 혹은 팔기 위해 새로운 외투를 요구했던 것이다.[33]

이러한 사례를 염두에 두고, 세계를 '있는 그대로' 책임진다는 것은 교육자가 아이들에게 노예화의 만행에 대한 사실적 실제를 가르쳐야 한다는 것을 의미한다. [노예화의] 그 잔혹함이라는 사실에 입각해서, 아이들은 제퍼슨과 같은 노예 소유자들이 지닌 자기기만적 책략과 노예들이 생존하기 위해 선택한 전략을 이해할 수 있다. 이러한 사실적 진리를 전달하는 데 책임을 다하는 교육자는 아이들에게 각기 다르게 지각되는 세계에서 사는 법을 가르칠 수 있다. 곧 아렌트가 '세계', 우리의 **공통**세계를 구성한다고 주장한, "동일한 것을 … 전혀 다르게 그리고 종종 반대되는 측면"으로 바라보는 법을 가르칠 수 있다. 아프리카 노예의 행복해하는, 어린애 같은 기질에 대한 고정관념을 다시금 불러일으키는 이러한 사례들은 진실이 얼마나 취약한지를 보여 준다.

---

32. Ibid.
33. Ibid.

그리고 그러한 고정관념은 오늘날까지 이어져 실제적인 이데올로기로서 힘을 발휘하고 있다.

게다가 아렌트는 사실적 진리의 존재에 대해 강조한다. 모든 것이 단순한 의견으로 축소될 수 없다. 교육자들은 "세계를 있는 그대로" 보전해야 한다는 아렌트 지시 사항의 이면에 놓인 두 번째 주요 관심사에 비추어 볼 때, 아렌트의 주장은 특히 중요하다. 다시 말해, 우리는 탈전통적인 세계에 살고 있다. 우리의 세계는 혼란스러워졌으며, 더이상 우리의 낡은 사고방식으로는 뜻밖의 일들을 설명해 내지 못한다. 우리는 한때 권위에 의해 구조화되고 전통으로 함께 묶였던 세계와 원치 않지만 돌이킬 수 없는 단절의 저편에 서 있다.[34] 지금 우리의 세계에서가 아닌 한때 그 세계에서, 전통은 [과거의] 기억을 확보하고 인간 경험이 의미 있다는 사실을 보증하면서, 낯설고 새로운 시대에 세계에 새로 온 이들이 자신들의 길을 열어 가도록 과거의 시금석을 제시한다. 전통은 "귀중한 것들이 어디에 (있었고), 그것들의 가치는 무엇이(었는지)"를 결정하고, 명명했으며, 전수하고 보존함으로써 귀중한 것들을 보여 주었다. 전통은 질서정연한 '시간의 연속'을 통해 과거를 확보했으며, 그 자체의 순전한 가치로 현재를 확고하게 형상화했다.[35]

세계를 보전해야 할 교육자의 책임에 대한 아렌트의 깨달음과 전통에 얽매인 이 세계 사이에는 자연스럽게 일치되는 지점이 있다. 하지만 이것은 **우리의** 세계가 아니며, 교육자들에게는 이러한 사실을 직시해야 할 책임이 있다. 그렇다면 우리의 세계는 어떠한가? 이에 대해 우리는 단호한 어조로 묻지 않을 수 없다. 그리고 이 질문에 대한 우리의 응답은 교육자들에게 어떤 의미를 제시할 것인가? **우리의** 세계

---

34. Arendt, "Crisis in Education", p. 195.
35. Hannah Arendt, "Preface: The Gap Between Past and Future", in *Between Past and Future*, p. 5.

는 변화무쌍하며, 다원적이고, 원근법적이다. 세계에 거주하는 이들의 입장과 관점의 다원성에서 바로 그 세계성이 드러난다.[36] 우리의 세계를 건설하고 보호하는 데 전통의 힘이 부재하다면, 우리는 다양한 관점에서 오직 다른 이들이 세계가 그렇게 존재한다는 것을 보여 줄 때만 그것이 **존재한다**는 것을 확실히 알게 된다.[37] 이러한 관점과 입장의 다원성이 차단될 때, 우리는 우리와 충분히 관련되고, 또 따로 분리되는 시간상의 공간을 공유하는 세계가 **있다**고 말할 수 없다. 사실, 전통이 부재한 세계에서 근본적으로 공통세계에 대한 우리의 불확실한 인식은 오늘날 조작된다고 할 수 있다. 곧 사실적 실재에 대해 계속 이어지는 대중의 증언을 통해, 그리고 어떤 경험과 누군가의 기억이 우리의 과거와 관련해서 가장 중요한 내러티브를 구성하는 요소로 여겨지는지 그리고 그 이유가 무엇인지에 대한 논쟁을 통해 [그렇게 된다는 것이다]. 관점과 입장이 배제되는 경우 (가령, 노예들에 관한 지식과 관점), 다른 이들과 함께 살아가는 세계를 아는 우리의 능력은 줄어들게 된다. 따라서 우리가 공통의 세계에서 살고 있다는 인식은 광범위한 공적 영역의 다양한 사람들 사이에서 일어나고 있는 공개 증언, 논쟁 그리고 대화의 여지에 달려 있다. 교육자가 젊은이들에게 전달할 책임이 있는 것은 바로 이렇게 논쟁적인 장으로서의 세계다.

전술했듯이, 사실적 진리가 깨지기 쉬운 곳, 전통이 더 이상 세계의 점이지대를 확보하지 못하는 곳, 그리고 과거가 '파편 더미'[38]가 되어 버린 곳에서 아렌트가 교육자들에게 '있는 그대로의 세계'와 '현재 상

---

36. 이와 관련해서는 *Our Sense of the Real: Aesthetic Experience and Arendtian Politics* (Ithaca: Cornell University Press, 1999)에서 상세히 논하고 있다.

37. 이는 반복되는 아렌트 논쟁이다. 그 중에서도 『인간의 조건』을 참고하라. 그리고 논자의 *Our Sense of the Real*에서 2장의 논의를 특별히 참고하라.

38. 이것이 아렌트가 서구 전통의 종말 이후 과거의 상태를 서술하는 방식이다. 이와 관련해서는 발터 벤야민의 *Illuminations* (New York: Schocken Books, 1969)에 대한 아렌트의 서문을 참고하라.

황'에 충실하라고 한 요구는 분명 기존의 보수주의적 의미로 이해될 수밖에 없다. 그러한 요구는 공통세계를 재현하기 위해 전승될 수 있는 명백한 유산, 곧 확고부동하고 신뢰할 만한 지식체로서 세계를 보전하라는 지시가 될 수 없다. 그런 전통적 관점으로 세계를 계속 이해하려는 이들은 근본적으로 보수적이고 비현실적인 욕망을 부추긴다.

방어적인 태도를 보이는 교육학적 보수주의에 반대하며, 아렌트는 다른 대안을 제시한다. 아이들에게 **"이것이 우리의 세계다"**라고 말하는 교육자의 책임은 우리의 부서지기 쉬운 사실적 **실재와** 우리의 공통세계를 능동적으로 구성하는 동시대의 논쟁과 토론에 대한 대략적인 내용 모두를 보전하는 것이다. 우리가 보전하고 싶어 하는 것은 역설적이게도 우리의 현재가 우리에게 드러내는, 다원적이지만 고집스러운 세계에 대한 것이기도 하다. 아렌트가 말하는 교육자의 보수주의는 세계의 객관적이고 주관적인 중간 영역에 대한 책임을 통해 규정된다. 교육자는 **세계의** 열렬한 지지자이다. 교육자의 책임은 이 세계에 새로 온 이들에게 과거를 향해 열려 있는 다양한 경로를 포함해서 **우리의** 논쟁점을 알려 주는 것이다.[39] 학교는 변화를 도모하기 위해 계속해서 공적이고 정치적인 논쟁이 이루어지는 장소가 되어서는 안 된다. 그것은 어른들을 통해 이루어지는 것이다. 오히려, 학교는 이 세계에 새로 온 이들이 물려받아야 하는 진리에 의해 제한되는 논쟁적인 세계를 그들에게 소개하는 자리여야 한다. 만일 이 세계에 새로 온 이들이 성장해서 행위를 통해 새롭게 할 수 있는 것이 있다면, 그것은 바로 그들이 (일단) 속해야 하는 이 '있는 그대로의 세계'다.

이러한 의미에서 교육자의 권위는 이 세계에 젊은이들을 소개하는

---

39. 여기서 의미하는 바는 다른 시대나 다른 삶의 방식에 대한 가르침, 그리고 그 시대에 살면서 그 시대의 사람들이 이룬 업적의 힘을 탐구하는 것의 중요성을 배제하려는 것이 아니다. 핵심은 교육자의 **권위**가 과거로부터 물려받은 명백한 유산을 전달하는 데 있지 않다는 것이다.

책임을 맡는 데 있다. 그리고 이러한 권위의 형태는 젊은이들에게 정치적 삶을 준비시키는 데 적합하다. 교육자는 아이들에게 특정한 정치적, 당파적 의제가 아닌, 오히려 진실을 둘러싸고 있는 다원적이고 논쟁적인 사안들에 충실하라고 가르쳐야 한다. 세계를 열렬히 지지하는 한 사람인 아렌트는 교육자가 "다른 사람의 관점으로 세계를 바라보고, 종종 여러 반대되는 측면에서 세계를 보는 법"을 일깨운다.

다문화 교육: 치카노/치카나 학문에 대한 고찰

자, 이제 이쯤에서 다음과 같이 결론을 내려도 무방할 듯하다. 아렌트는 전통적인 보수주의자가 아니다. 교육자의 권위는 사실적 실재와 논쟁의 여지가 있는 우리 세계에 대한 책임을 받아들이는 데 있다. 그렇다면, 교육자들은 **어떻게** 그러한 책임을 떠맡을 것인가? 그렇게 하는 데 아렌트의 교육과 정치의 분리 주장은 유용한 지침이 되는가? 곧 확인할 수 있겠지만, 그렇기도 하고 그렇지 않기도 하다.

세계에 대한 책임을 지기 위해 교육자는 아렌트가 오직 정치 영역 밖에서만 획득 가능하다고 했던 일종의 불편부당성을 발휘해야 한다. 아렌트는 역사가가 진실을 말하는 힘에 대해 일반적으로 언급하면서, 서구 전통에서 호메로스가 아킬레우스와 헥토르, 그리스인과 야만인의 행위를 노래할 때 어디에도 치우치지 않고 승자와 패자 모두에 대해 이야기했던 최초의 인물이었다고 주장한다. 이로써 아렌트는 호메로스를 불편부당성의 표본으로 삼는다. 그녀는 호메로스의 불편부당성을 본보기로 삼아, 사실성의 섬세한 짜임새에 반응하는 과거에 대한 태도를 불러낸다. 고통받고 견뎌낸 것, 저항하고 정복한 것, 요컨대 '있는 그대로의 세계'에 기여한 사람에게 일어난 일에 대해 온전히 설명하는 것이다. 그리고 그러한 불편부당성은 세계에 대한 힘겨운 사랑, 앞서 논의한 그 종교적 감사함에 가까운 사랑을 필요로 한다.

엄밀한 의미에서, 아렌트는 과거에 대한 이런 불편부당한 태도를 정치적 행위자의 태도와 비교하여 그 차이를 보여 준다. 특정 집단의 헤게모니를 유지하려고 하든, 더 숭고한 정의를 위해 헤게모니를 전복시키려고 하든, 정치 활동가들은 당파적 목적을 위해 과거에 의지한다. 또한 이것이 그들의 목적이기 때문에, 정치 활동가들은 자신들의 새로운 행위를 위해 길을 내야 하고 '존재하는 무언가'의 구조를 항상 바꿔야만 한다. 따라서 정치적 당파들은 승자와 패자 모두의 행위를 기리며, 이를 따를 수 없다. 세계에 대한 그들의 이야기는 당연히 편향될 수밖에 없다. 사실을 재정리해야 한다. 그리고 비록 사실적 실재가 꼭 부정되진 않더라도(물론 그에 대한 유혹은 강하겠지만), 당파에 속하지 않은 이들이 분명히 밝힐 세계의 면면들을 모호하게 하는 방식으로 사실은 종종 재조정된다. 이는 확실히 정치 영역에서 이루어져야만 하는 일이다. 다만, 아렌트가 주장하는 교육의 목적에는 부합하지 않는다. 곧 그것은 오래된 세계의 경신을 가능하도록 하기 위해 젊은이들에게 '있는 그대로의 세계'를 소개하는 것에 해가 된다.

이런 관점에서, 아렌트의 보수주의는 정치적 다문화주의에 대단히 비판적인 것으로 보인다. 그 이유는 전통적 보수주의자들이 생각하는 것처럼, '정치화'로 인해 우리의 자랑스러운 지적 유산이 극심하게 비판받아서가 아니라 그것이 **세계에 해를 입히기** 때문이다. [이는] 아이들을 이전 세계에 소개하는 대신, 어른들이 보고 싶어 하지만 아직 이루어지지 않은 세계에 대비하도록 그들을 준비시키는 일과 관련이 있다. 그렇게 함으로써, 그 정치화의 당파적 목적과 방향은 있는 그대로의 세계를 구성하는 입장과 관점이 복잡하다는 점을 모호하게 만든다. 성인이 된 후 젊은이들이 이전 세계를 구체화하는 지배 형태를 반

복하지 않고 그들 자신의 행위를 통해 세계를 새롭게 할 수 있는 능력
을 갖추기 위해서는 이러한 복잡함과 마주해야 한다. 치카노 역사에
대한 최근 논쟁을 간략히 살펴보면, 세계에 대해 책임을 지고자 하는
교육자들을 옹호하는 아렌트가 강조한 호메로스적 불편부당성의 영
향력을 분명히 확인할 수 있다.

치카노 운동은 1968년 대대적으로 일어났다. 고등학교 학생들은 인
종차별의 종식, 그들의 문화와 역사를 포함하는 교육과정의 개혁, 표
현의 자유, 멕시코계 미국인 교사와 관리자에 대한 고용을 요구하며
이스트 로스앤젤레스의 거리로 나섰다. 일주일 반 동안 학생들은 로
스앤젤레스의 학교 시스템을 멈추게 했다. 그들의 투쟁은 치카노 학생
운동의 형성과 학생 운동이 주축이 되었던 더 광범위한 치카노 권력
운동이 일어나는 데 촉매 역할을 했다. 위에서 언급한 요구 사항 외
에, 문화적 자치권과 민족 자결권, 백인 미국인과 같은 평등권은 치카
노 권력 운동의 핵심 목표였다.[40] 그것은 백인이 아닌 토착민의 정체성
과 문화, 그리고 멕시코계 미국인 노동계급의 이익을 바탕으로 멕시코
계 미국인들을 통합하려는 첫 번째 시도였으며,[41] 치카노 민족주의라
는 새로운 이름으로 권력을 추구하는 일이었다.[42]

치카노 민족주의 활동 기간 내내, 교육과정 개혁은 여전히 조직의
구심점으로 남아 있었고, 이러한 투쟁 결과는 인상적이었다. 가령, 치
카노 운동 결과, 캘리포니아의 3단계 고등교육 제도에 속한 모든 단과
대학과 종합대학은 치카노 연구 프로그램을 채택했다. 거의 모든 기관

---

40. Carlos Munoz, *Youth, Identity, Power: The Chicano Movement* (New York: Verso, 1989)와 Ramon Gutierrez, "Community, Patriarchy, and Individualism: The Politics of Chicano History and the Dream of Equality", *American Quarterly*, vol. 45, no. 1 (March 1993): 44-72를 참고하라.
41. 이와는 달리, 라틴아메리카 시민 연맹의 자유주의적 동화주의자 연합은 멕시코계 미국인의 이미지를 백인 민족집단으로 선전했다.
42. '치카노'라는 용어 자체는 멕시코계 미국인 노동계급 공동체에서 유래했다.

의 교육 목표는 자의식적으로 정치적이었다. 그 기관들은 멕시코계 미국인 공동체에 그들의 긴급한 요구 사항을 해결하는 데 필요한 자원을 더 잘 제공해 주기 위해 대학의 교육적, 문화적 임무를 확장하고 심화시키고자 했다. 이러한 요구 사항은 멕시코계 미국인들의 문화적 유산에 대한 지식과 정서를 통해 자신감과 문화적 자부심을 유지하는 것부터 학생들의 이중 언어와 이중 문화 능력을 길러 주고, 전반적으로 매우 가난한 그들의 공동체를 도울 수 있는 능력을 향상시키는데 이르기까지 다양했다. 간단히 말해, 그 목표는 치카노 공동체를 개선하기 위한 핵심 사안으로서 자율적인 치카노 민족 정체성을 함양하기 위해 대학을 활용하는 것이었다.[43]

이러한 목적의 핵심은 치카노들이 경험한 인종과 계급 종속이 역사적 기록에 포함되도록 그것을 다시 쓰는 것이었으며, 따라서 치카노들은 1970년대 초 중대한 수정주의 역사를 서술하기 시작했다.[44] 멕시코계 미국인들의 역사는 멕시코와 미국 간의 전쟁이 종식된 1848년에 시작되었으며, 그 후 그들의 땅은 미국에 합병되었고, 학자들은 치카노들을 '내부 식민지인'으로 부르게 되었다. 치카노들은 사회적, 문화적, 그리고 경제적 측면에서 [자신들을] 내부적으로 식민화하는 이러한 조건이 19세기 중엽부터 현재까지 본질적으로 변하지 않았다고 주

---

43. 1969년 산타바바라에서 열린 3일간의 컨퍼런스에서 공개된 고등교육에서의 멕시코계 미국인을 위한 행동 마스터 플랜인 *El Plan de Santa Barbara*를 참고하라. *El Plan*은 Munoz의 *Youth, Identity, Power*의 부록에 전부 제시되어 있다. 그리고 같은 책 pp. 127~169도 참고하라.

44. 1970년대의 가장 중요한 작품은 다음과 같다. Rodolfo Acuna, *Occupied America: The Chicano's Struggle Toward Liberation* (San Francisco: Canfield Press, 1972), Richard Griswold del Castillo, *The Los Angelas Barrio, 1850-1890, A Social History* (Berkeley: University of California Press, 1979), 그리고 Albert Camarillo, *Chicanos in a Changing Society: From Mexican Pueblos to American Barrios in Santa Barbara and Southern California, 1848-1930* (Cambridge, MA: Harvard University Press, 1979).

장했다.[45]

내부 식민지에 대한 분석 틀의 핵심 주제는 경제적 착취, 특히 인종 차별에 관한 것이었다. 멕시코계 미국인들은 유럽인들이 전 지구적으로 유색인종을 복속시킨 것과 본질적으로 유사한 전형적인 식민지배의 희생양으로 보였다. 내부 식민화의 상황에 대한 정치적 해법은 치카노의 문화적 민족주의였다. 사실, 치카노의 사회적, 경제적, 정치적 상황을 나아지게 하려는 초기 운동의 관점에서 이러한 역사서술의 가치는 명확한 정치적 의제를 지적했다는 데 있다. 이러한 역사에는 멕시코에서 현대 미국 남서부의 대부분 지역까지 뻗어 있는 아즈텍의 전설적인 고향인 '아즈틀란Aztlan'을 재건하겠다는 꿈이 겹쳐져 있다.

이러한 역사-상당히 자의식적으로 변화에 대한 정치적 열망에 기여했던 역사-가 쓰인 지 20여 년이 지난 후, 그 역사는 엄격하게 비판적으로 검토되었고, 어떤 경우에는 원저자 스스로가 그렇게 [비판적인 검토를] 하기도 했다.[46] 이러한 비판은 인종과 계급 관계에 대한 좀 더 다층적인 설명을 요구하면서, 그 역사서들이 너무나 당파적인 목적에서 생겨났다는 주장을 중점적으로 제기했다. 그 역사서들은 너무나 이데올로기적이며, 이러한 이유로 당대의 정치적 요구에 부합되도록 기록을 '왜곡'했다. 그러한 측면에서, 역사가 토마스 엘머거Tomas Almaguer는 아렌트적 방식으로, (다른 저자들의 저서뿐만 아니라 그 자신의 저서에서도) 주요 사실들이 간과되었다고 지적했다.

특히, 인종차별주의와 백인계/멕시코계 미국인 간의 갈등에 대한

---

45. 로돌포 아쿠냐(Rodolfo Acuña)는 자신의 책 중판(1981)에서 식민지 모델이 19세기에 지극히 국한되어 다루어졌다고 주장하면서 자신의 입장을 수정했다.

46. 일례로, Tomas Almaguer, "Ideological Distortions in Recent Chicano Historiography: The Internal Model and Chicano Historical Interpretation", *Aztlan*, vol. 18, no. 1(1989): 7-28을 참고하라. 그리고 Alex Saragosa, "The Significance of Recent Chicano-Related Historical Writings: An Appraisal", *Ethnic Affairs*, vol. 1 (Fall 1987): 27-42도 참고하라.

관심을 높이기 위해 수정주의 치카노 역사가들은 백인계 미국인의 개입 이전에 시행된 인종적 지배 체제에 대해서는 무관심한 태도를 보였다. 가령 엘머거는 캘리포니아를 중심으로, 합병 전후 멕시코의 유산 계급인 란체로ranchero에 의해 광범위하게 이루어진 미 원주민에 대한 노예화와 미 원주민 노동자에 대한 잔혹한 탄압을 지적한다. 엘리트들이 인종 지배 체제에 가담했다는 사실을 은폐한 일은 멕시코계 미국인의 내부 계급 계층화를 대수롭지 않게 여기고, 그렇게 함으로써 치카노의 공통 역사에 대한 잘못된 인식을 심어주는 계기가 되었다.

이 수정주의 역사 기록에서는 미 원주민에 대해서 아예 다루고 있지 않다. 관련 역사는 사회적, 경제적, 정치적 위계 구조 속에서 멕시코계 미국인들이 백인계 미국인들에게 종속되는 위치에 있지만 미 원주민보다는 우위에 있는 가운데, 뚜렷이 구별되는 이 세 집단이 그 지역에서 빈번히 일어나는 잔혹한 갈등 상황을 해결해 나가고 있다는 그 사실은 감춘 채, 멕시코계 미국인과 백인계 미국인에 대해서만 언급하고 있다.

이렇듯 초기 역사는 인종차별화되고 식민지화된 다른 소수민족을 전적으로 무시했으며, 1848년 이후 멕시코계 미국인들이 인종 및 계급의 위계 구조 안에서 차지했던 상대적 위치를 이해하기 위한 어떤 맥락도 제시하지 않았다. 특히, 멕시코계 미국인들은 미국 남서부 지역의 다른 소수민족에 비해 상당히 높은 지위를 부여받았다. 사실 역설적이지만, [멕시코 땅이었던] 미국의 남서부 지역에 대한 합병을 비준한 과달루페 이달고 조약Treaty of Guadalupe Hidalgo은 멕시코계 미국인들을 **백인** 집단으로 규정했다. 이 조약은 흑인과 미 원주민에게 부여되었던 유색인종 지위와는 확연히 다른 지위를 [멕시코계 미국인들에게] 보장하는 것이었으며, 실제로 그것이 불평등하게 적용됐더라도 그들에게 중요한 법적 보호를 제공해 주는 것이었다.[47]

미국 남서부 지역의 이 같은 세력 구분의 단순화는 초기 치카노 민족주의 교육과정 속에서 성장한 젊은이들에게는 익숙한 일이었다. 하지만 정치적 동원과 매우 밀접한 지점에서 촉발된 역사는 치카노의 당파적 목적에 불필요하거나 방해가 될 수 있는 이들의 존재 자체를 침해했다. 역설적이고 비극적이게도, 치카노 역사는 아렌트식으로 상기해서 다시 표현해 보면, 치카노인들이 미 원주민과 같은 관점에서 세계를 바라볼 수 없도록 치카노 계급 구도에 대해 거짓되고 단순화된 관점을 제공하면서 자체적으로 [역사에 대한] 망각을 유도했다. 그에 따라, 이 역사적 자기 이해에 내재된 세속적 중간세계가 점차 약화되면서, 젊은이들은 그들 세계의 논쟁적인 부분에 대해 충분히 알 수 없게 되었고, 그로 인해 가령 인종차별화된 소수민족 간의 연대를 강화하는 데 필요한 깨달음도 얻지 못하게 되었다. 세계를 하찮게 만들어 버리면서, 이러한 역사는 이전 세계 (예를 들면, 인종차별화된 계급 관계)를 재생산하는 지배 형태를 반복하기보다는, 새로운 세계를 가능하게 할 치카노들의 올바른 정치적 판단과 행위 능력에 위협을 가했다.

이러한 관점에서, 진리의 취약성에 대한 아렌트의 염려와 **세계**의 지지자가 되는 것이 의무인 역사가의 불편부당성에 대해 그녀가 옹호한 바가 결정적인 해결책이 될 수 있을 것이다. 다문화 교육자는 다음과 같은 당파적 관심사와는 무관한 질문을 제기해야 한다. 우리는 **누구**인가? 스스로 생각할 때 누가 참여해야만 하는가? 그들이 서 있는 곳에서 세계는 어떻게 보이는가? 가능한 한 인간이 충분히 설명할 수 있는, 이해하는 데 중요한 어떤 사실, 어떤 사건이 누락되었는가? 따라서

---

47. 가령, 남성은 법적으로 투표하고, 배심원으로 봉사하고, 법원에서 증언할 수 있었으며, 지역 및 주 입법 기관에서 근무할 수 있었다. Almaguer, "Ideological Distortions", p. 15를 참고하라.

다문화 교육자에게는 아렌트적 보수주의가 필요하다. 교육자는 당파 정치와 젊은이들에 대한 교육적 책임을 구분해야 한다. 교육자는 호메로스가 그랬던 것처럼 승자와 패자-그들의 모든 복잡한 입장과 관점에도 불구하고-를 똑같이 대해야 한다.

다만, 이러한 불편부당성이 중요하긴 하지만, 아렌트가 강조하는 세계를 보전할 책임을 맡은 교육자의 능력 자체는 정치화 과정에 깊게 뿌리 박혀 있으면서 동시에 [그것과] 얽혀 있기 때문에 근본적으로 미흡한 측면이 있다. 앞으로 살펴보겠지만, 이러한 [뒤엉킴에 따른] 혼란으로 인해 아렌트가 주장하는 교육과 정치의 결정적 분리는 조건 없이 받아들여지기 어렵다.

이 점을 알아보기 위해 우리는 다문화 교육의 필요성이 발생하는 조건이 이데올로기적 왜곡, 거짓, 침묵, 그리고 치밀한 속임수의 함정을 통해 공적 지식public knowledge-당연히, 역사 과목의 교육과정 자료를 포함해서-을 통제하고 구조화하는 지배와 종속의 조건이라는 사실을 기억해야 한다.[48] 이를 극복하기 위해서는 교육자의 엄청난 비판 능력이 필요하다. 그리고 만일 교육 영역과 정치 영역이 분리되거나, 불편부당성이 세계에 대한 책임을 맡은 우리가 힘써야 하는 기본 원칙이 될 경우, 교육자가 그러한 능력을 충분히 함양하기는 쉽지 않을 것이다.

그렇다면 교육자의 비판적 사고 능력을 길러 주는 것은 무엇인가? 가장 중요한 것 중 하나는 피지배자의 눈으로 세계를 바라볼 줄 아는 능력이다. 물론 문제는 예속된 상태가 되더라도 그것이 피지배자의 관점에 금방이라도 다가설 수 있도록 해 주는 것은 결코 아님을 **의미한**

---

48. 미국의 중·고등학교 역사 교과서 내용에 대한 제임스 로웬(James Loewen)의 연구는 미국의 역사 수업에서 이어지고 있는 공적 지식의 이데올로기적 특징을 드러내는 탁월한 자료이다.

다는 점이다. 그들의 고통, 승리 그리고 사건에 대한 해석은 공적 지식의 표면 아래 존재한다.

따라서 피지배자들이 목소리를 내도록 허용해야 하며, 그들의 발언이 중요한 이유는 그것이 다문화 교육자들을-물론 다문화 교육자 자신들이 피지배 집단의 구성원이기도 하다- 움직였기 때문이다. 하지만 상황은 이보다 훨씬 더 복잡하다. 왜냐하면 피지배자들의 관점이-만일 그것이 '있다'고 말할 수 있다면- 그들 사이에서 아주 미약한 형태로 존재하는 경우가 종종 있기 때문이다. 피지배자들이 발언하는 과정은 정치적, 사회적, 경제적 구조에 대한 난해한 연구를 수반하며, 그것은 단순히 이미 존재하는 세계와 관점에 대해 밝히는 것이 아니라(이는 아렌트의 불편부당성에 대한 권고만으로도 충분할 것이기에), 그 것들을 **새롭게 하는** 것이다. 그리고 그것은 상당히 정치적이다. 이러한 연구를 위해서는 정치의식을 고양시켜야 하는데, 이는 세계를 변혁해서 예속 상태를 끝내는 것을 목표로 하는 지속적인 정치 운동과 관련됐을 때만 가능하다.

자, 예를 들어 사회과 교사가 학생들에게 **마킬라도라**maquiladora 시스템을 포함해 미국-멕시코 관계를 소개한다고 해 보자. 1965년 멕시코와 미국 정부가 체결한 협정에 따라 설립된 이 시스템은 외국인이 소유한 (대개는 미국) 회사가 멕시코에서 조립 공장을 운영하는 것을 허가하고, 거기서 생산된 제품들이 (실제로 그 나라에서 생산된 부품은 전혀 없더라도) 멕시코의 수출품으로 승인받을 수 있도록 함으로써 현지의 값싼 노동력을 이용하면서도 높은 관세는 피할 수 있도록 했다. **마킬라**에서 단지 굶주림을 모면할 정도의 임금만 받고 일하는 사람들 가운데 대다수는 젊은 여성들과 어린이들이다. 작업 속도가 매우 빠르고, [그로 인해] 건강을 해치기 때문에 이직률은 연간 50~150% 사이였다. 국경지대 마을로 몰려드는 수백만 명의 멕시코인들과 그들의 국경지대 문화가 갈수록 점점 더 절망적으로 변해 가는 데 반해, 그 국경을 매일 오가는 수천 명의 미국인 관리자들은 [국경지대의 절망적인 상황에] 상대적으로 무관심했으며, 많은 보수를 챙겨 집으로 돌아갔다.[49]

만일 교육자가 학생들에게 미국과 멕시코 관계에 대한 이러한 사실을 설명할 경우, 교육을 책임감있게 행하기 위해 그가 알아야 할 것은 그 노동자들이 누구이며, 그들이 어떠한 환경 속에서 일했는가 하는 점이다. 노동자들이 가난하고 착취당하고, 침묵하며 노동조합에 가입하지 않았다는 것을 깨닫게 되면서, 교육자는 한층 더 [그들이] 왜 그런지를 알아야 할 필요가 있었을 것이다. 이를 위해, 교육자에게는 정치적이고 사회적인 사실들이 도움이 될 것이다. 다만, 교육자는 세계가 노동자들에게 어떤 모습으로 비쳤는지, 그들이 **누구**였는지에 대해서도 더 깊이 알아야 할 것이다. 그리고 이를 위해, 교육자는 역사를 다른 측면에서-특히, 자신의 목소리를 낼 수 있는 주체로 스스로 거듭나려고 하는 치카나 페미니스트 학자들의 연구로- 접근해야 할 것이다. 치카나 페미니스트들은 멕시코 정복 시대-그곳에서 국가를 건설하고 따라서 **마킬라**에서 일하는 멕시코인들의 현실적 삶의 조건에 결정적이었던 담론들-부터 존재해 온 인종, 젠더, 민족성에 대한 역사적 담론과 이념 구조를 비판적으로 검토하고 전유한다.

특히, 치카나 학자들은 정복의 시기에 출현해서 멕시코인들과 치카

---

49. 후아레즈(Juárez) 마을과 그 접경지대인 엘패소(El Paso)에 대한 불안감에 대해서는 Charles Bowdon, "While You Were Sleeping", *Harpers, December* 1995, pp. 44-52를 참고하라. 그리고 Charles Bowdon, Eduardo Galeano, and Noam Chomsky (New York: Aperture, 1998)가 편집한 *Juarez: Laboratory of the Future*, ed에 수록된 사진들도 참고하라. 보든(Bowdon)은 그가 후아레즈에서 엘패소로 갈 때 "아무도 이곳[후아레즈]에 대해 언급하지 않는다. 엘패소 신문에서 후아레즈에 대한 새로운 소식 하나 접하지 않고 하루를 넘길 수 있다". 1995년 한 해 동안 후아레즈에서 520건의 살인 사건이 일어났고, 뉴스거리가 될 만한 다른 사건들이 있었는데도 말이다(Bowden, "While You Were Sleeping", p. 52).

나들을 위한 대안을 계속해서 분명히 밝힌 마니교의 상징적 한 쌍인 과달루페/말린체Guadalupe/Malinche를 재검토한다.[50] 선한 여성인 과달루페는 원주민에게 성모 마리아와 같은 인물이며, 비록 그녀가 초월적인 힘을 지니고 있긴 하나, 그녀의 본래 속성은 고요함과 모성적 희생이라고 할 수 있다. 반면, 말린체는 악녀로 표상된다. 그녀는 아즈텍Aztecs에 노예로 팔려 간 뒤, 메스티조mestizo족의 전설적인 어머니이면서, 코르테즈Cortez의 첩이자 통역자가 되었다. 말린체는 토착 번역가로서 자신의 모성적 역할과는 상관없이 주제넘게 스스로를 대변하려 했다는 점에서 사악하다. 이렇게 자신의 문화를 배신한 메스티조족의 어머니인 말린체는 변절자La Vendida이자 악녀La Chingada로 여겨진다(멕시코인들과 치카나인들은 이 말에서 계속 벗어나지 못하고 있다). 말린체가 상징적으로 탄생시킨 메스티조/메스티자 주체성은 그 시작부터 "암흑의 인디언 어머니를 인디언으로 받아들이는 것을 거부하고 부정하게 한다. 이로 인해 여성들은 때로 자기들끼리 결탁하게 되었고, 나라를 세우는 과정에서 인디언이 일정한 양식과 표본이 되었음에도 불구하고 실제로는 인디언의 입장을 거부하게 되었다"[51]라고 치카나 학자 노르마 알라르콘Norma Alarcon은 주장한다.

이러한 연구에서 교육자는 정복과 식민화를 통해 여성의 몸과 여성 주체가 여러 형태의 권력에 따라 인종적으로, 성적으로 그리고 사회적

---

50. 지금까지 치카나들과 일부 멕시코인들은 광범위한 작업을 수행했다. 가장 중요한 작업 중 일부에 대한 토론 및 분석은 Norma Alarcon, "Traddutora, Traditora: A Paradigmatic Figure of Chicana Feminism", in *Cultural Critique* (Fall 1989)를 참고하라. 그리고 더 잘 알려진 두 작품으로는 Gloria Anzaldúa's Borderland / *La Frontera: The New Mestiza* (San Francisco: Spinsters/Aunt Lute Books, 1987)와 Cherrie Moraga's *Loving in the War Years: Lo que nunca paso por sus labios* (Boston: South End Press, 1983)가 있다.

51. Norma Alarcon, "Chicana Feminism: In the Tracks of 'the' Native Woman", in *Between Woman and Nation: Nationalisms, Transnational Feminisms, and the State*, ed. Caren Kaplan, Norma Alarcon, and Minoo Moallem (Durham, NC: Duke University Press, 1999), p. 68.

지위에서 차별화되었다는 사실을 다양한 방식으로 파악하는 일에 착수할 수 있다. 알라르콘의 말대로, 손가락질당하고, 왜곡되고, 조종당한 원주민 여성에 대한 이데올로기적 구조를 분석하다 보면 "가장 냉혹한 기준점"이 드러난다. **마킬라**에서 일하는 노동자들 가운데 대다수가 여러 힘에 '강제로 복속된' 메스티자인데, 이들 중 일부는 신분을 인정받았고, 다수는 '해방되길 기다리고' 있다.[52] 대개는 미혼이고, 또한 흔히 아이들이 있는 이 여성들은 그들의 존재를 정당화하고 그들이 성적으로나 인종적 측면에서 '문명화되었다'는 것을 보장하는 헤게모니적 가부장제의 '보호'를 받지 못하고 있다.[53]

마킬라와 그 국경 지대에서 '있는 그대로' 세계를 책임지려는 사회과 교사는 대부분 여성 노동자들의 관점으로 세계를 보려고 노력해야 한다. 그러기 위해서 교사는 주목받기 시작한 치카나 페미니스트 연구에서 진행된 그 과거에 대해 완전히 새롭게 접근할 필요가 있다. 하지만 이 연구 자체는 치카노 권력 운동을 통해 가능했으며, 그 자체의 목적은 여성이 목소리를 내는 주체로 거듭나도록 하기 위해 인종, 성, 국가 및 민족의 권력 체계 간의 관계를 밝혀내는 일과 관련이 있다는 점에서 자의식적으로 당파적이다. 그것은 노동자로서, 가족 구성원으로서, 앞서 언급했듯이 우리의 학교에서 상당히 높은 중퇴율을 보인 어린 학생으로서 그들이 겪는 보이지 않는 것들을 포함해서, 치카나/멕시카나 지배를 종식시키는 데 도움이 될 만한 점을 이해하려고 애쓰는 치카나들에 의해 이루어졌다. 그들 삶의 근본적인 진실이 **드러나도록** 하기 위해서는 이 같은 당파심이 더할 수 없이 중요하다.

---

52. 여기서는 Alarcon, ibid., pp. 68-69를 바꾸어 표현한 것이다.
53. 그들이 보호받고 있지 않다는 이런 취약성에 대한 가장 잔인한 징후는 폭력적 죽음을 포함해 그들이 겪는 폭력 사건의 발생률이 높다는 점을 통해 드러난다. Bowden, "While You Were Sleeping"을 참고하라.

여기서는 아렌트의 주장대로 교육자가 세계에 대한 책임을 지기 위해서는 그들에게 세심한 불편부당성과 종속된 이들에게 권한을 부여하고 발언권을 줄 수 있는 친밀함, 동정심 그리고 심지어는 당파적인 이해관계조차 필요하다는 점을 강조하기 위해 앞서 논의한 바를 발전시키고자 했다. 교육자들은 다문화 교육과 관련된 정치(에 대한 측면)를 기억하면서 동시에 극복해 내야 한다. 이를 실천하는 문제와 관련해서 교육자들은 그러한 정치에 깊이 의존하고 있다. 그들은 자신들의 작업을 위해 권력과 지식 사이의 관계를 깊게 그리고 지속적으로 이해할 필요가 있다. 하지만 만일 교육자들이 너무 편협하고 당파적인 방식으로 권한을 부여하는 것에 목적을 둔다면, 그들은 젊은이들에게 그들의 기본 책무, 곧 **우리의 세계**를 그들에게 소개하는 임무를 다하지 못할 것이다. 그러므로 아렌트가 주장한 교육과 정치에 대한 단정적 구분을 지지하긴 쉽지 않다. 하지만 우리는 그것이 교육을 정치화하려는 경향에 맞서 그에 따른 갈등을 해결하지 않은 채 [교육과 정치의 분리 주장을] 받아들일 수도 없다.

이 장에서는 교육자들을 위해 이러한 갈등을 해결해 보려 했으나 이를 조명하는 데 그쳤다. 사실상, 이 복잡한 갈등을 고려하면 다문화 교육 지지자들이 역사에 관심을 기울이도록 이끌어야만 한다. 앞서 논의했듯이, 다문화주의자들이 역사로 마음을 돌리게 된 가장 근본적인 이유는 볼드윈적 의미에서 신화 때문이 아니라 우리의 현실을 더욱 충분히, 더 깊게 마주할 수 있도록 하는 **집단적** 능력을 형성하기 위해 **그들의** 이야기를 전하고 싶어서였다. 우리는 그러한 역사를 통해 권력과 지배 형태가 자체적으로 재생산되어 인간의 사유와 인간관계, 그리고 여러 제도를 정형화하지 않도록 할 수 있다. 현재를 다르게 조명하는 방식으로 이 새로운 이야기들은 '기억의 눈물', 잊힌 상처에 대한 기억, 무뎌진 고통, 합리화된 부당함 같은-인간의 불행과 연관된- 것들을 불러일으킬지도 모른다.[54] 이러한 눈물을 통해 우리는 더욱 깊고 넓은 차원의 세계를 마주할 수 있으며, 그러한 눈길은 우리가 속한 세계, 곧 언제나 더 끔찍하긴 하지만 또한 훨씬 더 아름다운 세계와 일종의 화해를 할 수 있게 해 준다. 물론 문제가 없다고는 할 수 없지만, 아렌트의 보수주의를 통해 우리는 다문화주의가 '우리'가 누구인지에 대한 이해를 확장시키고 더욱 복잡하게 하는 방식, 곧 그것이 우리의 **공통**세계를 '보전하는' 방식이라는 사실을 확인할 수 있다. 그리고 이런 보수적인 교육의 본질에 대하여, 대부분의 급진적 교육자들은 자신들의 이론에서 충분히 다루지 않는다. 급진적 교육자인 헨리 지루의 말을 빌리면, 이는 다문화 교육이 '관습의 파괴' 정도를 무시하거나 부정하는 것은 아니며, 탈식민주의의 담론으로서 "누가, 누구를 위해, 어떤 환경에서 그리고 어떤 목적으로 이야기하는지를 질문하는 방식"[55]이라는 것이다. 더 정확히 말하면, 그것은 우리의 공통세계를 더욱 복잡한 형태로 결합시키려는 행위로서 교육 실천을 재기술하고 복원하려는 것이다. 그리고 이것은 사실이다. 왜냐하면 다문화 교육이 더욱더 분명한 정체성으로 이어지기 때문이 아니라, 전에는 보이지 않고 고려되지 않았던 이들의 삶과 입장들을 조명하고 그들에게 목소리를 낼 수 있도록 해 주는 방식을 추구하고 있기 때문이다. 이와 관련된 핵심적인 질문은 다음과 같다. 누가 여기에 있는가? **우리는** 누구인가? 이는 한 민족으로서 우리가 속한 이야기에서 공통세계의 신화적이고 이데올로기적인 신념이 덜 드러나게 하려는 노력이다.

---

54. 이 구절은 아렌트 문헌을 인용한 것으로, 다음 문헌을 참고하라. "On Humanity in Dark Times: Thoughts on Lessing", in *Men in Dark Times* (New York: Harcourt Brace Jovanovich, 1955).

55. Giroux, "Multiculturalism Under Siege in the Reagan/Bush Era", in *Education Still Under Siege*, p. 197을 참고하라.

6

한나 아렌트는
다문화주의자인가?

앤 레인(Ann Lane)

필자가 산타크루즈에 위치한 캘리포니아대학교 미국학과에서 지도하고 있는 학생들 가운데 40~50%는 유색인이다. 굳이 언급하지 않아도 현재 캘리포니아의 인구통계가 보여 주듯, 미국의 나머지 지역의 인구구성도 필자의 강좌에 참여한 유색인 학생 비율과 다르지 않을 것이다. 우리 학생 중 다수는 공동체 조직, 환경 정의, 아메리카 원주민 조약 권리, 문화 재생, 도심 재건, 교도소 개선, 지속가능한 농업, 대체 미디어 및 문화 상품들, 그리고 이민, 차별 철폐 조치, 지역사회 건강, 인종차별 반대와 재생 가능한 자원 문제에 참여하는 활동가들이다.

최근 《한나 아렌트와 미국의 정치 문화*Hannah Arendt and American Political Culture*》라는 세미나에는 자신의 친구들 다수가 투옥되었거나 살해당한 적이 있는, 현재 도시에 거주 중인 중앙아메리카 남성 난민들도 특별히 참여했다. '위험에 처한' 청소년들과 접촉하기 위해 자신의 학자풍 말투를 감췄던 캘리포니아주 컴튼의 아프리카계 미국인 남성, 일본계 미국인 배상 운동의 문화 간 관련성을 전개하는 데 관심을 두고 있는 일본-아일랜드계 미국인 남성, 로스앤젤레스 범죄조직의 일원이었던 젊은 백인 여성, 국제 유색인 페미니스트 네트워크에서 일하고 있는 일본계 미국인 여성, 동성애 운동에 전념하고 있는 나이 많은 유대계 미국인 남성, 동성애 문제에 적극적인 또 다른 젊은 백인 남성, 극도로 보수적인 정치적 배경을 지닌 쿠바계 미국인 여성, 빈민층 아이들의 교육 기회를 확대하는 일에 참여하고 있는 중앙아메리카 이민 여성, 할리우드 TV 방송작가였던 40대 후반의 유대계 미국인 여성, 그리고 기독교 연합의 50대 후반 백인 여성. 이들의 경제적 여건은 신탁 기금의 지원을 받는 상황에서 간신히 생계를 유지하는 정도까지 다양했다.

이 학생들을 가르치는 일은 고단하기도 하고 즐겁기도 했다. 대부분의 학생에게 교실에서 진행된 모든 논의는 정치적으로 상당히 민감한 사안들이었기 때문에 그들 사이에는 계속 긴장감이 감돌았다. 세미나의 일부 내용은 '정치적'인 것으로 여겨지는 것이 무엇인지, 다문화적 이주 환경에서 '민주적 시민권'이 의미하는 바는 무엇인지, 그리고 급변하는 세계 경제와 관련 기술을 감안할 때 그러한 환경에서 어떤 교육이 필요한지를 종합적으로 판단하는 것이었다. 세미나를 통해 그들을 정치화하려고 했더라도(물론 그렇지 않다), 그럴 필요는 없었다. 또한 그들이 세미나에서 제기된 다양한 논제들에 대해 서로 다른 입장을 갖도록 하는 것도 걱정할 필요가 없었다. 그들은 스스로 알아서 서로 논쟁할 준비가 되어 있었고, 보통은 구두로 혹은 적어도 불편한 침묵을 통해서라도 이의가 있음을 표현할 준비가 되어 있었다. 그래서 그들이 논의하고 동의한 내용들은 상당히 인상적이었다. 이와 관련해서는 아래에서 다뤄 보려고 한다.

젠더, 계급, 인종, 섹슈얼리티에 의식적으로 주의를 기울이고 분석해야 하는 다문화 정치 수업에서 아렌트를 다루는 것은 다소 적절치 못한 것처럼 보일 수 있다. 무엇보다 아렌트의 저작들(특히 이 세미나에서 강조했던 작품들: 『파리아로서 유대인Jew as Pariah』, 『전체주의의 기원The Origins of Totalitarianism』, 『예루살렘의 아이히만Eichmann *in Jerusalem*』)[1] 중 상당수는 아시아나 라틴아메리카가 아니라 주로 유럽에 대해 다루고 있다. 아렌트가 비판한 지점은 인종차별주의 그 자체가 아니라 오히려 반유대주의에 관한 것이었다. 일반적으로 아렌트는 자신의 사상에서 젠더와 섹슈얼리티와 관련된 핵심 내용을 다루지는 않았다. 게다가 아렌트의 작품에는 비평가들이 그녀를 반유대주의자, 인종차별주의자, 계급차별주의자, 성차별주의자 그리고 이성애주의자로 바라보게 한 구절도 있다.[2] 아렌트는 '정치적으로 정당한' 기준을 세우지 못했을 뿐만 아니라 역사적이지 않은 역사가이자, 철학적이지

---

1. Hannah Arendt, *The Jew as Pariah*, ed. Ron H. Feldman (New York: Grove Press, 1978); *The Origins of Totalitarianism* (New York: Harcourt Brace Jovanovich, 1973); *Eichmann in Jerusalem* (New York: Penguin Books, 1963). 이 글에서는 『전체주의의 기원』이 아렌트 사상의 핵심 부분을 이해하기 위한 주요 텍스트이며, 아렌트가 "유대인 문제에 몰두한 것이 그녀가 자신의 사상을 구체화하게 된 결정적 계기였다"(Bernstein, *Hannah Arendt and the Jewish Question* [Cambridge, MA: MIT Press, 1996], p. 9)라고 확신하고 있는 마거릿 캐노번(Margaret Canovan)과 리처드 번스타인(Richard Bernstein) 같은 아렌트 학자들에게 동의한다. "흔히 아렌트가 오해를 받는 이유는 독자들이 아렌트의 사상을 파악하려고 할 때 잘못된 지점에서 이해하려고 하기 때문이다. … 『인간의 조건』 자체는 보이는 것보다 『전체주의의 기원』과 훨씬 더 밀접하게 관련되어 있을 뿐만 아니라, 사실상 아렌트의 정치사상에 대한 전체 의제는 금세기 중반의 정치적 재앙에 대한 그녀의 성찰에 따라 좌우되었다"(Canovan, *Hannah Arendt: A Reinterpretation of Her Political Thought*[Cambridge: Cambridge University Press, 1992], p. 7).

2. 이와 관련해서는 다음의 문헌들을 예로 들 수 있다. Anne Norton, "Heart of Darkness: Africa and African Americans in the Writings of Hannah Arendt", in *Feminist Interpretations of Hannah Arendt*, ed. Bonnie Honig (University Park: Pennsylvania State University Press, 1995); *Adrienne Rich, On Lies, Secrets, and Silence* (New York: W. W. Norton, 1979); Mary O'Brien, *The Politics of Reproduction* (London: Routledge & Kegan Paul, 1981); Elzbieta Ettinger, *Hannah Arendt/Martin Heidegger* (New Haven: Yale University Press, 1995); Richard Wolin, "Hannah Arendt and the Magician", *New Republic*, October 9, 1995; Shiraz Dossa, "Human Status and Politics: Hannah Arendt on the Holocaust", *Canadian Journal of Political Science*, vol. 13, no. 2 (June 1980); Norma Claire Moruzzi, "Re-Placing the Margin: (Non)Representations of Colonialism in Hannah Arendt's The Origins of Totalitarianism", *Tulsa Studies in Women's Literature*, vol. 10, no. 1 (Spring 1991); George Kateb, *Hannah Arendt: Politics, Conscience, Evil* (Totowa, NJ: Rowman Sc Allenheld, 1984).

않은 철학자로서 다양하게 인용되었다. 이데올로기적으로도 전문적인 [특정] 영역으로도 그녀를 범주화할 수는 없어 보인다.-[그녀는] 민주주의자, 엘리트주의자, 원시공동체주의자, 시민공화주의자, 모더니스트, 반모더니스트, 포스트모더니스트, 자유주의자, 반자유주의자, 마르크스주의자 혹은 반마르크스주의자로 번갈아 표현되고 있다.

만일 이러한 사항들이 분명 아렌트를 비판하는 것이라면, 아렌트는 왜 이 다문화 강좌에서 그토록 강조될까? 왜 학생들은 아렌트가 주장하기에 부적절해 보이는 바로 그 문제, 그녀가 관심을 기울이지 않은 것처럼 보이는 세계의 다른 지역들, 그리고 그녀가 폄하했다고 말하는 그 사람들에 관해서 아렌트에게 많은 것을 배우게 되는 걸까? 아렌트 이론은 어떻게 그렇게 잘 전달되어서, 이렇게 다양한 학생들이 지닌 가장 심오한 차이점들을 관통하여 서로 의사소통할 수 있게 하는 것일까?

이상의 물음들에 대해 학생들 가운데 한 명의 사례를 들어 잠시 몇 가지로 답해 보고자 한다.³ 마리아Maria의 삶은 전체적으로 그녀를 불안하게 한다. 그녀가 집세를 내고 식료품을 구입하려면 계속 돈이 필요하다. 그녀의 가족은 마리아가 '출세하길' 바라는 이들과 정치적 의무를 다하도록 격려하는 이들로 분명히 나뉜다. 마리아는 고등학교를 중퇴했으며, 이후 전문 대학에 다녔고, 지금은 대학 생활이 매우 어렵다고 생각한다. 그녀의 친구 중 다수가 멕시코에서 미국으로 국경을 넘어오다 말 그대로 상처를 입었다. 마리아는 멕시코 남부의 치아파스에서 몇 달을 함께 보냈던 토착민들의 안전을 계속 걱정한다. 그리고 아메리카에 대한 유럽인들의 침략은 마리아가 세계를 경험할 때마다 계속해서 그녀에게 영향을 미치고 있다. 그녀는 콜럼버스가 [아메리카를

---

3. 개인정보 보호를 위해 학생들의 이름을 가명으로 변경하였다.

발견했을 당시] 처음으로 만났던 타이노 인디언의 후손이기 때문이다. 어떤 면에서 그녀는 콜럼버스와 함께 현존하고 있는 것처럼 보인다.

마리아의 삶은 도저히 미루어 짐작할 수 없다. 마리아와 그녀의 친구들에게 사회적이고 정치적인 세계는 불안전한 곳이다. 강제 송환, 무국적 혹은 죽음에 대한 위협이 그들의 일상을 위태롭게 하기 때문이다. 마리아는 강의나 모둠 토론에서 다루는 쟁점들에 격분하여 다른 학생들을 놀라게 하면서 수업 시간에 자주 두서없이 말하곤 했다. 마리아의 생활환경, 교육, 기질 그리고 관심들을 감안할 때, 그녀는 학생들 가운데 한나 아렌트에게 끌릴 가능성이 가장 낮아 보인다. 유럽 역사에 대한 지식을 갖추고, 높은 수준의 정규교육을 받은, 차분히 토론할 수 있는 인내심을 지닌 학생들과 정치이론에 대해 진전된 관심을 보이는 학생들이 이러한 수업의 모범적 사례가 될 수 있을 거라고 우리가 왜 생각하지 못했겠는가? 하지만 20년간의 교육 경험을 통해서 볼 때 마리아야말로 아렌트를 이해하기 위해 가장 잘 준비된 학생 중 한 명이라고 할 수 있다. 아이러니하게도, 마리아는 자신의 배경, 교육, 기질, 그리고 관심사로 인해 백인-유럽인의 선조가 그녀에게 가르치려 했던 것들에 제대로 주의를 기울일 준비를 할 수 있었다.

여기서 의미하는 바는 현재 많은 아렌트 학자들이 지적하고 있는 것처럼, 아렌트가 우리에게 '잃어버린' 정치적 순간들을 상기시켜 줄 뿐만 아니라[4] 정치 운동에 참여했던 이들에게 그들이 시작한 것을 상실할 위험성에 대해서도 경고하고 있다는 것이다. 아무리 아렌트 글에 대해 새로운 파장이 일고, 그로 인해 참신하고 세련된 방식으로 아렌트 사상에 관심을 보인다 하더라도, 이러한 논평의 대부분은 철학적

---

4. Maurizio Passerin d'Entreves, *The Political Philosophy of Hannah Arendt* (London: Routledge, 1994), p. 97, 그리고 Michael G. Gottsegen, *The Political Thought of Hannah Arendt* (Albany: State University of New York Press, 1994), p. 234를 참고하라.

논쟁을 근거로, 혹은 정치적 삶에 대한 관념의 추상적 투쟁의 맥락에서 아렌트를 바라본다.[5] 하지만 사회와 정치, 작업과 행위의 구별과 함께 동화, 국수주의, 제국주의에 대한 아렌트의 난해한 주장들은 마리아와 같은 학생들에게 그들의 삶과 투쟁에 대해 아렌트가 직접 말하고 있는 듯한 인상을 준다. 2차 세계대전 중 강제 이주를 당했던 유대인 파리아로서 자신의 지위를 서술한 아렌트, 자신의 고통에 기반해서 공동체 재건의 위험성에 대해 알린 아렌트, 전체주의의 발전을 분석하고 정의로운 세계를 복원해 내기 위해 '희생자들'에 대한 공동 책임을 강조한 아렌트의 모든 의견은 이러한 학생들에게 중요한 의미를 지닌다.

이러한 아렌트와 관련된 강의는 다음의 네 가지 주제로 구성되었다. 아렌트 글의 중요성을 부각시킨 『파리아로서 유대인』의 '자각적 파리아' 개념, 『예루살렘의 아이히만』을 통해 잘 알려진 '악의 진부함banality of evil'과 '희생자'의 공동 책임을 다룬 '아이히만주의Eichmannism' 개념, 독일 나치와 러시아의 스탈린주의자들에게 전체주의가 어떻게 다른 방식으로 '확고해졌는지'에 대해 아렌트가 분석한 바를 기술하고 있는 『전체주의의 기원』의 세 부분에 나타난 '잉여superfluousness'의 개념, 그리고 특히 『혁명론』과 『인간의 조건』에 제시된 정치적 자유와 정치적 권력에 대한 아렌트의 생각들이 그것이다.

---

5. 이와 관련해서는 가령 Seyla Benhabib, *The Reluctant Modernism of Hannah Arendt* (Newbury Park, CA: Sage Publications, 1996), d'Entreves, *Political Philosophy*, Craig Calhoun and John McGowan, eds., *Hannah Arendt and the Meaning of Politics* (Minneapolis: University of Minnesota Press, 1997), Larry May and Jerome Kohn, eds., *Hannah Arendt: Twenty Years Later* (Cambridge, MA: MIT Press, 1996), 그리고 Lewis P. Hinchman and Sandra K. Hinchman, eds., *Hannah Arendt: Critical Essays* (Albany: State University of New York Press, 1994)를 참고하라. 아울러, 필자의 소논문 "Hannah Arendt: Theorist of Distinction(s)", *Political Theory*, vol. 25, no. 1 (February 1997)도 참고하라. 이와 관련해서 몇 가지 흥미로운 예외 문헌으로는 Bernstein, *Hannah Arendt and the Jewish Question*, Honig, ed., *Feminist Interpretations*, 그리고 Lisa Jane Disch, *Hannah Arendt and the Limits of Philosophy* (Ithaca: Cornell University Press, 1994)가 있다.

물론 학생들이 최종 보고서 주제를 선택할 때까지 (제프리 이삭Jeffrey Isaac과 론 펠드만Ron Feldman이 작성한 주요 자전적 에세이 외에)[6] 2차 문헌을 제시하진 않았지만, 수업 전반에 걸쳐 아렌트 읽기(가령 아렌트의 텍스트들, 학생들 자신의 정치적 경험, 그리고 사회-정치적 소외, 정의, 국가가 저지른 범죄에 대한 배상 노력의 역사비판적 설명, 미 제국주의의 발전, 원주민과 아프리카계 미국인들에 대한 대학살, 미국 신나치주의의 부상과 극우 민병대 운동, 민주화 운동들, 그리고 사이버네틱스 및 나노기술을 둘러싼 기술 패러다임의 전환)와 관련된 세 번째 접점을 제시하고자 [아렌트 저작과] 비교할 만한 미국 작가들의 작품을 활용했다.

이미 언급했듯이, 학생들은 수업이 이뤄졌던 10주 동안 논쟁적인 성향을 보였다. 비교 분석에 임했을 때 다양한 배경을 가지고 있는 학생들은 서로 다른 관점을 제시할 수밖에 없었고, 따라서 서로에게 자기 입장을 설명하는 게 쉽지 않았다. 하지만 학생들은 방법론적으로나 실질적으로 아렌트 작품을 통해 도움을 받았다. 아렌트는 인간이란 무엇인가와 누구인가의 차이를 구분한다. 인간이란 '무엇인가'는 인간 삶의 주어진 조건들을 포함한다. 사회적 위치, 젠더, 계급적 상황, 민족성과 종교, 성, 그리고 타인에 대한 개인적 애착에 따른 인간의 자기 정체성의 축들이 그것이다. 인간이란 '누구인가'는 다른 사람들과 함께하는 가운데 자신이 하는 말과 행위를 통해서만 드러난다.[7] 간단히 말해, 인간이 무엇인가는 사회학적으로 확인할 수 있고 목록화할 수 있는 것이다. 인간이 누구인가는 정치적 (공적) 영역에 나타난 사람들에게 주의를 기울이고, 그 외현에 대해 판단을 내리고 마침내는

---

6. Jeffrey Isaac, "At the Margins: Jewish Identity and Politics in the Thought of Hannah Arendt", *Tikkun*, vol. 5, no. 1 (January/February 1990); Ron Feldman, "Introduction", in Arendt, *Jew as Pariah*.

7. Hannah Arendt, *The Human Condition* (Chicago: University of Chicago Press, 1958), pp. 179-180을 참고하라.

그 사람들의 공적인 말과 행위의 의미를 이야기하는 것을 전제로 한다. 게다가 아렌트는 빈곤, 성적 억압, 인종차별 그리고 반유대주의-다시 말해, 그 사람이 어떤 사람인지, 그들의 사회적 위치에서 비롯되는 바로 그 문제들-가 정치적 무대에서만 성공적으로 다루어질 수 있다고 역설한다. 그 정치적 논쟁의 무대에서는 주로 가난한 이들, 여성들, 흑인들이나 유대인들로서가 아닌, 정치적 행위자로서의 인간을 진지하게 고려하는 주제들이 맨 먼저 다뤄진다. 아래에서 이런 주제들에 대해 학생들이 보인 주요 반응을 좀 더 논하겠지만, 이 부분에서는 학생들이 이런 주제를 자신들의 상호작용 원칙으로 여겼다는 점에 주목하는 것이 중요하다. 그들은 서로를 무엇이 아닌 고유하게 존재하는 누구로서 보고, 듣길 원했다. 그렇게 하지 않았다면, 그들이 문제시하는 사안을 토론할 때 그들은 진정으로 서로를 이해할 수 없었을 것이다.[8]

전술했듯이, 다음에서는 이런 다양한 집단들이 동의하고 있는 몇 가지 핵심 사항들에 대해 논할 것이다. 그것은 자각적 파리아, 정치적인 것과 사회적인 것의 구분, 그리고 평의회 체제에 대한 개념이다. 학생 집단을 관찰함으로써 이러한 사안들에 대해 정확히 이해할 수 있을 것이다. 이는 일련의 철학적 논쟁에 맞서 아렌트의 논지와 글을 검토하는 비평가들이 추론해 낸 결론과 상당히 다르다는 점에서 그렇다. 어쩌면 아렌트는 자신의 작품이 미치는 힘을 이해할 수 있는, 정치적 행위에 참여하는, 그리고 다문화에 관심 있는 독자들에게만 다문화주의자일지도 모른다.[9]

---

8. d'Entreves, *Political Philosophy*, p. 147을 참고하라.
9. Canovan, *A Reinterpretation*, p. 139; Honig, ed., *Feminist Interpretations*, p. 161., Disch, Limits of Philosophy, p. 142., 그리고 Phillip Hansen, *Hannah Arendt: Politics, History, and Citizenship*(Stanford: Stanford University Press, 1993), p. 240을 참고하라.

정체성 정치, 체념하지 않고 넘어서기

아렌트는 집단의 정치적 책임에 대한 대가로 오늘날 우리가 '정체성 정치identity politics'라고 부르는 것이 위태롭게 되었다고 확신했다. 나치가 부상함에 따라 자신의 유대인 정체성이 정치적으로 중요하다는 사실을 깨달은 아렌트는 독일을 벗어나서 다른 유대인들, 특히 아이들이 팔레스타인으로 탈출하도록 돕는 일을 했다. 그뿐만 아니라 그녀는 전체주의를 회고하며 계속해서 그것을 극복할 방안—복수의 사람들 사이에서 이루어지는 참여 민주주의—을 이론화하는 데 전념했다.[10] 평생에 걸쳐 이 작업을 진행하는 동안 절박함을 느꼈던 아렌트는 우리가 전체주의를 지향하며 결탁하는 방식에 대해 단호한 판단을 내렸다. 유대인으로서 전체주의를 벗어나 이스라엘의 재건을 목격했던 자신의 경험을 의식하면서, 아렌트는 민주적인 정치 참여를 유지하고, 파괴하는 것 모두를 이해했던 20세기의 가장 영향력 있는 이론가 중 한 사람일지도 모른다.

아렌트는 독자들에게 주변에서 이미 벌어지고 있는 일들을 면밀히 살펴보고, 앞서 일어난 일의 동향에 주의를 기울이라고 당부한다. 부당하고, 제국주의적이며 전체주의적인 경향에 대한 저항은 으레 존재했지만, 우리는 언제나 그것에 주의를 기울이거나 그것을 분명하게 인식하지 못했다.[11] 자신들의 정치적 행위가 미디어의 관심을 끌지 못하고, 공동체 활동에서도 주류가 아니라는 이유로 크게 주목받지 못한 학생들에게 아렌트는 그들이 세계에서 '행위'를 시작하는 방법에 대해 [굳이] 말할 필요가 없었을지도 모른다. 그렇지만 이 학생들은 아렌트

10. Elisabeth Young-Bruehl, *Hannah Arendt: For Love of the World* (New Haven: Yale University Press, 1582), esp. pp. 70ff.와 Bernstein, *Hannah Arendt and the Jewish Question*을 참고하라.

11. *Eichmann in Jerusalem*, pp. 232-233; *Origins of Totalitarianism*, p. 482.

가 그들에게 무언가를 제시해 주길 간절히 바랐다. 이는 그들이 행위한 바의 의미를 좀 더 깊이 이해하고, 그들이 행위하고 그것을 지속하는 방법에 대해 더 깊이 '생각'하게 하는 절박함이었다. 가령 『예루살렘의 아이히만』을 읽는 동안, 케빈Kevin은 그가 LA에서 범죄 활동에 반대한 일이 다른 아프리카계 미국 젊은이들의 생명을 구하는 것이었음은 물론, 이를테면 그들이 새로운 정체성을 형성하는 데도 중요했다는 점을 이해하기 시작했다. 케빈은 아프리카계 미국 젊은이들 스스로 자신들이 처한 어려움에 맞설 필요가 있다고 표현했다. 폭력적 반체제를 구축하거나 그들을 본래 배제했던 바로 그 구조를 '신봉'하고 그것에 동화된 채, 어떻게 그들은 경제적, 사회적, 정치적 권력의 중심에서 자신들을 극심하게 주변화하는 일에 저항할 수 있었을까?

아돌프 아이히만에 대한 재판 보고와 그에 따른 논란을 불러일으킨 아렌트의 『예루살렘의 아이히만』을 두고, 이스라엘인들은 아렌트가 정의를 저버린 것에 대해 해명하길 바랐다.[12] 아렌트가 판단할 때, 아이히만 재판과 관련해서 법정은 엄중하게 본질주의를 내세우고 이데올로기화된 정체성을 끝없이 강조하면서 아이히만을 기소했다. 아이히만은 사악한 괴물(아렌트가 확인한 것: 오히려 그는 반인류적 범죄에 헌신했던 관료기구의 생각 없는 조직원[이었을 뿐이다])로 여겨졌다. 홀로코스트의 희생자들은 순진하고, (다른 사람들을 대신함으로써 존중받기보다는) 무고한 대상으로 법정에 섰다. 이스라엘은 (아렌트가 생각할 때, 오히려 민족-국가라는 공허한 범주에 갇혀 아랍 팔레스타인과 연합하는 새로운 체제로의 전환을 꾀하지 않고) 강력한 민족-국가임을 자처했다.

아렌트는 모든 '희생자'가 당황스러워할 만한 점들을 밝혀냈다. 아렌

---

12. 아이히만 재판의 반응에 대한 대략적인 내용은 Young-Bruehl, *For Love of the World*, chap. 8을 참고하라.

트는 유대인들이 홀로코스트의 참상에 대응하여 나치와 스탈린 정권의 전례 없는 특징을 알고 있었어야만 했고, 그들 스스로 다른 사람들과의 상호의존적 관계를 통해 정치적 행위자로서 조직적으로 힘을 모았어야 했다고 믿었다.[13] 유대인들은 민족성이 부재한, 극단적으로 동화된 '벼락부자parvenu'와 과도한 민족정체성을 지닌, 고립된 국수주의자 사이에서 '자각적 파리아conscious pariah'로서의 다른 모습을 적극적으로 그리고 지속적으로 보여 줄 필요가 있었다. 아렌트의 주장에 따르면, 자각적 파리아는 내적으로나 외적으로 비판적이어야 한다. 곧, 사람은 외부 사회와 정치조직체들을 분석할 때만큼 면밀하게 자신의 활동이나 정치조직에 대해서도 따져 봐야 한다. 많은 학생들은 스스로 짐작하고 있는 '자기편'이 정말로 자기편인지, 혹은 그들이 적이라고 생각하는 이들과 협력하게 될 것인지를 계속해서 재검토하는 일이 반드시 자국민에 대한 배신 행위나 '반대편'과의 공조로 여겨지는 것은 아니라는 점을 깨닫게 될 때, 안도한다. 아렌트는 정치적 활동 공간에서 확고한 마음을 지닌 채 정치에 적극적으로 참여하는 학생들을 안심시킬 수 있는 지적 예리함으로 그들에게 자신의 정치적 입장을 불어넣는다. 실제로, 상담 시간에 만났던 호세Jose는 자신의 삶을 설명하고 그가 오랫동안 느껴 온 바를 마침내 정확히 표현할 수 있는 언어를 아렌트를 통해 알게 되었다는 사실을 이야기하려 했다. 그러면서 그는 항상 가장자리에서 다른 사람들이 알아차리지 못한 것처럼 보이는, 그가 본 것을 그들에게 보여 주려고 있는 힘껏 노력할 만큼 열성적이었지만, 언제나 이방인인 자각적 파리아이기도 했다.[14]

아렌트가 제기한 유대인, 시오니즘, 그리고 이스라엘에 관한 많은

---

13. Hannah Arendt, "Part Hi Zionism and the Jewish State", in *Jew as Pariah*를 참고하라.
14. 이와 관련해서 시사하는 바가 많은 글로는 Melissa Orlie's "Forgiving Trespasses, Promising Futures", in Honig, ed., *Feminist Interpretations*이 있다.

정치적 물음은 그녀가 정치적이고 사회적인 문제들에 접근했던 방법과 마찬가지로, 어느 정도는 베르나르 라자르Bernard Lazare에 대한 이해에서 비롯된 것이다. 라자르는 시오니즘을 반국가주의를 뜻하는 말로 개념화한 테오도어 헤르츨Theodor Herzl에게 강하게 반대한다. 라자르는 시오니즘을 가로막는 주된 요인이 '영원한' 반유대주의가 아닌 제국주의라고 하면서, 민족-국가와 주권보다는 오히려 조국과 인민의 개념을 강조했다. 또한 그는 유대인들의 정치적 자유가 억압받는 이들과의 연대에 달려 있다고 역설했다. 라자르의 이러한 생각은 아렌트의 초기 저작에 분명히 담겨 있다. 아렌트는 자신의 초기 저작에서, 왜 동화가 자살 행위와 다름없는지, 왜 유대인 난민들은 유럽에서 쫓겨난 이들의 선두, 곧 첫 번째 파장에 불과한 것인지, 왜 유대교는 세속화되었으며, 추방의 '신화'는 유대인에게 어떤 의미이며, 왜 '예외 상태'의 유대인들이 서구 사회의 가장 부패한 방향으로 결탁했는지, 그리고 '부르주아 세계 시민권'이 망상인 이유가 무엇인지를 묻고 있다.[15]

아렌트는 유럽 전역의 국가와 사회에서 소외된 유대인들이 자기 자신을 인식하는 것만으로는 충분하지 않다는 라자르의 의견에 동의했다. 아렌트가 볼 때, 테오도어 헤르츨은 자신의 지위에 대해 생각하지 않고 원칙에 따라 행위할 수 없는 파리아의 전형이었다. 헤르츨은 유

---

15. 특히, Hannah Arendt, "Herzl and Lazare" in *Jew as Pariah*를 참고하라. 프랑스계 유대인 저널리스트이자 드레퓌스파인 베르나르 라자르(1865-1903)가 쓰고 아렌트가 편집한 Job's Dungheap (New York: Schocken Books, 1948), 그리고 로버트 S. 위스트리히(Robert S. Wistrich)가 발표한 *Antisemitism: Its History and Causes* (Lincoln: University of Nebraska Press, 1995)를 참고하라. 또한 Tuija Parvikko, *The Responsibility of the Pariah: The Impact of Bernard Lazare on Arendt's Conception of Political Action and in Extreme Situations* (Jyvaskyla, Finland: SoPhi, University of Jyvaskyla, 1996)도 참고하라. 아렌트에게 '예외 상태'의 유대인은 자기 자신을 한 민족의 구성원이 아닌 오직 개인으로만 여기는 이들일 뿐만 아니라 자신을 다른 유대인들에 비해 더 낫다고 믿는 사람들을 의미한다. '벼락부자'는 예외를 주류 사회의 [특징으로] '만들고', 과거의 어떤 것도 취할 생각이 없는 사람이다. 벼락부자는 주류 사회의 억측을 무심히 받아들이는 사고방식을 취한다.

대인을 위한다는 명목하에 유대 국가에 관해서는 광신적 애국주의자이거나 고립주의자이며, 국가를 건설하려는 수단과 관련해서는 동화주의자이거나 타협주의자이기도 하다. 아렌트의 견해에 따르면, 헤르츨은 벼락부자와 분리주의자 입장을 뒤바꾸면서 편협한 정체성 정치의 위험성을 지적했는데, 그 정체성 정치란 완전히 이데올로기적이고 분명 비민주적인 것으로, 순전히 현실적인 의미에서 단기적인 기회주의적 동맹의 형태로 '다른 부류의 사람들'과의 연합에는 반대하면서, '같은 부류의 사람들'과의 결합을 전제로 이루어졌다.

세미나에 참석한 다수의 학생은 그들 자신의 문화적, 정치적 배경을 비판적으로 검토하기 위해 자각적 파리아를 본보기로 삼았다. 예를 들어 셀레나Selena는 아렌트의 사상 체계를 활용해서 미국에서 추방된 현대 쿠바 예술가들의 작품을 분석했는데, 이들은 민주적이었으며, 국경과 민족을 초월한 행위를 위해 새로운 문화적 그리고 정치적 공간을 마련하고자 벼락부자, 쿠바계 미국인 동화주의자, 그리고 친카스트로 지지자들 사이의 입장을 중재했던 사람들이다. 아렌트가 라자르에 대해 언급하고 실제로 자신의 작품 속에서 상당 부분 그를 본보기로 제시했던 것처럼, 라자르라는 인물은 문화의 경계를 넘어 셀레나와 같은 학생들의 마음에 깊은 감명을 불러일으켰다. 그 이유는 라자르가 현상 유지나 분리주의 반대파의 분명한 선택을 극복할 수 있는 제3의 대안이 항상 있다는 사실을 그들에게 보여 주었기 때문이다.

정치의 우선성

아렌트가 사회-경제적 의제보다 정치적인 것을 우선시하고, 연민, 동정, 돌봄보다 존중과 연대를 더 중시한 점을 정치적인 경험이 많은 학생일수록 쉽게 이해한다는 사실을 확인했다. 이는 어쩌면 그 학생들이 자신들에게 도움을 주려고 했던 많은 이들이 그들을 동등한 존재로 여기지는 않으면서, 그저 그들의 삶을 나아지게 하겠다는 계획만을 따랐다는 것을 알았기 때문일 것이다.[16] 세미나를 청강하고 있는 학생들 가운데 한 명인 레베카Rebecca는 건강상의 심각한 문제로 고통받고 있어서, 일을 할 수 없게 되었고 따라서 복지 혜택을 받아야만 살아갈 수 있는 상황에 놓이게 되었다. 수업 시간에 『혁명론』에 대한 토론이 끝난 후, 레베카는 관료 체제의 도움을 받는 것에 관해 이야기했다. 그녀에 따르면 그것이 흔히 선의에 따른 것이긴 해도, 언제나 위계적일 뿐만 아니라 그녀의 상황을 고려한다거나 그녀가 자기 입장을 지닌 완전한 인간 존재라는 사실을 모두가 인정할 수 없게 만들었다. 레베카는 자신이 인정받지 못한 상황에서 느꼈던 절망과 그녀가 인간으로서의 지위를 상실한 것이 어떻게 그녀를 자살 시도에 이르게 했었는지를 이야기했다.

마리아Maria 역시 정치적인 물음은 사회적인 것에 우선되어야 하고−단순한 생명보다 훨씬 더 중요하고, 경제적 재분배보다 훨씬 더 긴요한− 존중과 연대가 중요하다는 아렌트의 주장에 동의했다. 그녀는 사파티스타들Zapatistas과 함께 생활했을 때 그것을 이해하게 되었다고 말했다.[17] 어떻게 마리아와 레베카는 아렌트 논평자들이 해석한 것과 다르게 그처럼 폭넓게 아렌트를 해석할 수 있었을까?

많은 비평가는 정치의 장에서 다루지 않는 사회적 문제나 '사회적 물음'−곧 빈곤, 노동, 복지 등등−에 수반되는 논의들, 특히 『인간의 조건』과 『혁명론』에 제시된 아렌트의 주장을 이해하는 데 어려움을

---

16. Canovan, *A Reinterpretation*, p. 171.
17. 마리아가 깨달은 바와 아렌트가 '정치적 의미를 격상'시킨 것 사이에는 놀라운 유사점이 있다. 이와 관련해서는 Canovan, ibid., p. 278을 참고하라.

겪는다.[18] 상당히 흥미롭게도, 이러한 아렌트 논평자들은 종종 아렌트가 레베카와 마리아 같은 이들의 요구에 잔인할 정도로 무관심했다고 비판한다. 논평자들은 사회적인 것의 쇄도, 곧 정치에 들어서는 가난한 이들을 불쌍한 사람들로 치부하는 것이 정치적 자유를 파괴하고 프랑스 혁명에서처럼 공포를 조장할 수 있다는 아렌트의 주장에 반감을 표했다.[19]

프랑스 급진주의자들은 공교롭게도 [아렌트가 언급한] 바로 그 가난한 시민들과 동맹을 맺기보다는 국가적 관심사로 '가난한 사람들'을 끌어들임으로써, 존중과 연대를 연민으로 대체하여 그들의 혁명을 약화시켰다. 아렌트에 따르면, 빈곤에 대한 사회적 문제는 언제나 대응하기 힘들고, 그로 인해 국가가 아무리 '혁명적'으로 접근하려 해도 그러한 문제를 해결하려 할 때는 모든 수단(폭력도 포함해서)을 동원하여 마치 사람들을 물건처럼 관리하려 든다고 보았다.

아렌트는 우리에게 시민들이 서로의 현존 속에서 서로를 보고 들음으로써 그들이 서로 관계를 맺고 있다는 것과 그들 자신의 가치를 재발견하게 된다는 점을 보여 주려고 했다. 정치적 자유와 평등은 양극단에서 한쪽 끝의 사랑이라는 사적 열망이나 반대쪽 끝의 연민이라는 사회적 열정이 아닌 존중과 연대를 수반해야 한다. 정치적 공간에서 사랑과 연민은 첫째 다른 사람에게 너무 많은 것을 요구하고, 둘째는 그 자체로 충분하지 않기에 부적절하다. 인간이 '무엇'인가─가난─에 중점을 두는 것은 인간이 '누구'인가─다른 사람들과 함께 자신의

---

18. 가령, Hanna Pitkin, "Conformism, Housekeeping, and the Attack of the Blob: The Origins of Hannah Arendt's Concept of the Social", in Honig, ed., *Feminist Interpretations.*과 GottSegen, *Political Thought*, pp. 251, 256도 참고하라.

19. Hannah Arendt, *On Revolution* (London: Penguin Books, 1963), pp. 84, 101, 223-224, 249를 참고하라.

6. 한나 아렌트는 다문화주의자인가? **229**

미래를 결정할 권한이 있는 인간 행위자-에 대한 존경과 관심을 대신한다. 국가가 빈곤 퇴치에 역점을 두고 이를 목표로 삼는 것은 우리가 무엇인지를 넘어서는 데 필요한 그런 공간과 기회를 유지하려는 관심을 다른 데로 돌리는 것이다. 아렌트에 따르면, 우리의 첫 번째 원칙은 권리를 가질 권리여야만 한다. 만일 우리가 그것을 항상 토대로 삼지 않는다면-곧, 우리가 권리를 가지고 서로 만나서 토론하고 우리의 공동 운명을 결정하는 정치 영역을 유지하지 못한다면- 우리는 아렌트가 『전체주의의 기원』에서 지적했던 것처럼 가난보다 더 위험한 상황에 놓일 수 있다.

따라서 아렌트에게 빈곤 문제는 근절될 수 없는 것으로, 그것은 분명 정치적 논쟁과 행위에 적합한 주제는 아닌 것처럼 보인다. 많은 논평자는 이를 당연하게 여기지만, 대부분의 학생은 그렇게 생각하지 않았다. 그들은 아렌트의 주장을 약간 다르게 받아들였다. 다시 말해, '가난한 사람들'도 '부자들'과 마찬가지로 자신의 신분에 따라 정치적 삶을 침해당해서는 안 된다는 것이다. (아렌트는 소수의 초부유층 자본가들에 의한 통치가 전체주의에 대한 해독제가 될 수는 없다고 생각했다.) 아렌트는 노동자, 민족, 학생 등이 자신들의 고유한 정체성을 부인하지 않고, 그들이 무엇인지를 초월하여 자유를 위한 투쟁 운동에 나서길 기대했으며, 다른 집단에 대한 폭넓은 연대와 존중을 바탕으로 정치적 삶에서 자신들이 맡은 역할을 충분히 해내길 바랐다. 그녀는 바람직한 운동이란 자기 자신을 대변하고 자신과 타인을 위한 존엄성과 권리를 가질 권리를 요구하는 이들로 조직된 활동이라고 여겼다. 따라서 가난한 사람들은 아무리 그들이 동정받고 있다고 하더라도, 자신들이 다른 이들에 의해 대변되거나 국가가 해결해야 할 문제로 그들의 삶이 다루어지는 것에 만족해서는 안 되며, 무엇보다 먼저 시민들 가운데 한 시민으로서 자기 자신을 위해 말하고 행위해야만 한다.

수업에 참여했던 학생들은 정치의 우선성과 시민권에 대한 아렌트의 주장에 흥미를 보였다. 그것은 위에서 언급했던 레베카와 마리아의 사례를 접했기 때문이기도 하며, 전체 학생 집단이 서로의 사회적 문제와 정치적 사안에 대해 공감해서 말하기보다는 서로를 존중하고 서로에게 귀 기울여야 한다고 인식하는 경향-적어도 그들이 자신들의 주장을 가장 명쾌하게 표현한 순간-을 보았기 때문이기도 하다.

최근 남태평양 지역에서 다른 아시아 여성들과 함께 페미니스트 활동을 하고 돌아온 일본계 미국인인 캐럴Carol이 다른 이들을 '돕는' 것보다는 그들과 동맹을 맺는 것이 더 중요하다고 믿는 이유를 아주 강력하고 분명하게 표현한 것도 이 같은 맥락에서일 것이다. 그녀는 성매매의 덫에 걸린 여성들을 돕기 위해 자선사업 개발 계획을 세운 집단들과 그 여성들과 함께 정치 연합을 조성한 집단들 간의 현저한 차이를 직접 확인했다. 캐럴은 자선 계획을 해결책으로 내세운 집단이 역설적이게도 성매매 여성들을 어린애처럼 대함으로써 그들을 구제해야 할, 권한이 전혀 없는 대상으로 취급하는 것을 목격했다. 반면에 캐럴에 따르면, 정치 연합을 형성한 집단들은 성매매 여성들을 대표하는 것이 아니라 성매매 여성들이 스스로 자신들의 이야기를 하고, 다른 이들에게 자신들의 상황을 알리며, 그리고 다른 사람과 함께 해야 할 일을 결정할 만한 공간이 필요하다는 그런 전제에서 출발했다. 이러한 정치적 평등의 공간은 훨씬 더 독창적이고 효과적인 결과를 낳고, 그러한 공간에서 '피해자'들은 스스로에게 주의를 기울이며 서로를 권한을 지닌 행위자로 여기게 된다.

새로운 정치 체제

아렌트에 따르면, 사람들이 자신을 드러내는 정치적 활동 무대는 그들이 그것을 형성할 때마다 나타난다. 18세기 후반 통신연락위원회, 1789년과 1871년의 프랑스 혁명 의회, 20세기 이스라엘 재건 운동 초기의 이후Ihud 정당, 러시아 혁명 초기의 소비에트 연방들, 로자 룩셈부르크 시대의 독일 스파르타쿠스 의회, 1956년 헝가리 혁명 의회.[20] 사람들은 이러한 정치적 장을 통해 의외의 장소에서 이전에는 불가능했던 동료들과 동맹을 맺으면서 '사유를 확장할 수 있는 사람'-타인의 다양한 관점을 통해 공통세계를 이해하고, 기존의 관습적 경계를 넘어 정치적 행위를 할 수 있는 사람-이 될 수 있었으며, 제국의 특징적 문제와 자유주의적 민족국가의 성격을 재인식할 수 있었다.

아렌트는 다수의 참여를 기준으로 하는 평의회 제도가 끊임없이 재발견되었으며, 정치 체제의 실행 가능한 대안적 모델로 제시되었다고 확신했다.[21] 그녀는 제국주의 국가(추측건대 사회주의든 자본주의든)도 자유주의 민족국가도 지속적으로 출현하는 전체주의 경향에 충분히 저항하지 못했다고 주장했다. 사실상, 민족국가는 대체로 환상에 불과했다. 민족국가는 더 이상 시민들을 통합하거나 보호할 수 없고, 과두정치의 '부르주아' 이익에 종속되어 있으며, 경제적이고 정치적인 난민 이주로 인해 완전히 다국적이고 다문화적이기도 하다.[22]

여러 공동체와 조직 운동에서 특별히 정치적 경험이 있는 학생들은 왜 평의회 제도에 대한 아렌트의 긍정적 입장을 이상적이라기보다는

---

20. d'Entreves, *Political Philosophy*, p. 77.
21. Canovan, A Reinterpretation, p. 237. 또한, 의회 민주주의에 대한 아렌트의 주장에 대해서는 존 시튼(John Sitton)의 유익한 평가("Hannah Arendt's Argument for Council Democracy", *Polity*, vol. 20, no. 1 [1987]: 80-100)와 그녀를 비판한 Hinchman and Hinchman, eds., *Critical Essays*를 참고하라.

현실적인 것으로 바라보는 경향이 있는가? 왜 그들은 다수의 아렌트 비평가처럼 상향식 연맹의 실현 가능성을 회의적으로 바라보지 않는가? 왜 그들은 평의회 형태의 장기적인 제도화에 대한 우려에 편승하지 않는가? 어쩌면 학생들 자신은 민주주의의 미래에 대해 그저 이상주의적일 뿐이며, 그들이 살았던 전제적이거나 관료적인 정부에 대해서는 냉소적인지도 모른다. 하지만 일부 학생들이 설명한 것처럼, 그들은 아렌트가 아무도 경험해 보지 못한, 그들의 삶에서 실제로 일어났던 일들을 분명히 표현하고 있음을 알고 있다. 아렌트가 자신의 글 여러 군데서 표현했듯이, 인간 존재에게는 전혀 예상할 수 없는 세계 안에서 새로운 어떤 것을 시작할 수 있는 능력이 있다.

갱단에서 스스로 벗어나려는 행위를 시도했던 이들이나 자신들의 동성애를 공개적으로 밝힌 이들, 혹은 그들 가족이 정치적 반대 세력으로 치부한 사람들과 함께 일하려 했던 이들의 경우, 그들이 세계에서 무엇이 가능한지를 아는 데에 대한 패러다임의 전환이 이루어졌다. 그들의 과제는 이제 그들이 얼마나 비현실적인지를 보여 주는 기존의 통념에 반대하면서, 그들이 시작한 것을 유지하고 확대하는 것이다. 아렌트에 따르면, 평의회 제도가 실현되기 어려운 것은 인간 본성, 정치적 힘, 또는 역사의 무게로 인해 그것이 유지될 수 없기 때문이 아니라, 그것을 시작하고 목격한 이들이 (재)발견한 것의 의미를 생각하고 인식하기 위해 언제나 부단히 애써야 하기 때문이다. 평의회 제도는 단지 특정한 정치적 목표를 위한 부적절한 수단이 아닌 그 자체의 목적-공적 영역들의 연합-으로 이해되어야 한다. 따라서 아렌트가 판단할 때 참여형의 상향식 구조인 평의회 제도는 숙의민주주의를 위

---

22. 펠드만(Feldman)이 편집한 *Jew as Pariah*의 "Zionism Reconsidered"에서 아렌트가 논의한 바를 참고하라. 아울러, 이 문제에 대해서는 "Part II: Imperialism", in *Origins of Totalitarianism*, esp. pp. 124, 161에 제시된 전반적인 주장과 Gottsegen, *Political Thought*, pp. 256, 260, 269도 참고하라.

해 서로가 어우러지는 공간일 뿐만 아니라 사람들에게 그들 공동체의 의미를 상기시키기 위한 계기를 마련해 주기도 한다.

만일 아렌트가 제법 오래 살았다면, 그녀는 마리아와 마찬가지로 농민들과 그 연합이 멕시코 국가를 격렬하게 전복시키려는 의도에서가 아니라 멕시코인들이 정치, 시민권, 그리고 정의를 이해하는 바로 그 용어를 바꾸려는 목적에서 정식 멕시코 국가와 나란히 평의회 체제 정부를 수립한 멕시코 치아파스Chiapas의 잇따른 재등장을 인식했었을지도 모른다. 적어도 치아파스 사태에 대한 몇몇 해석에 비추어 보면 그것은 종래의 좌/우 용어로 이해할 수 없다.[23] 또한 농민은 '혁명의 기수'가 되지 않았으며, 그들의 염원이 국가에서 '공정하게' 대표되고, 멕시코 중산층에 편입되는 것으로 국한되지도 않았다. 그들은 모두 이러한 입장보다 더 급진적이거나 덜 급진적이다.─그들은 공동체의 모든 구성원(흥미롭게도, 남성과 여성뿐만 아니라 아이들도)에게 직접적이고 지속적인 참여와 의사결정을 상당히 강조한다는 점에서 훨씬 급진적이다. 그들이 '세계의 노동자'나 '프롤레타리아트'와 같은 또 다른 부분적 정체성을 위해 그들의 **인디오**indio 정체성을 단념할 의사가 없다(적어도 관찰자의 설명에 따르면)는 점에서는 덜 급진적이다. 마리아는 치아파스가 실제로 진압될 수도 있다는 것을 알지만, 그러면서도 그녀는 심하게 억압받고 있는 보통의 불완전한 인간 존재들 사이에서도 훌륭한 민주주의적인 정치 형태가 매일 재현되는 것을 목격했기에 '사파티스타들'이 돌아올 거라고 확신하고 있다.

아렌트의 분석은 치아파스 반란의 성격과 자기 해석의 의미를 깨닫

---

23. 가령, 치아파스 반란에 대해서는 알마 기예르모프리에토(Alma Guillermoprieta)의 평론 "The Shadow War", *New York Review of Books*, March 2, 1995, pp. 34-43 을 참고하라. 아울러 Harry Cleaver, "Nature, Neoliberalism, and Sustainable Development: Between Charybdis and Scylla" (April 1997)도 인터넷 자료 http://www.eco.utexas.edu/faculty/Cleaver/port.html에서 찾아볼 수 있다.

게 해 주는데, 이는 아렌트가 정치를 이론화하고 유대인으로 태어나 시온주의에 동참하고 이스라엘의 재건을 비판적으로 바라본 경험과 분석에 근거하여 '자각적 파리아'로서 자신의 관점을 유지하는 능력을 토대로 민족적 경계를 넘나들며 이야기하고 있음을 시사한다. 요약하면, 아렌트의 분석 작업은 특정한 배경을 가진 사람들이 다른 이들과 교류하기 위해 자신의 배경을 포기할 필요가 없으며, 오히려 그것을 활용하여 다양한 집단의 사람들 간의 중요한 유사성을 이해할 수 있다는 점에서 하나의 본보기가 된다.

관점의 복수성

위에서 밝히려 했던 것처럼, 자각적 파리아 개념, 사회적인 것과 정치적인 것의 구분, 그리고 평의회 제도에 대한 아렌트의 주장은 이해할 수 있을 뿐만 아니라 이 수업 세미나에 참석한 많은 학생의 삶과 그들의 정치적 행위에도 매우 중요한 의미를 시사한다. 마거릿 캐노번과 리처드 번스타인 같은 학자들이 주장한 것처럼, 아렌트를 해석하는 이들은 아렌트의 작품 중 그녀가 전체주의에 맞섰던 것을 중점적으로 다룸으로써 전체주의를 고찰한 아렌트의 의도와 그 의미를 충분히 이해할 수 있게 된다. 게다가 학생들은 정치적 재앙과 [그들이] 공유하는 세계의 재건 가능성에 초점을 두고 아렌트를 읽으면서, 인종차별이나 자민족 중심주의의 관행을 철학적 모순이나 도덕적 실패라기보다는 정치적 문제로 받아들이는 경향이 있다.

가령 아렌트는 자신이 그렇게 하고 있다는 것을 적절히 드러내지 않고도, 다른 사람들의 관점으로 이동하려는 경향을 보인다.[24] 그러므로 아무리 좋게 평가하려 해도, 아렌트가 자신의 작품에서 제시한 다양한 측면들을 보면 그녀가 인종차별과 자민족 중심의 입장을 설명하는 것인지 아니면 조장하는 것인지 불명확하다. 『전체주의의 기원』에서 아렌트는 아프리카인들에게는 역사가 없다고 했다. 『파리아로서 유대인』에 수록된 몇몇 글에서는 아랍인들이 팔레스타인 땅에 물리적인 영향력을 행사하지 않았다고 했다. 이러한 서술은 아렌트가 내린 결론을 말해 주는 것인가, 아니면 그녀가 다른 데서 분명 비판하고 있는 집단들의 관점에만 국한되어 있는 것인가? 그뿐만 아니라 미국에 대한 아렌트 논의 가운데 아메리카 원주민을 다루지 않은 것은 그녀가 비판한 지배 패러다임을 따르는 것인가, 아니면 역사적, 정치적 분석에 대한 자신의 실패를 드러내는 것인가? 아울러, 학생들은 리틀락 지역과 시민권 운동을 둘러싼 논쟁을 통해서도 당연히 그들이 재고할 수 있는 추가적인 자료를 얻을 수 있을 것이다.[25]

비록 학생들이 아렌트의 관점과 그녀가 일시적으로 따른 관점 사이의 그 경계를 언제나 알아챌 수 없더라도, 그들은 아렌트가 자기 작품의 전체 궤적을 통해 이루고자 한, 그들이 아는 근본적인 주장을 강화하기 위해 그녀가 어떻게 자신의 방법과 의견을 확장해 갔는지 이해할 수 있다. 『전체주의의 기원』의 사례를 통해, 학생들은 아렌트가 아프리카 흑인들 사이에서 라자리안Lazarian의 사회적 위치를 살폈더라면 그녀의 분석이 얼마나 더 정치적으로 실제적일 수 있었을지를 알고 있다. 베르나르 라자르가 유대인과 반유대주의적 반응을 모두 비판했듯이, 그런 라자리안의 입장은 자각적 파리아로서의 면모를 드러

---

24. 루이스 힌치맨과 산드라 힌치맨(Lewis P. Hinchman and Sandra K. Hinchman) 이 편집한 Critical Essays에 수록된 세일라 벤하비브의 글(p. 122)을 참고하라.

25. 칼훈과 맥고원(Calhoun and McGowan)이 편집한 Meaning of Politics의 마틴 제이(Martin Jay)의 후기, 그리고 James Bohman, "The Moral Costs of Political Pluralism: The Dilemmas of Difference and Equality in Arendt's 'Reflections on Little Rock,'" in Twenty Years Later, ed. May and Kohn, p. 55를 참고하라.

내며, 제국주의자들과 제국주의에 대한 자국민들의 반응 모두를 비난하는 것이다.

다시 말해, 학생들은 아렌트가 복수성 개념에 대한 자신의 약속을 이행하고자 자신의 분석을 비판하고 재구성했던 방법을 보여 주는 상당한 근거를 발견했다. 아마도 더 중요한 것은 학생들이 아렌트를 비판적으로 읽음으로써 그들 스스로 정치를 비교하면서 그러한 라자리안의 의견을 알아내는 것을 스스로 깨우쳤다는 점이다. 위에서 언급했던 케빈은 자신의 고국에서 아프리카계 미국인과 한국계 미국인 집단 사이의 복잡한 관계를 더 잘 이해함으로써 흔히 형상화되는 그들 관계의 진부하고 단순한 대립을 극복하기 위해, 로스앤젤레스의 이들 집단 사이에서 라자르Lazare의 상대를 반드시 찾아내는 것이 중요하다는 점을 확인했다.

우리가 정치조직체뿐만 아니라 교실에서 다문화주의를 고찰할 때 관점의 복수성에 대한 아렌트의 주장—비록 그녀의 글에서는 가끔 뻐딱하게 다루어지긴 했어도—은 우리에게 큰 도움이 된다. 다수의 자유주의 이론과는 대조적으로, 아렌트는 우리가 단지 한 개인으로서가 아니라 공동체 안에서도 태어난다고 믿는다. 우리가 '누구'인가는 오직 다른 사람들과의 말과 행위를 통해서만 드러날 수 있다. 우리는 다양한 사람들의 관점을 듣고, 그것을 통해 생각하고, 상상하는 일을 통해서만 올바르게 사유하고 판단할 수 있다. 민주적인 사고를 위해서는 모든 관점을 하나로 집약시키려는 전체주의에 대한 욕망과는 완전히 반대되는 관점의 복수성이 필요하다.[26] 특히, 개인주의보다는 가족 및 공동체와의 관계에 더 큰 의미를 부여하는 비서구적 전통을 지닌 학생들에게 아렌트의 복수성 개념은 유럽 중심의 정치와 역사를 이해

---

26. Canovan, *A Reinterpretation*, p. 205. 그리고 *Limits of Philosophy*에 수록된 디쉬(Disch)의 "Training the Imagination to Go Visiting"을 설명한 글도 참고하라.

하기 위한 대안적 출발점을 제시해 준다. 더 나아가, 아렌트는 다양성이 유지되고 그것이 지속적으로 분명히 표현되지 않고서는 민주주의도 있을 수 없다고 주장한다. 학생들은 아렌트의 이러한 주장-다양한 문화가 존재한다는 데 대한 단순한 '기념'이 아니다[27]-을 통해 미국의 다문화적 정치 의제에 대한 통찰력을 크게 확대해 나갔다. 일부 학생들은 처음으로 자기 자신과 자신들의 일이 훨씬 더 많은 사람에게 얼마나 중요한지도 깨달았다. 아렌트를 통해 학생들은 더 광범위한 민주주의 활성화 프로젝트의 일환으로 자신들의 운동을 이해하는 법을 알게 되었다.

환경 정의 단체들과 여성 인신매매 관련 페미니스트 단체들의 정치 조직 연합체에서 일하고 있는 학생들은 아렌트와 아렌트 분석가들[28]을 통해 그들이 접하고 있는 자유의 공간에서 위태로운 것이 무엇인지를 인식하게 되었다. 이 부분과 관련해서는 캐노번의 주장을 상세히 인용할 필요가 있다.

전 세계에서 일어나고 있는 최근의 사건들을 통해 우리는 아렌트가 분명히 표현하고 깊이 성찰하고자 했던 일종의 전형적인 정치 현상에 관심을 기울이게 되었다. 한편으로, 동유럽의 군사적 침략에서 공산주의 붕괴에 이르는 극적인 사건들 속에서 인간 존재는 전혀 예상할 수 없는 것을 행하고, (국가를 포함하여) 기존 제도들을 파괴하고, (국경을 포함하여) 모든 확실성을 뒤엎는 자신들의 능력을 증명해 보였다. 다른 한편으로, 폭력적이고 분명히 설명할 수 없는 분쟁에 대한 정치적 해결점을 모색하려는 다양한 협상에서 우리는 법이

---

27. Disch, ibid., p. 205.
28. 이들은 특별히 진행 중인 정치 활동을 국제적, 초국가적으로 분석하는 사람들이다. 예를 들면, Gyan Prakash, "Who's Afraid of Postcoloniality", *Social Text*, vol. 14, no. 4 (Winter 1996)를 참고하라.

미치지 않는 심연을 돌파하는 능력, 그리고 정치적 동의로 적을 결속시킴으로써 분쟁과 관련해서 싸우는 대신 논의할 수 있는 새로운 공적 공간을 창출하는 정치적 행위의 이면을 확인할 수 있다.[29]

아렌트주의자들과 다문화주의자들의 해석 사이에는 서로 엇갈리는 지점들이 많이 있다. 그것은 학생들에게 매우 중요했다. 이러한 생각을 마무리하기 전에 특별히 한 가지 더 언급할 만한 것이 있다. 더글라스 켈너Douglas Kellner는 우리의 다문화 사회에서 민주주의 교육을 위해 '기술 비판 이론'의 필요성을 적절히 제기한다. 그는 급격한 기술 발전과 관련해서 '기술 옹호technophilic'와 '기술 공포technophobic'에 대한 담론들이 난무하는 현상을 지적한다.[30] 그들의 편협하고 사려 깊지 못한 주장들은 자기 가족의 이민을 부추기거나, 자신들의 자유 시간을 할애하거나, 혹은 앞으로 자신의 진로를 결정하거나 자기 정체성을 수정하게 할지도 모를 바로 그 기술들을 학생들이 비판적으로 대하는 데 거의 도움을 주지 못하고 있다. 『과거와 미래 사이』에서도 그렇지만, 특히 『전체주의의 기원』과 『인간의 조건』에서 아렌트는 켈너가 추구한 비판적 교육학의 기초가 되는 현대 기술의 의미에 대해 의문을 제기한다.

아렌트는 미시적 수준에서 행해지는 유전자 조작과 같은 기술뿐만 아니라 거시적 수준에서의 핵무기 같은 도구들과 관련된 현대 기술들이 인간의 복수성을 파괴할 가능성에 대해 신중한 평가를 내려야 한다고 주장한다. 그녀는 다양성이라는 인간의 조건을 위해 기술이 창출되고 효율적으로 활용되는 방법론적 맥락에서 이러한 기술의 위험

---

29. Canovan, *A Reinterpretation*, pp. 277-278.
30. Douglas Kellner, "Multiple Literacies and Critical Pedagogy in a Multicultural Society", in *The Promise of Multiculturalism*, ed. George Katsiaficas and Teodoros Kiros (New York: Routledge, 1998), p. 234.

성을 밝히고 있다.

오늘날 우리가 물리학에서 무엇을 행하든지-곧 우리가 태양에서
만 보통 진행되는 에너지 작용을 방출하든, 또는 시험관에서 우주
진화의 과정을 시작하려고 시도하든, 망원경의 도움으로 우주 공간
을 가로질러 20억, 심지어 60억 광년의 한계에 도전하든, 혹은 지구
상에 알려지지 않은 에너지의 생산과 제어를 위한 기계를 만들려고
하든, 아니면 원자가속기로 광속에 가까운 속도를 얻고자 하든, 또
는 자연에서 발견되지 않는 원소들을 생성하거나 우주방사선을 이
용하여 우리가 만들어 낸 방사능 입자를 지상에 분산시키든- 간에,
우리는 언제나 지구 밖 우주의 한 지점에서 자연을 다룬다. 아르키
메데스가 서 있길 원했던 곳에 실제로 서지 못하고, … 인간의 조건
때문에 여전히 지구에 묶인 채 우리는 마치 외부의, 아르키메데스의
점으로부터 지구를 마음대로 할 수 있는 양, 지구와 지구상의 자연
안에서 행위하는 방식을 발견한다. 그리고 심지어 자연의 생명 과정
을 위태롭게 하는 위험을 무릅쓰면서, 우리는 지구를 자연의 섭리와
는 다른 우주의 힘에 노출시킨다.[31]

아렌트가 볼 때, 아르키메데스 원리(가령 거리가 멀어질수록, 사물
에 대한 측량, 측정, 그리고 지배력이 더 증가한다)에 놓인 핵심 의미
는 인간에 의해 그 규모가 조정되고 공유되는 공간과 시간을 잃게
된다는 점이다.[32] 아렌트의 관점에서 근거 없는 행위, 지구 소외earth

---

31. Arendt, *The Human Condition*, p. 262.
32. Langdon Winner, *Autonomous Technology* (Cambridge, MA: MIT Press,
    1977), Jonathan Schell, *The Fate of the Earth* (New York: Avon Books, 1982),
    그리고 Dana Villa, *Arendt and Heidegger* (Princeton: Princeton University
    Press, 1995)를 참고하라.

alienation는 필연적으로 사유 부재와 관련이 있다. 인간들은 지구 밖 우주에서 행위를 시작할 수 있지만, 사유를 위한 조건들을 우주 안으로 옮길 수는 없다. 아렌트는 대부분의 자기 작품에서 우리가 정치적 자유를 유지하고 우주에서 해야 할 일에 대해 주의 깊게 평가하려면 그야말로 현실 세계에 근거한 수많은 인간 공동체들이 필요하다는 점을 강조하고 있다. 역설적이게도, 경외심을 불러일으키는 기술적 성취는 새로운 형태의 전체주의를 구체화하는 조건을 양산할지도 모른다. 아렌트가 경고했듯이, 이는 실제로 나치즘이나 스탈린주의처럼 보이진 않을 것이다.

예를 들면, 인체(심지어 원하는 형태가 무엇이든 간에 신체를 표현형으로 변형시킴으로써 인종차별의 종말을 암시하기도 한다)의 분자적 재구성을 가능케 하는 인공두뇌학cybernetics과 나노기술nanotechnologies, 그리고 물리적 대상을 다른 대상으로 값싸게 변형시키는 (기아와 빈곤의 종식을 시사하는) 것은 단지 가상 현실이 시뮬레이션할 수 있는 것을 실제로 만드는 완전히 합성된 세계를 가치 있는 것으로 여기게 한다.[33] 로즈Rose라는 학생이 세미나 시간에 제출했던 보고서에서 주장했듯이, 관건은 새로운 기술 패러다임이 그것이 약속한 바를 실제로 실행해 낼 수 있는지에 대한 것이 아니다. 어쨌든 앞선 기술들은 언제나 그 같은 약속을 이행하는 데 실패했다. 로즈가 볼 때, 오히려 아렌트가 제기한 물음은 나치 정권이 "모든 것은 가능하다는 가정"[34]에서 그리고 세계를 거듭되는 변화의 실험실로 삼으려

---

33. 특히 B. C. Crandall, ed., *Nanotechnology: Molecular Speculations on Global Abundance* (Cambridge, MA: MIT Press, 1996)를 참고하라. 나노기술과 그것의 개발 과정을 추적하는 수많은 웹 사이트가 있다. 또한 사파티스타와 관련된 '풀뿌리 전자 동원(grassroots electronic mobilization)'에 관한 몇 가지 유익한 기사를 확인하려면 해리 클리버(Harry Cleaver)의 웹 사이트(http://www.eco.utexas.edu/faculty/Cleaver)를 참고하라.

34. Arendt, *Origins of Totalitarianism*, p. 427.

는 목표에서 할 수 없었던 새로운 형태의 생산 기술이 부지불식간에, 실제로 이어지게 될 것인가의 여부에 관한 것이었다. 참여 정치에 관심 있는 이들은 단지 기술적으로 '읽고 쓸' 줄 알아야만 하는 것이 아니라 정치적 말과 행위를 위한 새로운 공간을 보전하는 일이 훨씬 더 시급하다는 점을 이해할 수 있어야만 한다.

결국, 한나 아렌트가 '다문화주의자'인지 아닌지 확신할 수 없다. 세미나에 참석한 학생들과 마찬가지로, 필자 역시 언제나 아렌트의 의도를 충분히 파악할 수 없다. 어쩌면 비평가들이 아렌트를 두고 심각한 역사적 한계와 철학적 모순이 있다고 지적한 것이 맞을지도 모른다. 그럼에도 그토록 다양한 배경을 지닌 학생들이 실례를 들어가며 보여주었던 것에 주목할 수밖에 없는 이유는 점차 확산되고 있는 다문화적 세계에서 민주적 삶의 가능성에 대해 깊이 우려하고 있는 학생들을 통해 아렌트 사상의 가장 까다롭고 난해한 측면을 확인할 수 있었기 때문이다.

대학의 정치화와 진부한 표현에 대한
한나 아렌트의 관점

피터 유벤(Peter Euben)

|

    20세기 말, '문화전쟁' 속에서 보수적인 교회법학자들과 다문화주의
자들은 서로 상대편이 대학을 정치화하고 있다면서 거세게 비판했다.
때론 서로를 공격하면서 비난을 주고받는 과정이 우스운 형태를 띠기
도 했다. 술래잡기하는 어린 소년들처럼 "당신네가 대학을 정치화했잖
아.' "아니, 당신들이야." "아니, 당신들이야." 등과 같이 말이다.

    그러한 갈등 전반에는 전투, 전쟁, 그리고 아마겟돈에 대한 종말론
적 태도와 과장된 언어로 인해 독특한 어떤 것이 확실히 남아 있었다.
심각한 문제들이 걸려 있었지만 냉전의 확대와 다가오는 밀레니엄에
따라 확산된 열광적인 환영에 대한 기대, 이 둘 사이의 논쟁 한복판
에서 이러한 문제들을 확인하는 일은 때때로 쉽지 않았다. 아주 과장
된 표현 같아도, 이는 사실이다. 디네시 디수자Dinesh D'souza는 "신야
만인들이 인문학, 법학 그리고 사회과학 분야를 차지했다", 다문화주
의자들, 페미니스트들, 급진론자들, 후기구조주의자들, 새로운 역사가
들과 여러 좌파 간의 성스럽지 않은 동맹은 성문을 부수고 성채에 의
기양양하게 서 있다. 그리고 "그 힘이 압도적이어서 캠퍼스 내 저항에
는 외부의 지원이 절실히 필요하다"라고 경고했다. 철학자이자 전미학

자협회National Association of Scholars 위원인, 앨런 코스Alan Kors는 동료들에게 야만인들이 우리 중에 있지만, 만일 당신들이 그들을 보고도 두려워하지 않는다면, 그들은 흔들리게 될 거라고 분명히 말했다. 그러면서도 그는 지방과 대학 도시의 야만적인 파괴에 맞서 이성과 문명을 보존하기 위해 수도원을 조성해야 한다고 계속해서 촉구했다.[2] 조지 윌George Will은 당시 국립인문재단National Endowment for the Humanities 이사였던 린 체니Lynne Chaney를 '국방부 장관'이라고 부르면서, 계속해서 "그녀의 남편 딕Dick, 당시 국방부 장관이 경계해야 하는 외국인들은 그녀가 상대해야 하는 국내 세력보다 … 덜 위험하다"[3]라고 말했다.

《고등교육 크로니클The Chronicle of Higher Education》의 독자들이 증언했듯이, 병리학으로 조작된 듯한 오래된 비난이 계속해서 다시 일어나고 있긴 하지만, 상황은 다소 진정되었다. 분명, 우리는 도덕적으로 표류하고 있으며 상대주의에 빠져 있다. 우리는 가족의 가치, 이성, 학문적 기준들, 교양, 사생활 존중, 침묵, 품위, 청교도적 윤리와 권위를 무너뜨렸으며, 난잡한 성행위, 동성애자들의 커밍아웃, 그리고 대중문화에 의해 타락했다. 그래서 우리는 상황이 '올바르게' 돌아가고 대학이 정치화되지 않았던 1950년대의 우리가 할 수 있었던 것을 되찾음으로써만, 우리는 우리 안에서 최선이자 최고인 것을 재정립할 수 있다.[4]

---

1. Dinesh D'souza, "The Visigoths in Tweed", in *Beyond PC: Towards a Politics of Understanding*, ed. Patricia Aufderheide (St. Paul, MN: Gray wolf Press, 1992), p. 11.
2. Joseph Berger, "Scholars Attack Campus Radicals", in *New York Times*, November 13, 1988, p. A22에서 인용한 부분과 Jacob Weisberg, "NAS: Who Are These Guys Anyway?" in *Beyond PC*, ed. Aufderheide, p. 85를 참고하라.
3. 이 인용문과 관련해서는 *Corrupting Youth: Political Education, Democratic Culture, and Political Theory* (Princeton: Princeton University Press, 1997), chap. 1에서 상세히 논하고 있다.

여기서 문화전쟁에 대한 격렬한 논쟁을 지속하려는 것은 아니며, 다문화주의자들이 희생자들, 사망한 백인 남성들, 그리고 억압에 대해 나름의 진부한 표현을 내세우고 있고, 독선으로 가득 차 있다는 점도 기꺼이 인정하려 한다. 사실, 적어도 두 가지 이유에서 이 격렬한 논쟁 상태를 완화하고 싶다. 첫 번째 이유는 기술적 요구들, 현실 중심의 사고방식, 직업 중심 교육, 이사회의 공격적인 기업가 정신, 그리고 대학들의 교육 비전을 약화시키는 거대 자본에 의한 공립대학교 민영화의 확산으로 인문학과 일부 사회과학이 학문적으로 열악한 상황에 처한 방식과 관련이 있다. 만일 문화전쟁에서 경쟁상대자들이 자신들의 투쟁에 의미를 부여하는 조건들을 인식하지 못한다면, 그들은 아마 로마, 아테네 그리고 예루살렘이 불타고 있는 동안에도, 빈둥거리거나 거드름을 피우다 끝날 것이다. 두 번째 이유는 우리가 고소, 고발에 대한 격렬한 논쟁, 진부한 표현들, 그리고 의례적 성격을 고찰해야만 이 세 가지 문제 모두를 해결할 수 있기 때문이다.

이 글에서 문화전쟁의 역사에 대해서는 어떤 것도 보여 줄 수 없지만, 다시 한번 그 기원과 관련된 두 가지 핵심 사항에 대해서는 제시할 수 있을 듯하다. 하나는 보수적인 교회법학자들이 삼극위원회 Trilateral Commission를 통해 책임감 있는 엘리트들의 통치에 대해 반대한, '적대적 문화'를 조장하고 그 분수령이 된 1960년대를 지적한 것이 바람직하다는 관점이다. 그런데 필자가 대학원생일 때 적어도 버클리에서 언론의 자유, 시민권, 그리고 반전 운동들이 CIA가 문화자유 의회Congress for Cultural Freedom를 통해 학술연구, 그리고 주요 저널

---

4. 가령, Gertrude Himmelfarb, *One Nation, Two Cultures: A Searching Examination of American Society in the Aftermath of Our Cultural Revolution* (New York: Knopf, 1999)를 참고하라. (종교의 부활 덕분에) 논조가 좀 더 부드럽고 우호적이긴 하지만, 이 책은 보수적인 진부한 표현을 적당히 되풀이하는 것보다도 못하기에 심도 있는 고찰이라고 보기 어렵다.

들, 심지어 사회과학자들까지도 후원했다는 폭로가 나왔던 그 시점에 일어났다는 사실은 의미심장하다. 그 사회과학자들 중 일부는 CIA에 고용되어, 과학적 객관성의 미덕을 공표했다.[5] 여러분은 이러한 사실을 통해 교실에서 이성을 강조하고 정치적 중립성을 공개적으로 드러내는 일이 어떻게 심각한 회의주의를 불러일으켰는지 이해할 수 있을 것이다.

다른 하나는 문화전쟁에 대한 레토릭, 원동력, 심지어 테마까지도 냉전시대를 감안했다는 점이다. 전자에 대한 성급한 결말을 통해 우리는 양극화된 세계가 제시하는 도덕적, 정치적 영역의 한계를 모른 채 정치의 기본 문제에 맞닥뜨리게 된다. 어쩌면 우리는 친구와 적들 사이의 분열에 대단히 편안함을 느낄 것이며-중립, 비동맹, 그리고 초기 공산주의로 치부된 제3의 길을 기억하라- 익숙지 않은 도덕적, 정치적 복잡성을 다루어야 하는 세상에서 살아가는 것보단 문화를 둘러싼 자국 내 분쟁에서 [친구과 적들 사이의] 그 분열을 받아들이는 것이 나을 것이다.

그 과정에서 문화, 고전, 그리고 정치에 대한 우리의 이해는 대학 안팎의 당파적 의제에 제약을 받아 왔다. 문화가 삶의 방식이자, 다채롭고 시간을 초월한 인간 활동의 원리이며, 공동체의 이해 또는 오해, 역할과 책임을 다루는 일련의 다양하고 종종 상충되는 이야기라는 사실은 잊혀 버렸다. 이러한 의미에서, 문화는 구성원들과 그 밖의 사람들 사이를 매개하는 힘, 그리고 그들 사이의 권력과 특권을 분배하고 제정하기 위한 살아 숨 쉬는 시스템이다.[6] 또한 문화란 대체로 한목소리를 내거나 분열과 모순 없는 상태로 나타나지 않는다. 가령 마르크스주의자들의 관점에서 볼 때, 문화는 잘못된 인식이다. 그들은 문화를

---

5. Frances Stonor Saunders, *Who Paid the Piper: The CIA and the Cultural War* (London: Ganta, 1999)를 참고하라.

인간 자신의 진실한 상태에 대한 지각을 억누르는 힘인, 검증되지 않은 가설, 사고방식, 그리고 제도의 결정체라고 생각하기 때문이다. 이러한 관점은 문화의 원천이 상상력을 제한하고 확장하는 힘에 있다고 본다. 하지만 이 같은 입장은 그 자체로 상상력에 따라 반응하는 문화에서 생겨난 종교적이고 세속적인 요소들을 급진적으로 재배치하는 것이다. 혹은 그 문화를 대변한다고 주장하는 사람들이 옹호하는 것보다는 문화와 정치에 대한 보다 포괄적인 아이디어를 제공하고자 소크라테스Socrates를 통해 구현된 것처럼, 마틴 루서 킹 주니어Martin Luther King Jr의 「버밍엄 감옥에서 온 편지Letter from a Birmingham Jail」에서 유대교, 기독교, 미국 건국, 그리고 서구의 지적 전통의 목소리가 훌륭하게 재조정된 방식을 생각해 보는 것이다.

문화에 대한 이런 불완전한 입장을 감안할 때, 소위 서구 문화에 대한 다수의 보수주의 지지자들과 다문화주의 비평가들이 그 문화의 기원을 오독하거나 그것이 내포하고 있는 논쟁적 입장을 읽어 내는 것은 새롭지 않다. 명저와 관련된 논쟁을 한번 생각해 보자. 일부 보수적인 교회법학자들은 약이나 피마자유를 적당량 섭취했을 때 건강이 보장되는 것처럼, 이러한 명저들을 도덕적 처방을 위한 교훈적인 개론서로 여긴다. 하지만 이는 간혹 명저를 통해 인격을 형성한다고 하더라도, 그 책들이 정확히 어떻게 인격을 형성하는가 하는 물음을 간과하는 것이다. 분명 우리 중 가장 글을 잘 읽는 사람이 가장 덕이 있는 사람이라고는 할 수 없기 때문이다.[7] 대학생 나이 정도의 사람들은 특

6. Bonnie Honig, "My Culture Made Me Do It", in Susan Moller Okin with respondents, *Is Multiculturalism Bad for Women?* ed. Joshua Cohen, Matthew Howard, and Martha C. Nussbaum (Princeton: Princeton University Press, 1999), p. 39.

7. Katha Pollit, "Why Do We Read?" in *Debating PC: The Controversy over Political Correctness on College* Campuses, ed. Paul Berman (New York: Dell, 1992), pp. 206, 210.

정한 책을 읽음으로써 교회법학자 같은 부류나 그들이 원하는 다문화주의자가 될 수 있을지도 모른다. 다만, 교실과 그 바깥 세계, 그리고 우리가 가르치고 있다고 생각하는 것과 배운 것 사이에는 상당한 차이가 있다.

사실 특정 텍스트가 다양한 세대와 독자 커뮤니티에 호소할 만한 융통성을 갖추게 된다는 것은 그러한 텍스트를 통해 문화의 기본 범주가 정치화되는 방식일지도 모른다. 자연, 신, 전통, 가족, 젠더, 그리고 권위. 여기서의 '정치화'는 아리스토텔레스가 무언가를 정치화한다는 것에 대해 주장했을 때 그가 행했던 일을 말한다. 아리스토텔레스에게 무언가(가령, 젠더)를 정치화한다는 것은 우리가 그것을 관조할 수는 있으나 새롭게 바꿀 수는 없는 자연에 새겨진 것이 아니라, 인간이 만들고, 인간의 계획하에 주도된 것으로 여긴다는 점을 의미한다. 또한 규범서에 관한 논쟁에서 드러난 많은 논란거리는 이미 그러한 텍스트의 플롯, 주제, 주장, 그리고 극적인 설정에 새겨져 있을 수 있다. 만일 그렇다면, 고등교육의 정치화를 개탄하는 보수적인 교회법학자들은 그들이 기념하는 텍스트가 자신들이 비판하는 교육적 분위기에 기여하는 방식을 간과하고 있는 셈이다.

이와 관련해서 플라톤의 『소크라테스의 변명The Apology』에 제시된 사례를 떠올려 보자. 당신은 소크라테스가 유독 정치적·문화적 권력을 가진 이들-정치가와 시인-을 표적으로 삼아 그들이 말하고 행동하는 것에 대해 실제로 생각했는지, 그리고 그들이 스스로 주장하는 권위가 정당한지를 확인하기 위해 질문했다는 것을 알고 있다. 예상할 수 있듯이, 정치적·문화적 권력을 가진 이들은 소크라테스의 이런 도전에 분노하고 분개하며 소크라테스가 젊은이들을 부추기는 '적대적 문화'를 두려워한다. 전미학자협회의 구성원들이 다문화주의 비평가들에게 의심을 받았던 때처럼 말이다.

따라서 대학에서 누군가가 생각 없이 일상의 관습에 따르지 않도록 해 주는 명저들에 대해 가르치는 한, 대학 교육은 정치화될 수밖에 없다. 검토되지 않는 삶은 살 가치가 없다는 소크라테스의 명령, 저항, 그리고 반론보다 더 정치적인 것은 없다. 이에 고등교육을 탈정치화한다는 것은 초등학교나 고등학교에서 흔히 볼 수 있는 교과서를 만들어 낸다는 것을 뜻한다. 이러한 교과서에는 유머, 아이러니, 열정 혹은 분노와 관련된 내용은 없고, 도덕적으로 진부한 이야기, 일차원적인 역사, 그리고 하찮고 시시한 지적 소재들만 가득할 것이기 때문이다.

하지만, 만일 보수적인 교회법학자들이 명저 자체가 경고하는 방식으로 그것들을 다룬다면, 경전을 비판한 다문화주의자들은 그들이 비난한 바로 그 텍스트가 주요 경전을 다원화하고 문화 권력을 민주화하고자 했다는 점에서 서로 연결될 수 있다는 사실을 인식하지 못할 것이다. 만약 필자가 백인 남성의 선조와 관련된 고전의 헤게모니를 따르고자 했다면, 틀림없이 필자는 학생들에게 예를 들어 소포클레스의 『안티고네*Antigone*』나 플라톤의 『국가*Republic*』를 읽도록 권하지 않았을 것이다. 『안티고네』는 권력을 지닌 이들이 이성을 정치적 무기로 사용해 상대방을 제압하는 방식, 남성과 여성의 상충하는 의무, 세대 및 성별 간의 갈등, 그리고 진보가 어떻게 위법한 것들을 일으키는지에 관한 것이다. 『국가』는 계급, 부, 그리고 성별에 따른 전통적 위계에 대한 급진적인 비판을 담고 있다. 또한 그 명백한 주장에 반하는 극적인 구조를 취하고 있다. 그리고 모든 체제는 정의의 기준에 따라 판단되어야 한다고 주장한다. 이 텍스트들은 도발적이며, 심지어 파괴적이기까지 하다.

하지만 명저를 둘러싼 논쟁은 단지 대학의 정치화에 대한 비난과 반론의 쟁점 사항 가운데 일부분일 뿐이다. 보수적인 교회법학자들이 이러한 정치화를 이야기할 때, 이는 그들이 계급, 젠더, 그리고 성적 선호도를 토대로 누가 고용되어야 하고, 누가 가르쳐야만 하는지에 대한 리트머스 테스트를 만들어 내는 것을 의미한다. 그들은 소위 억압받는 집단의 구성원들이 하는 말이면 무엇이든 정당성을 부여하는 사고방식을 못마땅해하며 부인한다. 어떤 것이 참인지, 거짓인지는 그에 대한 범주화와는 상관이 없으며, 그런 논의는 단순할 필요가 있다는 가정은 그럴 필요가 없다는 2,500년간의 주장을 받아들이지 않는다. 다문화주의자들뿐만 아니라 교회법학자들에게 대학은 입학해야 할 사람이 누군지, 가르쳐야 할 것이 무엇인지에 대해 정치적으로 타협하는 대표 기관이 아니라 이성과 논쟁의 성채다. 정체성 정치, 대중선동, 그리고 정치적 정당성에는 합리적 토론, 논쟁, 증거 제시나 미적 판단이 적용될 여지가 없다. 고등교육기관은 정치적 갈등을 모방하거나 그것에 참여하기 위한 발판이어서는 안 되며, 정치적 갈등으로부터 떨어져 있어야 한다. 만일 이러한 거리가 사라질 경우, 지식과 교리, 보편적 가치와 국지적인 편견, 교육과 교화, 정치와 지적 판단 간의 차이도 매한가지가 될 것이다.

이런 정치화 비판에 대해 다문화주의자들은 믿을 수 없다는 반응을 보인다. 헨리 루이스 게이츠 주니어Henry Louis Gates Jr는 다음과 같이 말하고 있다. "사람들이 정색하며 정치가 항상 정치적이었던 어떤 것으로 터져 나오는 것에 항의할 수 있다는 사실은 공식적으로 쓰여진 역사가 세속적 이익에 물들지 않은 자연물로서 그 자체를 드러내는 데 얼마나 놀라울 정도로 성공했는지를 보여 준다."[8] 다른 다문화주의자들은 칸트Kant와 밀J. S. Mill 같은 정통적인 저술가들, 자유주의자들, 그리고 이성주의자들이 원주민들에 대해서 인종차별적이진

---

8. Henry Louis Gates Jr., "Whose Canon Is It, Anyway?" in *Debating PC*, ed. Berman, p. 195.

않았으나 퇴보하는 듯한 태도를 지녔었다는 점을 계속 지적한다. 전자는 도덕적 진지함과 높은 이상을 추구하지 않고 재미를 좇는 타히티인들이 과연 존재해야 하는지에 대해 의문을 제기하게 했으며, 후자의 야만인들에 대한 관점은 대영 제국을 정당화하는 데 쓰였다.[9]

이것이 시사하는 바와 같이, 다문화주의자들은 '우리' 방식이 보편적으로 타당한 규범과 인간 삶을 조직하는 유일하게 합리적인 방법을 나타낸다는 독선적인 신념을 지닌 채, 그들 스스로를 서구의 헤게모니에 맞서고 있다고 여긴다. 그들은 모든 삶의 방식과 사상을 서구와 비서구로 구분하는 경향과 위르겐 하버마스Jürgen Habermas가 다음과 같이 표현한 주장에 대해 분노하고 저항한다. 하버마스는 마치 비서구 세계에 속한 이들에게 그들을 신화적 세계관에 빠지지 않도록 보호해 줄 반성적 사고가 부족한 것처럼, "자기 자신의 전통과 거리를 두고 제한된 관점을 넓히는 것이 서구 합리주의의 이점이다"[10]라고 주장했다.

따라서 양측은 서로가 대학을 정치화하려 한다고 보고 있다. 이는 그들이 오직 자신들만 진리를 찾고, 자신들만이 학생들을 교육하려고 하는 반면, 상대 쪽은 학생들을 세뇌시키려는 이념주의자들로 이루어져 있다고 여기는 것을 의미한다. 표면적으로는 양쪽 모두 대학에서 정치를 배제해야 할 필요가 있다는 데 동의하는 것처럼 보인다. 하지만 한쪽은 최근까지 대학이 정치적이지 않았다고 생각한 반면, 다른 쪽에서는 최근에야 대학의 정치성이 밝혀졌다고 생각한다. 양측 모두 궁지에 빠졌으며, 그들 사이의 경쟁은 제로섬 게임처럼 보인다.

그런데 만일 대학의 주된 목적이, 민주시민의 정치교육이고 또 그래

---

9. Bhikhu Parekh, "A Varied Moral World", in Okin, *Is Multiculturalism Bad for Women?* p. 69.

10. Jürgen Habermas, "Remarks on Legitimation", *Philosophy and Social Criticism*, vol. 24, nos. 2-3: 162.

야 한다면, 정치를 정화해야 한다는 것은 무엇을 의미하는 것인가? 서로가 상대방을 과도하게 정면으로 비판하는 것을 피하면서 이 중심 과제를 이행하는 식으로 정치교육과 정치화된 교육 간의 구별이 지속되게 할 수 있는가?

여기서 이 같은 구별을 제시하기 전에 다루었던, 곧 대학을 정치화하는 것에 대한 상호 비방에 내포된 마지막 문제가 하나 있다. 정치가 모욕적인 언사가 되는 방식이 바로 그것이다. 현대적 용어로, '정치화'가 의미하는 바는 부도덕하고, 비열하고, 부정직하며, 부패하고, 교묘히 속임수를 쓰고 이데올로기적이라고 할 수 있다. 만일 이것이 '정치'라면, 자신의 자녀나 동료 시민이 정치적으로 교육받길 원하는 사람이 누가 있겠는가?

정치에 대한 경멸적 표현들은 대중문화와 고급 문화, 심야 텔레비전 쇼의 농담거리, 그리고 영화 등을 통해 주로 제시된다. 필자가 가장 좋아하는 지역 토크쇼 진행자인 제이 레노Jay Leno는 정치란 추악한 사람들을 위한 쇼 비즈니스라고 한 줄로 아주 짧게 혹평했다. 제이 레노는 청취자들에게 그들 자녀가 가장 매력없다고 생각하는 직업이 무엇인지 그 순위를 매겨 달라고 요청했다. 가장 싫어하는 직업은 매춘이며, 그다음으로는 정치였다. 하지만 한 청취자가 바로 지적한 것처럼, 둘 사이에 큰 차이는 없었다.

정치에 대한 미국의 태도를 특징짓는 냉소주의, 무관심, 그리고 민심 이탈에 대해 제대로 읽어 내지 않은 채, 사람들이 신문이나 잡지를 집어 들게 할 수 없다. 대학생들은 정치를 연구하거나 그것에 참여하길 원치 않으며, 〈왝더독Wag the dog〉 같은 영화와 〈심슨네 가족들 The Simpsons〉이라는 텔레비전 쇼는 정치를 그럴듯하게 풍자한다. 전문가들과 교수들은 정치에 대한 자본의 영향력, 선량한 사람들의 정치 출마 및 공직 유임에 대한 거부, 스핀닥터와 포커스 그룹의 명성,

그리고 공적 시민성과 사회 자본의 상실에 대해 한탄한다. 가정과 직장 외에 외부 활동을 하는 미국인들은 단기간의 자원봉사 프로젝트나 협력 단체처럼 모든 것이 개인적인 사안에 맞춰져 있는, 구속력이 약한 임시 모임에 시험 삼아 참여하기도 한다.[11] 이런 모임들 가운데 어느 것도 지속적인 집단 행위를 위한 보다 보편적인 신뢰감, 상호관계, 그리고 역량을 창출해 내지 못한다. 알렉시스 드 토크빌Alexis de Tocqueville은 권위를 매우 의심했지만, 행정국가의 조용한 전제정치에 위험할 정도로 취약한 동등한 개인들의 사회를 위해 권위가 긴요한 해결책이라고 생각하기도 했다.

대학을 정치화한다는 혐의에서 명백히 드러난, 정치를 경멸하는 근본적인 원인은 많고, 다양하며, 오래된 것이다. 이는 미국인들이 형편없는 정치 때문에 그것을 혐오한다고 했던 유진 조셉 디온느E. J. Dionne의 주장이 틀린 것은 아니지만 전적으로 맞는다고도 할 수 없는 이유다.[12] 이러한 근본 원인을 밝히기 위해, 우리는 정치 세계를 동굴에 비유하고 정치를 도덕적 고결함과 철학적 지식에 대한 위협으로 표현한 플라톤의 『국가』를 상기해 볼 수 있다. 기독교적 관점으로 보면, 지상의 권위는 궁극적 의미를 잃어버린 세계에서 죄악과 순수함의 상실을 바로잡을 수 있는 방책이다. 사적인 삶과는 대조적으로 정치는, 이차적이며 대단히 방어적인 활동이라는 자유주의의 맥락에서 사람들은 어떻게 살지 그리고 부패한 권력의 영향력에서 어떻게 벗어날지를 선택할 수 있다. 그리고 마르크스의 해석에 따르면, 정치는 보다 기본적인 경제력의 부속물이고, 지배의 도구이며, 역사 논리에 종속되

---

11. William Chaloupka, *Everybody Knows: Cynicism in America* (Minneapolis: University of Minnesota Press, 1999)를 참고하라.

12. E. J. Dionne, *Why Americans Hate Politics* (New York: Simon & Schuster, 1991), 그리고 찰루프카(Chaloupka)의 문헌에서 디온느의 수장을 다룬 같은 책 7장도 참고하라.

어 있다. 그렇기에, 정치는 결국 이런 것들로 쇠퇴하게 될 것이다. 『연방주의자 논집The Federalist Papers』에서 정치에 대한 불신을 지적할 수는 있겠지만, 이러한 불신은 헌법이 견제와 균형을 통해 너무나도 취약한 개인의 미덕을 보완하고자 제도적 미덕을 제시할 수 있다는 민족주의적 신념의 한 부분이었다. 한층 더 핵심을 파고들자면, 1960년대 정치적 권위에 회의적이었던 젊은이들과 그들의 회의주의를 정당화하는 방식으로 행위하는 정치 권위자들 상호 간에 이루어진 신랄한 논증을 분석해 볼 수 있으며, 유능한 정치인들이 정치적 아웃사이더 자리를 놓고 다투는 오늘날의 반정치적 정치의 모습을 살펴볼 수도 있다.

원인이 무엇이든 간에 그 결과는 냉소주의를 완화하기 위한 제안들이 염세적으로 여겨지고, 정치 지도자의 거동이 결국엔 의례적인 동작으로만 보이는, 자기 소모적이고 자기 영속적인 정치적 냉소주의로 나타난다.[13] 분명히 정치적 냉소주의가 만연하고 정치를 폄훼하는 일, 이 모든 것의 증상이자 원인은 정치를 회복하고 민주주의의 위기를 폭로하려는 시도를 방해하는 것이다. 그리고 미국에서는 정치적 정체성과 교육이 긴밀하게 연결되어 있기에, 여기서의 위기는 정치뿐만 아니라 교육에서의 위기이기도 하다. 하지만 위기는 위험을 수반하지만 기회이기도 하다. 가령, 지배력과 권위의 상실은 낡아 빠진 충성심과 전통에 대한 의존성을 없앨 기회이기도 하다. 한나 아렌트는 "그러한 편견이 사라진다는 것은 단순히 우리가 그 편견이 본래의 질문에 대한 답이었다는 사실을 깨닫지 못한 채, 우리가 보통 확신하고 있는 답을 상실했음을 의미한다"[14]라고 썼다. 우리는 본래의 질문으로 되돌아가서,

---

13. Chaloupka, ibid., pp. 27-28.
14. Hannah Arendt, "The Crisis in Education", in *Between Past and Future* (New York: Penguin Books, 1977), p. 174. 이후의 인용은 CE로 표기한다.

격론을 벌이며 과장하거나 미리 기획된 판단을 지지하는 대신 그것들에 대해 생각할 수밖에 없다.

이 같은 경우에 대한 문제 자체는 버지니아대학교 설립자가 제기했다. 1820년에 토머스 제퍼슨Thomas Jefferson은 다음과 같이 썼다. "나는 사람들 자신보다 사회의 근원적 힘을 위한 안전한 보고寶庫가 없다는 것을 안다. 그리고 만일 우리가 사람들이 신중한 분별력으로 통제력을 행사할 만큼 현명하지 않다고 생각한다면, 그에 대한 해결책은 그들에게서 그 분별력을 빼앗는 것이 아니라 그들의 분별력을 알려주는 것이다."[15] 물론 누가 사람들을 계몽할 것인지, 어떻게 그리고 무엇이 신중한 분별력인지, 나아가 그 사람들이 정확히 누구인지에 대한 문제가 남아 있다. 하지만 제퍼슨이 제기한 반론은 분명하다. '어떻게 민주시민을 정치적으로 교육할 수 있는가?'이다.

∥

이 글의 나머지 부분에서는 한나 아렌트와 소크라테스의 사상을 토대로 제퍼슨이 제기한 반론에 답하고자 한다. 아렌트와 소크라테스를 선택한 이유는 동일하다. (여기서는 아렌트식으로 소크라테스를 '인용'했기 때문에 '이 글'에서의 소크라테스는 간혹 아렌트에 의한 것이다.) 아렌트와 소크라테스를 각각 그리고 같이 살펴봄으로써, 우리는 널리 퍼진 진부한 표현들을 벗어나, 정치교육과 정치화된 교육의 특징적 차이를 정립하여 문화전쟁에 대한 용어를 재조명할 수 있다. 또한 아렌

---

15. Thomas Jefferson, letter to William Charles Jarvis, September 28, 1820, in *The Collected Works of Thomas Jefferson*, vol. 12, ed. Paul Ford (New York: Putnam, 1905), p. 1630.

트와 소크라테스는 각각 그리고 두 사상가 모두 보수적인 교회법학자들과 다문화주의자들의 격론을 통해 제기되는 불만에서 무엇이 옳고 과장되었는지를 보여 주며, 커리큘럼 선택을 위한 기준을 제시하고, 그들의 사상을 통해 드러내고 그들이 말한 문화뿐만 아니라 '훌륭한 작품'에서 풍기는 더 미묘한 관점을 권하기도 한다. 결국, 이처럼 아렌트와 소크라테스가 정치교육자로서 각자 나름의 모범적인 면모를 보여 주고 있기에 이 글에서 그들에 대해 다루고자 한다.[16]

좀 더 자세히 말하면, 이 글에서 아렌트를 선택한 이유는 '정치교육'에 대한 아이디어와 실천에 대해 보인 그녀의 의구심이 문화전쟁 참여자가 제안한 것보다 훨씬 더 정치와 교육의 생산적인 관계에 대한 우려를 표현하고 있기 때문이다. 아울러, 아렌트를 택한 또 다른 이유는 그녀의 사상을 오늘날 유행하는 지적, 정치적 범주에 맞추기 어렵기 때문이다. 아렌트는 보수적인가, 진보적인가, 아니면 급진적인가, 철학자인가 아니면 정치사상가인가, 공화주의 전통을 옹호하는가 아니면 민주주의자인가, 고통의 주창자인가 아니면 숙의하는 정치가인가? 아렌트를 자세히 읽으면 이런 질문에 답하기 쉽지 않을 것이다. 마지막으로 아렌트를 대화 상대로 선택한 이유는 (마르크스와 플라톤의 경우처럼) 문제의 소지가 있긴 하지만 아렌트의 '명저'를 읽는 것이 교훈적이기보다는 생성력이 있기 때문이다.

소크라테스를 선택한 이유는 그가 문화전쟁을 규정하는 양극단을 혼란스럽게 하는 고전적인 인물이며, 비록 그가 아렌트보다 정치와 탁월함을 훨씬 더 경계하긴 했지만, 검토하는 삶을 사는 것이 민주시민의 정치교육에 중요한 특징이라고 확신했기 때문이다. 물론 소크라테

---

16. 만일 우리가 정치와 도덕 또는 위대함과 정의의 관계와 같은 문제에서 그것들 간의 긴장을 입증하려 한다면, 아렌트와 소크라테스는 훨씬 더 특징적인 사례가 될 것이다.

스의 죽음이 그가 그러한 삶을 살기 위해서였기 때문이라는 사실은 필자의 주장을 상당히 믿기 어렵게 만든다. 다만, 소크라테스가 꽤 오래 살았다는 점을 감안할 때 소크라테스에 대한 필자의 주장은 설득력 있게 보일 수 있다. 소크라테스의 거듭된 변론에도 불구하고, 유죄 판결이라는 투표 결과에는 큰 차이가 없었다. 그는 자신에게 꼬박 하루의 시간이 주어진다면, 배심원들에게 자신의 무죄를 입증할 수 있었을 거라고 했다. 이 지점에서 제시하고자 하는 바는 소크라테스가 강조한 검토하는 삶이 아테네 민주주의의 실례를 통해 추론된 것이라는 점이다.[17]

한나 아렌트는 '정치교육'이 범주들, 민감한 감정들, 그리고 활동들을 위험스럽게 교란시키는 일이라고 생각한다. 아렌트에게 정치는 설득을 시도하고 실패의 위험을 무릅쓰며 동등한 이들과 함께하는 일과 관련이 있다. 반면에 교육은 "어른들의 절대적인 우위에 기반한 전제적인 간섭"CE. 176을 전제로 한다. 교육은 우리가 "언제나 이미 교육받은 사람들을 상대해야 하는" 정치에서 아무런 역할을 할 수 없기에, 성인을 교육하려는 사람은 누구나 "실제로 그들을 관리하고 그들이 정치 활동을 못 하게 **막으려** 한다".CE. 177

여기서 아렌트는 분명 두 가지 특정 대상을 염두에 두고 비판하고 있다. 첫 번째는 자녀에 대한 부모의 권위와 학생에 대한 교사의 권위를 정치적 권위를 이해하기 위한 본보기로 삼는 전통적인 정치사상가들인데, 가장 대표적인 인물인 플라톤도 여기에 속한다. 아렌트가 볼 때, 이는 정치와 평등의 영역을 교육과 권위의 영역과 혼동하는 범주의 오류다. 그것은 정치적 평등이 공적 영역의 구조적 성격에 선행하는 자연적 조건이 아니라 오히려 개개인이 공적 영역에 들어섬으로써

---

17. 이와 관련된 논의는 *Corrupting Youth*, chap. 4에서 자세히 언급하고 있다.

획득하게 되는 시민권의 속성과 관련되기 때문이다.

두 번째 비판의 대상은 미국 교육이다. 플라톤이 정치 영역에 영구적인 불평등을 기반으로 부적합해 보이는 비유를 제시한 데 반해, 미국인들은 교실에서 평등을 실현하려고 부적절하게 책임을 다한다. 이로써 그들은 젊은이와 늙은이, 재능있는 이들과 그렇지 않은 이들, 아이와 어른, 그리고 학생과 교사의 가장 중요한 차이를 없애고 있다. 어른의 권위 행사에 대한 이러한 거부는 적어도 두 가지 결과를 초래한다. 그것은 또래의 횡포가 어른들의 권위를 대신할 수 있는 별도의 영역을 만들어 냄으로써 아이들의 세계를 [어른들의 세계로부터] 멀어지게 한다. 그리고 그것은 젊은 세대가 성인이 되도록 준비시켜야 하는 어른들이 그들의 책임을 다하지 않는다는 것을 의미한다.

아이들 스스로 아렌트가 '교육자의 이중적 측면'이라고 지칭한 것을 드러낸다. 새끼 고양이가 고양이가 되는 것과 같은 이치로, 모든 동물 종의 새끼와 마찬가지로, 아이도 인간 존재가 되는 과정 중에 있다. 하지만 인간 부모는 그들의 아이들에게 생명을 불어넣었을 뿐만 아니라 "동시에 그들을 세계에 소개"CE, 185하기도 한다. 그러므로 교육은 모든 동물의 어미가 새끼들을 맡아 생활 습관을 훈련시키는 기능일 뿐만 아니라 아이의 탄생 이전에 존재했고, 죽음 이후에도 존재하게 될 세계의 지속을 위해 책임지는 일과도 관련이 있다. 아이는 세계에 대한 위협이자 경신을 위한 원천이기에, 교육은 두 방향으로 동시에 움직여야 한다. 그것은 세계로부터 아이들을 보호해야만 하는 일이며, "각 세대가 가져오는 새로움의 맹렬한 습격으로 인해 황폐해지고 파괴되지 않도록"CE, 186 각 세대의 아이들로부터 세계를 지켜야만 하는 일이기도 하다. 따라서 교사를 포함해서 성인들은 자신들이 창조하지 않은 세계, 그리고 심지어 찬성하지도 않는 세계에 대해 책임을 진다는 점에서 보수적이어야 한다. 다만, 교육의 영역에서 당연시되는 과거의 권위와 그것에 대한 태도가 정치와 성인의 세계에서는 타당하지 않다.

이는 우리가 동등한 성인들 가운데 행위하는 공적 영역으로 교육에 나 적합한 보수주의를 확대해서는 안 된다는 것을 의미한다. 정치적으로 말해서, 세계를 보전하기 위해 감내하고 애쓰는 태도는 참담하다. 왜냐하면 세계는 "만일 우리가 새로운 것을 바꾸고 창조하기 위해 개입하지 않는다면, 돌이킬 수 없는 시간의 파괴로 이어지기"CE, 192 때문이다. 오직 우리가 젊고, 새롭고, 이전에는 결코 본 적 없는 것을 실제로 분명하게 드러내야만, 우리는 세계를 계속해서 황폐해지도록 위협하는 사멸성에 맞서 그것을 보전할 수 있게 된다. 역설적인 것처럼 보이지만, 결론은 우리가 교육에서 보수적이어야만 하며, 그래야 정치에서 급진적일 수 있고, 급진적인 정치를 통해서 우리는 생명력 있는 공통세계를 유지하고 보전할 무언가를 지닐 수 있다.

이런 과정에서 고등교육기관은 특이하고, 심지어 모순된 역할을 한다. 고등교육기관은 교육의 끝이자 정치의 시작이다. 고등교육기관의 학생들은 투표하고, 자신들의 국가를 지키라는 부름을 받으며, 구속력 있는 계약에 서명할 수 있고, 성인으로서 재판받을 수 있는 동료 시민이기도 하다. (점점 증가하고 있는 성인 학생은 제외하기로 한다.) 민주주의 시민으로서, 그들은 자신들이 지금까지 경험한 교육적 권위와 정치에 유사한 점이 없다는 것을 알아야만 한다.

문화전쟁에 대한 아렌트의 주장이 시사하는 바는 무엇인가? 첫째, 아렌트는 국민으로서 그리고 민중으로서 우리가 공유하는 것을 감사히 여기도록 한다는 의미에서 교육이 반드시 보수적이어야 한다는 교회법학자들의 주장에 동의한다. 이민자들이 있는 나라에서는 우리가 서로 간의 차이를 이해할 수 있도록 교육을 통해 공통의 언어를 제공해야 한다.[18]

둘째, 아렌트는 다문화주의를 비판하는 이들이 부당하고 억압적이라고 생각할 수 있는 세계에 대해 책임을 져야 한다고 주장할 것이다. 단언컨대, 공통세계에 대한 책임은 비판을 가로막지 않는 것이다. 사실, 특별히 그 세계가 민주적일 때, 비판이 필요하다는 점에 대해서는 이후에 논하고자 한다. 다만, 처음에는 윌리엄 갈스턴William Galston이 사회의 주요 제도와 관습에 정당성을 부여하는 영웅의 신전을 확립한다는 점에서 "역사적 내러티브의 도덕화moralizing historical narratives"라고 부른 것이 필요할 수 있다.[19] 이는 분명히 젊은이들을 동등하게 여기지 않아야 하며, 그들에게 안정감과 통제력을 부여하고, 그들의 생각을 이끌어 줄 도덕적이고 사회적인 지형을 제시하고, 어른이 된다는 것이 명예로운 지위와 임무를 맡는다는 것임을 그들에게 보여 주어야 함을 의미한다.[20]

셋째, 아렌트는 보수적인 교회법학자들이 "새롭고 예측할 수 없는 것을 시작"하지 못하게 하는 방식으로 젊은이들에게 자신들의 문화적 권력을 내세우지 말아야 한다는 점 또한 주장할 것이다. 그들은 학생이

---

18. 하지만 아래의 네 번째 시사점에서 제시한 것처럼, 이는 '우리'와 '공통'이라는 것 자체에 논쟁의 소지가 있음을 간과하고 있다.

19. William Galston, "Civic Education in the Liberal State", in *Philosophers on Education*, ed. Amelie Oksenberg Rorty (London: Routledge, 1998).

20. 아렌트는 어린 시절이 "그 자체의 법칙에 따라 살아갈 수 있는 자율적인 인간 상태"("The Crisis in Education", p. 195)인 것처럼, 아이들과 어른들 사이의 경계선이 벽이 되어가는 것을 강하게 반대한다. 이렇게 아이들의 세계를 분리한 것은 어른들이기 때문에, 적어도 그 자체로 어른들이 아이들을 성인으로 교육할 책임을 포기한 것임을 보여 준다. 심지어 그 [교육적 책임 회피]는 어른들이 자신들의 세계에 대해 혼란, 무관심, 또는 경멸을 표명하는 것으로 여겨질 수도 있고, 또는 더 당혹스럽게도 아이가 되고자 하는 암묵적인 소망으로 존재하는 세계의 특권과 책임을 포기하는 것으로 이해될 수도 있다. 아렌트는 부모들이 다음과 같이 말하는 것 같다고 적고 있다. "이 세계에서는 집에서조차 안전하지 않다. 세계 안에서 어떻게 살아가야 하는지, 무엇을 알아야 하는지, 어떤 기술을 익혀야 하는지는 우리도 이해하기 어렵다. 너는 네가 할 수 있는 한 최선을 다해 알아내야 한다. 어떤 경우에도 너는 우리에게 책임을 물을 권한이 없단다. 우리에겐 아무 잘못도 없고, 그저 네게서 손을 떼려는 것뿐이다"("The Crisis in Education", p. 191).

자 동료 시민인 18세에서 22세 사이의 젊은이들과 자신들의 권위를 공유함으로써 학생들이 우리의 공통세계를 경신하는 임무를 맡도록 준비시켜야만 한다. 이는 우월한 지식에서 비롯된 권위를 포기한다는 뜻이 아니다. 그것은 지금까지 어른들의 특권이자 임무였던, 곧 우리가 함께하는 삶을 유지할 책임을 공유하는 것을 의미한다. 또한 그것은 상호적인 관계, 학생의 학생이자 교사가 되는 것, 그리고 학생들이 올바른 답을 찾을 때까지 질문만 하는 것이 아니라 그들과 대화를 시도하는 것에 대해 점점 강조한다는 의미다. 실제로 이 단계에서는 질문이 답변만큼 빈번해지고, 도덕적인 내러티브가 분석과 비평으로 바뀌고, 규범을 구성하는 것에 대한 항의는 아무렇지 않은 일로 무시되기보다는 오히려 존중되거나 장려되어야만 한다.

넷째, 아렌트는 추론과 사례 제시를 통해 깨달음과 창조성을 동시에 갖춘 플라톤, 칸트, 그리고 카프카와 같은 권위 있는 작가들의 작품을 읽는 법에 대해 보여 준다. 문화전쟁에 맞선 이들과 달리, 아렌트는 체제를 전복시킬 만한 그들의 잠재력을 존중하고, 심지어 장려하기까지 하면서, 명백한 문화적 힘의 영향력에도 불구하고 자신들의 텍스트를 '위대하게' 만든 그들의 기교와 미적 탁월함에 감탄한다. 최근 한 아렌트 평론가는 그녀를 해석하면서, "교육에서 가장 중요하고 난해한 문제는 어떻게 아이들이 지닌 새로움과 혁신적인 것을 보전하면서 동시에 인간 존재들의 영속적인 안식처로서의 세계를 유지하는가이다"[21]라고 주장했다. 필자는 아렌트가 고전적 텍스트를 통해 이와 유사한 문제를 해결한다는 점을 보여 주고자 한다.

마지막으로, 보수적인 교회법학자들이 이민 배제주의 정책에 사로잡혀 있다면, 아렌트는 공간과 기회가 단지 젊은이들에게만 제공되는

---

21. 이 부분에 대해서는 이 책의 2장 Mordechai Gordon, "Hannah Arendt on Authority"를 참고하라.

것이 아니라 젊은이가 아닌 새로 온 이들, 곧 이민자들에게도 주어져야 한다는 사실을 토대로 그들에게 주의를 주었을 것이다. 이들 새 이민자들이 교육을 통해 미국인이 되는 데 도움을 받는 것이 사실이긴 하지만, 그들 역시 국가 경신을 위한 인적 자원이자 새로운 질서로서 우리의 국가 정체성을 '보장'하고 있는 것 또한 사실이다. 미국이 참으로 '위대'하고 '이상'적으로 여겨지는 이유는 외부 세계와의 단절을 거부한다는 점에 있다.CE, 175-176

그런데 대학을 정치화하는 문제는 어떤가? 아렌트는 이 문제에도 도움을 줄 수 있는가? 성인을 교육하려는 것은 세뇌의 한 형태이며, 젊은이들을 동등하게 대하는 것은 어리석은 일이라는 아렌트의 주장이 도움이 되긴 하나, 여전히 우리를 더 나은 단계로 나아가게 하지는 못한다. 정치가 축소되는 것에 대해 아렌트가 거친 언어로 이의를 제기하는 방식이 그렇다. 그녀가 정치에 대해 언급하는 방식이 이상하게 들리기도 하겠지만 그것이 핵심이다.

Ⅲ

아렌트가 교육이 불의적인 위계질서가 아닌 동등한 이들 사이의 상호성을 포함한다는 데 동의할 만한 한 지점이 있다. 바로 공적 영역 그 자체, 특히 근본적으로 민주적인 것이 그것이다. 이에 대한 핵심 사항은 『소크라테스의 변명』에 명시되어 있으며, 여기서 소크라테스는 정의로운 사람이라면 그 누구라도 자신과 함께 살아가는 이들을 타락하게 하여 스스로 자기 삶의 질을 떨어뜨리지 않을 거라고 주장한다. 결국, 만일 여정과 그 목적지가 같다면, 자신이 타고 이동하는 것을 부수는 일은 이치에 맞지 않는 것처럼 말이다.22 그것은 정치 행위로 함께하는 이들의 성격이 바뀌는 공동체인, 폴리스에 대한 아리스토텔 레스의 정의를 통해 분명히 드러난다. "만약 그들이 각자의 영역을 떠 나기 전과 함께 모인 이후에도 그들의 참여 정신과 상호작용의 성격이 변하지 않았다면, 그들의 공동체는 폴리스가 아닐 것이다."[23] 이는 모 두가 동일한 관점을 갖고 하나의 의견을 공유해야 한다-아리스토텔 레스에 따르면 그것은 플라톤의 실수였다-는 의미가 아니라, 사람들 이 정치적 토론과 숙고 과정을 거쳐 자신들의 의견을 조정할 수 있어 야 한다는 뜻이다. 이러한 의미에서 '대의 민주주의'는 용어상 모순이 다. 참여의 핵심이 시민처럼 생각하는 법을 배우면서 자신의 의견을 다듬는 것이라면, 누군가가 나를 위해 운동을 해 줄 수 없는 것처럼 나의 의견도 누군가가 대신할 수 없다.

아렌트도 이와 비슷한 관점을 취하고 있다. 토크빌과 밀처럼, 아렌 트는 다수의 횡포에 괴로워하며, '여론public opinion'이라는 개념 자체 가 개인의 의견 형성에 방해가 된다고 비난하기도 한다.[24] 아렌트에게 정치란 다르게 생각하는 이들이 솔직하게 말하는 것을 기반으로 한 다. 왜냐하면 우리는 의견 교환을 통해서만 우리 자신을 재구성하고 확장할 수 있으며, 그 과정에서 자신을 시민으로 생각하는 법을 익히 기 때문이다. 시민으로서 생각한다는 것은 다른 것을 원하는 이들과 흥정한다는 점에서 "내가 무엇을 원하는가?"가 아니라 당장 행해야만 하고 앞으로도 그럴 수 있는 '우리'의 관점에서 토론을 자아내는 물음, 곧 "우리에게 필요한 것은 무엇인가?"에 대해 질문하는 것이다.

아렌트가 볼 때, '정치' 공동체에는 개개인이 함께하는 세계가 어떻

---

22. Jonathan Schell, "Introduction", in Adam Michnik, *Letters from Prison and Other Essays*, trans. Maya Latynski (Berkeley: University of California Press, 1985), p. xxxiii.
23. *Politics*, 1280b32.
24. Hannah Arendt, *On Revolution* (New York: Viking, 1963), pp. 227-230.

게 개인주의를 가능하게 하는지를 제대로 인식한, 결단력 있는 개인들의 공격적인 논쟁이 필요하다. 아렌트는 『인간의 조건』에서 '인간의 복수성'과 관련된 "언어의 기본 조건이 같음과 다름이라는 이중적 성격을 지닌다"[25]라고 적었다. 만일 인간이 동등하지 않다면, 그들은 서로를 이해할 수도, 공동체를 구성할 수도 없다. 하지만, 만일 인간이 다르지 않다면, 다시 말해 말과 행위를 통해 그들이 공유하고 계속해서 재현해 내는 세계에 자신들의 독특한 관점을 드러내지 않는다면, 말할 필요도 없고 따라서 정치도 필요 없을 것이다. 그리고 정치 자체는 입법안 통과, 개별 인간의 이익 보호, 재산 증식, 혹은 안전 보장과 같은 어떤 목표를 달성하는 것이 아니라 인간이 서로에게 드러나는 일에 관한 것이다. 공적 행위를 통해 우리는 삶의 활력을 얻는다. 공적 행위는 우리가 누구인지에 대해 서로 소통하고, 서로를 구별해 주는 행위 방식과 성격 특성을 나타내며, 다른 이들이 우리를 주목하고 알아채도록 스스로를 드러낼 기회를 우리에게 선사한다.

아렌트는 정치를 부활시키기 위해 그리스의 폴리스에 대해 중점적으로 다룬다. 그녀의 목적은 플라톤 이래의 철학적 전통, 홉스와 로크 이후의 자유주의적 전통, 그리고 정치를 희생시키면서까지 경제적·사회적 삶을 예찬한 마르크스주의 전통이 결합된 세력에 맞서 정치의 위엄을 되살리는 것이다. 부언하면, 아렌트는 "다시 한번 고대 그리스 시대, 곧, 그 정치적 … 전통으로 되돌아간다. 분명, 그것은 학문을 위해서도, 전통의 영속성 때문도 아니며, 단지 행위하는 과정에서 경험한 자유 때문이지 그 외에 어떤 것-물론 인류가 이 경험을 완전히 잃어버린 것은 아니지만-도 아니다. 자유는 [고대 그리스 시대 이래로,

---

25. Hannah Arendt, *The Human Condition* (Chicago: University of Chicago Press, 1958), p. 176. 이후의 인용은 HC로 표기한다. 필자는 *The Cambridge Companion to Hannah Arendt*, ed. Dana Villa (Cambridge: Cambridge University Press, 2000)에서 '아렌트의 헬레니즘'에 관해 자세히 논하였다.

그때와] 동일한 고전적 명확성으로 표현된 적이 한 번도 없었다".[26] 아렌트가 말한 폴리스는 특정한 지리적, 제도적, 혹은 역사적 형태를 가진 도시국가라기보다는 "사람들이 어디에 있든 상관없이 그들이 함께 행위하고 말함으로써 이루어지는 조직"이기에, 거기서 [사람들은] "대개 언제 어디서든 적절한 위치"[HC, 198]에서 직접 참여 (정치교육도 마찬가지) 할 수 있는 공간을 찾게 된다. 왜냐하면 우리가 전적으로 정치적 자유의 경험을 상실한 것은 아니기 때문에―사실 [앞의 아렌트] 인용문의 '물론'은 우리가 그것을 잃을 수 없다는 것을 의미한다―, 그리스로 돌아간다는 말의 핵심은 돌이킬 수 없이 지나가 버린 세계를 슬퍼하는 것이 아니라, 우리 시대에 존재하는 유사한 경험의 현존을 인식하면서 '자유', '권력', '행위' 그리고 특히 '정치'와 같은 말에 더 풍부한 의미를 부여하는 일을 맡는다는 데 있다.

정치 참여를 정치교육의 한 형태로 바라보는 아렌트가 우리에게 일깨우는 것은 두 가지다. 첫째, 정치교육에서 상당히 중요한 부분들이 학교교육 밖에서 일어난다는 점이다. 실제로, 민주시민을 위한 정치교육은 고등교육을 통해 이루어지는 하나의 임무일 뿐이다. 또한 대학에서 정치교육을 행하는 한 가지 방법은 정치에 대해 이해하는 바가 우리와 완전히 다르지는 않더라도, 근본적으로 다른 시대와 문화를 가르치는 것이다. [다음에서 살펴볼] 소크라테스적 논점은 당연하게 여겨지는 것을 없애거나, 더 역설적으로 정치 개념을 정치화하는 것과 관련이 있다.

---

26. Hannah Arendt, "What Is Freedom?" in *Between Past and Future*, p. 165.

IV

엄밀히 말해, 대학교육이 지적인 역할을 담당하면서도 정치적일 수 있는 또 다른 방법이 있다. 아렌트는 아돌프 아이히만의 재판에 대한 성찰과 그와 관련된 책에서 이 또 다른 방법을 제안한다. 아렌트가 책을 쓸 때 그녀를 놀라게, 당혹스럽게, 자극한 것은 극악무도한 괴물 같은 행동을 저지른 사람에게서 볼 수 있는 사악한 동기가 아이히만에게 없었다는 점이다. 그는 특정 이데올로기를 앞장서서 주창하는 사람도, 반유대주의자도 아니었다. 자신의 개인적인 출세에 몰두하는 것 외에 "그에게는 아무런 동기가 없었다". 그는 자신이 그 엄청난 일을 저질렀음에도 불구하고, 그저 "자신이 무엇을 하고 있었는지 몰랐다". 이는 어리석음의 문제가 아니다. 다시 말해 그는 지극히 '정상'으로 보였다. "그가 그 시대의 가장 극악한 범죄자 중 한 사람이 되게 했던 것은 … 순전한 무사유였다." 그러한 무사유, 그리고 그것이 의미하는 현실과의 괴리는 "모든 사악한 본능을 합친 것보다 더 큰 혼란을 일으켰다".[27] 약 14년 후를 돌아보며 아렌트는 다음과 같이 묻고 있다. "선과 악의 문제, 옳고 그름을 구별하는 능력은 우리의 사유 능력과 관련이 있을 수 있는가? … 이러한 사유 활동은 결과와 특정 내용에 상관없이 무슨 일이 일어나든 혹은 관심을 끄는 것이 무엇이든 그것에 대해 검토하는 습관이 될 수 있는가? 이러한 활동은 인간이 악행을 삼가도록 하거나 심지어 사실상 그것에 대해 '제한'을 두도록 하는 그 조건이 될 수 있는가?"[28] 관건은 우리가 사유하기 **때문에** 알게 되는 것이 아니라는 점이다. 사실, 우리가 정의나 학문적 기준에 대해 알게 된다면, 아마도 그것에 대해 생각하는 것을 멈출지도 모른다. 오히려 문제가

---

27. Hannah Arendt, *Eichmann in Jerusalem* (New York: Penguin Books, 1977), pp. 287-288.

되는 것은 사유하기 '그 자체'다. 곧, 그것은 "존재만으로도 우리의 관심을 끌고, 우리를 에워싸고 있는 사건과 행위에 맞서 우리를 보호하는 역할을 한다고 사회적으로 인식되고 있는" 진부함과 표준화된 규범을 뛰어넘는 원동력으로 사유하는 것이다.TMC. 9

이 글에서는 아렌트의 소크라테스식 질문에 잠정적으로 '동의'한다. 자기 자신과의 대화 형태인 하나 속의 둘로 사유하는 것은 사실상 사람들이 불의를 범하지 못하게 하고, 어떤 경우에는 민주시민의 정치교육에 이바지할 수 있는 조건에 포함되기도 한다. 아렌트에게 나와 나 자신과의 대화를 가능하게 하는 사유와 그로 말미암아 홀로 있을 때조차 혼자가 아니라는 사실을 깨달았던 사람은 바로 소크라테스였다. 인간이 자기 선택과 행위에 책임을 지는 것은 바로 이 말 없는 대화 상대자 덕분이다.[29] 우리 모두에게는 우리가 말한 것이 적절하고 설득력 있고 현명한지, 우리가 독선적이지 않고 우리의 원칙에 충실했는지를 생각하면서 마음속으로 대화를 거듭한 경험이 있다. 이런 대화를 통해, 우리는 스스로에게 책임을 묻고, 우리가 만일 심각하게 부족하다는 것을 알게 되면 밤잠을 설치기도 한다.

소크라테스의 말을 빌려, 이 말 없는 대화 상대자에게 책임을 진다는 것은 우리가 자신과 친구가 되어야만 한다는 것을 의미한다.[30] 만일 인간이 자기 자신과 모순된다면, 자기와 전쟁을 치르게 될 것이고, 그로 인해 일관된 방식으로 행위할 수 없게 될 것이다. 더욱이 자기 자신과 친구가 되는 일은 불의를 행하지 않도록 해 준다. 옳지 않

---

28. Hannah Arendt, *The Life of the Mind*, vol. 1: *Thinking* (New York: Harcourt Brace Jovanovich, 1978), p.5 (이후의 인용은 LOM으로 표기한다). 그리고 "Thinking and Moral Considerations", *Social Research*, vol. 38, no. 3 (Autumn 1971): 9-13 (이후의 인용은 TMC로 표기한다).
29. "Thinking and Moral Considerations", p. 37, and "Philosophy and Politics", *Social Research*, vol. 57, no. 1 (Spring 1990): 101 (이후의 인용은 PP로 표기한다).
30. Plato, *The Gorgias*, 482a.

7. 대학의 정치화와 진부한 표현에 대한 한나 아렌트의 관점 269

은 일을 행한다는 것은 불의한 사람과 함께 여생을 보낸다는 것을 뜻하기 때문이다. 가령 살인자는 "매우 잔인한 자기 자신과 영원히 함께 살게 될 뿐만 아니라 자기 행위의 이미지로 모든 이들을 바라보게 될 것"이기에, 우리가 상상하는 것 이상으로 그러한 상황은 좋지 않다. 여기서 해로운 점은 그 살인자의 구체적인 행위보다 그로 인해 갖게 되는 세계에 대한 관점이다. 이는 그 자신의 세계는 물론 그가 살아야 하는 시민의 공통세계를 구성하는 데도 영향을 준다.PP, 88; TMC, 33, 35 [31]

하나 속의 둘이라는 대화와 시민세계 사이의 연관성에도 불구하고, 나와 나 자신과의 대화는 직접적으로 정치교육과 관련이 없다. 하지만 정치적으로 그것과 관련될 수 있는 특정한 상황들이 있다. 과연 그러한 상황들은 무엇이며, 그것들과 정치교육은 돌연 어떤 관련성을 갖게 되는가? 아렌트가 염두에 둔 상황은 나치 독일과 같은 범죄 정권하에서처럼, 전통, 도덕적 교훈, 종교적 신념, 그리고 양심이 그 자체로 악에 연루되어 더 이상 옳고 그름을 구별하기 위한 지침으로 작동하지 않음으로써 사람들이 생각 없이 휩쓸리는 것처럼 보이는 경우다. 이때 사유할 줄 아는 사람은 자신의 독립적인 정신이 뚜렷해지면서 하나의 행위 형태를 띠기 때문에 은폐된 것에서 빠져나오게 된다.TMC, 36

이러한 사유는 목표가 아닌 결과로만 정치교육의 일부가 될 수 있다. 만일 사유가 수단으로 여겨진다면, 법과 도덕이 범죄와 관련될 때 지혜로서의 사유에 내재된 그 자체의 진실성과 지위는 모두 훼손된다.

---

31. 하지만, 아렌트 논의 가운데 현 세계의 사유에 대하여 훨씬 더 광범위한 정치적 차원을 제시한 부분이 있다. 아렌트는 (『과거와 미래 사이』에서) "권위란 무엇인가?"라는 글을 통해 현대의 조건이 권위, 전통, 그리고 종교(그녀는 후자에 관해서는 확실히 잘못 생각하고 있다)의 상실이라고 규정한다. 다만, 만약에 우리 모두가 지혜를 물려받지 못하고 전통의 급격한 단절을 겪게 된다면, 우리는 일제히 어느 정도 사유하는 이가 되기 위해 그리고 사유를 증진하는 독립적인 판단을 하기 위해 자력으로 거슬러 올라가야 한다. 이는 아마도 성인들이 서로에게 이야기하지만, 젊은이들에게는 말하지 않는 또 다른 것일 것이다.

이런 관점에서, 정치교육의 일환으로서 사유는 우리가 검토하는 삶을 살 수 있도록 하는 특정 주제나 성찰 방식에 내재해 있으며, 이와 관련해서 고전은 소크라테스가 사유의 실제로 여기고, 아렌트가 악을 억제하는 것으로 다룬 하나 속의 둘이라는 대화를 불러일으키는 책이라고 할 수 있다.

비록 나와 나 자신 사이의 대화가 세속적인 전제와 결과를 띠긴 하지만, 애초에 내가 최종적으로 동의해야 하는 다른 사람들과의 예견된 의사소통에 근거하여 그러한 대화가 진행되는 것은 아니다. 여기서 제시한 그런 사유의 유형을 아렌트는 '표상적 사유representative thinking'라고 했다. 그것은 더욱 직접적인 정치교육 방식이다.[32] 표상적 사유는 상상을 통해 다른 사람의 관점을 나 자신에게 투영하는 것이다. 이는 나 자신과 떨어져 어딘가에 존재하는 누군가의 관점을 받아들이는 공감의 경우와는 다르다. 그것은 내가 있지 않은 곳에서 나 자신의 정체성으로 존재하고 사유하는 것과 같다.TP, 241 아렌트는 인간이 자신의 상상력을 기르는 일을 방문하기로 보고 있다. 그것은 당신이 주인 입장이 되거나 정체성을 바꾸는 것이 아니라, 그 또는 그녀에게 "거기서 바라보는 세계는 어떤 모습인가? 사람들은 사물을 어떻게 보고 있는가?"라고 묻는 것이다.

특정 사안과 관련해서 무엇을 해야 할지 생각하는 동안, 자기 자신의 마음에 더 많은 사람의 관점을 놓아 볼수록 표상적 사유 능력은 점점 강해지고, 자기 자신이 내린 결론과 의견은 '더욱 타당하게' 여겨질 것이다.CC, 221; TP, 241 그것은 결론을 내려야 하는 '우리', 그 '우리'로

---

32. 표상적 사유에 대한 아렌트의 관점은 『과거와 미래 사이』에 수록된 「진리와 정치」, 「문화의 위기」(전자에 대한 이후의 인용은 본문에서 TP로 표기하고, 후자는 CC로 표기한다), 그리고 로널드 베이너(Ronald Beiner)가 편집한 아렌트의 『칸트 정치철학 상의Lectures on Kant's Political Philosophy』(Chicago: University of Chicago Press, 1982)에서 확인할 수 있다.

묶인 이들과의 실제적이고 계획된 대화 중에 일어나는 사유가 자기 자신의 의견을 더 포괄적으로 형성하게끔 하기 때문이다. 이러한 포괄성은 일종의 불편부당성에는 이를 수 있지만 결코 객관성을 띠는 것은 아니다. 불편부당성은 불완전하고 자기편향적이라는 이중적 의미에서 그 자체로 편파적이며, 세계를 다른 관점에서 바라보는 능력에 달려 있다. 반면, 객관성은 마치 우리가 세계의 일부가 아닌 것처럼 세계 바깥에서도 그것을 견지할 수 있다고 여기는 것이다. 표상적 사유에 의한 정치 지식은 갈피를 잡을 수 없지만, 객관적 지식은 그렇지 않다. 이 글에서 필자가 말하는 '표상적 사유'는 일상의 삶에서 여성이 경험하는 상처들을 이해할 수 있는 남성과 그렇지 않은 남성을 구별한다. 각기 다른 이유에서 종종 감탄을 자아내는 스파이크 리Spike Lee의 작품과 존 세일즈John Sayles의 작품을 비교해 볼 수 있다. 그들은 노동계급이 아님에도 낭만주의나 우월의식을 드러내지 않으면서 자신들의 작품을 통해 노동자 계층의 삶을 형상화할 수 있는 작가이자, 영화제작자, 그리고 방송제작자다.

우리가 방문하는 집의 사람들이 살아 있거나 실재할 필요는 없다. 아렌트는 "마지막 분석에서 옳고 그름에 대한 우리의 결정이 우리가 인생을 함께 보내고 싶은 사람들에 대한 우리의 선택에 따라 달라진다"LOM라고 썼다. 우리가 함께하고자 하는 이런 사람들에는 우리 자신, 우리가 선택한, 그리고 우리를 위해 규정되는 삶을 구성하는 결정과 선택에 우리가 직면했을 때 떠오르는 살아 있거나 이미 죽은, 그리고 실재하거나 허구적인 인물들 모두가 포함된다. 그 교육학적 물음과 일반 교육과정에 내재되어 있는 바는 분명하다. 우리 학생들이 다른 관점으로 세계를 바라볼 수 있도록 정치적, 도덕적 상상력을 길러 주는 텍스트들을 그들에게 가르치고 읽힐 방법은 무엇인가? '막상 일이 닥쳤을 때', 우리에게 학문적으로 '자문해 줄 사람'은 누구인가? 우리는 학생들에게 특정 교육과정이나 논쟁에 대한 그들의 기억이 희미해진 후에도 오랫동안 그들과 함께 걸을 사람들을 추천해 주어야 한다. 부족하긴 하지만 몇몇 사례를 제시하면, 토니 모리슨Toni Morrison의 세서Sethe와 소포클레스Sophocles의 오이디푸스Oedipus, 믿음과 구원으로 분투하는 아우구스티누스와 니체, 그리고 사멸성과 관련해서 플라톤과 돈 드릴로Don DeLillo를 예로 들 수 있다.

다만, 그 기억은 어떤 텍스트를 가르치기로 선택했는지의 결과이면서도, 그것을 어떻게 가르쳤는지의 결과이기도 하다. 이를 통해 두 가지를 제시하고자 한다. 하나는 현재 중심적이고 추상적인 사고방식의 위험성과 관련이 있으며, 다른 하나는 텍스트와 그 숨겨진 의미 사이의 관계와 연결되어 있다. 학생들은 종종 기억에 남는 독서를 통해 자신의 경험을 넘어서거나 그 경험의 부분들을 재조정하는 가운데 그들이 인식한 경험에 대해 말해 봄으로써 그들의 관심을 끄는 친숙한 텍스트와 생소한 텍스트가 제시하는 것 사이에서 마음을 움직인다. 또한 여기서 텍스트를 가르치는 방법이란 교사의 성격 그리고 교사가 말한 내용을 반복하거나 훼손하는 방식을 의미하기도 한다. 필자는 자기 자신을 급진적 민주주의자라고 여기면서도 철저하게 권위주의적인 방식으로 학생들을 가르치는 동료들과 독단적인 자유주의자들을 상당수 알고 있다.

V

마지막으로 정치적 사유에 대해서는 플라톤의 저작인 『소크라테스의 변명』과 『크리톤Crito』을 살펴보려 한다. 물론 소크라테스는 줄곧 필자의 동반자였다. 이미 언급했듯이, 거리에서 소크라테스는 대화하고자 하는 사람이 있다면 누구와도 이야기를 나누었다. 하지만 그는 특별히 동료 시민들과 대화하기를 갈망했으며, 그리고 정치인들과 시인들이 안다고 주장하는 바를 알고 있는지, 더 나아가서 그들이 가장 알 만한 가치가 있는 지식이 무엇인지를 알고 있는지, 그것을 알아보기 위해 그들과 대화하기를 더욱 간절히 원했다. 당연히 소크라테스는 권력을 지닌 사람들은 자신들이 말하고 행한 것을 알지 못하며, 장인과 같이 뛰어난 기술을 가진 이들도 자신들의 기술이 중요함을 과장한다는 사실을 알게 된다. 소크라테스는 델포이 신전의 아폴로 신이 그에게 그렇게 하도록 명령했기 때문에 자신이 이러한 토론을 계속할 의무가 있다고 주장한다. 가장 지혜로운 자가 누구냐는 물음에 신은 소크라테스라고 답한다. 소크라테스는 자신이 현명하지 않다는 것을 알고 있었기 때문에, 자신의 물음에 대한 신의 응답이 의미하는 바를 알아내어 신이 틀렸다는 것을 증명하기 위해 거리로 나선다. 결국 소크라테스는 지혜란 자신이 모른다는 사실을 아는 데 있다고 결론 내린다.

소크라테스는 자신이 지닌 어떤 지혜도 단지 인간의 지혜일 뿐이라고 주장한다. 그가 이렇게 주장한 것은 죽음의 본질과 같이 인간의 지혜를 초월해 있는 것에 대한 자신의 무지를 표현한 것이다. 하지만 그것은 소크라테스 자신이 아는 것이 무엇이든 간에, 그것이 전문가들의 전유물이 아니라 모든 인간에게 가치 있는 것이라는 주장이기도 하다. 또한 그것은 아는 것과 사유하는 것의 연관성에 대해 단언하는 것이기도 하다. 인간의 지식은 결코 안전하거나 확정적이지 않다. 그래서 대문자 'T'와 'K'의 진리Truth와 지식Knowledge에 대한 주장은 사람들의 입을 다물게 하고, 계속해서 사유하는 것이 의미 없다고 알린다. 물론 소크라테스는 불의를 저지르느니 차라리 고통받는 것이 낫다는 것에 대한, 그리고 좋은 삶이 무엇인지에 대한 신념을 지니고 있다. 따라서 흔히들 소크라테스가 이런 사유를 지켜 내기 위해 죽었다고 이야기한다. 하지만 소크라테스는 죽음을 눈앞에 둔 상황에서도 저버리지 않았던, 자기 삶의 방식인 사유를 위해 죽었다고 표현하는 것이 더 적절할 것이다.

소크라테스는 자신이 누구와도 대화할 수 있다는 사실을 강조하는데, 이는 우리 삶을 검토한다는 의미에서 사유가 전문적인 활동이 아니라 누구에게나 항상 존재하는 능력이라는 점을 암시한다. 아렌트가 아이히만에게서 발견한 사유하기의 무능력은 과학자들과 학자들, 도덕철학자들 그리고 변호사들에게서도 마찬가지로 나타날 수 있다. 그러한 사유가 모든 인간 삶의 속성이기에, 사유하지 않는 사람은 전적으로 인간이 아니며 몽유병에 걸린 사람처럼 살아간다. 소크라테스는 자신과 같은 시민들을 성가시게 한 일을 나라를 사랑하는 행위로 표현한다. 그는 같은 시민들에 대한 존경심에서 그리고 그들과 함께하는 도시를 가능한 한 좋게 만들고자 하는 바람으로 그렇게 했다고 말한다. 소크라테스에게 정치교육은 사람들이 자신의 의견에 대해 사유하고 그것을 나아지도록 하는 것이다. 자신의 의견을 발전시키기 위해 사람들은 먼저 자기가 자신의 의견을 가지고 있다는 사실을 자각해야 하며, 그런 다음 자신의 의견을 꿰뚫어 보기보다는 도움을 받아 자신의 의견이 무엇인지를 분명히 표현할 수 있도록 해야 하며, 마침내 자신의 의견에서 공통세계에 대한 정당한 관점을 인식하고 도출해 내야 한다.[33]

이것이 의미하는 바와 같이, 모든 사람은 자신들만의 의견, 세계에 대한 그들만의 개방성을 가지고 있다. 그것은 그들의 것이고 미리 알 수 없기에, 소크라테스는 먼저 질문을 던지고 그 구체적인 대답은 물

---

33. Dana Villa, *Politics, Philosophy, Terror: Essays on the Thought of Hannah Arendt* (Princeton: Princeton University Press, 1999)를 참고하라.

론, 그 안에 담긴 세계관에도 귀를 기울여야만 한다. 그는 [뜻밖의 대화를] 마다하지 않아야 하며, 대화가 이끄는 대로 따라가야 한다. 이제 만일 화자에게 세계가 어떻게 보이는지를 의견을 통해 구현해 내게 한다면, 그에 따른 반응은 의견을 드러내는 것을 거부하는 것이 아니라 그 의견이 구체적이고, 일관되며, 명확하고, 그리고 심층적인 이해─정확히는 훌륭한 교사들이 해야만 하는 것─를 가능하게 하는 것이어야 한다. 소크라테스는 답을 모르는 체하고 어떤 위험도 무릅쓰지 않지만, 그의 대화 상대자들은 옳은 답을 찾느라 허둥대고 모든 것을 위험에 빠뜨리며 아는 척만 하는 무지한 이들로 그려진다. 그렇다고 해서, 소크라테스가 묘사한 그 만남이 연출된 것이고 훈계를 위한 것이라고는 할 수 없다. 이런 대화적 만남은 상호적이며 함께 무언가를 탐색한다는 성격을 띤다. 누구나 자기 입장을 모를 수 있기에, 소크라테스를 포함해서 누구라도 대화의 위험을 서로 나누어 지게 된다. 이러한 대화적 만남이 지금까지 서술한 바와 같은 것이라면, 소크라테스는 아렌트가 정치에서 가장 필요하다고 강조한 평등을 중시하는 교육 방식을 실천한 교육자인 셈이다.

필자는 검토하지 않는 삶은 살 가치가 없다는 소크라테스의 명제에 관심을 기울이는 일이 정치적으로 중립적이라고 생각하지 않으며, 또한 그것이 확실한 권위나 확고한 믿음에 의한 삶의 방식과 양립할 수 없다는 사실을 부인하는 것도 아니다. 어쩌면 갈스턴이 소크라테스식 명령을 우리의 교육체제에, 심지어 대학 수준에서 구축하는 것은 "사회정치적 제도의 기능적인 요구와 무관하고, 다수의 충실한 시민들의 깊은 신념과도 상충하는 인간의 선에 대한 신념"[34]을 지지하는 것이라는 사실을 경고한 것은 타당할지도 모른다. 하지만 그 경고 자체는 '기

---

34. Galston, "Civic Education", p. 478.

능적 요구'라는 정치적으로 의심되는 언어 이상의 호소력을 갖진 못한다. 우선, 첫 번째 이유는 로저 산젝Roger Sanjek이 최근 뉴욕시의 인종 및 이웃 정치에 대한 연구에서 보여 주었듯이 갈스턴이 다문화 사회에서 우리가 강요받고 있는 생각들을 과소평가한다는 점이다.[35] 소크라테스적 사유가 학계나 철학자들의 특권이 아니라는 점을 우리가 기억한다면, 철학적인 '우리'를 비철학적인 '그들'과 구분하는 일에 주의해야 한다. 두 번째로, 갈스턴이 '사회정치적 제도'라고 부르는 것에는 민주주의와 사유가 유달리 긴밀하게 연관되어 있다는 점을 드러낼 정도로 꽤 확실한 자기인식과 자기비판의 전통들이 포함되어 있다.

그럼에도 불구하고, 갈스턴의 주장에는 일리가 있다. 그런데 그것은 『크리톤』에서 소크라테스 자신이 간접적으로 지적한 것이다. 여기서 소크라테스는 법이 부당하게 적용되더라도—그가 재판을 받고, 그에게 유죄 판결을 내린 법이라도— 그것을 준수할 의무가 있다고 주장한다. 그는 법이 자신의 삶과 교육의 조건을 제공했기 때문에 자신을 어린아이, 심지어 노예라고 칭한다. 이는 그가 비판하는 것에 대해 깊은 감사의 빚을 지고 있다는 것을 의미한다. 곧 소크라테스의 사유하는 방식과 검토하는 삶에 대한 헌신은 부분적으로 민주주의 문화의 산물이며, 그것은 소크라테스 자신을 교육했을 뿐만 아니라 그가 비판받는 바로 그 순간에도 확장되었던 것이다. 아테네가 의존했던 문화적 타협, 지도자, 그리고 정책을 문제화하는 과정에서 중심적인 역할을 한 의회와 법정에서의 토론은 물론, 드라마적 요소를 띤 대화는 소크라테스와 관련된 일종의 비판철학에 대한 모델과 영감을 제시해 주었다. 우리는 투키디데스의 『역사History』를 통해 아테네인들이 이방인들을 적대시했으며, 그들 자신을 위해 아무것도 취하지 않았던 이들이

---

35. Roger Sanjek, *The Future of Us All: Race and Neighborhood Politics in New York City* (Ithaca: Cornell University Press, 1998).

었다는 사실을 알고 있다. 그들은 군사적으로, 정치적으로, 그리고 지성과 관련해서 끊임없이 변해 갔다. 아테네인들에게 민주주의는 통치의 한 형태이자 혼란의 한 형태였으며, 아렌트가 폴리스를 규정한 것처럼 그러한 혼란은 통치의 필수적인 부분이었다. 이러한 상황에 소크라테스는 딱 걸맞은 사람이었다.[36]

아렌트 용어로, 법을 준수한다는 것이 뜻하는 바는 소크라테스가 공통세계에 책임을 진다는 의미이다. 『소크라테스의 변명』에서 시사한 바와 같이, 소크라테스가 그것을 비판할 수 있었던 것은 바로 그가 그것을 행했기 때문이다. 문화전쟁에 참여한 이들과 달리, 소크라테스는 방어적인 태세를 취하지도 않았고, 불의를 저지른다고 생각한 이들을 배제하지도 않았다. 그것은 아렌트의 방식이기도 하다. 이런 점에서 아렌트는 소크라테스와 마찬가지로 민주시민을 위한 정치교육이라는 유산을 남겼다고 할 수 있다.

---

36. 아렌트는 소크라테스를 묘사하면서 그의 철학이 얼마나 정치와 실제적 삶을 부식시켰는지, 그리고 공적 삶의 존재를 위협하는 방식으로 얼마나 실천적 삶을 방해하고 해체했는지를 강조한다. 확실히 아렌트가 타당해 보이는 부분이 있긴 하지만, 필자는 아렌트가 소크라테스 철학이 아테네 민주주의 실천에 천착하는 방식과 동시에 소크라테스 비판이 아테네 민주주의를 일부분 확증하는 방식을 과소평가함으로써 그와 같이 과장했다고 생각한다. 이러한 결론에 대해 다나 빌라(Dana Villa)는 동의하지 않는다. 다만, 그는 *Politics, Philosophy, Terror*에서 "Thinking and Moral Considerations"와 "Philosophy and Politics"에 등장하는 '두' 소크라테스의 아주 미묘한 차이에 대해 논하고 있다.

8

사유의 퇴색:
협동학습에 대한 아렌트적 비판

에두아르도 두아르테(Eduardo Duarte)

위험한 사유는 없다. … 위험은 검토하지 않는 삶은 살 만한 가치가 없다는 소크라테스적 신념으로부터 연유하는 것이 아니라, 반대로 더 이상의 사유를 필요로 하지 않는, 결론을 내리려는 욕망에서 나온다. 사유는 모든 교리를 똑같이 위태롭게 하면서도, 그 자체로는 어떤 새로운 교리도 만들어 내지 않는다. 상식적으로 볼 때, 사유의 가장 위험한 점은 당신이 사유하는 동안 의미가 있었던 것을 일상에 적용하려는 순간 그것이 흩어져 버린다는 것이다.

_한나 아렌트, 『정신의 삶』

한나 아렌트는 "내가 세계에서 물러나야 한다고 생각하고 싶을 정도로"라고 거듭 말했다. 마르틴 하이데거에 이어, 아렌트는 '순전한 활동'으로서의 사유가 소위 일상의 평범한 활동이 방해받고 중단됐을 때만 **진행**되기에 "사유가 언제나 일정한 틀을 벗어나 있다"라고 주장했다. 아렌트에게 정신적 삶vita contemplativa은 '고독'한 것이긴 하지만, 그것은 다른 사람들과 함께하는 활동적 삶vita activa의 실제 세계 외부 혹은 그 너머에서 일어나는 내적 대화의 경험이다.

이 장에서는 아렌트가 사유에 대하여 '순전하다'라고 철학적으로 서술한 것을 기반으로, 또래를 매개로 한 그룹학습 과정을 옹호하며 학습 커뮤니티를 조성하는 교육학적 모델을 비판한다. 이러한 교육학적 모델들은 '협동학습'의 범주에 속한다. 여기서 제기한 비판은 협동학습의 기본 가정 중 하나를 겨냥한 것이다. 그것은 바로 학습이 다른 사람들과 함께 할 때 가장 잘 이루어진다는 점이다. 사회구성주의 인식론에 기초한 이 가정은 아렌트가 관조적으로 '사유할 절박한 이유'라고 지칭한 것을 가로막는 교육학적 모델을 실행시켰다. 협동학습은 구조적으로 관조 활동을 가능하게 하는 다른 이들과 함께 하다가 **물러나는** 경우와 양립할 수 없기에, 그 결과 사유는 퇴색된다. 요컨대 이 글에서는 협동학습 모델이 '사유하지 않음'의 조건을 형성할지도 모른다는 점을 논하고자 한다.

아렌트는 다른 이들과 함께 있다가 물러나는 것, 또 그렇게 함으로써 '**멈추고** 사유'하는 것이 서로에게 보이고 볼 수 있으며, 들리고 들을 수 있는, 그렇게 다른 이들과 함께 할 때 자신을 드러낼 이유만큼이나 인간의 조건을 구성하는 필수적인 부분이라고 주장했다. 아그네스 헬러Agnes Heller가 쓴 것처럼, "인간 존재는 노동하고, 작업하고, 그리고 행위한다. 다만 그들은 노동, 작업, 그리고 행위에서 물러나기도 한다. 함께 함 **그리고** 홀로 있음은 '인간의 조건'을 구성한다."1987: 282 현재 협동학습을 지지하는 이들은 인간의 조건을 하나의 관점으로만 한정해서 보고 있는 듯하다.

협동학습의 토대

오늘날 협동학습 운동은 20세기 후반 두 개의 주요 기관의 노력으로 시작되었다. 미네소타대학교의 협동학습 센터와 존스홉킨스대학교의 사회조직 센터가 그곳이다.[1] 따라서 사실상 협동학습에 관한 현재

연구는 1960년대에 시작해서 1970년대 데이비드 존슨David Johnson
과 로저 존슨Roger Johnson이 미네소타 협동학습 센터를 설립하면서
절정에 이른 운동의 일환이라고 할 수 있다.Johnson and Johnson, 1975 실
제로 존스홉킨스의 로버트 슬라빈Robert Slavin, 1999은 다음과 같이 보고
하고 있다.

> 협동학습은 교육혁신의 역사에서 가장 성공적인 사례 가운데 하
> 나다. 1970년대 중반에는 거의 알려지지 않았지만, 협동학습 전략
> 은 이제 너무 흔해서 혁신이라기보다는 교육 실천의 표준이 되는 일
> 부분으로 여겨지는 경우가 많다. 국가에서 실시한 한 조사Puma et al.,
> 1993에서는 3학년 교사의 79%, 7학년 교사의 62%가 협동학습 전략
> 을 계속 정기적으로 활용하고 있다고 보고했다. 어쩌면 이러한 수치
> 가 협동학습의 지속적인 실제 활용 정도를 과장해서 보여 준 것일
> 수도 있지만, 최소한 그것은 그 용어에 대한 광범위한 인식과 긍정적
> 태도를 나타낸다.

협동학습 지지자들은 협동학습 그룹들이 "특정한 조건에서만 높

---

1. 협동학습에 관한 글에서, 그 계보의 일반적인 서술을 통해 현대의 협동학습 및 교
수모델을 창시한 이들이 18세기 후반 영국인과 영국계 미국인 교육자였다는 점을
확인할 수 있다. 우리는 아마도 이러한 서술을 토대로 매사추세츠주 퀸시의 공립학
교 교육감이었던 프랜시스 파커(Francis Parker) 대령이 "협동학습을 강하게 지지
했던" 한 사람이라는 사실을 알게 될 것이다. 물론 듀이는 20세기 전반에 걸쳐 학
습의 협력적 '형태'를 '발전시킨' 인물로 거론된다(Steiner et al., 1999). 협동학습
에 대한 '대략적인' 계보 외에도, 그것을 다루고 있는 문헌은 현재 협동학습 패러다
임의 '기원'을 계속해서 영미 학교 역사의 범주 안에서 제한적으로 다룬다. 따라서
(곧, 콜럼버스 이전) 본래의 교육 모델이 미국의 협동학습 모델을 발전시키는 데 얼
마나 직간접적으로 영향을 미쳤는지에 대해 분석하기 어렵다. 이러한 연구가 이루
어지지 않은 것은 문제가 있으며, 일반적으로 예를 들면, '개방성', '다원주의' 그리
고 '대화' 같은 협동학습의 일부 윤리적-정치적 규범과 모순되기도 한다. 최소한, 협
동학습 모델과 그 승인에 대한 본도와 식민지 사이의 유사성을 입증하기 위한 연구
가 필요하다(cf. Churchill, 1982; Deloria, 1982; and O'Meara and West, 1996).

은 성취를 내고 개인 간의 긍정적인 결과를 강화한다"[1993, 15]라는 조앤 퍼트넘JoAnne Putnam의 주장에 동의할 것이다. '광범위한 연구'[가령, Johnson and Johnson, 1989; Slavin, 1999]를 토대로, 퍼트넘 같은 협동학습 이론가들은 '높은 성취' 및 기타 '긍정적인 결과'를 낳는 일이 특정한 '조건'을 형성하는 데 있다고 주장한다. 데이비드 존슨과 로저 존슨은 자신들이 진행한 수년간의 연구를 되돌아보며, 협동학습의 이러한 조건을 강화하는 다섯 가지 기본 요소들을 확인했다. 긍정적인 상호의존성, 개인의 책무성, 촉진적 상호작용, 사회적 기술의 적절한 사용, 그리고 집단의 학습 효과를 증진시키기 위한 주기적인 관리[Johnson and Johnson, 1999]가 그것이다. 최근 간행물에서 미네소타 프로젝트의 공동 책임자는 이러한 핵심 요소들을 실현해 내는 일이 뛰어난 야구팀을 만들어 내기 위해 복잡하게 얽힌 갈등을 조정하는 방식과 어떤 점에서 유사한지 설명한다. "야구 할 때와 교실에 있을 때, 협력을 위한 노력은 필요하다. 보기 드문 성과는 고립된 개인의 개별적 혹은 경쟁적 노력을 통해서가 아니라 협력 집단에 의해 달성된다."[Johnson and Johnson, 1999, 67] 그러나 야구에서처럼 협동학습 '게임'에는 특별한 '운동장'이 필요하다. 협동학습 지지자들에게, **그들의** 운동장(교육적 맥락)은 위에서 언급한 다섯 가지 기본 요소로 드러난다. 게다가 작업이나 '놀이'의 성공 여부는 참가자들이 게임의 존재 이유를 '보는 시각'에 따라 달라진다. 이는 협동학습이라는 게임에서 학생들이 **함께 배우는** 이유를 이해해야만 한다는 것을 의미한다.

'긍정적 상호의존성'은 협동학습의 본질이다. 이는 학생 모두가 배울 수 있도록 함께 작업하는 교실 환경의 '팀워크' 특성을 보여 준다. 협동학습의 성공이나 실패는 "모두에게 이익이 되는 결과를 바라는 학생들"[Johnson and Johnson, 1999, 68]의 헌신과 직접적인 관련이 있다. 흥미롭게도, 데이비드 존슨과 로저 존슨은 협동학습에 대한 학생들의 참여가 그들이 함께 배우는 이유에 대한 통찰에서 시작된다는 점을 확인했다. 긍정적인 상호의존성은 인간 상호관계에 대한 최초의 그리고 근본적인 '인식'과 밀접한 관련이 있다. 이에 협동학습 '게임'을 시작하기 위해 학생들은 먼저 "다른 이들이 성공하지 못한다면 우리도 성공할 수 없는 방식으로 서로 연결되어 있으며, 그들의 작업은 우리에게 도움이 되고 우리의 작업은 그들에게 도움이 된다"Johnson and Johnson, 1999, 70-71라는 점을 깨달아야 한다.

그 '최초의 인식'이라는 전제를 토대로, 교육자들은 협업의 '자연스러움'을 높일 수 있는 환경을 구축하는 데 전념하게 된다. 다만, 역설적이게도 학생들은 최초의 인식을 지닐 수 없으며, 따라서 진정으로 협력적인 교육 경험을 접하지 않는 한 상호의존적인 학습에 몰두하지 못할 것이다. 다시 말해, 상호교육을 위해 노력해 보겠다는 약속은 학생들이 서로의 성공을 격려하는 상호작용을 경험했을 때만 이루어질 수 있다. 이런 이유로, 데이비드 존슨과 로저 존슨 같은 협동학습 지지자들은 확실히 최초의 인식이 상호의존의 '긍정적인' 측면을 강조하는 면밀히 조율된 경험에서 비롯되어야 한다고 결론짓는다. 이와 관련된 사례로는 하버드 의과대학에서 시행하고 있는 뉴패스 프로그램the New Pathways program을 들 수 있는데, 이 프로그램에서 의과대학 1학년 학생들은 '팀'을 구성하여 한 달 반 정도 임상적이고 과학적인 의미를 담고 있는 진단상의 문제를 해결하기 위해 도전한다.Bruffee, 1993 또다른 예로는 존스홉킨스의 연구원들이 [협동학습에] 필수적인 최초의 인식을 성공적으로 증명해 낸 프로그램을 들 수 있다.Slavin, 1999

'인식'이 [상호의존적 학습] 모델의 성공에 매우 중요함에도 불구하고, 협동학습 이론가들은 인간 상호관계에 대한 인식이 왜 그렇게 쉽고 명확하게 드러나는지에 대해 철학적으로 꾸준히 탐구하지 않는다. 대신에 그들은 왜 그리고 어떻게 학생들 사이에서 사회적 상호의존성이 증가하고, 그것이 필연적으로 성취도를 높이는지 설명할 만한 '증거'를 모은다.Slavin, 1996 안타깝게도, 이런 연구는 왜 학생들이 기꺼이 함께 배우려 하고 배울 수 있는지에 대해 철학적으로 설명하지 못한다. 게다가 '비판'이 제기되면 이런 연구는 단지 실행 과정의 문제나 교육자들이 협동학습 경험을 성공적으로 조율하지 못했다는 사실만을 확인해 줄 뿐이다. 최초의 인식은 마치 그것이 '자연스러운' 반응인 것처럼 당연한 것으로 여겨지며, 이를 생성하는 데 '실패'할 경우 새로운 실행 전략으로 수정된다. 이러한 전략은 가령, 협동학습 방법이 '성취도가 낮은' 학생들 및/또는 '사회적으로 소외된' 학생들을 배제함으로써 불평등을 재생산해낼 때 제기될 수 있는 문제들을 바로잡는 데 초점을 맞춘다.Cohen et al., 1999 요컨대, 협동학습 지지자들은 협동학습 방법들이 제대로 '실행'되지 않을 때 나타나는 실패에 대해 좀처럼 말하지 않는다. 게다가, 한층 건설적으로 비판하고 불가피해 보이는 모순점을 지적하면, 그들은 협동학습의 '성공'이나 '실패'에 대한 보다 근본적이며 **철학적인** 원인을 검토하길 꺼린다. 물론 협동학습 모델을 지지하는 교육이론가들이 자신들의 협동학습 모델의 근거를 끝까지 탐구하는 일도 많지 않다. 실제로, 그들 대부분은 일련의 철학적 가정을 무비판적으로 받아들이면서, '양적' 및/또는 '질적' 연구를 진행한다. 협동학습을 지지하는 연구자들도 예외는 아니다. 그들은 사고가 사회적으로 매개되는 과정이라는 의심할 여지 없는 가정에서 연구를 진척시킨다.

토마스 쿤Thomas Kuhn[1970]의 말을 빌리자면, 모든 연구자는 자신들의 사고 '패러다임'을 확립하게 해 준 이론적 토대에 매달린다. 연구자는 패러다임을 통해 자신들의 이론 모형을 나아지도록 조정하고, 근본 문제들에 대한 해답을 얻었다고 확신한다. 협동학습 연구자들의 경우에, 그들이 사고와 관련해서 연구해야 할 상당수 논의를 러시아의 발달심리학자 비고츠키L. S. Vygotsky, 1894~1934의 연구에 기반을 두고 진행한다. 비고츠키는 유명한 저서 『생각과 말Thought and Language』 1962에서, 인간의 사고와 언어는 생애 첫해에 별개의 병렬 과정으로 발달한다고 주장한다. 어느 순간에 이 두 과정은 통합되고 새로운 과정으로 창출된다. 언어와 사고는 상호 증진되며, 변증법적으로 서로를 발달시킨다(생각은 말이 되고, 언어는 이성이 된다). 또한 비고츠키 이론에서는 조용한 '내적' 대화로서의 사고가 아동의 발달단계에서 아주 늦게 나타난다고 강조한다. 따라서 관조적 사유의 '내적 발화'는 의사소통이나 '사회적 발화'를 **통해** 발달하고 변화해 나간다.

비고츠키 이론에서, 사회적 발화는 근본적으로 여겨진다. 무엇보다 비고츠키 이론에서 강조하는 것은 협동학습 이론가들이 추정하고 주의를 기울이는 것들을 맥락화해야 한다는 점이다. 사유의 근본 원천이 실제 의사소통 행위라면, 본질적으로 협동학습 같은 이론 모형들은 우리의 '본래' 학습 방식을 **재발견**하게 하는 것이다. 이는 (a) 지식이 상호인지를 통해 '창출'되므로, (b) 진정한 학습이란 학생들이 공동으로 작업하고 함께-문제를-해결하는 공동의 행사이거나 계속해서 참여하는 활동**이어야만 한다.**Gutiérrez et al., 1999는 주장에 상당한 힘을 실어 주는 것이다. 실제로 비고츠키의 설명을 받아들인다면, 인간 상호관계에 대한 초기 인식은 어떤 면에서 언어와 사고의 근원적인 통합을 다시-생각하는 것이라고 할 수 있다. 이런 식으로 이해하면, 학생들은 자신들의 초기 학습 경험에 대한 기억을 불러오기 때문에 사회적 매개 학습에 더 쉽고 빠르게 적응한다는 것이다. 협동학습 지지자들은 비고츠키 학파의 설명을 토대로 유아기 발달을 '재현하는' 것으로서 자신들의 이론 모형을 증명한다.

비고츠키 발달심리학은 협동학습 연구자들, 실천가들, 그리고 이론가들의 입장을 지지하는 확고한 이론적 틀을 제시한다. 사실, 케네스 브루피Kenneth Bruffee가 주장한 것처럼 협동학습 지지자들에게 근원적인 인식론적 토대를 제시한 이가 바로 비고츠키다.Bruffee, 1993, 114 브루피의 표현대로, "반성적 사고란 내면화된 사회적 대화"이기에, "우리는 서로에게 이야기할 수 있어서 생각하는 것이다." 브루피와 같은 이론가들에게, 비고츠키 이론은 협동학습 지지자들이 "사고와 대화의 관계에 대한 일반적인 기본 이해를 뒤집었다고 주장할 수 있는 토대를 마련해 준다. 이는 최근 세인트존스대학교에서 교육의 방식으로 대화를 옹호하며 설득력 있게 표현된 것으로, '대화란 사유로 지칭되는 영혼이 스스로와 나누는 독창적이고 심오한 의견교환에 공적인 것을 보완하는 것'"Bruffee, 1993, 113이라는 점이다.

비고츠키 이론을 옹호하며, 협동학습 이론가들은 사회적인 언어 능력을 우선시한다. 여기서 '우선한다는 것'은 사회적 발화가 '최초'로 혹은 그 이전 시점에 일어난다는 의미이면서, 그것이 우선권과 특권을 갖는다는 의미로도 쓰인다는 뜻이다. 두 파생어 모두 내적 발화와 관련해서 함축하고 있는 의미는 동일하다. 그것은 대수롭지 않게-부차적이고, 보조적으로- 여겨진다. 협동학습 패러다임에 내재하는 관조에 대한 차등적 지위는 사유가 무엇보다 관조적인 일이라거나 영혼과 영혼psyché[2]의 독창적인 대화라는 소위 전통적이고, 철학적인 가정이 '바뀌고 있다'고 의기양양하게 주장하는 브루피의 입장과 같은 이론적 논의를 통해 강조된다. 비고츠키적 패러다임의 범주 안에서 연구하고 있는 이들에게는 눈에 띄지 않겠지만, 사유의 근원에 대한 이러한 전환에는 문제의 소지가 있다.

---

2. 아렌트적 담론 안에서 어떤 내용을 차용할 때, 사람들은 사유를 영혼의 사건으로 묘사하는 데 주의를 기울여야 한다. 세인트존스대학교와 관련된 인용문에 서술된 '영혼'이 아렌트의 '영혼'에 대한 이해와 꼭 부합되는 것은 아니다. 아그네스 헬러가 상기시켜 준 것처럼, 아렌트는 "감정을 영혼에, 그리고 앞서 언급한 세 가지 능력[사유, 의지, 판단]을 정신의 영역에 속하게 하면서, 인간 자아를 **정신, 영혼**, 그리고 **육체**로 구분하는 전통 방식을 수용한다"(Heller, 1987, 282).

아렌트의 사유와 행위 구분

다음으로는 협동학습에서 사유의 퇴색에 맞서기 위한 근거로 한나 아렌트를 다뤄 보고자 한다. 이미 제안했듯이, '사유'에 대한 아렌트 연구에 근거할 때 협동학습 지지자들에게 근본적인 질문을 제기할 수 밖에 없다. 아렌트 담론을 토대로 살펴보면, 협동학습의 '긍정적 상호 의존성'은 철학적이지 않은 학습 형태를 양산해 내고 있다고 할 수 있다. 이 글의 의도는 관조, 혹은 내적 대화가 우선이라거나 일차적이라고 주장함으로써 협동학습에 대한 비고츠키 이론의 토대에 이의를 제기하려는 것이 아니다. 반대로, 비고츠키 주장이 아니라, 오히려 그것에 대한 반론이 제기되는 것을 받아들이는 것이다. 반론이 제기될 부분은 '내적 발화'를 위한 여지를 남겨 두지 않음으로써, 학생들에게 끊임없이 '자신의 속마음을 말'하도록 하여 그들이 '발달의 초기 단계에 머물러 있는' 것처럼 보이게 하는 학습 형태들에 대한 것이다. 여기서는 아렌트에게 영감을 받은 사유에 대한 교육적 담론을 진전시켜 보고자 한다. 이와 관련된 표현형식으로 대안적인 교육학 모델-주로 경이thaumazein의 상태를 '불러일으키며', 학교에서 철학을 할 수 있는 가능성의 조건을 마련하려는 이론 모형-을 명료화하기 위해 몇몇 불명료한 부분들을 정리할 수 있을 것이다. 다음에서는 사유에 대한 아렌트의 논지를 확인한 후, 이에 대한 함축적 의미를 다루고자 한다.

사유에 대한 전통적인 철학 형태를 '해체'하기 위해 우리의 관심이 쏠려 있는 협동학습에 대해 아렌트가 비판한 맥락을 이해하려면, 어쩔 수 없이 우리는 아렌트가 '사유'와 '행위'를 구분한 점을 강조할 수 밖에 없다. 흥미롭게도, 이런 구분은 협동학습 이론가들이 '함께 학습하는 것'과 '홀로 학습하는 것', 두 가지를 구별한 것에 해당한다. 특히, 아렌트는 자신의 후기 작업에서 이런 구분이 흔히 관조의 축출을 의미한다는 걸 깨닫고 있었던 것으로 보인다. 사실 아렌트가 삶의 막바지에 **관조적 삶**에 대해 많은 글을 쓴 것은 자신의 작업이 지닌 이런 결함을 인정한 것으로 보인다. 아렌트는 자신이 쓴 대부분의 글에서 정신적 삶을 간과했다. 그녀의 저작에 나타난 이런 결점은 가장 중요한 텍스트인 『인간의 조건』에서 유난히 두드러진다. 아렌트가 아래의 논평에서 제안한 것처럼, 그녀는 자신이 가장 '전통적'이며 철학적인 주제에 관심을 기울이지 않았던 것을 탓하며, 자신의 마지막 주요 작품에서 '사유'에 관해 탁월하게 서술했다.

1972년 11월, 한나 아렌트는 캐나다 토론토에서 열린 토론토 사회 정치사상연구회 주관 학회에 참석했다. 학회는 《한나 아렌트의 연구 *The Work of Hannah Arendt*》라는 제목으로 아렌트를 귀빈으로 초청했다. 아렌트는 논쟁하고 토론하는 것을 선호하기에, [단지] 귀빈으로만 참여하는 것을 사양했다. 멜빈 힐Melvyn Hill은 다음과 같이 썼다. "3일간 진행된 학회의 수많은 논쟁 과정에서 아렌트는 논문에 반응하는 것은 물론 직접적인 질문이나 진술, 혹은 이의 제기에 답변하면서 자신이 사유한 측면들과 사유하는 방식을 자연스럽게 드러냈다. 다행히, 우리는 토론내용을 차후 출판할 생각으로 이를 녹음하기로 했다."1979, 301 토론토 학회에서 이루어진 대화들을 편집한 기록을 보면, 당시 제기된 수많은 질문은 아렌트가 사유와 행위를 구분함으로써 문제시된 부분에 집중되었던 것으로 보인다. 학회 참가자들은 사유와 행위의 구분이 "급진적이며 완전하다"Kohn, 1990, 124라고 주장한 아렌트에게 직접 큰 소리로 항의했다. 이와 관련된 핵심 내용이 반복적으로 이어졌다. 아렌트가 계속 주장한 것처럼, 사유가 정말로 고독한 활동, 곧 '나'와 '나 자신' 간에 이루어지는 무언의 대화라면, 이는 정치에 관심을 둔 철학자를 어떤 상태에 놓이게 하는가? 이러한 사유와 행위의 구분은 인간 세계의 변화를 위해 글을 쓰고 가르치고자 하는 정치이론가의 정체성에 어떤 의미를 주는가? 사유와 행위의 구분에 대한 일련의 물음에 대해 아렌트는 일관되게 답했다. 한 예로, 아렌트와 캐나다의 저명한 민주주의 이론가인 맥퍼슨C. B. Macpherson 사이에 오간 대화를 제시하면, 다음과 같다.

> 맥퍼슨: 설마! 아렌트, 당신은 진정으로 정치이론가가 되는 것과 정치에 참여하는 것이 양립할 수 없다고 말씀하시는 건가요?
>
> 아렌트: 아닙니다. 하지만 사유하는 것과 행위하는 것은 동일하지 않고, 나 자신이 사유하고자 하는 만큼 세계에서 물러나야 한다는 점에서는 타당하다고 말하고 있는 것입니다. 나는 당신이 오직 여럿이 협력하는 가운데서만 행위할 수 있고, 혼자서만 사유할 수 있다는 것을 확신하고 있습니다. 이 두 가지는 전적으로 다른 '실존적인'-만일 당신이 그렇게 부르고 싶다면-입장을 취합니다. 그리고 이론이 단지 생각하는 것, 곧 생각한 것인 한, 행위에 대한 이론의 직접적인 영향이 있다고 믿는 것,-나는 이것이 정말 그렇지 않고 실제로 절대 그렇지 않을 거라고 생각합니다.Hill, 1979, 305

아렌트의 사유/행위 구분은 학회에 참석한 교육자들(교수들)에게 특히 관심을 끌었다. 맥퍼슨과 마찬가지로, 그들은 정치이론 교사로서 자신들의 임무를 수행하는 데 모순되는 부분이 없었다고 확신한다. 그들은 아렌트의 이런 구분을 거부하고, 그들이 이론화한 것(예를 들면, 강의, 출판)이 사람들을(청중/학생, 독자) 참여하게 한 정치적 행위 형태였다고 주장했다. 이런 비판에 대해 아렌트는 계속 자기 입장을 굽히지 않았다.

> **맥퍼슨:** 하지만 정치이론가와 교사, 그리고 정치이론 저술가에게
> 가르치는 것, 혹은 이론화하는 것은 행위하는 것**입니다.**
> **아렌트:** 가르치는 일은 다른 것이고, 글쓰기 역시 마찬가지입니다.
> 하지만 사유 그 자체의 순전함은 다릅니다.─이 지점에서
> 아리스토텔레스는 옳았습니다. … 아시다시피, 모든 현대
> 철학자들은 자신들의 글 어딘가에 "사유 또한 행위다"라
> 는 다소 변명의 여지를 보이는 문장을 적어 놓았습니다.
> 오 아니, 그렇지 않습니다! 그건 도리어 솔직하지 못하다
> 고 말하는 것입니다. 제 말은, 현실을 직시하자는 것입니
> 다. 사유는 행위와 같지 않습니다! 그것은 행위와 반대로,
> 참여하고, 수행하는 것에서 상당 부분 멀어져야 한다는
> 것입니다.Hill, 1979, 304

일제히 반대 목소리를 내고 있음에도 불구하고, 아렌트는 자신의
저술 전체에서 견지했던 주장을 되풀이했다. 사유는 일상의 실제적인
활동과는 무관하게 발생하는, 고립된 비정치적인 시도다. 사유하는 만
큼, 타인과의 관계에서는 물러나게 된다. 물론, '가르치는 일은 다른 것
이다'라는 아렌트의 논평은 이 글과 매우 관련이 있으며, 따라서 이
글의 결론 부분에서는 사유에 대한 아렌트의 담론이 지닌 교육학적
함의를 고찰할 것이다.

아렌트는 (혼자서) 사유하는 것과 (여럿이) 행위하는 것 사이에 급
진적이고 완전한 구분이 가능하다고 한결같이 주장했지만, 그녀는 자
신의 저술 전반에 걸쳐 이러한 구분을 다루는 데 다소 일관성이 없었
다고 인정했다. 토론토 학회에서 자신의 발언이 진행되는 동안, 아렌트

는 사유/행위 구분에 대한 논쟁을 촉발시킨 바로 그 작업인 저서 『인간의 조건』에 대해 공개적으로 자기비판을 표명하면서 스스로 모순적이었다는 사실을 인정했다. "『인간의 조건』의 주된 결점과 오류는 다음과 같다. 나는 **관조적 삶**에 대해 아무런 언급도 하지 않은 채, **관조적 삶**의 관점으로 여전히 전통에서 **활동적 삶**이라고 불리는 것에 주목하고 있다."Hill, 1979, 305

이러한 논평은 아렌트가 관조하는 철학적 삶을 가로막는 정치 행위에 몰두했었다는 사실을 받아들였음을 보여 준다. 그녀는 『정신의 삶』 서문에서 이 점을 반복해서 언급했다. 거기서 아렌트는 자신이 『인간의 조건』에서 제시한 사유/행위의 이분법적 구분에 관해 품었던 의구심에서 벗어나 후기 저작에서 다루고자 하는 바를 밝혔다. 이전의 글을 반추하면서, 아렌트는 다음과 같이 썼다. "하지만 나는 전혀 다른 관점에서 (**활동적 삶**과 **정신적 삶**의 대결이라는) 문제를 살펴볼 수 있었으며, 내가 의심하는 바를 제시하기 위해 카토Cato의 것으로 추정되는 키케로의 의미심장한 문장[De Republica, I, 17]을 인용하며 활동적 삶에 대한 연구를 마무리했다."Arendt, 1978, 7 토론토에서 『인간의 조건』에 대한 결점을 다시 한번 논하면서, 아렌트는 다음과 같이 확실하게 말했다.

사유하는 자아의 근본적인 경험은 『인간의 조건』이라는 책의 말미에 인용한 카토의 옛 문장에 명시되어 있다. "나는 아무것도 하고 있지 않을 때 그 어느 때보다 활동적이며, 혼자 있을 때 가장 덜 외롭다."(카토가 이런 말을 했다는 것이 너무나 흥미롭다!) 이는 어떠한 물리적 또는 신체적 장애로 인해 방해받지 않는 순전한 활동의 경험이다. 하지만 당신이 행위를 시작하는 순간, 당신은 세계를 상대하고, 끊임없이 당신 자신의 발에 걸려 넘어지고, 말하자면 그런 다음 당신은 자신의 육체-그리고 플라톤이 "육체는 언제나 보살핌을 원하지만, 그것이 무엇이든 중요하지 않다!"라고 말했듯이-를 짊어지게 된다.

한편, 아렌트는 계속해서 "나는 이것에 대해 쓰려고 한다. 그리고 카토를 인용한 것에서 이 부분을 더 진전시켜 볼 것이다. 하지만 그것에 대해 아직 말할 준비가 되어 있진 않다"Hill, 1979, 305-306라고 했다. 물론 아렌트는 『정신의 삶』에 대한 자신의 글쓰기에 대해서도 언급했었다.

아렌트의 철학적 글쓰기가 점차 진전됨에 따라 우리는 그에 대한 몇 가지 통찰력을 얻을 수 있게 되었으며, 그 외에도 이러한 논평이 협동학습 모델에 대한 비판과 상당히 관련이 있음을 확인하게 되었다. 결국, 아렌트는 자신의 저술에서 사유가 간과되었으며, 어쩌면 대수롭지 않게 여겨졌다고 했다. 아렌트의 이런 자기비판에 대한 해석이 가능하다면, 그녀가 사유에 주의를 기울이려는 시도는 경이로운 상태를 '불러일으키고', 학교에서 철학을 할 수 있는 가능성의 조건들을 창출하려는 그런 학습 모델에 길을 열어 줄 것이다.

다음 장에서는 아렌트의 『정신의 삶』에 나타난 주요 부분에 대해 그 원문을 면밀히 분석-사실은 해석-할 것이다. 이렇게 원문을 꼼꼼히 읽으려는 이유는 두 가지 목적에서다. 첫째, 사유에 대한 아렌트의 담론을 로마의 정치가이자 더러는 철학자이기도 했던 카토(기원전 234~139년)의 것으로 여겨지는 키케로(기원전 234~139년)의 역설적 진술에 놓고 고려하기 위해서다. 이렇게 "우리를 괴롭히는 카토의 불명료한 문장"Hansen, 1993, 197은 아렌트의 사유에 대한 담론을 읽어 내기 위한 중요한 발견학습에 해당하며, 아렌트의 저작에 나타난 중요한 전환을 상징하기도 한다.[3] 사실 카토의 아포리즘은 『인간의 조건』 결말

부분과 『정신의 삶』의 서문에 분명히 제시되어 있다. 우리는 카토의 문장들을 통해 아렌트가 중시하는 사유의 특징을 확인할 수 있다. 이 가운데 가장 핵심은 공적 세계와 '정치적' 삶의 일상 경험에서 벗어난 사유에 대한 묘사다. 다음으로, 카토를 통해 아렌트를 읽으려는 두 번째 목적은 대부분의 학교에서 퇴색되어 가는 경험을 구체화하기 위해서다. 여기서는 멈추고 사유하기 위해 물러날 **필요**가 있다는 사실이 수많은 교육 이론과 실천, 특히 학교교육의 윤리-정치적 능력을 강조하는 이론과 실천으로 인해 제한되고 간과되었던 점을 주장하고자 한다. 어떤 의미에서, 협동학습과 행위에 특권을 부여하는 이론은 아렌트의 '초기' 이론과 좀더 일치한다. 따라서 이 글에서의 아렌트 해석은 그녀가 '초기'에 **활동적 삶**에 대해 지나친 관심을 보인 것에 초점을 두기보다는, '후기'에 **관조적 삶**을 복원하려고 했던 한 부분을 읽어내는 데 주안점을 두고자 한다.

카토의 아포리즘

인간은 자신이 아무것도 하고 있지 않을 때 그 어느 때보다 활동적이며, 혼자 있을 때 가장 덜 외롭다Numquam se plus agere quam nihil cum ageret, numquam minus solum esse quam solus esset.

카토의 격언 첫머리에서 그는 활동을 **프락시스**praxis로 보는 그리

---

3. 여기서 이러한 논의를 발전시킬 여지는 없지만, 아렌트의 후기 저작을 통해 그녀가 하이데거 세미나에 참석했던 학생으로서 지녔던 철학적 담론을 복원하고자 시도했던 것들에 대해 주장할 것이다. 이와 관련해서는 Arendt's essay "Martin Heidegger at Eighty", *New York Review of Books*, October 1971을 참고하라. 마거릿 캐노번(Margaret Canovan, 1990)은 이 문제와 밀접한 관련이 있는 훌륭한 논평을 제시했다.

스-로마 시대의 경향을 뒤집는다. 영어 단어 '활동activity'의 어원은 라틴어 **악티바**activa에서 유래했다. 활동은 그리스어로 **프락시스**로 표현되며, 라틴어로는 행위를 의미한다. 곧, 활동은 다른 사람들과 공유하는 공통세계에서 그리고 이를 통해 생산하고, 작업하고, 행위하는 것이다. 하지만 **악티바**가 '실천적인'으로 번역되면, 그리스어의 음성학적 어근만이 남게 된다. 오늘날 우리가 사용하는 '실천적'이라는 용어는 **프락시스**와는 전혀 무관하며, 인간이 공통세계를 창조하거나 구성하는 방식을 표현하기 위해 아렌트가 이해한 본질적인 의미와도 전혀 다르다. 아렌트에 따르면, **프락시스**를 통해 우리는 '우리의' 세계, 곧 우리를 하나로 모이게 하는(통합하는) 동시에 개별자로서 우리 각자를 분리하는(구별하는) 그런 세계를 형성한다. 언뜻 보면, 협동학습과 같은 교육학적 모델은 **프락시스**의 의미를 어느 정도 재발견하게 해 주는 듯하다. '긍정적 상호의존성'이라는 범주는 함께 모이는 순간이나 **프락시스**의 통합 능력을 지나치게 강조하지만, 결과적으로 이 모델은 실용성이라는 '이상'에 근간을 둔 학파의 일반적인 개인주의적 성향에 균형을 맞추게 해 준다.

다양한 뜻(신중함, 효율성 등)을 담고 있는 하나의 범주로 '실천적'이라는 현대어는 존 로크의 '지혜' 원리, 곧 "이 세계에서 개인이 일을 능숙하게 그리고 선견지명을 가지고"Locke, 1996, 60 관리할 수 있는 능력에 대한 흔적을 의미한다. 로크의 원리는 개인의 필요와 관심사가 '사적인 것'에 국한되지 않은 이들에게 해당한다. 지혜의 영향력 아래에서, 로크식 개인은 자신의 필요를 시장으로 가져가서 공통세계를 더 이상 공유하지 않는 이들이 거주하는 공간에서 이를 충족시킨다. 중요한 의미에서, 현대 개인주의의 근간이 되는 윤리적 원칙으로서 로크의 지혜는 현대적 실천(개인이 자신의 일을 관리할 수 있는 능력) 개념과 고대의 **프락시스**(개인이 공통세계를 창출하는 활동) 개념 사이의 단절을 나타낸다. 협동학습 모델은 **프락시스**와 실천성을 둘러싸고 제각기 구성된 담론들 가운데 어딘가에 자리하는 듯하다.

　카토는 자신이 '아무것도 하지 않을 때' 그가 무엇을 하는지 우리에게 정확히 알려 주지 않지만, 그가 무엇을 하든 간에 그가 혼자 있을 때 그것이 발생하고 있는 것은 분명하다. 곧, 카토 시대의 사람들이 '공통세계'라 했던, 그리고 우리가 '사회'라고 부르는 곳에서 그가 다른 사람들과 함께 있지 않을 때 그것은 일어난다. 다시 말하면, 역설적 전환인데, 사람은 그 누구와도 함께 있지 않고 홀로 있을 때 가장 덜 외롭다는 것이다. 우리는 아무것도 생산하지 않는 그 '활동'의 의미를 어떻게 파악할 수 있는가? 아마도 다른 이들과 함께 하다 카토가 그들로부터 멀어지거나 물러서려 한 것을 우리가 답습하다 보면, 우리는 사유가 어떻게 진행되는지 알게 될 것이다. 잠시 생각해 보면, 우리는 카토가 자신의 동료들과 함께 하다가 홀로 남겨지기 위해-자신의 진로나 경로의 의미에서가 아니라, 하나의 **방법** 곧 **행위**로서 스스로의 길을 탐구하면서- 물러선 방법을 고찰할 수 있을 것이다. 결국, 이런 식으로 설명을 시작하려면 하나의 단계로서 사유를 설명하는 과정을 시작해야 한다. 왜냐하면 물러남의 행위가 이제 사유의 '첫 번째' 순간으로 여겨지기 때문이다. 하지만 물러난다는 것이 그저 사유하는 '중에 있는' 것일 뿐이기에, 행위가 사유 자체를 구성하는 것은 아니다. 그렇더라도, 어떤 의미에서 사유는 물러남의 첫 단계에서 일어난다. 따라서 어쩌면 우리가 상호의존의 정치 영역이나 공적 영역에서 벗어난 순간부터 사유는 '진행되고 있는 중'이라고 말해야 할 것이다. 그렇다면 사유는 어떻게 진행되는가? 물러남의 첫 순간, 이러한 전환을 시작하게 하는 것은 무엇인가?

　사유의 한 단편으로서, 카토의 아포리즘은 모든 철학적 표현 양식 가운데 가장 시적이다. 이는 그 표현이 해석의 여지를 다분히 제시하고 있으며, 많은 이들을 근본적인 사색의 과정으로 이끈다는 점을 의미한다. 하지만, 만일 우리가 구체적인 사항을 알고자 한다면, 우리는 다른 부분을 살펴봐야 한다. 그리고 이것은 사유가 어떻게 진행되는지 아렌트가 설명하려고 했을 때 행했던 바로 그 부분이다. 아이러니하게도, 아렌트는 그에 대한 많은 글을 남겼지만 정작 자신은 아무것도 쓰지 않았던 극소수의 철학자 가운데 한 사람인 소크라테스에게로 돌아간다. 물론 소크라테스는 아렌트가 직면했던 여러 논쟁 사안들에 대한 선례를 보여 준다. 실제로, 소크라테스는 사유와 행위의 이분법과 철학과 정치의 긴장 관계를 구체적으로 표현했다.Arendt, 1990 아렌트에게 소크라테스는 본보기가 되는 존재였다. 헬러가 상기시켜 준 것처럼, "소크라테스를 제외하고는 그 어떤 철학자도 '순전한 사유'라는 아렌트의 기준을 충분히 만족시키지 못한다".1987, 283 따라서 소위 실천적 삶의 일상 활동에 지장을 주거나 그것이 중단되는 과정에서 사유가 일어난다는 점을 가장 잘 묘사한 한 사람으로서 아렌트가 소크라테스를 지목한 것은 당연해 보인다. 아렌트는 다음과 같이 적고 있다. "이를 가장 잘 보여 주는 사례는 아마도-소문에 따르면- 함께 하던 이들과의 교제를 끊고, 자신이 어디에 있든지 그 자리를 지키고, 자신이 이전에 하던 일이 무엇이든 간에 그것을 계속하기 위해 '온갖 탄원에도 아랑곳하지 않은 채', 돌연히 '자기 자신에게 마음을 돌렸던' 소크라테스의 성품일 것이다."Arendt, 1978, 97

이러한 관점에서, 사유란 **활동적 삶**이 중단되는 순간에 시작된다. 실천적 삶을 가로막는 것은 무엇인가? 소크라테스가 그랬던 것처럼, 돌연 자신의 정신이 스스로에게 향하도록 이끈 것은 무엇인가? 물론, 정답은 없으나 이를 이해하는 데 소크라테스 사례가 도움이 될 수 있다. 모든 이의 설명에 따르면, 소크라테스는 그 문제에 관한 한 별다른 방안을 가지고 있지 않다. 그는 단지 관계를 끊고, 사람들을 떠나

거나 흔쾌히 (군중)으로부터 벗어나 (자기 내면의 소리에만) 귀 기울이려고 하지 않았다. 그 반대로 플라톤의 대화편을 통해 익히 알고 있듯이, 소크라테스는 자신을 일상의 삶에서 멀어지게 한 **다이몬**daimon, 정신의 음성으로 인해 계속 멈출 수밖에 없었던 것으로 보인다. 만일 누군가 영혼과 신격화된demigods 이야기에 불편함을 느낀다면, 그 누군가는 이 영혼의 소리를 소크라테스가 델포이 신탁과 마주했던, 그 자신이 부끄러워했던 만남에 대한 쓰라린 기억으로 이해할 수 있을지도 모른다. 우리에게는 "소크라테스가 모든 이들 가운데 가장 현명하다"라는 신탁의 '메아리'로 **다이몬**을 전형화하는 것이 더 편할 수 있다. 소크라테스 본인의 말에 따르면, 자신이 비장하게 (비)확정적인 것을 탐구하도록 자신을 독려했던 것은 친구 카에레폰Chaerephon『소크라테스의 변명』, 21a이 자신에게 전한 신탁의 메시지였다. 소크라테스는 스스로 '무지'하고 아무것도 모른다고 여겼기 때문에 그 신탁의 말을 믿지 않았으며, 진정으로 현명한 사람을 찾아내어 신탁이 틀렸다는 사실을 증명해 내고자 했다. 따라서 대단히 탁월한 철학자였던 소크라테스에게는 신탁의 '음성'으로 인해 사유가 이미 진행되고 있었다. 소크라테스가 자신의 생명이 걸린 재판에서 스스로를 변호하며 이 음성을 접했다고 이야기할 때, 우리가 그 세세한 사항을 알게 된다는 것은 지독한 역설이다. 사실, 소크라테스의 '파괴적 성격', 곧 사상가가 되는 것이 아테네의 공적 삶을 위반하는 것으로 이해된 점은 협동학습 모델에 대한 필자의 비판과 관련이 있는 부분이다. 소크라테스의 방식은 논쟁보다는 합의를 선호하는 모든 맥락에 대한 위험을 표현하기 때문이다.

소크라테스가 완성한 것으로 보이는 물러남은 외롭지 않은 고독이라는 역설을 경험하려는 욕구나 바람에 의해 생겨난다. 이는 카토의 격언 두 번째 부분을 의미하는 것이기도 하다. **"혼자 있을 때 가장 덜**

외롭다numquam minus solum esse quam solus esset"는 사람이 가장 덜 외로운 순간은 홀로 있을 때라는 것이다. 사람은 사유의 장소로 물러났을 때 결코 혼자 있는 것이 아니다. 자기 자신과 **함께** 있다. 아렌트에 따르면, "소크라테스는 다음과 같이 말했을 것이다. 자기 자신 또한 친구다".Arendt, 1978, 189 왜냐하면, 고독한 사유 경험은 외로움을 낳지 않으며, 미스터리한 작품에서 표현되는 것보다 더 극적인 '버려짐'이나 의식의 부정도 만들어 내지 않기에, 사람들은 이러한 물러남을 긍정적인 독립이라고 말할지 모른다.

아렌트 사상에 근거한 관조의 교육학

이 글 전체에서 시사한 바와 같이, 아렌트는 사색의 공간을 보존하고 장려하는 교수학습 모델의 개발과 관련된 표현양식을 제시한다. 아렌트는 사유에 관한 논문에서 정신적 삶을 위한 '안식처'에 대해 기술한다. 여기서는 물러남에 대한 카토의 표현을 되짚어 보면서, 물러남, 곧 사유를 위한 준비가 긍정적인 독립의 경험을 조율함으로써 사유를 진행시키는 것을 목표로 하는 교육학으로 이해될 수 있다고 제안하고자 한다. 물러남에 따른 '긍정적인 독립'은 독자적으로 그리고 더 긴요하게, 사려 깊게 작업하려고 하는 학생의 욕구와 그들의 능력에 특권을 부여하는 경험을 말한다. 물론 그러한 경험이 '긍정적 상호의존성'이라는 협동학습의 팀워크 교육과 상반되는 측면이 있지만, 꼭 그런 것은 아니다. 사실 협동학습 지지자들이 확실히 비판하고 있는 자기중심적 개인주의에 영향을 받게 될 경우, 관조의 교육학은 역효과를 낳을 수 있다. 그렇긴 해도 팀워크 교육은 학생들이 팀으로 작업하게 하는 반면, 아렌트 사상에 근거한 관조의 교육학을 통해 교육자들은 학생들이 스스로 멈추고 사유할 수 있도록 격려하는 방법을 확인할 수 있을 것이다.

카토는 인간이 세계로부터 멀어질 때 사유가 일어난다고 표현한다. 정확히 말하면, 사유는 사람들이 '세계 내'에 있을 때, 일상생활에 몰두할 때, 또는 다른 사람을 통해 그리고 함께 '생각'하도록 강요받을 때 일어날 수 없다. 반대로, 일상이 중단되고 사유하는 사람이 습관적으로 공통세계의 '공유' 공간을 외면할 때만 사유는 진행된다. 하이데거는 다음과 같이 말하고 있다.

일단 우리가 물러남과 관계를 맺고 끌리게 되면, 우리는 물러나는 것 속으로, 그 매혹의 불가사의하고 따라서 변하기 쉬운 가까움 속으로 끌려 들어가게 된다. 인간이 제대로 그런 식으로 다가갈 때마다, 그는 사유-비록 그가 물러나는 것에서 여전히 멀리 있을지라도, 그것이 여전히 베일에 가려져 있을 때도-하는 것이다. 소크라테스는 평생 죽을 때까지 이 사유하는 일에 자신을 놓고, 이러한 흐름 그리고 그 안에서 스스로를 지켜 내는 것 외에는 아무것도 하지 않았다. 이것이 바로 그가 서구에서 가장 순수한 사상가로 여겨지는 이유이며, 그가 아무것도 남기지 않은 까닭이다.Heidegger, 1968, 17

아마도 우리가 소크라테스의 사례에 주의를 기울인다면, 실천을 통해 완성된 활동으로서 물러남을 이해하게 될 것이다. 소크라테스의 모범적 사례 통해 우리는 사유의 첫 순간인 물러남의 행위가 자발적인 반응이 아니라 **실행된 활동**, 곧 습관적으로 반복된 활동이라는 점을 알 수 있다. 물러남은 사유 자체를 준비하는 훈련과 비슷한 활동이다. 중단, 외면하는 것은 연습이다. 하지만 그것은 반복적인 듣기 속에서 펼쳐지는 연습이다. 그것은 일상생활을 방해하는 [어떤 일을 하도록] 권유하는 말을 듣는 습관인 셈이다. 이런 식으로 이해하면, 물러남은 긍정적인 독립의 경험을 조율하여 사유가 진행되는 가운데 의식적으로 관여하는 교육으로 이해될 수 있다. 학생들은 이런 교수법을 **통해 스스로 자신을 위해** 사유하고 관조하는 '습관'을 계발할 수 있을 것이다. 교사들은 전통적(가령, 쓰기 활동)이고, 비전통적(요가, 명상)인 방식을 통해 학생들이 스스로 대화에 참여하고 그렇게 함으로써 그들 자신의 바람과 희망을 마주하는 일에 집중하도록 독려할 수 있는 방법을 개발할 수 있다. 따라서 관조의 교육학은 델포이 신탁의 음성을 울려 학생들이 가장 도전적이면서도 절박한 배움의 임무를 수행하도록 하기 위해 '멈추고 사유'하도록 권할 것이다. 자기 자신을 알 수 있도록!

아렌트 자신은 우리에게 이것이 어떻게 이루어질 수 있는지에 대한 사례를 보여 준다. 사실 맥퍼슨에게 답변한 것들 가운데서 아렌트는 "가르치는 것은 다른 것이고, 글쓰기도 마찬가지다"라고 했다. 아렌트의 글을 보게 되면 이 글 전체에서 다루었던 것처럼, 그녀 자신이 텍스트 분석을 통해 어떻게 사유가 진행될 수 있는지를 설명해 준다. 독자와 저자 사이의 대화는 사유가 어떻게 일어났는지를 보여 주는 일례라고 할 수 있다. 아렌트에게, 사유는 다른 무엇보다도 철학 텍스트와의 대화를 통해 시작된다. 헬러는 우리에게 다음과 같이 말한다.

아렌트는 자신이 **대표적**이라고 생각한 **철학들**을 제시하고 해석함으로써 정신적 삶의 범주를 분명히 밝힌다. 만일 우리가 저자의 의도에 제대로 주의를 기울이지 않는다면, 이러한 설명 방식에 현혹될 것이다. 아렌트의 관점에서, 그것은 우선으로 … 사유를 실천하는 철학자가 아니다. 우리는 모두 그렇다. 게다가 아렌트가 이해한 순전한 사유는 철학사에서 그것을 대표할 만한 사람이 없다. 실제로, 소크라테스를 제외하고는 아렌트가 제시한 '순전한 사유'의 기준에 부합하는 철학자가 없다. … 더욱 중요한 점은 우리가 철학을 통해 사유, 의지, 그리고 판단에 대해 생각하게 된다는 것이다. 이러한 철학들은 우리가 정신의 삶을 발견하고자 할 때 비판적으로 의존해야 하는 다양한 생각들이 축적된 보고다.1987, 283

가르침과 관련해서 아렌트의 제자들로부터 전해 들은 설명 외에, 우리는 아렌트가 자신의 가르침을 소크라테스적인 용어를 통해 확인했다는 점을 알고 있다. 아렌트는 자신의 목적이 "학생들에게 [무언가를] 주입하려고 하는 것이 아니라 그들을 눈뜨게 하고 일깨우는 일종의 사유"Hill, 1979, 309를 하게 하는 것이라고 우리에게 이야기한다. 이러한 설명은 소크라테스가 "나는 당신을 일깨우고자 한다. 나는 당신을 설득하려 한다. 나는 당신을 신랄하게 비판하려 한다. 나는 온종일, 어디에서든 당신들 한 사람 한 사람을 비추는 일을 멈추지 않으려 한다"『소크라테스의 변명』, 30d-31a라고 자신을 변론하면서 제시한 자전적인 진술을 반영한다. 우리가 이해해야 할 중요한 사항은 아렌트의 저작과 그녀가 작성한 소크라테스식 가르침 모두에서 아렌트 자신은 끊임없이 사유의 장소로 '가는 가운데' 있었다는 점이다. 아렌트는 스스로 사유하고자 하는 욕망을 깨웠으며, 한때 생각의 보고에서 배제되었던 관념을 지닌 철학자들의 '음성'에 힘을 얻으면서, 불꽃처럼 번득이는 소리를 수없이 '들었다'.

아렌트 사상에 근거한 교육학에서는 교육자들이 학생들 스스로 배울 수 있도록 그들에게 '힘을 실어 주는' 난해한 과제를 수행하도록 한다고 역설한다. 물론 협동학습과 같은 모델은 교실환경 내에서 힘을 재분배하는 중요한 단계를 거친다. 이러한 모형을 통해 교육자들은 더 이상 학습 과정을 독점하지 않는다. 하지만 필자가 주장했듯이, 이러한 협동학습의 또래-매개 모델은 구조적으로 학생들이 반 친구들의 무리에서 물러나도록 그들을 자유롭게 해 줄 수 없어 보인다. 그와는 반대로 아렌트 사상에 근거한 교육학은 배우게 하는 것이 곧 가르치는 것이라고 이야기한 하이데거의 주장을 수용한다.

진실. 가르침은 배움보다 훨씬 더 난해하다. 우리는 그것을 알고 있다. 하지만 그것에 대해 거의 생각하지 않는다. 그렇다면 가르치는 일이 배우는 일보다 더 어려운 이유는 무엇인가? [그것은] 교사가 더 많은 정보의 보고가 되어야 하고, 언제나 읽어야 하기 때문이 아니다. 가르침은 곧 배우도록 요청하는 일이기에, 가르치는 일은 배우는 일보다 더욱 어렵다. 사실 진정한 교사는 배움 외에는 아무것도 배우지 못하게 한다.Heidegger, 1968, 15

현실의 삶과 주류 교육에 대한 관점에서 볼 때, 실제로 철학적 사유와 독립적인 학습은 공식적인 규칙에서 벗어나 있다. 우리가 일상의 경제적 삶에서 이 '아무것도 하지 않는 것'을 평가하고 그것을 '어디에서도' 찾을 수 없을 때, 이 사유라는 활동이 인간의 근본 욕구(수면, 안식처, 의복, 음식)에서 비롯된 인간 활동의 통상적이며 규칙적인 흐름의 일환이라고 볼 수 없다는 점은 분명해 보인다. 물론 우리가 소크라테스의 일화를 참고할 경우, 우리는 아마 철학적 삶의 방식이 일상사의 실제 생활을 방해하고 침해한다는 아렌트 (그리고 플라톤)의 결론에 이를 것이다. 그것은 내키지 않는 일이며, 아렌트가 썼듯이 "언제나 예상 밖의 일이다." 물론, 소크라테스의 비극적인 삶에 근거할 때 이글의 기본 전제에 물음을 가질 수 있다. 만일 **관조적 삶**이 '일상의 평범한 활동'이 이루어지는 삶에 지장을 주는 것이라면, 왜 학교생활은 그러한 관조적 삶의 특징을 취해야 하는 것인가? 사유를 **꼭** 가르쳐**야**

만 하는, 그런 맥락에서 볼 때 오히려 '실천성'이 떨어지는 것 아닌가?

현대 생활에서는 활동을 '분주함'으로 이해하는 것이 지배적이기에, 아무것도 하지 않는 것을 최고 수준의 진정한 학습 경험을 '낳는' 일로 여길 수 있는 언어에 접근하는 것은 거의 불가능하다. 그리고 이런 이유로 아렌트가 카토를 다시금 떠올린 것은 교육철학적으로 매우 흥미로운 일이다. 우리는 아렌트의 카토 해석을 기반으로, 학교생활 경험에서 철학-곧, 사유 혹은 관조-의 역할을 성찰하고 어쩌면 그것을 옹호할 수 있을 것이다. 카토에 대한 아렌트 이해를 통해, 우리는 한 개인이 혼잡한 군중(가령, 교실) 속에서 물러났을 때 펼쳐지는 다른 사람들과 무관한 활동을 명명할 수 있고, 그렇게 함으로써 중요하다고 인정할 수 있는 언어를 명료하게 표현하기 시작할지 모른다. 당연히 이러한 경험이 '중요하다'고 강조하는 것은 그 경험을 우선시하거나 그것에 특권을 부여하려는 것이 아니다. 앞서 언급했듯이, 이 글의 의도는 관조 혹은 내면의 대화가 최우선이라고 주장하면서, 협동학습 같은 모형의 토대에 이의를 제기하는 것이 아니다. 엄밀히 검토해야 할 것은 '내적 발화'의 여지를 거의 또는 전혀 남기지 않는 대화식 학습 모형의 일차원성이다. 따라서 결국 협동학습을 지지하고 그것을 호의적으로 비평하는 이들은 아렌트가 설명한, 곧 '사회적인' 그리고 '내적인' 대화적 의사소통 간의 상호관계에 대해 소크라테스가 밝혀낸 것을 잠시 멈추고 생각해 볼 필요가 있다.

소크라테스가 밝혀낸 것은 우리가 다른 사람은 물론 우리 자신과 교제할 수 있고, 이 둘은 어떻게든 상호 관련된다는 것이다. 아리스토텔레스는 우정에 대해 다음과 같이 말했다. "친구는 또 다른 자아다." 그 뜻은 당신이 당신 자신과 마찬가지로 그 친구와 사유의 대화를 계속할 수 있다는 것이다. 소크라테스가 다음과 같이 말했을 거라는 점을 제외하면, 이는 여전히 소크라테스적 전통에 속한다고 할 수 있다. 자기 자신 또한 일종의 친구다. 물론, 이러한 문제에서 바탕이 되는 경험은 자아가 아니라 우정이다. 나는 나 자신과 이야기하기 전에 다른 이들과 먼저 이야기하고, 공동의 대화가 무엇에 관한 것인지 검토한 다음, 다른 사람들뿐만 아니라 나 자신과도 대화를 나눌 수 있다는 사실을 깨닫게 된다.Arendt, 1978, 188-189

만일 사유가 정말로 '순전한 활동'이라면, 카토의 명제는 사람들이 다른 이들과 함께 있을 때 인간 활동이 가장 잘 실현된다는 현대 학교 환경의 아주 근본적인 믿음에 제동을 거는 것이다. 이러한 믿음은 학습이 실제 삶의 활동에서 '자연스럽게' 일어난다는 가정에 기초한다. 하지만 이러한 가정에 근거한 학습 모형은 뜻밖에 전통적으로 미국의 공립학교를 지배해 온 인식론적 조건들을 재현해 낼지도 모른다. 따라서 협동학습 지지자들이 학교가 사회적으로 중재된 학습 맥락이라는 그 '사실'을 무비판적으로 진전시킬 때, 그들이 선호하는 학교 모형은 학생이 다른 사람들과 함께 있어야만 하는 그러한 맥락을 단지 재구성하는 것처럼 보인다. 다만, 협동학습 지지자들이 자신들이 추구하는 윤리-정치적 목표—다시 말해, (침묵이 아닌) 의견, (개인주의가 아닌) 공동체, 그리고 (경쟁이 아닌) 상호 인정—를 이루고자 하는 경우, 그들이 물음을 던지고 궁극적으로 이의를 제기해야 하는 것은 바로 사회적 학습 맥락으로서의 학교 교육의 '주어짐성givenness'일 것이다.

이 글을 마무리하는 지점에서 바라는 바는 협동학습 모델 지지자들이 다음 질문을 고려해 주었으면 하는 것이다. '사유하는 방법'을 가르치고 배우는 일이 학교교육의 기본 목표인 경우, 우리가 유일한 자아를 자신과의 조용한 대화로 되돌아가게 하는 물러남과 관련된 고독한 활동으로서의 '사유하기'에 대해 아렌트가 서술한 바를 진지하게 받아들인다면, 어떤 일이 일어나겠는가? 오늘날 우리 학교를 지배하고 있는 또래-매개의 학교교육 모형이 이러한 사유 결과를 수용할 수 있을 것인가? 사실, 사유로 인해 세계에서 물러나 있어야 한다면, 학생들이 다른 이들과 함께 모여 있고, 사람들 속에서 끊임없이 '학습' 해야 하는 학교에서 사유는 어떻게 가능할 것인가? 마지막으로, 아렌트가 결론을 내린 것처럼, 사유 활동이 "(사람들에게) 악행을 삼가도록 하거나 심지어 실제로 악행에 맞서도록 하는 '조건'들 가운데 하나라면, 그것이 함축하고 있는 의미는 무엇인가?"Arendt, 1978, 5 다시 말해, 이런 근본적인 욕구를 제어함으로써, 협동학습 모델은 윤리적 판단이 불가능한 '사유하지 않는' 세대를 (재)생산할 위험을 내재하고 있는 것은 아닌가?

Arendt, Hannah. 1973. *The Human Condition*. Chicago: University of Chicago Press.

_____. 1978. *The Life of the Mind*. San Diego: HBJ Books.

_____. 1990. "Philosophy and Politics." *Social Research*, vol. 57, no. 1 (Spring): 73-104.

Bishop, Donald H., ed. 1995. *Mysticism and the Mystical Experience East and West*. Selinsgrove, PA: Susquehanna University Press.

Bruffee, Kenneth A. 1993. *Collaborative Learning: Higher Education, Interdependence, and the Authority of Knowledge*. Baltimore: Johns Hopkins University Press.

Canovan, Margaret. 1990. "Socrates or Heidegger? Hannah Arendt's Reflections on Philosophy and Politics." *Social Research*, vol. 57, no. 1 (Spring): 135-166.

Caputo, John D. 1982. *Heidegger and Aquinas: An Essay on Overcoming Metaphysics*. New York: Fordham University Press.

Cohen, Elizabeth, Rachel A. Lotan, Beth A. Scarloss, and Adele R. Arellano. 1999. "Complex Instruction: Equity in Cooperative Learning Classrooms." *Theory into Practice*, vol. 38, no. 2 (Spring): 80-86.

Churchill, Ward. 1982. "White Studies: The Intellectual Imperialism of Contemporary U.S. Education." *Integateducation*, vol. 19, nos. 1-2.

Deloria, Vine, Jr. 1982. "Education and Imperialism." *Integateducation*, vol. 19, nos. 1-2.

Gutiérrez, Kris, Patricia Baquendo-López, Héctor H. Alvarez, and Ming Ming Chiu. 1999. "Building a Culture of Collaboration Through Hybrid Language Practices." *Theory into Practice*, vol. 38, no. 2 (Spring): 87-93.

Hansen, Phillip. 1993. *Hannah Arendt: Politics, History, Citizenship*. Stanford: Stanford University Press.

Heidegger, Martin. 1968. *What Is Called Thinking?* trans. J. Glenn Gray and F. Wieck. New York: Harper & Row.

Heller, Agnes. 1987. "Hannah Arendt on the 'Vita Contemplativa'". *Philosophy and Social Criticism* (Fall): 282-296.

Hill, Melvyn A. 1979. *Hannah Arendt: The Recovery of the Public World*.

New York: St. Martin's Press.

Johnson, D. W., and R. T. Johnson. 1975. *Learning Together and Alone: Cooperation, Competition, and Individualization*. Englewood Cliffs, NJ: Prentice-Hall.

_____. 1989. *Cooperation and Competition: Theory and Research*. Edina, MN: Interaction Book Co.

_____. 1994. *Leading the Cooperative School*. 2nd ed. Edina, MN: Interaction Book Co.

_____. 1998a. *Advanced Cooperative Learning*. 3rd ed. Edina, MN: Interaction Book Co.

_____. 1998b. *Cooperation in the Classroom*. 7th ed. Edina, MN: Interaction Book Co.

_____. 1999. "Making Cooperative Learning Work." *Theory into Practice*, vol. 38, no. 2 (Spring).

Kohn, Jerome. 1990. "Thinking/Acting." *Social Research*, vol. 57, no. 1 (Spring): 105-134.

Kuhn, Thomas. 1970. *The Structures of Scientific Revolutions*. Chicago: University of Chicago Press.

Locke, John. 1996. "Some Thoughts Concerning Education"(excerpt). In Ronald F. Reed and Tony W. Johnson, *Philosophical Documents in Education*. New York: Longman.

O'Meara, Sylvia, and Douglas West. 1996. *From Our Eyes: Learning from Indigenous Peoples*. Toronto: Garamond Press.

Puma, M. J., C. C. Jones, D. Rock, and R. Fernandez. 1993. *Prospects: The Congressionally Mandated Study of Educational Growth and Opportunity*(interim report). Bethesda, MD: Abt Associates.

Putnam, JoAnne W. 1993. "The Process of Cooperative Learning." *Cooperative Learning and Strategies for Inclusion: Celebrating Diversity in the Classroom*, ed. JoAnne W. Putnam. Baltimore: Paul H. Brookes Publishing, pp. 15-40.

Slavin, Robert E. 1996. "Research on Cooperative Learning and Achievement: What We Know and What We Need to Know." *Contemporary Educational Psychology*, vol. 21: 43-69.

_____. 1999. "Comprehensive Approaches to Cooperative Learning." *Theory into Practice*, vol. 38, no. 2 (Spring).

Steiner, Sue, Layne K. Stromwall, Karen Gerdes, and Stephanie Brzuzy. 1999. "Using Cooperative Learning Strategies in Social Work Education." *Journal of Social Work Education*, vol. 35, no. 2: 253-264.

Vlastos, Gregory. 1995. *Studies in Greek Philosophy II: Socrates and Plato and Their Tradition*. Princeton: Princeton University Press.
Vygotsky, L. S. 1962. *Thought and Language*. Cambridge, MA: MIT Press.
_____. 1978. *Mind in Society: The Development of Higher Psychological Processes*. Cambridge, MA: Harvard University Press.

한나 아렌트에게 배운 내용과 방법: 서신 교환

엘리자베스 영 브륄(Elisabeth Young-Bruehl)과 제롬 콘(Jerome Kohn)

1999년 8월 23일
제리에게

　당신과 제가 『한나 아렌트와 교육*Hannah Arendt and Education*』이라는 선집에 함께 글을 한 편 써 보는 것이 어떻겠냐는 고든 교수의 제안을 당신이 받아들였다는 소식을 듣고 반가웠습니다. 또한 먼 거리에서도 대단히 빠르게 의견을 주고받을 수 있는 이메일을 통한 서신 교환도 흔쾌히 허락해 주셔서 기쁩니다. 우리가 서로를 알고 지낸 지난 30년, 우리가 아렌트의 학생이었을 때나 그녀가 세상을 떠난 뒤 아렌트의 책을 거듭 읽으면서 제가 그녀의 전기를 작성하고, 당신이 아렌트의 논문들을 편집하는 가운데, 우리는 한나 아렌트와 그녀의 사상은 물론 그녀가 우리를 가르쳤던 방식에 대해 이야기할 수 있는 공론의 장을 마련하는 데 헌신해 왔습니다. 이런 관점에서 편지를 주고받기로 한 것은 아주 좋은 기회이며, 당연히 우리의 대화 방식에도 영향을 주리라 기대하고 있습니다. 아울러 우리는 이 새로운 형태의 의사소통 가능성에 대해서도 이야기를 나눌 수 있겠지요.

　이제 우리가 함께 논의할 주제로 돌아가서 그 내용을 하나씩 이야기해 보려 합니다. 그래서 말인데, 사람들이 정치를 이해하도록 준비시키는 데 특별히 적합한 교육이라고 할 만한 것이 있을까요? 한나 아 렌트는 에세이 「이해와 정치Understanding and Politics」에서 이해와 정 치가 어떻게 관련되는지에 대한-관련될 수 있는지에 대한- 관점을 제시합니다. 제가 제기하고 싶은 점은 아렌트가 의미 부여한 그 함축 적 단어인 '이해understanding'를 사람들이 어떻게 배울 수 있는가 하 는 것입니다.

우리가 논할 주제는 교육과 정치의 관계, 혹은 관계들입니다. 한나 아렌트가 교육에 관하여 생각했던 것 가운데 우리가 바로 인정해야 할 부분은 그녀가 근본적으로 다른 두 가지 개념, 곧 가르침과 지시 를 기술적인 측면에서 확실히 동일하게 보고 있지 않았다는 점입니다. 먼저, 아렌트는 아동교육을 고찰하면서, 그것과 긴밀히 연관된 인간의 조건이 탄생성이라고 여러 차례 강조했습니다. 탄생성은 세계가 활기 를 되찾고, 세계를 새롭게 할 '새로운 시작'으로서 아이들이 태어난다 는 사실을 의미합니다. 아동교육의 본질적인 역할은 아이들을 보살피 는 것이어야 합니다. 그러면서 아렌트는 아이들의 유산이자 그들을 위 해 보존되어 온 과거에 그들이 소개된다는 의미에서, 아이들을 보수적 으로 교육해야 한다고 주장했습니다. 이는 아이들을 사적이고, 가족적 인 삶의 은신처에서 공적 세계로 나가도록 할 때 교육의 방향을 제시 하고 그 근거를 제공합니다. 교육을 받는다는 사실은 아이가 성장을 거듭하면서 세계에 드러날 수 있도록 권위를 지닌 책임 있는 성인들로 부터 보호를 받는다는 것을 의미합니다.

성인교육은 전적으로 다릅니다. 성인교육과 밀접하게 관련된 인간 의 조건은 세계성입니다. 성인들은 세계에 거주하기 위해 서로를 교육 하는데, 그것은 다양한 역사적 상황에서 세계의 안락한 장소에 머물 거나, 세계에서 소외되거나, 아니면 이 둘이 합쳐진 상태에 놓일지 모 른다는 것을 의미합니다. 현 세계에서 성인들은 보수적으로 그들이 공유하는 전통을 서로에게 제시하지 않습니다. 그들은 공통의 세계를 만들어야만 합니다. 성인들은 그들이 공유하는 전통의 잔해 속에서, 가령 "마치 이전에는 아무도 읽지 않았던 것처럼" 옛 저자들의 작품을 읽습니다.

성인들이 서로를 교육하는 이러한 성인교육이 만일 칸트에 이어 한나 아렌트가 말한 "확장된 사고방식enlarged mentality"을 촉진하는 것이라면, 그것은 정치적 이해를 위한 준비라고 할 수 있습니다. 사람들은 다른 사람의 처지에서 자신의 눈으로 세상을 보는 법을 배웁니다. 아렌트가 정치적 이해를 위해 이를 교육의 기저로 삼았다는 사실은 1969년 우리가 그녀와 함께했던 첫 번째 강의에서 분명히 확인할 수 있습니다. 그 강의는 바로 《20세기의 정치Politics in the Twentieth Century》이며, 1900년경 태어나서 1960년대까지 활동했던, 당대의 '대표적인 인물representative man'의 삶을 추적할 수 있는 작품들로 구성되어 있었습니다. 가령 그 작품 속 위인은 아렌트 세대의 인물-노동자이자 스파르타쿠스 연맹Sparticist Bund의 일원이며, 난민이고 무국적자며, 종군특파원이자 대학교수였던 그녀의 남편, 하인리히 블뤼허Heinrich Bluecher와 같은 인물-을 말합니다.

이 세미나를 떠올려 보니, 당시 우리는 본보기가 되는 이 '대표적인 인물'에게 관심을 기울였었습니다. 그는 위기의 시대인 20세기를 경험하고 있었습니다. 또한 그는 새로운 맥락에서 각각의 위기를 통해 밝혀진 본질적인 인간의 조건을 마주하고 있었습니다. 『과거와 미래 사이』에 실린 모든 글이 그렇듯, 각각의 글-가령 「교육의 위기」, 「문화의 위기」-은 위기에 대해 자세히 드러내고 있습니다. 이어, 글 하나하나에서 아렌트는 위기에 대해 깊이 탐구하고 여러 측면에서 그것의 차별적 특징을 확인하면서 자신이 『인간의 조건』에서 구별한 인간의 조건들-생명, 지구, 세계, 탄생성, 사멸성, 복수성-과 이와 관련된 활동인 행위, 작업, 노동에 대해 다룹니다. 게다가 아렌트는 위기가 분명히 보여 주듯이, 인간의 조건들이 서로 어떻게 관련되고 변하는지를 연구했습니다. 「교육의 위기」를 분석하면서, 아렌트는 조니가 왜 글을 읽지 못하는지에 대해서뿐만 아니라 성인들이 아이들 교육에 대한 책임을 어떻게 포기하는지-그녀는 생각합니다-를 보여 줍니다. 교육에 대한 책임은 '새로운 시작'으로서 아이들을 마주하고, 그들의 탄생성에 반응하는 것을 의미합니다. 교육의 위기는 분명 탄생성의 위기이며, 지금의 아이들 입장에서 생각해 보면 이 말을 이해할 수 있을 것입니다.

제 말은 아렌트가 행했던 교육은 인간의 근본 조건이 유동적으로 재구성되는 것을 확인할 수 있는 어떤 계기로서 모범적인 인물을 상상하는 법을 보여 주기 위해 고안된 것이라는 점입니다. 여기서의 모범적인 삶은 비유적 표현입니다. 저는 한나 아렌트가 사적 영역과 공적인 영역의 관계에서 나타난 엄청난 변화-중간 영역으로서의 사회의 출현-를 여실히 보여 준, 자신의 첫 작품인 『라헬 파른하겐*Rahel Varnhagen*』의 방식으로 [그녀가 행했던 교육을] 다루었다고 생각합니다. 아울러 아렌트는 『전체주의의 기원』을 통해 또 한 번 모범적인 인물들의 사례를 제시하고 있습니다. 이 책에는 정치적 과정이 태동하는 역사적 심연을 들여다볼 수 있도록 해 주는 모범적 인물들-디즈레일리Disraeli, 프루스트Proust, 세실 로즈Cecil Rhodes-의 사례가 다수 포함되어 있습니다. 물론 상당수의 사회과학자는 아렌트의 이러한 서술방식이 일화 중심적이라는 이유로 폄하하기도 합니다. 제가 볼 때 아렌트는 잘 정리된 일화가 수천 개의 통계나 인용문 혹은 그 어떤 근거들보다 가치 있다고 생각했던 듯싶습니다.

이렇게 말씀드린 내용이 당신에게 어떻게 읽힐지 궁금합니다. 그리고 제리, 우리 함께 그 의미들부터 이야기해 봤으면 합니다.

엘리자베스로부터

2000년 6월 11일
엘리자베스에게

작년 8월 말, 당신이 제게 편지를 전했을 무렵, 아시다시피 저는 뉴스쿨의 한나 아렌트 센터The Hannah Arendt Center의 임무를 막 시작하던 참이었습니다. 그 일은 지금까지도 아주 신나는 일이지만, 너무 힘든 일이기도 해서 당신에게 답장하는 일을 미룰 수밖에 없었습니다. [한편으로] 그만큼 바로 편지를 써야겠다고 생각하기도 했습니다. 한나 아렌트 센터의 목적 중 하나는 교육적인 것과 관련이 있고, 저는 우리의 서신 교환이 그것을 분명하게 해 주리라 생각합니다. 다만, 저는 이 책의 저자들 가운데 단지 우리 두 사람만이 아렌트와 실제로 공부했다는 사실이 다소 아쉽습니다. 아렌트와 함께했던 그 경험은 우리 둘 모두에게 중요하며, 확실히 독특한 방식으로 독자들의 흥미도 끌 수 있을 거라고 생각합니다. 아렌트 사후에도 우리는 계속해서 그녀의 사상을 정식으로 연구할 기회를 만들었지만—당신은 아렌트 생애에 관한 전기를 썼지요—, 제게 무엇보다 중요한 것은 우리가 오랫동안 우정을 간직한 채 아렌트에 대해 지속적으로 이야기를 나눠 왔다는 사실입니다. 우리는 서로에게 실제적이면서도 소중한 즐거움을 선사했으며, 우리가 진정으로 원했기 때문에 이러한 대화를 이어 올 수 있었습니다. 그러한 기쁨은 아렌트가 우리를 교육했던 방식, 그리고 정치와 관련이 있습니다. 또한 우리의 대화 자체로 아렌트의 교육 방식이나 정치가 어느 정도 명확해진 것처럼, 이 서신 교환을 통해서도 이와 관련된 '어떤 것들'이 분명해지리라고 생각합니다. 이렇게 아렌트와 함께 공부했던 일, 그녀를 알고 지낸 일, 그리고 우리의 지속적인 대화를 통해 여전히 그녀를 마주하는 기쁨을 서로에게 전하려는 시도는 제가 볼 때 이 책에서 꼭 다루어야 할 내용입니다. 그건 바로 우리의 경험이며, 좀 더 타당한 이유를 들어야 한다면, 아렌트의 신념을 인용해 볼 수도 있습니다. 곧, 그것은 사고가 경험에서 비롯될 뿐만 아니라 아렌트가 한때 말했듯이 '경험의 토대'는 사고가 '온갖 이론'에 빠지지 않게 해 준다는 것입니다. 이 책에 수록된 대부분의 글에서는 아주 당연하게 아렌트가 교육이론을 펼쳤을 거라고 가정하고 있습니다. 이 점이 저는 못내 아쉽습니다.

제가 이 문제를 삐딱하게 다루고 있다면 이해해 주길 바랍니다. 하지만 당신은 저의 이런 생각이 낯설지는 않을 것입니다! 당신이 볼 때, 아렌트가 전체주의나 정치, 행위 또는 혁명, 혹은 사회나 문화, 교육, 권위나 종교 내지 역사, 인간의 자유나 인간의 정신 활동 중 뚜렷하게 구별되는 시간적 차원에 대해 어떤 이론을 취했거나 그것을 고수했다고 생각하시는지요? 저는 당신에게 그것을 묻고 싶습니다. 그러한 주제들은 분명 아렌트가 주의를 기울였던 것입니다. 그런데 각각에 관해서든 단계적으로든 아렌트가 그 주제들에 대해 '이론'이라 불릴 어떤 것을 정립하려 했었습니까? 아렌트가 그러한 주제들을 이론적으로 다룬 것은 분명하지만, 제가 보기엔 '사유'를 이론화하려는 것과 사유의 결과로 진술될 수 있는 이론의 차이는 그녀에게 아주 중요했던 듯합니다. 사실 그러한 차이가 모호해지는 것은 아렌트가 점점 더 의문을 느끼게 된 근대 사상의 진부한 생각들 때문인데, 정확히는 공통적이고 전달 가능한 경험, 공통세계의 경험에 대한 정교하게 조정된 인식이 그 모호함 속에서 사라지는 경향이 있어서입니다.

제가 언급하려는 것에 대해 하나의 예-아렌트의 사례 중 하나-를 들자면, 카를 마르크스Karl Marx는 경제발전 법칙에 대한 자신의 변증법적 이론을 통해 실천과 이론의 관계라는 해묵고 거북한 문제를 해결했습니다. 아렌트에 따르면, 마르크스는 인간 실천에 대한 자신의 개념에서 행위의 자발성을 뺀 채 이 문제를 정리한 것입니다. 물론 마르크스 이론이 전체주의의 원인이라고는 할 수 없겠지만, 그의 이론은 이데올로기로서 스탈린Stalin이 공통세계에서만 유일하게 보장되는 인간의 자발성, 곧 인간의 자유를 파괴하려고 할 때 결정적으로 중요한 요소로 작용했습니다. 스탈린이 행했던 범죄들을 이해하고 폭로하고자 했던 아렌트의 시도 가운데 일부는 행위와 사유 활동을 이론화하는 데 있지만, 그녀는 마르크스 이론과 달리 행위와 사유를 통합함으로써 그 관련성에 대한 난제를 해결하려는 어떤 계획도 거부했습니다. 생전에 아렌트가 미처 다 쓰지 못한 『판단Judging』이라는 책에는 그녀가 자신만의 방식으로 행위와 사유의 관계를 다루고자 했었음을 암시하는 여러 표현이 담겨 있습니다. 그것이 어떻게 밝혀졌는지 우리는 알 수 없지만, 우리는 이미 아렌트에게서 판단이 행위나 사유와는 다른 활동이었다는 점을 알고 있습니다. 아울러 우리는 그녀가 행위와 사유를 의도적으로 하나의 이론에 맞추려 하지 않으면서도 이론화했을 거라고 어느 정도 확신할 수 있습니다. 어떤 이론이든 간에 그것이 아무리 훌륭하고 또 심지어 고귀한 의도로 정립되었다 하더라도, 저는 아렌트가 모든 이론의 궁극성이 내포하고 있는 인간의 자유에 대한 잠재적 위험을 끝까지 피하려 했다고 확신합니다.

마지막 부분은 추가적인 설명이 필요하지만, 우선은 아렌트가 제시한 또 다른 사례를 인용해 보려 합니다. 정의에 대하여 일관된 이론을 정립하는 일은 플라톤 사상에 근거를 두고 있을 뿐만 아니라 오늘날에도 가치 있는 철학적 노력이며, 최악의 경우를 상정하더라도 해가 되는 것은 아니라고 생각합니다. 우리가 정의를 이야기할 때, 우리가 말하는 것의 진실에 대해 아는 것은 가치가 있지 않습니까? 어떤 일이 일어났을 때 그 일의 부당함을 막진 못하더라도, 그러한 지식이 불공정한 일이 발생할 때 대처할 방법을 우리에게 알려 주지 않을까요? 하지만 아렌트는 완전히 다른 어떤 것을 제안합니다. 만일 우리가 정의가 무엇인지 안다면, 이론상 우리는 **가능한 모든 인간 행위**를 망라할 수 있는 거대한 그리드를 구성하여 그것이 정당한지 아닌지를 우리 자신에게 알려 줄 수 있을 겁니다. 어느 정도는 추정해 볼 수 있을지 모르지만, 더 이상 정의의 의미에 대해 생각할 필요는 없을 것입니다. 플라톤에서 존 롤스John Rawls에 이르기까지 철학자들은 어쩔 수 없이 우리를 사유하도록 이끕니다. 만일 그러한 사유의 결과가 지식으로 여겨지고 제도화된다면, 전체주의가 아니라 아렌트가 '이성의 횡포tyranny of reason'라고 했던, 자유를 부정하는 결과를 낳을 것입니다. 정의로운 것이 정의의 핵심 아닌가요(**"내가 한 일이 바로 나이며 … 정의로운 사람은 정의를 행하며**"라고 제라드 맨리 홉킨스Gerard Manly Hopkins가 쓴 것처럼)? 아렌트는 정의의 핵심이 정의가 무엇인지를 아는 것이 아니라 정의에 대해 생각하고, 그렇게 함으로써 궁극적으로 개별적인 판단 행위에 이르러, 세계 안에 정의가 구현되도록 하는 일이라고 확신했습니다. 아렌트에게 이런 사람은 자신을 본보기로 삼아 다른 사람을 일깨웠던 가장 순수한 사상가인 소크라테스입니다. 정의에 대해서뿐만 아니라 인간의 모든 탁월함에 대한 소크라테스의 논의는 이론이 아닌, 이해할 수 없어 당혹감을 느끼게 하는 아포리아aporia로 끝을 맺었기 때문에, 그는 계속해서 그것들에 관해 생각해야만 했으며, 그렇게 생각할수록 점점 더 정의롭고, 더 용감해지고, 더 자제력을 갖게 되었습니다. 요컨대 이전보다 더 자기 자신이 되어갔습니다. 아렌트가 계속해서 우리 마음을 사로잡는 이유는—설사 이전에 그러한 교사가 있었다 하더라도— 소크라테스의 정신을 체화한 교사였기 때문이라고 생각합니다. 소크라테스와 마찬가지로, 아렌트는 자신이 공통의 세계를 공유하는 복수의 인간 존재 중 하나이며, 모든 인간은 진리를 강요받을 때조차 잠재적으로 자유롭다는 사실을 결코 잊지 않았습니다. 진부한 표현이긴 하지만, 이것이 아렌트의 '위엄'을 말해 줍니다. 그리고 아렌트가 자신의 학생들에게 강요나 강제력을 행사하는 강압으로부터의 자유를 길러 주기 위해 애썼다는 것은 자명한 사실입니다.

이 지점에서 저는 아렌트 사상에서 논란이 된 점을 다뤄 보고 싶습니다. 그 이유는 [자신의 사상에 제기된 주장에 대해] 아렌트가 나름의 의견을 갖고 그것을 뒷받침할 만한 증거를 정리하거나 심지어 조작하려 했기 때문이 아니라, 다른 사람들의 의견을 고려하면서 자신의 확실한 견해와 신념을 형성하기 위해 그들과 계속해서 논쟁했기 때문입니다. 그것은 정치사상가이자 교육자인 아렌트에게 가장 중요한, 정치적 책임에 반드시 수반되어야 할 조건이었습니다. 신념이 없으면 정치적 행위는 헛되고 무의미한 것이 됩니다. 이는 공통세계에 대한 감각이 사라진 인간사에 대해 칸트가 '우연한 우울haphazard melancholy'이라 여겼던 상황을 초래합니다. 여하간, 저는 우리가 아렌트 사상에 대해 생각함으로써 누리는 이 기쁨의 의미를 주된 목적으로 삼고 있는 이 편지가 단순한 에세이로 치부되는 것을 원치 않습니다! 이 서신 교환을 이어 가면서, 오늘날 공통세계를 회복하는 일의 중요성과 20세기에 눈에 띄게 실패한 일과 관련해서 과거로부터 대대로 전해 내려오는 전통이 '확장된 사고방식'과 '본보기'를 보이기 위해 수행한 역할에 대해 당신이 썼던 내용에 꼭 답하도록 하겠습니다. 아렌트와 함께 공부한 경험, 특히 사적인 삶에서 공적인 삶으로 이행한 경험, 의지를 지니고 공통세계에서 자신에게 적합한 자리를 찾은 경험과 관련해서 이야기하고 싶은 것이 아주 많습니다. 제가 바라는 바는 우리가 실제 그랬던 것처럼 성인들이 서로를 통해 계속 배우는 모습을 보여 주고자 하는 것입니다. 이 부분은 이미 아렌트가 「교육의 위기」에서 언급했듯이, '성인교육'으로 부르는 데 신중해야 할 것입니다. 왜냐하면, "교육은 정치에 관여할 수 없으며 … 진정으로 성인을 교육하고자 하는 이들이라면 누구나 그들의 보호자 역할을 하면서 그들의 정치 활동을 막으려 한다"라는 점 때문입니다.

우리가 아렌트와 함께했던 첫 수업과 관련해서 당신이 언급한 내용에 약간의 문제가 하나 있습니다. 당신은 그 수업을 《20세기의 정치》라고 했지만, 제 생각에 그 수업은 《20세기의 정치적 경험Political Experience in the Twentieth Century》이었습니다. 그리고 당신이 기억하실지 모르지만, 그때 우리는 시, 소설, 회고록, 그리고 전기를 읽었지만, 정치이론서는 단 한 편도 다루지 않았다는 점에서 그 수업은 나름의 의미가 있었다고 생각합니다. 다시 말하면, 그것은 아렌트에게 정치적 '경험'이 무엇을 의미하는지, 그녀가 자유와 정의의 '근원적이며 경이로운 현실'이라 불렀던 것은 무엇인가라는 물음과 관련이 있습니다. 외현에 근거한 현실을 다루는 이론의 관점에서 볼 때, 그것은 사실상 모순됩니다. 적어도 지금은 "아렌트 사상의 독특함에 대한 특유의 즐거움"이라고 하고 싶은 것이 바로 아렌트와 함께 공부한 주된 이유였다는 점을 간단히 언급하면서 이번 편지를 마무리해야겠습니다.

당신은 제게 아주 의미 있었던 당시의 우리 대화를 이 서신 교환을 통해 되살릴 수 있다고 생각하시는지요?

안부를 전하며
제리

2000년 6월 27일
제리에게

6월 11일 자 당신의 편지를 받고 여러 가지 생각이 떠올랐습니다. 그중 일부를 여기에 적어 보려 합니다. 다만, 이 편지를 작성하는 것과 관련해서 먼저 두 가지를 말씀드리고 싶습니다. 첫째는 약간 재미있다는 점입니다. 당신과 제가 서면으로 대화를 계속할 수 있을지 알 수 없지만, 지난 주말 우리가 편지 쓰기에 대해 이야기하기 위해 만났던 것—제가 필라델피아행 기차를 타며 "곧 편지할게요"라고 하기 전 서너 시간 동안 나눈 다른 이야기들—도 편지 쓰기의 일부였다는 점을 떠올려 볼 필요가 있습니다. 우리의 친밀한 관계는 서로의 존재와 대화에 관련된 것입니다. 우리는 언제나 대화하면서—그것은 돌이켜 생각해 보면 알 수 있습니다— 몇 가지 유익한 주제나 질문들을 지니고 있지만, 그것은 자유롭게 떠오르거나 현존하는 것에 좌우된다고 생각합니다. 제가 첫 편지에서 썼던 것처럼 이 편지도 그렇게 이야기를 시작해 보려 합니다.

우리가 서면으로 대화를 이어 가는 동안, 여러 이유로 대화 내용이 변경될 수 있고, 오랜 시간이 지난 뒤에야 대화가 다시 전개된다는 점에서, 대화 방식을 바꾸는 것에 대해서도 우리가 서로 조율할 필요가 있다고 생각합니다. 사실 저는 그것에 대해 기억을 되짚어 생각해 왔고, 과거 우리의 대화가 우리에게 어떤 교육을 제공했는지에 대해서도 헤아려 보았습니다.

한나 아렌트의 마지막 세미나에서 우리가 서로를 알게 된 후로, 줄곧 우리의 대화는 아렌트와 그녀의 작품에 관한 것이었습니다. 아렌트 사후, 계속 이어지는 추모행사에서 우리는 둘 다 너무 상심이 큰 나머지 우리의 나침반을 잃었다고 느꼈습니다. 공식 추모행사에서 당신이 침착하고 품위 있게 이러한 마음을 공개적으로 표현한 것에 저는 깊이 감명받았습니다. 당시 저는 아렌트의 죽음과 관련해서 공개적으로 이야기하거나 글을 쓸 수 없었습니다. 지금까지도 저는 아렌트의 죽음을 비통해하고 있으며, 눈물을 흘리지 않고서는 그녀에 대해 공식적으로 언급할 수도 없습니다. 게다가 저는 아렌트의 전기를 집필하면서, 기억하시겠지만, 우리는 아렌트의 생애와 작업 과정에 대해 자주 이야기하며 그녀가 생존했을 때 우리가 미처 알지 못했던 내용들을 탐구했었습니다. 저는 개인적으로-한스 요나스Hans Jonas가 아렌트의 젊은 시절, 하이데거와의 부적절한 관계에 대해 말해 준 뒤- 그리고 철학적으로 하이데거와 아렌트의 관계에 대해, 또 성 아우구스티누스 St. Augustine에 대한 그녀의 박사학위논문과 야스퍼스와의 서신 교환에 대해 우리가 길게 대화를 나눴던 때를 떠올려 봅니다. 그때 우리는 아직 편집되지 않은 대단히 가치 있는 아렌트의 단편들과 미간행된 출판물-당신이 현재 작업하고 있는 모든 것-들이 많다는 것을 처음으로 알게 됐습니다. 아렌트의 삶과 작품 전반에 대한 그런 대화들은 그녀가 세월이 흐르면서 이런저런 정치적 사건들을 어떻게 바라보았는지에 관한 것이었습니다.

그 모든 대화 가운데 가장 오랫동안-1980년대 초 3, 4년간- 이어지고, 우리에게 가장 어렵게 다가왔던 주제는 당시 메리 매카시Mary McCarthy가 편집했던 아렌트의 미완성 원고『판단』이 "무엇이었을까" 하는 것이었습니다. 저는 그 대화가 막 시작될 무렵,『정신의 삶』정치이론, 1982에 대해 쓴 글을 마무리하고 있었습니다. 그런데 우리는 둘 다 그러한 접근 방식이 너무나 도식적이고 구조적이라는 것을 알게 되었습니다. 저는 언제나 당신보다 훨씬 더 이론적인 면에 치중했었습니다. 달리 표현하면, 당신은 언제나 저보다 훨씬 더 소크라테스적이었습니다. 그렇기에 당신은 어떤 주장에 중점을 두고 글을 쓰는 것이 힘들며, 반면 저는 이질적인 계통과 사유 방식들을 체계화하고 공식화하는 것에서 벗어나기 어렵습니다.

이 편지를 쓰기 시작하면서, 그리고『판단』에 관해서도 우리의 이런 차이를 마주하게 됩니다. 당신은 제 편지가 너무 틀에 박혀 있어서 답장하는 데 어려움을 느끼셨지요. 당신은 제가 한나 아렌트의 교육이론을 기술하고 그녀가 이론화했을 방법에 몰두하고 있다고 생각하시는 듯합니다. 사실 저는 아렌트가 교육에 관한 이론을 제시한 적 없고, 실제로 어떠한 것도 이론화하지 않았다는 당신의 의견에 전적으로 동의합니다. 아렌트의 이론도, 아렌트주의도 없습니다. 하지만 아렌트는 그녀만의 독특한 사유 방식을 지니고 있었습니다. 그것은 아렌트가 명확히 했던 개념들과 그 특징적 차이, 그리고 근본적인 것이라고 인정한 역사적 요소들과 존재들에 관한 것입니다. 또한 그녀는 독특한 판단 방식을 지니기도 했습니다. 이를 통해 아렌트가 무엇을 생각했을지 또는 무엇-미완성된 『판단』이란 책에서 상세히 언급한 상상하기와 같은 것-을 어떻게 판단했을지 짐작할 수 있습니다. 아렌트의 독특한 사유 방식은 그녀가 이론을 멀리하고 과학의 연역적 사고에 관심을 두지 않았다는 데 있습니다.

우리의 사고방식이 서로 다르다는 점은 그만큼 우리의 대화가 서로에게 얼마나 유익한지를 보여 준다는 점에서 중요하다는 사실을 느끼게 해 줍니다. 비록 우리가 이따금 (제 편지에 대한 당신의 반응처럼) 상호 이해를 위해 우리 각자의 독특함에 따른 차이를 조심스럽게 극복해 가야 하긴 했지만, 저는 우리가 한나 아렌트나 그녀의 작품에 관해-32년 동안!- 나누었던 대화가 의견 일치를 보지 못하고 마무리된 적은 없었던 것으로 기억합니다. 하지만 다른 한편으로, 1985년경 제가 처음 뉴 헤이븐New Haven에서 정신분석 연수를 받기 시작하고, 안나 프로이트Anna Freud의 전기를 막 작업하려 했던 때 우리의 대화는 엇갈렸습니다. 마치 우리가 삼인조가 된 것 같았습니다. 당신, 예전의 저, 그리고 당신이 그다지 편안하게 느끼지 않는 이 새로운 사유 방식의 저, 이렇게 말입니다. 그때 이 새로운 사유 방식의 저는 다른 언어, 곧 우리 둘 다 한나 아렌트가 무척이나 회의적이었던 것으로 알고 있던 언어로 이야기하고 있었습니다. 하지만, 제가 저 자신과 갈등하거나 내적으로 분열된 적은 없었습니다. 저에게는 한나 아렌트를 통해 접했던 사유 방식, 곧 한나 아렌트 자체였던, 우리 각자가-각자의 방식으로- 지닌 사유 방식이 프로이트로부터 시작된 그리고 대부분의 정신분석학자들이 지닌 사고방식과 크게 다르지 않았다는 것입니다. 다만, 저의 이 내적인 대화가 우리 대화에 익숙해지기까진 꽤 많은 시간이 걸렸습니다.

아렌트와 프로이트의 가장 긴밀한 공통점 중 하나는-그리고 이는 제가 당신의 '독특함에 대한 특유의 즐거움'에 대해 바로 말하기 위해 주목하고 있는 것입니다- 젊은 시절부터 그들이 이론을 대하는 태도였습니다. 프로이트는 이론과 추론 -그가 완전히 관철시키지는 못했지만 어느 정도는 이루어 냈던-에 대한 자신의 성향을 넘어서야만 했습니다. 프로이트는 20대 후반 샤르코Charcot의 파리 클리닉을 방문했을 때, 모두 독일에서 생리학 연수를 받은, 해외에서 온 젊은이들이 자신들이 당연하다고 생각하는 이론과 모순되는 샤르코의 임상 연구에 대해 그에게 계속 질문했던 일에 관해 말하길 좋아했습니다. 이에 당황하지 않고 샤르코는 프로이트를 놀라게 한 격언을 이야기합니다. **이론이라는 것이 훌륭하긴 하지만, 중요한 건 존재하는 것이다**La theorie c'est bon, mais cela n'empeche pas d'exister가 그것입니다. 프로이트가 예리하게 언급했듯이, 비록 샤르코가 임상적 설명과 사실 수집에 능숙했다고 할지라도, 그가 단순히 임상적 사실이 먼저고 그 뒤에 이론(또는 이론의 수정)이 따라야 한다고 주장한 것은 아닙니다. 좋은 의미에서 그는 현상학자였습니다. 하지만 훨씬 더 급진적으로 샤르코는 이론으로 부정할 수 없는 것이 있다고 했습니다. 존재하는 것은 이론보다는 관찰, 직관, 충만하고 수용적인 경험을 통해 비밀처럼 밝혀질 것입니다. (그리고 저는 존재하는 것이 인간의 관심을 통해 드러난다는 점도 덧붙이고 싶습니다.) 바로 그것이 아렌트도 믿었던 바이며, 그녀는 [개별 인간의] 독특함을 기꺼이 받아들이려 했던 뛰어난 관찰자였습니다.

한나 아렌트는 프로이트에 대해 그 어떤 연구도 진행한 적이 없습니다. 그래서 그녀는 프로이트를 잘 모르지만-가끔은 말도 안 되는 무지로- 프로이트와 정신분석에 관해 말하기도 했습니다. 제 생각에, 아렌트는 정신적 질병을 상당히 두려워하고 있었던 것처럼 보였는데, 어렸을 때 마비성 매독에 걸린 아버지가 돌아가신 아이에게 이는 그리 놀랄 만한 일이 아닐지도 모릅니다. 그녀의 아버지는 사실상 정신적으로 병들어 죽었습니다. 그런데 아렌트의 의심은 사적 영역private realm과 공적 영역public realm의 구분-이론을 구성하지는 않지만, 확실히 중요한 차이-에 대한 그녀의 가장 독특한 사유 방식과도 관련이 있습니다. 지난 주말 우리가 뉴욕에서 만났을 때 이야기한 것처럼, 아렌트는 나름 독특한 의미에서 성적 보수주의자였습니다. 도덕적이거나 청교도적인 보수주의가 아니라 성적인 문제는 전적으로 사적인 영역에 속한다는 자신의 관점에서 보수적입니다. 저는 아렌트가 정신분석학을 심하게 반대했던 이유는 그것을 따르고 실천했던 이들이 공적인 것의 의미를 잃은 채 자기중심적이 되었기 때문이라고 생각합니다. 그리고 제 생각에 우리는 이에 동의하고 있습니다. 그리고 더 심각한 것은 정신분석가들이 사적인 문제들-성적 취향, 개인적인 공상-을 공적인 논의 대상으로 삼는 것이 좋은 일이자 해방과 관련된 일로 당연시했다는 점입니다. 아렌트가 반대한 것이 바로 그것이었습니다. 사적인 것을 공적인 것으로 치부하는 일은 보호, 회복, 재창조의 장소이자 존재 방식으로서의 사적 영역을 파괴하는 것입니다. 사적 영역의 파괴는 아렌트가 마치 지구를 잡초로 뒤덮는 것과 같다고 했던, '사회the social'라고 부른 끔찍한 영역을 가능하게 했습니다.

만일 제가 프라이버시가 사라진 전체주의 국가, '국가'가 아닌 "모든 것이 가능하다"라는 프라이버시 반대 세력뿐만 아니라 반국가적인 (또는 반정치적, 반공공적) '운동'으로부터 당신을 전혀 보호할 수 없는 그런 전체주의 국가에서 성장했다면, 아마도 저는 어렵지 않게 한나 아렌트가 [공적 영역과 사적 영역을 구분한] 그 독특한 사유 방식에 공감했을 겁니다. 하지만 저는 [공적 영역과 사적 영역을 구분하고, 사적인 것을 공적인 것으로 여김으로써 사적 영역을 파괴한다는] 이 부분이 아렌트 연구에서 가장 난해한 지점이라고 생각합니다. 이는 [프라이버시를 보호하려는] 방어 기제가 공격 수단으로 전환되어 쓰이지 않는 경우에만 그 방어 기제가 큰 의미를 지니는 것처럼 보입니다. 어쩌면 그것은 이론이나 아렌트주의라는 이데올로기의 요소와 매우 유사할지도 모릅니다.

좀 더 이야기하고 싶지만, 너무 많은 얘기를 하고 대화에 몰두하느라 산책하고, 차 마시고, 저녁 식사를 준비하는 일을 잊었습니다. 이제 여기서 글을 맺고 당신께 보내야겠습니다.

안부를 전하며
엘리자베스

2000년 7월 7일
엘리자베스에게

6월 27일 자 당신의 훌륭한 편지를 받고, 당신과 많은 이야기를 나누고 싶었습니다. 그리고 당신께 묻고 싶은 몇 가지 질문이 떠올랐습니다. 그 가운데 가장 확실한 한 가지는 대화와 편지 쓰기의 차이입니다. 당신의 편지를 읽으면서, 이 부분에 대해 의견을 덧붙이고자 그리고 그것에 대해 질문하기 위해 잠시 편지 읽기를 멈추고 당신에게 무언가를 말하고 싶었습니다. 하지만 당신이 말했듯이 그것은 상대방의 존재에 달려 있습니다. 따라서 우리가 나누고 있는 대화를 편지글로 표현하는 것은 상상을 통해 상대방이 확실히 존재한다는 점을 염두에 두고, 다른 사람과 함께 사유하지만 실제로는 이야기를 주고받지는 않는, 그러면서 일련의 생각을 따름으로써 우리의 대화가 덜 즉흥적이면서 더 사려 깊게 진행되도록 해 줍니다. 또한 그것은 아렌트가 '내적 대화'로서 사유하는 것이 무엇을 의미하는지에 대해 밝힌 것이기도 합니다. 아울러 그것은 아리스토텔레스가 진실한 우정을 '또 다른 자아', 오늘날 우리가 이야기하는 '양심', 혹은 그와 유사한 것으로 정의한 것에 대해 아렌트가 옳다고 생각한 것이기도 합니다.

휴일이었던 관계로 당신의 편지를 7월 4일에야 받았습니다. 텔레비전에서는 뉴욕항구에 정박해 있는 대형 선박(오래된 배의 모형들)의 멋진 사진 몇 장을 아주 잠깐 비춰 주었을 뿐, 계속해서 대통령의 '[국가]보호정책' 발언에 대한 해설만을 쏟아 냈습니다. 그것은 사진에 비하면 한심할 정도로 부적절해 보이고, 실체도 없는 것이었습니다. 오늘날, 대중 연설은 역사적인 그 중요성을 아주 미약하게 보여 주었다는 점에서 깊이가 부족할 뿐만 아니라 그 신랄함과 중요성까지도 상실했습니다. 공개적으로 표현된 의견은 너무 빨리 변해서 '신념'이라고 부를 수도 없으며, 신념이 없는 공적 영역은 예이츠Yeats의 시 「재림The Second Coming」의 한 구절을 떠오르게 합니다.

가장 선한 자는 모든 신념을 잃고,
가장 악한 자들만이 강렬한 격정으로 가득 차 있다.

한편, 예이츠가 같은 시에서 썼듯이 "핏빛 물결이 범람한다" 그리고 "순결한 의식은 물에 잠긴다"라고 말했던 것은 지난 20세기였습니다.

'최악의 상황'에서 오늘날 공적 담론의 '강렬함'이 매우 과장된 것처럼 보여도 이에 감사해야만 할 듯합니다. 그렇더라도 사람들이 그들과도 관련되어 있는 공통적인 것에 오늘날 무관심한 것은 걱정스럽습니다. 또한 교육은 이에 대해 어떤 역할을 할 수 있을지-혹은 어느 정도 할 수 있을지- 궁금합니다. 그 어느 때보다 정교하게, 본질적으로 민주적이며 공적인 광경들이 펼쳐졌지만 그것은 정신의 도관 역할을 하지 않는 눈을 위한 것일 뿐입니다. 더불어 그 광경들은 이렇게 경고하는 것 같습니다. "이것에 대해 생각하지 마라!" 그리고 우리는 순전히 사적이고 중요한 것 외에는 그렇게 하지 않습니다. 그러한 상황들은 잠자코 동의하는 대중 사회를 혼란스럽게 하기 위한 것이 아닙니다. 오히려 그것들은 그것을 양산해 낸 이들에게조차 공통의 의미가 결여된 그저 단순한 오락에 불과해 보입니다. 우리가 아렌트에게서 받았던 교육이 이러한 일련의 생각들을 발전시키는 데 도움이 되었다는 것을 알고 있습니다. 그리고 그것이 여전히 다른 사람들에게도 깨우침을 줄 수 있으리라고 생각합니다.

당신이 인용한 샤르코의 격언-"이론이라는 것이 훌륭하긴 하지만, 중요한 건 존재하는 것이다"-은 여러 가지 의미를 떠오르게 합니다. 저는 특별히 관찰과 직관에 '보호'라는 의미를 더하여 당신만의 독특한 차이를 분명하게 표현한 정신분석 과정이 그것을 경험한 개인들에게 배어 있거나 억압된 것을 드러내어 그 해방의 결과로 어쩌면 개인들이 세상에 적응하여 더 만족스러운 삶을 영위하도록 해 줄 거라는 점을 의심하지 않습니다. 아마 사적인 '적응'은 아렌트가 세계를 위한 공적인 '지향점'에 대해 언급할 때 그녀가 마음속에 지녔던 바와 정확히 일치하지는 않을 것입니다. 하지만 저는 아렌트가 정신분석학 '언어'에 대해 아무리 통렬히 비난했더라도, 그 [사적인 적응]에 대해 의심을 품었으리라고 생각하지는 않습니다. 저는 우리가 아렌트의 학생이었을 때, 그녀가 우리에게 괜찮은 세계의 조건에 대해 예를 들어 상세히 설명해 주었다고 느꼈고, 나중에는 왜 그토록 많은 이들이 그러한 세상에 반대하고 진정으로 원하지 않는 것처럼 보였는지 우리가 궁금해했었다고 생각합니다. 제가 당신께 묻고 싶은 첫 번째 질문은, 그것이 당신의 정신분석에 대한 관심과 어떤 관련이 있는가? 하는 것입니다. 당신이 제가 정신분석적 사고를 '편안하게' 받아들이지 못한다고 말씀하신 건 맞습니다. (이에 대해서도 당신이 심리학적으로 설명하실 수 있으리라고 생각합니다!) 다만, 저는 최근에 받은 당신 편지에서 점점 더 아마도 특히, 조심스럽게 표현하면 거의 모든 형태의 정치적 행위에 환멸을 느낀 것처럼 보이는 미국에서, 정신분석은 당신에게 행위의 한 형태가 될지도 모른다고 느꼈습니다. 하지만 정신분석 '언어'와 관련해서는 아렌트가 성적인 문제들과 친밀한 영역 전반이 공적으로 드러나기에 부적합하다며 제시한 근거들에 대해 저는 당신과 다른 부분을 강조하고 싶습니다. 곧 저는 아렌트가 인간의 존재 영역으로서 사적인 것을 보존하고, 그러한 존재 영역 없이는 인간이 될 수 없으며, 더불어 그런 인간 존재와 교육과의 관계—당신도 잘 알고 계시겠지만—에 대해 주장한 바는 더 심도 있는 의문을 제기할 만한 가치가 있다고 생각합니다.

어떻게 사적인 것이 보호받을 수 있을까요? 아렌트가 볼 때, 무엇보다 사유재산 제도에서 지난 세 세기는 수탈이 점점 심화되는 시대였습니다. 만일 우리의 신체가 누구도 침범할 수 없는 우리의 마지막 '재산'이라면, [사적인 것을 구분하는] 선을 어디에 그어야 할까요? 아렌트는 여성으로서 [세계에] 드러나는 것은 기뻐했지만 페미니스트로서는 아니었습니다. 그것은 유대인이라는 이유로 공격받았을 때 유대인으로서 대응하는 것과는 아주 다른 문제입니다. 물론 아렌트는 그렇게 했지만, 그 둘은 헷갈립니다. 제가 생각할 때, 아렌트 주장의 핵심은 우리 모두가 남성이든 여성이든, 부자든 가난하든, 유대인이든 이교도이든, 동성애자든 이성애자든, 흑인이든 백인이든 간에, 성별, 계급, 종교, 성적 취향, 또는 가장 눈에 띄어 적대시되는 인종의 표본이 아니라, 공적으로 고유하게 그리고 동등하게 자신을 드러내는 자유로운 존재라는 점입니다. 정치는 우리 각자의 사적인 측면을 부정하는 것이 아니라 그것을 넘어서는 것입니다. 다시 말해, 사적 영역과 공적 영역은 뚜렷이 구별되지만 인간의 복수성에서는 상호의존적인 영역입니다. 그리고 아렌트가 생각하기에 복수성은 공적 삶의 근본 조건이라는 점에서 그 의미가 종종 간과되어 왔습니다. 당신이 편지를 마무리하며 언급했던 것처럼, 그 상호의존성은 전체주의가 두 영역을 훼손함으로써 파괴된 것입니다. 만일, 일반적으로 공통의 세계에 속하지 않은 세계소외가 사적인 타자성에서 비롯되고, 그 세계소외가 끝나는 지점에서 정치가 시작된다면, 중간 과정으로서 교육은 세계를 소개하기 위해 무엇을 할 수 있을까요? 이것이 제 두 번째 질문입니다.

그런데 샤르코의 풍자적 표현을 돌이켜 보면, 공적인 의미에서, 20세기 인류의 재앙은 이데올로기를 가장한 이론이 무수한 남성, 여성, 그리고 아이의 존재를 근본적으로 해칠 수 있었으며, 실제로 망가뜨렸다는 점입니다. 전 세계에 대한 위협은 이제 사라졌습니다. 그렇지만 '해결책'을 제공한다는 명목으로 선천적으로 열등한 인종을 구별해 냈던 나치주의와 역사적으로 말살되어야 할 계급을 지정했던 스탈린주의로 인해, 삶의 터전을 잃고, 집을 잃고, 그리고 국가를 잃은, 세계 도처의 수많은 사람은 오늘날 정치의 근본 문제로 남아 있습니다. 무수한 사람들이 관련되어 있어서가 아니라, 아렌트의 관점에서 정치가 무엇보다 사람들이 아닌 세계를 돌보는 것이라는 점에서 당신은 정신분석 과정이 그러한 문제를 해결할 수 없을 거라는 데 동의하시는지요? 아렌트에게 그것은 중요한 차이가 있습니다. 정치적 현상이라기보단 사회적 현상이었던 프랑스 혁명이 실패한 원인은 정확히 공적인 의견을 내지 않았던 불행한 사람들les malheureux을 '보호'했다는 데 있습니다. 그리고 그 결과, 그들의 불행은 나아지지 않았으며, 오히려 심해졌습니다. 이것이 바로 정치적으로 숙고해야 할 사항이며, 아렌트가 자신의 작품 전체에서 계속 반복한 주제이기도 합니다. 물론 이를 통해 정신분석학이 개인에게 도움이 된 부분을 비난하는 것이 아닙니다. 다만, 다른 한편으로 교사로서 아렌트가 어떻게 '잉여' 인간에 대한 문제를 정치적으로 재해결할 수 있는 토대를 마련하고자 했는가? 하는 것입니다.

그 뒤를 이은 모든 것의 원천이자, 아렌트의 기본 가르침에는 전례 없는 사건인 전체주의(그리고 저는 우리가 이에 동의한다고 생각합니다)가 놓여 있었습니다. 전체주의 사건으로 나타나는 핵심 현상인 노예 노동과 학살수용소의 '실험실'은 자유로운 인간 존재조차 조건화된 동물의 지위로 격하시켜 인간을 불필요한 대상으로 만드는 데 성공했습니다. 만일 이런 전체주의 운동이 중단되지 않았다면, 아마도 그 힘은 헤아릴 수 없을 정도로 세계의 많은 부분을 황폐하게 했을 것입니다. 이것은 아주 심각한 주제입니다. 다만, 여기서 그것에 대해 더 상세히 설명할 필요는 없을 듯합니다. 제가 강조하고 싶은 바는 전체주의가 바로 서구 문명의 중심에서 일어났다는 점, 아렌트가 말한 것처럼 그것은 외부로부터도, '달로부터도 아닌', 혹은 그 외의 다른 곳에서 유입된 것이 아니라는 점을 학생들이 분명히 이해하도록 그녀가 노력했다는 것입니다. (그리고 제 생각에, 이것이 《철학과 정치Philosophy and Politics》, 《고대의 정치사상Ancient Political Though》, 《현대의 정치사상 Modern Political Thought》, 《칸트의 판단력 비판Kant's Critique of Judgement》 등 아렌트가 진행한 모든 수업의 계기였던 듯합니다.) 무엇보다 아렌트는 학생들이 20세기 전체주의의 출현으로 전통적인 정치사상의 범주가 무너졌다는 사실을 깨닫길 바랐습니다. 펠로폰네소스 전쟁 이후 아테네의 정치적 위기를 극복하고자 했던 플라톤에서 시작된 그 전통은 이미 결정된 유형에 따라 정치를 구성하는, '만듦making'의 범주를 제시했습니다. 그 뒤에 '함께in concert' 행위하는 인간 존재의 복수성에 근거한, 그리고 이론이 아닌 이론에 앞선 정치적 경험에 놓인 근원에 대해 확신할 수 없는, 자유 행위의 힘은 결정적으로 정치적 사유에서 물러나 버렸습니다. 당연히 이전의 범주들은 정치사상의 역사 안에서 입증된 것이 아니었으며, 그 범주들로는 결코 완전히 새로운 어떤 것을 다룰 수 없었습니다. 가령 '국가의 본질' 규정에 대한 홉스, 로크, 그리고 루소의 차이, 혹은 '세계 역사'의 헤겔적 범주에 대한 마르크스의 전환은 자신들의 세계에서 일어난 진정한 정치적 변화를 보여 주었습니다. 하지만 아렌트에게는 훨씬 더 근본적인 문제가 있었습니다. 아렌트는 마치 비상 상황에 대처하면서 동시에 전통적인 정치사상의 구조를 수정된 형태로 유지하려는 의도가 있었던 것처럼 행동할 수 없었습니다. 더 이상 아렌트가 전통적 범주를 재정립할 가능성은 없었습니다. 아렌트가 정치적 경험의 원천인 자유 행위로 관심을 돌렸던 것은 바로 전체주의의 출현 때문이었습니다. 전체주의가 세계를 파괴하는 데 성공하지는 못했지만, 그것은 분명 정치적인 것뿐만 아니라 도덕적이고 법적인 사유, 종교와 권위 전반에 대한 우리의 전통 전체가 종말을 고했음을 보여 주었습니다. 포스트모던 사상에는 이러한 통찰의 희미한 울림이 있을지도 모르지만, 아렌트에게 이것은 학문적인 문제가 아닌 실제적인 문제, 곧 그녀가 말했듯 "우리 세계의 역사"에 관한 문제입니다.

아렌트는 아우슈비츠에 대해 처음 알게 된, 1943년 그 순간을 떠올리며 "이런 일은 일어나지 말았어야 했다"라고 했습니다. 제 생각에, 그것은 순전히 도덕적인 '의무'에서 그렇게 말한 것이 아닙니다. 오히려 그것은 아우슈비츠에서 할 수 있었고 행해졌던 일들에 대해, 세계에 뭔가 잘못된 것이 있었다는 점을 가능한 한 강하게 표현한 것입니다. 그럼에도 불구하고 이 부분이 좀 복잡한 지점인데, 그것은 전체주의를 이해하려고 노력했던 아렌트가 전체주의적 범죄가 아니라 그것이 발생한 세계와의 화해를 추구하고자 한 부분입니다. 아렌트는 자신의 학생들에게 **현재** 의미 있는 이상하고 끔찍한 이야기를 주로 들려주었습니다. 아울러 그녀는 항상 논의하기를 꺼렸던 자신의 이런 '방식'이 정치 및 사회과학자들은 물론, 언제나 자신들만의 독특한 방법으로 기록하고 상상하여 보존하려고 하는 (그리고 이는 그녀에게 훨씬 더 중요했습니다) 기자들, 역사가들 그리고 시인들의 관점에 어긋난다는 점을 충분히 깨달았습니다. 『전체주의의 기원』을 쓰기 훨씬 전부터 아렌트는 '나치가 만든 지옥의 실제 이야기'를 전해야 하는 절박한 이유에 대해 다음과 같이 언급했습니다. "이러한 사실들이 우리가 숨 쉬는 바로 그 공기를 변화시키고 중독시켰기 때문만은 아니다. 그것들이 이제 밤에는 우리의 꿈에 거주하며 낮에는 우리의 생각에 스며들 뿐만 아니라 우리 시대의 기본 경험이자 고통이 되었기 때문이다. 인간에 대한 새로운 지식이 놓이게 될, 이러한 기초 위에서만 우리의 새로운 통찰, 새로운 기억, 새로운 행위가 시작될 수 있다." 제 생각에 그것은 전체주의가 아닌, 그것을 낳은 세계, 인간 존재가 만든 세계, 그리고 인간만이 바꿀 수 있는 바로 그 세계와 화해하는 것에 대해 말할 수 있는 모든 것을 보여 줍니다. 하지만 거기에는 우리가 2차 세계대전에서 승리한 것보다 훨씬 더 중요한 것이 있습니다.

이는 제 마지막 질문과도 닿아 있습니다. 왜냐하면 그 일은 겨우 시작된 것처럼 보이지만, 아주 오랫동안 지속되어 온 것이기 때문입니다. [자신이] 이해하는 데 도움이 되지 않는 범주와 마주한 채, 아렌트는 이전 시대의 규정을 새롭게 밝히기 시작했습니다. 그것은 아리스토텔레스 이래, 이전에 이해되지 않았던 것을 이해하기 시작한 많은 위대한 사상가들이 보인 특징이었습니다. A는 B가 아니며, 전체주의는 독재가 아니며, 힘은 권력이 아니고, 행위는 작업이 아니며, 작업은 노동이 아니며, 사적인 것은 공적인 것이 아니고, 사회적인 것은 사적인 것도 공적인 것도 아닙니다. 사유는 의지가 아니고, 의지는 판단이 아니며, 동정은 연민이 아니고, 연민은 공감이 아닙니다('나'는 '당신'이 아닙니다). 아렌트에게는 분명히 구분되겠지만, 구별을 모호하게 하는 경향의 사고방식, 특히 특이한 사고방식에 익숙한 아렌트의 학생들은 물론, 그 누구라도 이러한 구별, 그리고 아렌트에 의한 다른 많은 구별을 이해하기는 쉽지 않습니다. 저는 아렌트가 자신의 가르침을 실제적으로 접근할 수 있게 하려고 노력했다는 사실을 확실히 알고 있습니다. 그렇지 않습니까?

안부를 전하며

제리

2000년 7월 22일
제리에게

7월 7일 자 당신의 편지를, 미국의 지성사에서 한나 아렌트의 위상에 대해 논한 스위스의 DU 잡지에 실린 기사와 함께 받았습니다. 지난번 뉴욕에서 당신을 마지막으로 뵈었을 때, 그 기사의 내용에 대해서 얘기했었죠. 거기에는 다음과 같은 내용이 담겨 있었습니다.

『전체주의의 기원』에서, 아렌트는 처음으로 자신의 가장 기본적인
생각을 -경종, 엄중한 경고로- 표현했다. 그녀는 정치가 -정부와 법

에 의해 다양하게 보장되는 공적 공간에서 시민들이 말하고 행위하는- 특정한 역사적 조건들 아래에서만 드러나고 사라질 수 있다고 주장했다. 게다가 정부 형태는 정치를 완전히 사라지게 하는 전례 없고 끔찍하게 모순된 결과를 양산할 수 있다. 전제도 일당독재도 아닌 새로운 형태의 전체주의는 인간 존재를 인간으로서 불필요하게 만들어서, 처음에는 선택된 집단 그리고 결국에는 어떤 집단이든 그 인간성 자체를 체계적으로 제거함으로써 정치의 급진적 소멸을 야기한다.

이것이 바로 당신이 이야기한 아렌트 가르침의 핵심 내용입니다. 이는 아렌트가 자신의 학생들인, 우리-그리고 자신의 독자들-가 이해하길 바랐던 것입니다. 그리고 아렌트는 유럽의 지적 전통에서 이 전체주의라는 새로운 사건에 대한 개념을 확인할 수 없었을 뿐만 아니라 그 지적 전통이 이 새로운 사건과 관련되어 있다는 사실을 알아내고 그 사유의 결과를 보여 주고자 했습니다. 그것은 그 지적 전통의 바로 그 토대 위에서 자라났던 것입니다.

그 사유의 결과란 전통이 끝났다는 것이며, 새로운 사유가 전통 없이 진전되어야 한다는 것입니다. 먼저, 역사적으로 거슬러 올라가 전통 개념이 우리 세계에서 어떻게 그렇게 쓸모없게 되었는지 그리고 전통 자체가 어떻게 공포와 관련되는지를 이해해야만 합니다. 그래서 아렌트는 자신의 모든 글과 책을 새로운 사유를 위한 역사적 여행으로 시작합니다. 따라서 우리가 계속해서 언급해 온 모든 구별은 아렌트의 교육적 실천이었습니다. 아렌트의 제자인 저는 그녀가 역사적인 여행을 준비하기 위해 몰두했다는 점에 무엇보다 큰 감동을 받았습니다. 그리고 바로 이 지점에서 저는-당신 편지의 마지막 질문에 답하기 위해- 아렌트가 확실히 자신을 실천적이라고 생각했다고 느꼈습니다. 그녀는 관습적인 생활방식, 습관, 규칙에 얽매임, 쓸모없음에 대해 자유롭게 생각하면서 땅을 개간하고 준비하는 발굴자 같았습니다.

다음으로, 새로운 사유는 당신이 '괜찮은 세계'-그것은 딱 적절한 표현입니다-라고 부르는 그곳을 마음속으로 그려 보고 거기서 살고자 노력하는 가운데 진행되는 것입니다. 유토피아도, 이데올로기의 전당도, 영웅들을 위한 경기장도, 도덕적 명령도 아닌, '괜찮은 세계'입니다. 제가 생각할 때, 한나 아렌트의 관점에서 이것은 전체주의적 요소-모든 현대 대중 사회에 존재하는-가 결코 어떤 결정체를 이룰 수 없는, 전체주의가 가능하지 않은 세계를 의미합니다. 『전체주의의 기원』 초판본 서문에서, 아렌트는 1950년대와 그보다 훨씬 후의 '자유 세계'라는 레토릭을 활용하여 인상적으로 전체주의와 자유를 병치시켰습니다. 다만, 저는 당신이 '하나의 괜찮은 세계'라는 문구로 인식한 것이 아렌트에게는 '하나의 자유 세계'를 의미하는 것이었다고 생각합니다.

왜 어떤 이들은 괜찮은 세계를 원하지 않을까요? 당신 예상대로, 정신분석가로 일하는 사람이라면 누구든지 그런 질문을 통해 자신들의 목표를 진척시켜 나가게 됩니다. 우리가 전문적으로 연구하는 것은 괜찮은 세계를 원하는-그리고 물질적으로든 영적으로든 그것을 위해 일한다고 주장하는- 사람들의 무능입니다. 이는 만족할 만한 그리고 성장을 증진시킬 만한 사랑과 일에 대한 그들의 무능력이 필연적으로 가져올 수밖에 없는 정치적 결과입니다. 그들은 왜 자신들에게는 물론 모두에게 부합하는 이익을 원치 않는 것일까요? 이 질문을 반대로 하면, 훨씬 더 끔찍합니다. 왜 사람들은 이치에 맞지 않는 세계를 원할까요? 가령, 그들이 수용소에서 수많은 사람을 죽이려고 가축 운반 차량을 주문할 수 있었던 것? … "네 이웃을 네 몸과 같이 사랑하라"라는 (완전히 순진한) 기독교적 가르침을 당신이 염두에 두고 질문한다면, 그 문제는 분명히 드러나게 됩니다. 자신을 사랑하지 않는 이들은 어떨까요? 그들은 그들의 이웃을 어떻게 사랑해야 할까요? … 저는 한나 아렌트가 『전체주의의 기원』의 마지막 부분에서 처음으로 표현했던 급진적 악에 대한 자신의 해석을 철회하고, '악의 진부함'에 관해 생각하기 시작했다는 점에서 그녀가 심오한 발걸음을 내디뎠다고 생각합니다. 그 악은 사람들이 타고난 사악함 같은 것도, 정신의학적 의미에서 정신병리학적인 어떤 것도 아니지만, 사람들에게 있는 진부하고 급진적이지 않은 어떤 것입니다. 아렌트는 이것에 대해 생각해 보기 위해 [악에 대한 관점을 전환하는] 그런 도전을 했습니다. 물론 아렌트가 『판단』을 완성하지 못했기에, 그것을 통해 자기 생각을 숙고해 보지 못한 것은 안타까운 일입니다.

정신분석학적 언어로 말하다 보면, 당신 편지에서 이 부분을 논한 것에 답하게 되거나 교육에 대한 주제로 다시 넘어가게 됩니다. 당신은 "조심스럽게 표현하면, 거의 모든 형태의 정치적 행위에 환멸을 느끼는" 세계에서 제가 정신분석을 수행하는 방식이 현 세계의 행위 양식일지 모른다고 말씀하셨습니다. (행위에 대한 환멸, 그것은 다행히 행위를 불가능하게 하는 정부 형태를 받아들이는 것과는 다르며, 자기 자신이나 다른 사람을 위해 행위하는 것을 고려하는 일조차 하지 않게 해 줍니다.) 그렇습니다, 그리고 정신분석은 자기혐오나 자기애의 결핍을 설명하는 또 다른 방식인 환멸과 아주 밀접하게 관련된 실천입니다(혹은 실천일 수 있습니다). 하지만 더 나아가서 저는 제 정신분석적 수행 방식을 교육의 한 형태라고 생각합니다. 그리고 저 자신을 교실에서 나와 상담실로 들어서는 교육자로 여기고 있습니다. 당연히, 만일 대부분의 정신분석가가 이 말을 듣고, 소위 정신분석이란 '교훈적'이어서는 안 된다는 기본 내용조차 제가 숙지하지 못했다고 여긴다면, 제 임상 자격을 의심할지도 모릅니다. [그들의 입장에서 보면] 저는 제 환자들을 교육하면 안 됩니다. 다만, 이러한 권고는 보통 정보전달(과학교육)이나 규범 및 금지(도덕교육) 같은 매우 협소한 교육 개념을 드러냅니다. 저는 정신분석을 교육적이라고 여기면서, '교육'의 본질과 관련해서 분석가/환자의 관계를 생각합니다. 다시 말해, 저는 한나 아렌트의 표현대로 '개념 풀어내기unfreezing the concepts'라는 말을 들여다보면서, 그녀가 제게 가르쳐 준 방식을 깊이 생각해 봅니다. [라틴어로] 에듀케레E-ducere는 끌어낸다는 의미입니다. 저는 제 환자들을 끌어냅니다(그들 역시 저를 끌어냅니다).

다만, 저는 그런 놀라운 김나지움의 형식 교육에 대한 이해가 없었기 때문에, 라틴어에서 처음으로 교육의 의미를 찾아보려 했으나 실패한 이후, '교육education'에 관하여 그리고 그것이 의미했고, 의미하며, 의미할 수 있는 것을 좀 더 깊이 살펴보기 위해 한나 아렌트의 생각을 다분히 공유할 수 있는 그리스어에서 교육의 의미를 찾으려 했습니다. 당신도 알다시피, '교육'을 의미하는 그리스어에는 기본적으로 두 가지가 있습니다. 하나는 명사 파이데이아paideia인데, 이는 교육을 받거나 교양을 쌓는 아이pais에게 관심을 두는 것입니다. 다른 한 가지는 동사 트레포trepo이며, 이것은 흔히 아이를 식물과 동물에 비유하며, 그들을 기르고, 양육하고, 돌보고, 소중히 여기는 데 중점을 두는 것입니다. '교육'을 의미하는 그리스어 동사 트레포trepo에서 파생된 명사는 트로페trophe이며, 이는 음식을 주고 보살피는 일과 관련이 있습니다. 두 단어 군에서 특히 좀 더 오래된(호머의 서사시 가운데 농업을 상징하는 표현들을 통해 형성된) 두 번째 개념은 아이들에게 지식을 주입하거나 그들이 해야 하는 것을 지시하는 것이 아니라, 아이들이 성장하도록 그들을 보살피고 돕는 것을 의미합니다. 다만, 아이들이 성장하도록 돕는다는 의미에는 당연히 그들이 공통세계로 들어서서 그 세계 안에서 편안함을 느끼도록 그들을 돌본다는 의미를 담고 있습니다. 플라톤의 대화편에서, 당신은 공교육 체제에 해당하는 아주 그럴듯한 합성어인 **코이노트로피케**Koinotrophike라는 말을 확인할 수 있을 겁니다. 그것은 문자 그대로 공통 교육을 의미합니다(또한 '상식'처럼 공통적으로 받아들여지는 것을 의미하기도 합니다).

저는 제 환자들에게서 그들의 무의식에 내재한, 그들이 그들 자신에 대해 알고 있는 것을 끄집어낸 다음 훨씬 더 천천히 그들 자신에 대해 모르는 것을 끌어냅니다. 이 과정은 환자들의 발달을 위해, 그들의 성장을 방해하거나 중단시키는 것을 극복하기 위해, 성숙을 위해 그들을 자유롭게 해 줍니다. (치유를 뜻하는 그리스어 동사 **테라페우에인**therapeuein은 **트레포**와 관련이 있습니다.) 그 기술은 소크라테스식의 질문하기만큼 능동적이진 않지만, 목적은 비슷합니다. 제가 알기로, 그 목적은 그 또는 그녀가 사랑의 상실에 대한 의식적이고 무의식적인 이야기로 표현되는 경험들을 지니고 있다는 점을, 그리고 이러한 경험들이 사랑하고 사랑받는 것—그리고 그 뒤에 작업, 노동, 또는 행위, 사유, 의지, 혹은 판단이라는 인간 활동의 모든 것—에 대한 현재의 경험과 능력을 깊이 형성하게 해 준다는 점을 환자들이 깨닫도록 돕는 것입니다. 무엇보다 소중하고 친밀하게 환자를 돌봐 주는, 환자가 사랑하는 사람들은 사랑받길 바라는 환자들의 기대를 저버립니다. 사랑받길 원하는 마음이 충족되거나 결핍된 경험은 세계에서 사람들이 편안함을 느끼거나 소외감을 느끼는 감정—세계에서 일어나는 사건들을 중심으로 발달하는 감정—의 토대가 됩니다.

제가 이전에 썼던, 사람들이 스스로 세계에 속하지 않는다고 느끼는 그 자기혐오를 다른 식으로 설명하자면, 그것은 불평 속에서 자기 자신을 '교육'하고 사람들과 세상에 대한 실망만을 돌보고 키우는 것이라고 말할 수 있습니다. 교육자들은 일종의 자기-교육, 곧 교육의 왜곡에 맞서며 학생들을 육성해야 합니다. 따라서 그들은 학생들을 제대로 사랑해야 하고, 그들이 세계와 관계 맺도록 해 주어야 합니다. 자기를 혐오하는 사람은 교육자일 수 없습니다. 그것은 감정의 모순입니다. (최근에, 저는 괴테Goethe에게 지대한 영향을 미쳤던 사람이 가장 뛰어난 교사들이 아니라 그를 가장 사랑해 주었던 사람들이라는 그의 고백이 담긴 글을 읽었습니다. 자, 탁월함과 사랑을 모두 지닌 교사의 힘을 상상해 보십시오!)

사랑에 대한 충족이나 결핍에 대한 기본적인 인간 경험과 한나 아렌트가 가르치고자 했던 그 교훈 사이의 연관성은 그녀가 아우슈비츠-"이것은 절대 일어나지 말았어야 했다"-를 판단한 데서 찾을 수 있습니다. 그것은 우리가 한나 아렌트 가르침의 핵심이라고 동의한 것입니다. 아우슈비츠가 일어날 수 있었고, 일어났던 세계에 뭔가 잘못된 것이 있습니다. 사랑하는 능력이 크게 흐트러진 자기혐오적인 사람은 "이것이 절대 일어나지 말았어야 했다"라는 사실을 느끼지 못합니다. 극단적으로, 이 역사적인 순간에 자기혐오적인 사람은 다음과 같이 단언할 것입니다. "이런 일이 일어났다고 말하는 사람들은 거짓말을 하고 있다, 그들은 독일인들을 비난하기 위해 음모를 꾸미고 있다" 등등. 그들은 홀로코스트를 부정하는 이들입니다. 극단적이진 않지만, "그래서 뭐? 누가 신경 쓰는데? 오래전 일이야"라고 표현하기도 합니다. 그것은 바로 환멸과 무관심입니다.

저녁 내내 당신에게 답장을 하느라 상당히 피곤하면서도, 이상하게 그래도 계속 이야기를 하고 싶다는 생각이 강하게 듭니다! 그 이유는 우리가 이야기 나눌 때, 제가 특별히 논리정연했든 아니든, 아니면 제가 하고 싶은 방식대로 어떤 내용을 포함했든 그렇지 않든, 다음 대화에서 수정하든 그렇지 않든, 그런 것이 중요한 건 아니라는 점에서 그렇습니다. 내일 일어나서 이 편지를 다시 읽으면서, 오 제발, 이건 너무 피상적이라든지, 이건 당신이 전에 말했던 것인데 또 이렇게 반복했네

하는 생각을 하고 싶진 않습니다. 당신과 대화하면서, 결코 저 자신을 질책하고 싶진 않습니다. 그래서 신중하려고 합니다. 공적인 의미가 담긴 글을 쓰고 있다는 사실을 깨달았을 때보다 제가 홀로 당신을 상정하며 글을 쓰는 것이 훨씬 더 즐겁고 유익하다고 생각합니다.

그럼, 이제 마무리해야겠습니다. 30년이 지난 지금도 한나 아렌트가 우리에게 생각해 보라고 했던 것들을 여전히 우리가 생각하고 있다는 것은 상당히 놀라운 일입니다. 아렌트는 변치 않는 위대함—품위—의 본보기가 되는 것 외에는 아무것도 하지 않았던, 마치 도교의 현인들처럼 상당한 영향력을 발휘했다고 생각합니다.

안부를 전하며
엘리자베스

2000년 8월 1일
엘리자베스에게

당신의 7월 22일자 편지를 받았을 때는 다른 원고를 마무리하는 중이라 답장하는 데 시일이 좀 걸렸습니다. 하지만 다른 글을 쓰는 내내 당신의 편지에 대해 생각하고 있었습니다. 그리고 어쩌면 우리가 당신의 편지 내용 일부분에 대해 앞으로도 계속 대화를 이어 갈 수도 있겠다고 생각했습니다. 가령, 여기서 당신이 전체주의의 도래와 '관련된' 전통에 대해 언급했던 것을 논하는 것은 중요해 보이긴 하지만, 아주 복잡한 문제이며, 제 생각엔 우리의 대화에서 상당히 벗어난 내용으로 보입니다. 게다가 자기혐오가 전체주의 운동을 부상하게 한 요인이라고 말씀하셨는데, 글쎄요, 그것은 전체주의 운동이 일어난 그 세계의 독특함, 곧 독일과 러시아 사이에서 이루어진 전쟁의 실제 상황을 축소하는 게 아닐까요? 후자의 경우, 우리의 차이―우리 둘 중 누구도 놀랄 만한 것이 아닌 차이―는 우발적인 정치 문제에 심리학적인 일반 원리를 도입하느냐 마느냐에 달려 있습니다. 다만, 제가 볼 때 이 두 질문은 우리가 직접 구두로 논의하는 게 나을 듯합니다. 단정할 순 없지만, 당신이 열흘 후쯤 여기에 오시게 되면 이 문제에 대해 이야기를 나눠 봅시다. 늘 그렇듯, 당신이 방문해 주길 진심으로 바라고 있겠습니다! 또한 저는 우리가 지금까지 교환한 편지에 대해 좀 더 일반적으로 생각해 봤습니다. 그래서 제가 볼 때, 그간의 편지에서 강조된 몇몇 부분에 대해 언급하는 것으로 이 글을 시작하려 합니다.

가장 먼저 말하고 싶은 바는 우리가 아렌트에게 배운 것과 그녀가 그것을 어떻게 전했는지에 대해 이야기하는 과정에서 갈피를 잡지 못했다는 것입니다. 이 두 가지 모두 우리가 『한나 아렌트와 교육*Hannah Arendt and Education*』에 기울인 노력과 관련이 있습니다. 우리가 아렌트에게 배운 것을 곰곰이 생각해 볼 때, 그러한 난점은 아렌트 교육 방식의 과정이 정치적 사항들로 인해 퇴색되는 경향이 있었다는 것입니다. 아렌트는 절대로 자신의 의견을 **가르치지** 않았습니다. 다만, 그녀는 우리가 공정하게 우리 자신의 의견을 형성할 수 있는 능력을 심어 주었습니다. 공정한 의견은 제가 첫 편지에서 언급했던 정치적 중요성, 곧 책임이 따르는 신념의 조건입니다. 그런 의미에서, 우리가 아렌트와 함께 공부했던 대학원에서 적어도 그녀에게 지식의 전수는 가장 중요한 사항이 아니었습니다. 물론, 아렌트의 지식은 방대하고, 그녀는 그 가운데 일부만을 전달했지만, 실제 아렌트에게 문제가 되었던 점은 그것이 지극히 정치적이고, 너무나 자신의 경험에만 토대를 두고 있어서, 그리고 대단히 '실존적'이어서 교육적으로 전달하기 어려웠다는 것입니다. 이 모든 것은 정치가 지시의 문제가 아니라는 아렌트 주장의 핵심을 보여 줍니다. 게다가 저는 아렌트 지식의 분명한 그

림자가 제자인 우리를 망상으로부터 보호해 주었으며, 이와 동일한 방식으로 아렌트가 교사의 권위를 예로 들어 현대 교육 이론과 실천에서 그것이 사라지고 있다는 사실을 보여 주었다는 사실을 덧붙이고 싶습니다.

첫 편지에서, 당신은 아렌트의 교육에 대한 이해가 "확실히 기술을 가르치거나 지시하는 것과는 다르다"라고 아주 간략히 언급했습니다. 맞습니다, 그리고 우리가 주고받은 편지들의 일부분에는 적어도 이러한 핵심을 건드리는 내용이 담겨 있습니다. 교육 (그 자체가 에듀케레 educere의 파생어인 에듀카레educare에서 기른다는 의미까지), 특히 초중등교육은 본래 전문적인 '훈련'으로 여겨지지 않으며, 오히려 인간 본성의 타고난 잠재력을 발달시킨다는 것을 의미합니다. 물론 모든 아이에게는 남다른 잠재력이 있습니다. 그리고 아렌트에게 교육의 주된 목적 중 하나는 '되어가는' 과정에 있는 각각의 아이가 지닌 인간의 고유성을 발달하도록 해 주는 것입니다. 하지만 오늘날 수백만 명의 아이들은 개별 존재로서 자신의 발달이 아닌, SAT 성적에 따라 자신의 '적성'을 결정하도록 훈련받고-곧 훨씬 더 치밀하게 준비되고- 있습니다. SAT, 그 표준화된 시험에서 아이들의 성공 척도는 그들이 살게 될 세계를 습득하는 핵심 비결로 여겨집니다. 그것은 아렌트가 '삶의 기술'을 지시의 의미로 바라보는 하나의 방식인데, 이는 "아이들에게 세계가 어떤 곳인지"를 가르치는 일이 교육이라는 그녀의 이해와 극히 대조를 이룹니다. 「교육의 위기」는 인상적으로 그리고 명확하게 쓰였지만, 제가 볼 땐 다소 문제의 소지가 있는 글입니다. 「교육의 위기」에서 아이들을 세계에 소개하는 이유는 그 또는 그녀가 "세계를 위해 책임을 질 만큼 세계를 사랑하고, 같은 이유로 세계에 대한 경신 없이는, 곧 새롭고 젊은 사람들의 유입 없이는 반드시 파멸에 이르게 될 세계를 구할" 수 있기 때문이라는 점을 분명히 밝히고 있습니다. 이 글에는 권위와 전통의 원리가 본질인 '교육 영역'과 "권위에 의해 구조화되지도 전통으로 결합되지도 않는 실제 세계" 사이의 차이가 뚜렷하게 기술되어 있습니다. 달리 표현하면, 아동교육에 타당한 것은 일반적으로 정치적인 혹은 성인의 삶에 더 이상 유효하지 않습니다. [아동교육과 성인교육]에 대한 아렌트의 구분이 가져온 당연한 결과는 아이들이 세계에 대한 책임감을 기르기 위해서는 그들이 이전 세계에 새로 온 이들이기 때문에 "과거를 향해 돌아서야"만 한다는 것입니다. 다른 글에서, 아렌트는 모든 인문 교육이 과거를 다룬다고 말합니다. 그 과거는 우리가 아렌트 제자로서 우리 자신의 경험을 통해 아는 것이며, 아렌트가 자신의 강의를 시작할 때 그리고 수많은 저작의 도입부에서 썼던, 당신이 언급했던 '역사적 여정'을 따름으로써 알게 된 것입니다. 따라서 아렌트가 전통적인 역사가는 아니었지만-한때 그녀는 "역사가 무엇인지" 모른다고 말한 적이 있습니다-, 그녀의 사상에는 역사적인 차원이 있습니다. 역사 개념의 궤적과 그 발전에 관한 아렌트의 정치적, 철학적 관심보다 이를 더 잘 보여 주는 것은 어디에도 없습니다.

첫 편지에서 당신은 아렌트의 또 다른 논문인 「문화의 위기」를 인용하고 있습니다. 다만, 그 글은 아이들의 교육에 관한 것이 아닙니다. 인용문을 제시해 보려 합니다. "전통의 맥은 끊어졌고, 우리는 우리 자신을 위해 과거를 알아내야만 한다. 곧 이전에 아무도 읽지 않았던 것처럼 옛 저자들의 작품을 읽어야 한다." 이는 여전히 과거를 다루고 있지만 다릅니다. 아렌트가 한 일, 그리고 대학원에서 그녀가 우리에게 가르치고자 했던 것은 전통에 의해 전해지는 역사 전체가 아니라 시간의 파괴로부터 그것의 '풍부하고 기이한' 파편들을 살려냄으로써 과거를 되찾는 것이었습니다. 이것은 아이들의 놀이나 일이 아닙니다. 그럼에도 불구하고 그것이 초중등교육에서 전통과 권위를 강조한 아렌트의 입장과 부합하는 것 같지도 않습니다. 어쩌면 아렌트가 그랬던 것처럼, 그녀가 주제로 삼았던 단절의 의미를 깨닫기 전에 전통을 알아야만 할지도 모릅니다. 제가 교육의 '위기'라는 글에 대해 제기한 문제는 바로 그것이 아렌트 자신의 세계 경험과 상반되는 보호 tutelage의 관점을 암시한다는 점입니다. 그렇긴 해도, 아렌트는 아이들이란 마땅히 이러해야 한다고 자신이 생각한 대로 그들을 교육할 방법, 무너진 전통에 대한 흥미를 다시 새롭게 불러일으킬 방법에 대해 기술적으로 접근하지 않았습니다. 그리고 저는 확실히 그것에 대해 다룰 준비가 되어 있지 않습니다. 저는 이 책의 다른 저자들, 곧 교육과정에 전문적으로 관여하고 계신 분들께서 이 문제를 다루어 주셨으면 합니다. 그리고 저는 그분들께서 말씀하시는 바를 듣고 싶습니다.

이 지점에서, 저는 어린아이가 아니었던 '우리가 아렌트에게 무엇을 배웠는지 그리고 그녀가 과거를 되찾도록 우리를 가르칠 때 대체로 자신의 예를 들어 어떻게 우리를 세계에 소개하려 했는가라는 물음을 다뤄 보고자 합니다. 제 생각에, 요점은 우리 안에 세계를 공유하는 남녀 모두의 위대한 복수성에 편견 없이 반응하는 능력을 발달하게 해서, 전체주의가 파괴하려 했던 공통세계를 유지하도록 돕는 것입니다. 그러한 책임은 지식의 문제라고 할 순 없지만, 사유를 필요로 합니다. 아렌트는 우리 머리에 지식을 주입하지 않았으며, 우리가 '사유'하도록 가르쳤습니다. 그리고 그녀가 의미하는 바에 따르면, 사유하는 습관은 아렌트가 말한 것처럼 "사람들이 악행을 저지르지 않도록 하는 조건 중 하나"라는 점에서 실천적이었습니다. 공통세계를 잊고/잃었다는 것은 '세계소외'를 표현하는 하나의 방법인데, 무세계성 worldlessness, 세계없음Weltlosigkeit, 세계상실world loss이라고 할 수도 있습니다. 아렌트는 살아 있는 그리고 죽은 사람의 관점을 통해 우리가 우리의 입장을 형성하도록 해 주었으며, 그렇게 함으로써 그런대로 괜찮고 좋게 여겨지는 공통감각—그녀가 공통세계의 조건인 공동체와 의사소통의 의미로 이해했던 것—을 발휘하는 데 참여하도록 우리를 교육했습니다. 우리가 이야기했던 것처럼, 다른 사람의 관점에 관여하는 것은 자신의 정신을 확장하는 것입니다. 그리고 그것이 제게 의미하는 바가 무엇인지 예를 들어 보려 합니다.

제 책상 앞에는 피에로 델라 프란체스카Piero della Francesca의 작품 《부활Resurrezione》의 복제품이 있는데, 복제품이긴 하지만 놀랍게도 잘 보존된 원본을 떠오르게 합니다. 프레스코 화법으로 그린 원본은 피에로가 태어난 산세폴크로Sansepolcro의 시립미술관에 있는데, 산세폴크로는 이탈리아 중부의 작은 마을로, 플로렌스Florence에서 멀지 않고 아레초Arezzo에서 가까운 곳입니다. 올더스 헉슬리Aldous Huxley는 《부활》이 세상에서 '가장', '위대한' 작품이라고 칭했습니다. 이는 그가 제안한 예술사적인 이유에서가 아니라 제 생각엔, 그 작품이 무엇보다도 절묘하고 정밀하게 그려졌기 때문인 듯합니다. 그것은 제가 알고 있는 《부활》에 대한 묘사와 다릅니다. 그 작품의 모든 것은 현실에서 자신들의 힘보다 헤아릴 수 없이 훨씬 더 센, 영적이고 초월적인 힘으로 무덤을 지키는 군인들을 능가하는 그리스도의 부활을 나타냅니다. 이 작품에서 무덤 앞 군인들은 깊은 잠에 빠져 있습니다(언젠가 이탈리아 친구는 그것을 두고 '잠의 정수'라고 했습니다). 어쩌면 그들 가운데 한 명은 화가의 자화상일지도 모르는데, 그 사실 여부와는 별개로 그것은 의미가 있습니다. 여기서 그리스도의 권력은 세력을 지닌 어떤 관계들과 분리되어 있습니다. 그리스도의 왼쪽 다리는 금방이라도 일어설 것처럼 무덤 위에서 구부러져 있지만, 그 어떤 미동도 없습니다. 그리스도는 작품의 정중앙에서 정면을 향하고 있으며, 그의 눈은 [작품 앞에 서 있는] 당신을 응시하고 있습니다. 만약 당신이 돌아본다면, 그들은 당신을 꼼짝 못 하게 한 뒤 "일어나, 일어나라." 하고 말할지도 모릅니다.

이 작품 앞에 오래 서 있을수록 당신은 자신이 작품 속 군인 중 한 사람이 되어 잠들어 있었다는 사실을 점점 깨닫게 되고, 결국엔 작품 속으로 '들어서게' 될 것입니다. 당신이 그곳에서 그리고 작품의 세계 앞에 오래 머물게 되면, 아마 당신은 잠에서 벗어나려고 할지도 모릅니다. 저는 그 강렬한 즐거움을 경험했었습니다. 물론 그것을 입증할 수는 없습니다. 하지만 저는 피에로가 그런 즐거움도 주려 했을 거라고 봅니다. 이 작품에 대한 제 관점은 종교적 권위와는 아무 관련이 없습니다. 다만, 저는 이 작품을 통해 정신을 확장하고, 간헐적으로나마 공통세계의 깊이를 깨달을 수 있었다고 생각합니다. 저는 아렌트에게 이 작품이나 피에로에 대해 말한 적이 없습니다. 그리고 비록 아렌트는 제가 이러한 깨달음을 얻도록 저를 '준비시키지' 않았지만, 만일 제가 그녀와 공부하지 않았다면, 저는 제가 습득할 수 없고, 습득할 의지도 없었을 세계로의 이런 특별한 초대를 절대로 즐기지 못했을 것입니다.

이 경험은 앞서 제가 '아렌트 사상의 독특함에 대한 특유의 즐거움'이라고 했던 것의 한 예시입니다. 이제 그것은 제게 '독특한' 것이라기보다는 난해하고 심오한 즐거움으로 여겨집니다. 그리고 저는 우리가 손님이며 친구가 될 수 있다는 것을 알고 있는 세계, 곧 괜찮은 세계에서는 전체주의가 일어날 수 없다고 당신이 썼을 때, 당신이 의미했던 것이 틀림없이 그것과 유사하다고 생각합니다. 그것은 바로 잔혹하지 않은 세계이며, 그러한 세계에 소속되어 있다는 느낌은 삶을 고양시킵니다. 하지만 아렌트가 우리에게 이해시키려 했던 것 중 가장 어려운 부분은 그러한 세계가 삶보다 더 가치 있다는 사실이었습니다.

아렌트는 모든 인간 존재가 고유하며 자유를 위해 태어난다고 생각했습니다. 저는 가끔 그것이 사실일지 아닐지 궁금합니다. 다만, 당신과 제가 여전히 아렌트를 이야기하고, 30년 넘게 그녀가 우리에게 건넨 말에 대해 생각해 보려고 하는 주된 이유는 확실히 그녀 자신이 우리에게 독특하고 자유로운 사람으로 보였기 때문이라는 데 있습니다. 사실 저는 여기서 아렌트가 쓴 글보다는 말한 것에 가치를 두고 있습니다. 그 이유는 당신과 제가 직접 그녀의 말을 듣고, 목소리를 듣는 특권을 누렸기 때문입니다. 오늘날 우리가 계속 나누고 있는 대화 사이에 존재하는 것은 그 유명한 여성의 공적 가면이 아닙니다. 그것은 아렌트가 말년에 말했듯이, 더 이상 보이지 않는 가면을 통해 계속 소리를 내는—**페르소나레**personare— '식별할 수는 있지만 정의할 수는 없는' **인격**, 곧 '있는 그대로의 개별성naked thisness'입니다.

아렌트의 쉰 번째 생일에 칼 야스퍼스는 자신의 제자였던 한나 아렌트에게 다음과 같이 편지를 썼습니다. "당신은 참으로 훌륭한 삶을 살았습니다. 당신에게 주어진 삶, 그리고 다른 많은 사람을 고통스럽게 한 악과 외부로부터 찾아온 공포, 곧 악을 연구했던 그 변함없는 태도로 얻은 삶이 바로 그대의 삶입니다." 이 편지는 정말 아름답게 그리고 정확하게 쓰였습니다. 그러나 악을 '연구'하기 위해 아렌트는 그것을 행한 사람들은 물론 그것으로 고통받은 사람들에 대해서도 스스로 판단해야 했습니다. 그렇게 해서 아렌트는 그들 모두를 고통스럽게 한 것이 본래는 '외부로부터' 온 것이 아니라는 사실을 확인했습니다. 그것은 아렌트가 실천했던 판단의 어려움에 해당하는 경우로서, 가르칠 수 없고 사례를 들어 설명할 수도 없는 행위의 이면이자 정신에 상응하는 것입니다. 그리고 인간의 삶과 달리 이러한 사례들은 사멸성mortality에 잠식되지 않습니다.

우리는 베트남 전쟁에 대한 폭력 시위와 계속해서 그 비참함에 맞선 저항으로 학생들이 불안해하던 시기, 특히 마틴 루서 킹과 케네디 암살 이후 정치 영역 전반에 죽음의 창백한 기운이 드리워졌던 1968

년, 그때 처음 아렌트와 함께 공부했습니다. 그러한 분위기 속에서 아렌트는 대단한 관심-사실, 하나의 자극이었습니다-을 받았습니다. 당대 젊은이들은 그들 스스로 찾지 못한 새로운 시작의 가능성을 『인간의 조건』과 『혁명론』을 통해 발견했기 때문입니다. 우리가 처음 아렌트의 돈키호테 같은 면모에 관심을 기울였던 데 비하면, 교사로서 알게 된 아렌트는 전혀 비현실적이지 않았습니다. 이 행위 이론가에게 가르치는 일 자체는 특별히 의견을 주고받는 상황에서 이루어지는 예기치 않은 공연과 같은 것이었습니다. 이를 두고 아렌트는 스스로 '모두를 위한 자유'의 세미나라고 했습니다. 그 세미나에서 아렌트는 학생들이 대개 전혀 예상하지 못한 방식으로 그들에게 수사적인 질문보다는 실제적인 물음을 던졌습니다. 제게 인상적이었던 것은 아렌트가 초조해했던 것인데, 그것은 예민함이 아닌 불안에서 오는 것이었습니다. 그 초조함은 연극이 시작되기 전 유명한 배우들을 괴롭히는 무대공포증과는 근본적으로 다른 것이었는데, 아렌트의 초조함은 그녀가 말을 할 때 사그라들었습니다. 그것은 관성을 경험한 적 없는 것 같은 특이함에서 비롯된 끊임없는 마음의 상태, 더 계속해서 나아가려고 하는 조바심이었습니다. 어떠한 상황에서 시작점, 동기, 힘과 움직임의 원천을 찾는 우리와는 다르게, 아렌트는 하나의 **시작**으로 등장했습니다. 따라서 아렌트가 뚜렷하게 보인 동요는 그녀의 작품 전반에 울려퍼지는 성 아우구스티누스의 말에 상당한 빛을 비춥니다. "시작이 있었고, 인간이 창조되었다Initium ergo ut esset, creatus est homo." 이는 미리 정해진 목표에 따라 무언가를 시작하기 위해 만들어진 것이 아니라 그야말로 시작하기 위해 창조되었다는 것입니다. 이는 아렌트가 가르쳤던 것들의 핵심이 아니라, 행위와 판단에 대한 그리고 모든 개별 인간이 자신의 잠재적인 자유와 고유성을 실현할 수 있는 공적인 삶의 유일한 조건으로서 복수성에 관한 아렌트 사유의 핵심이라고 할 수 있습니다. 물론 아렌트가 우연한 사고에 대해 비판적인 입장을 취하긴 했지만, 그녀는 아우구스티누스 말을 통해 자신이 느낀 바를 몸소 실천하기 위해, 니체가 그랬던 것처럼 고립된 생활을 하며, 고독하게 사유하는 것을 중단하지 않았습니다. 아렌트 세미나의 모든 참여자는 '시민'으로서 자신의 의견을 제시하고, 그녀가 말한 것처럼 '조금 더 나은' 폴리스를 위해 그 축소된 폴리스에서 자신들의 의견이 반영되도록 힘썼습니다.

아렌트는 사유가 더 이상 전문 철학자들의 배타적인 경험이나 그들만의 유일한 관심사가 아니라고 했습니다. 그녀는 세계와 그 안에서 확립된 제도들, 그리고 특히 세계 안에서 개개인의 고유한 위치가 위험에 처한 이 시대에, 사유는 광범위하고 긴급한 것이 되었다고 확신했습니다. 아렌트가 정치적 삶의 원천으로 여겼던 사유에 대한 전망을 제시했던 것은 바로 공통세계를 유지하지 못한 20세기의 무능력 때문입니다. 그 무능력은 사람들이 복수의 인간 존재들 가운데서 함께 살며, 서로 행위하고 말하며, 그들 스스로의 안전을 위해서가 아니라 그들 자신의 자유를 위해 만든 '공적 영역'을 유지하지 못한 데서 비롯됩니다. 현대 세계에서 사유가 정치적으로 시급하다는 아렌트의 확신은 사람들에게 깊은 공감을 불러일으키고 있습니다. 냉전이 종식되고 적대감이 누그러지긴 했지만, 완전히 무장을 해제하지 않는다면 어떤 일이 다시 시작될지 전혀 알 수 없습니다.

20세기를 사로잡았던, 우리를 당혹스럽게 했던 일들이 아직 사라지지 않았다는 증거가 많이 있습니다. 또한 사실상 아렌트에게 의지하고 있는, 지구의 구석구석에 살고 있는 사람들이 억압에서 벗어나기 위해 여전히 분투하고 있다는 증거도 얼마든지 있습니다. 아렌트와의 관계에서 그들의 경험은 우리보다 직접적이지는 않지만, 그들의 경험에는 우리가 좀 더 성찰할 부분, 여전히 진정으로 교육적인 부분이 있습니다. 그들은 더 이상 아렌트에게 질문을 하고 그녀의 답을 들을 수 없지만, 그들 스스로 자유의 의미를 생각하고 그것을 실현하도록 그들에게 생기를 불어넣어 주는 사람으로 아렌트를 신뢰하고 있습니다. 20세기 전체주의의 출현에 대한 영원한 가르침은 자유란 파괴되기 쉽고, 공통세계는 한시적이기에 언제든지 무너질 수 있다는 것입니다. 그것은 반드시 지구나 인류-우주에서 보면 하나는 아주 작고, 다른 하나는 있을 법하지 않고 우연인 것처럼 보이는 것-의 파멸을 의미하는 것이 아닙니다. 다만 종국에 그것은 남성과 여성이 홀로 등장하여 자유의 평등 안에서 그들 각자의 독특함을 인정받을 수 있는 공적 공간의 파괴를 의미합니다. 모든 존재가 자동적인 절차에 따라 생성되고, 모든 변화가 감지될 수 없을 정도로 느리거나 설명이 필요할 만큼 이례적으로 급작스럽게 이루어지는 보편적 자연의 관점에서 볼 때, 실제 변화에 대한 감각은 부족합니다. 이런 관점에서, 인간의 자유, 곧 자연적인 과정을 자발적으로 거스를 수 있는 능력은 다른 무엇과도 비할 바 없는 기적으로 여겨질 수 있습니다. 아렌트에게, 그러한 기적은 인간의 실재를 구성하는 것입니다. 그리고 직접적으로든 아니면 사유를 통해서든 아렌트가 제시하는 그 실재를 어렴풋이 접하고, 엿볼 수 있었다는 점에서 그녀를 알게 되어 기쁩니다.

더 많은 대화를 나누게 되길 바라며, 진심으로 당신의 방문을 기다리고 있겠습니다.

제리

교육과 정치의 '구분',
그 '진부함'에 대한 아렌트의 성찰

2023년 11월, '과연 서울에도 봄이 올 것인가'라는 물음을 자아내게 한 영화가 상영됐다. 이 영화는 1979년 정치적 혼란기 군사적 '반란'(혹은 누군가는 '혁명'이라 칭하고 싶은)을 두고 벌어진 사건을 중심으로 우리의 민주화와 관련된 역사적 '사실'(또 다른 누군가는 '왜곡')의 한 단면을 보여 준다. 교육계 일부에서는 이 영화가 학생들에게 역사적 사실을 이해할 수 있고, 민주주의와 민주시민 의식에 대해서도 생각해 볼 수 있는 기회가 된다는 점에 주목했다. 이에 서울의 한 고등학교 교장은 이 영화를 학생들이 단체로 관람하게 했으며, 초등학교에서도 교육과정과 연계해서 이 영화를 단체 관람하는 행사를 마련했다. 이 소식을 접한 '보수' 성향의 시민단체와 학부모들은 고등학교 교장을 직권 남용으로 고발하고, 초등학교에는 행사를 취소하라고 항의했다. 이들의 주장에는 '교육'과 '정치'가 엄밀히 '구분'되어야 한다는 전제가 깔려 있다. 그들에게 교육은 그 어떤 정치적 입장에 대해서도 '중립'이 지켜져야 하는 영역이다. 과연 '중립'은 가능한가?

미국의 역사학자 하워드 진Howard Zinn은 교육이 정치적 이데올로기의 수단이어서는 안 되며, 교사가 개인적인 관심사를 통해 학생들을 혼란스럽게 하고 그들에게 세상을 바라보는 특정한 관점을 주입하는 일은 학생들의 잠재적인 능력을 훼손할 수 있다는 사람들에게 "달리는 기차 위에 중립은 없다"라며 일침을 가한다. 그의 입장에서 보면, 학생들은 이미 교사의 수업에 들어서기 전 오랫동안 가정, 이웃, 다양한 교육 공간, 미디어 등을 통해 이 세계가 어떤 곳인지에 대해 들어왔기 때문에 오히려 교사는 다양한 관점에서 자신들이 판단한 세계를 학생들이 경험할 수 있도록 그들의 사고 능력을 확장할 기회를 열어 주어야 한다는 것이다. 진의 주장과 달리 교육과 정치의 '구분', 그리고 교사의 정치적 중립성에 대한 사안은 사회가 민주화되고 개인의 자유가 극대화된 지금까지도 여전히 논쟁의 중심에 있다. 오늘날 교육과 정치의 밀접한 관련성에 비추어 보더라도—혹은 이 때문에 더욱 요구되는 것인지도 모른다— 교사의 정치적 중립, 나아가 교육과 정치를 '구분'하려는 시도는 이해하기 쉽지 않다. 특히 누구보다 급진적이고 진보적인 정치사상가로 알려진 아렌트가 정치와 교육의 영역은 별개이며, 이 둘은 엄밀히 구분되어야 한다고 주장한 지점은 우리를 당혹스럽게 한다. 아렌트가 교육과 정치를 '구분'한 이유는 무엇인가?

한나 아렌트는 1943년 아우슈비츠의 존재를 처음 알게 되었을 때, 자신의 제자들에게 "이런 일은 일어나지 말았어야 했다"라며 세계에 '뭔가 잘못된 점'이 있다고 했다. 이때부터 아렌트는 자신의 전 생애를 통해 '전체주의'와 '정치적 행위'의 문제를 '이해'하는 데 몰두했다. 아렌트에게 '이해'는 기존에 검토되지 않았던 것들에 주의를 기울이며 편견 없이 맞서는 것으로 일종의 '저항'을 의미했다. 그것은 세계에서 일어나고 있는 끔찍하고 이상한 일들, 우리를 실망시키는 사건들, 그리고 이전과는 다른 방식으로 대할 수밖에 없는 '전례 없는' 것들에 새롭게 접근하려는 의지다. 그렇기 때문에 아렌트는 대다수가 유대민족이 '어떤 고통을 겪었는가'에 주목할 때 '그들은 왜 스스로를 지킬 수 없었는가'에 의문을 품었다. 유대인들의 높은 교육 수준과 탁월한 지성, 그리고 엄청난 경제력에도 불구하고 그들이 정치적 힘을 행사하며 연대하지 못했던 데에는 분명 '뭔가 잘못된 점'이 있었다. 아렌트에게 그것은 '기존'의 철학이나 관념으로는 이해할 수 없는 것이었다.

아렌트가 『전체주의의 기원 The Origins of Totalitarianism』[1951]에 이어, 『인간의 조건 The Human Condition』[1958]을 집필하며 자신의 초기 연구를 '공적 영역에서 행위하는 인간'에 집중한 이유가 여기에 있다. 『인간의 조건』에서 아렌트는 인간을 '인간'으로 존재하게 하는 조건-탄생성 natality, 사멸성 mortality, 복수성 plurality, 세계성 worldliness, 지구 earth-을 규명하며 '활동적 삶 vita activa'으로서의 정치 행위의 중요성을 강조한다. 관조적이며 관념적인 철학을 비판하며 인간의 공적 활동을 무엇보다 중시했던 아렌트가 자신의 관점을 인간의 정신 활동으로 다시금 선회하게 한 사건은 1961년 나치 전범 아이히만의 재판을 참관하면서다. 재판에 임하는 아이히만의 모습에서 사유하기의 무능력, 말하기의 무능력을 확인한 아렌트는 그것이 '진부함 banality'에서 비롯되었다는 사실을 깨닫는다. 그 '진부함'이란 어떤 현상에 대해 계속 들어왔던, 틀에 박힌, 그리고 우매하고 낡아서 친숙하기까지 한 클리셰를 통해 드러나는 것이다. 그것은 전혀 새로운 의미, 그 어떤 심오한 의미도 창출해 내지 않으며, 악마적 요소를 띠지 않은 상태로 사람들이 '악'에 길들여지게 한다. 이런 관점에서 아렌트는 정치적 행위로 대표되는 '활동적 삶' 못지않게 정신 활동 역시 인간의 조건을 구성한다는 점을 놓치지 않았다. 이에 아렌트는 『예루살렘의 아이히만 Eichmann in Jerusalem』[1963]을 집필하면서 지녔던 문제의식을 『정신의 삶 The Life of the Mind』[1978]-「사유 thinking」와 「의지 willing」, 그리고 「판단 judging」 -을 통해 구체화하고자 했다. 물론 이 가운데 「판단」은 아렌트의 죽음으로 끝내 완성되지 못했지만, 생전에 그녀가 칸트 사상에 대해 강의했던 내용을 토대로 베이너가 편집한 『칸트의 정치철학 Lectures on Kant's Political Philosophy』을 통해 우리는 아렌트가 활동적 삶과 행위에 치우친 자기 사상의 균형을 맞추고자 했었다는 점을 확인할 수 있다. 이것이 아렌트가 『인간의 조건』 2권을 집필해야 할 필요성을 언급하며 삶의 막바지에 인간의 정신 능력에 대해 많은 글을 쓴 이유라고 할 수 있다.

이렇게 아렌트가 활동적 삶과 정신적 삶의 간격을 좁히면서 자신의 정치사상을 명료화하기 위해 애썼던 반면─물론 아렌트의 정치사상 또한 그녀가 정치에 대해 사유한 결과로서 나타난 것이지 정치와 관련해 어떤 이론을 취하거나 고수했다고는 할 수 없더라도─ 교육과 관련해서는 자신만의 '이론'을 정립했다고 보기 어렵다. 엄밀히 말해 아렌트는 교육이론가도 교육실천가도 아니다. 그렇다면 앞서 아렌트가 정치와 교육을 '구분'하려 했던 이유는 그녀가 정치에 비해 교육을 제대로 이해하고 있지 못한 탓일까? 혹 그렇더라도 혁신적이고 급진적인 정치사상을 펼친 아렌트가 역설적으로 교육에 대해서 보수적인 입장을 취한 것을 우리는 어떻게 이해해야 할 것인가? 이 책, 『한나 아렌트와 교육Hannah Arendt and Education』의 저자들 역시 공통적으로 아렌트가 정치와 교육을 '구분'하고 이를 상이하게 바라본 데 대해 주목하면서, 각자 나름의 방식으로 아렌트 사상이 우리에게 시사하는 바가 무엇인지를 밝히고 있다.

교육과 정치에 대한 아렌트 '구분'의 주요 쟁점은 '탄생성'이라는 개념과 관련이 깊다. 탄생성은 아렌트 정치사상의 핵심이자 교육의 본질이라고 할 수 있다. 그것은 누군가 살았었고, 누군가 현재 살고 있는 이 세계에 계속해서 '새로운' 이들이 '태어난다'는 사실에 근거한다. 하지만 이 누군가의 탄생은 그들이 세계에 들어서면서부터 두 가지 난관에 봉착한다는 사실도 함께 가져온다. 하나는 이 세계에 새로 온 누군가는 언제나 '늦게' 온다는 것이며, 다른 하나는 그들이 이 세계에서 '다수의' 존재들과 함께 살아가야 한다는 점이다. 이 세계에 태어난 누군가가 예기치 않은 새로운 무언가를 시작하는 능력을 발휘, 곧 '행위'하고자 할 때 그 시도를 가로막고 그 결과를 불확실하게 하는 이유는 그것이 '다른' 행위자들 사이에서 '뒤늦게' 이루어지기 때문이다. 다시 말해 이 세계에 태어난 한 아이가 자기만의 방식으로 세상에 새로운 무언가를 드러내 놓고자 할 때 그들보다 '앞선' 세계의 사람들은 기존의 사회 체제나 삶의 방식과 가치 등을 내세워 그들을 곤란하게 한다. 그렇기 때문에 이 세계에 새로 온 이들은 언제나 과거의 것과 미래 사이에서 주저하고 실수할 수밖에 없다. 이와 관련해서 아렌트는 이런 실패의 위험을 감수하면서 세계에 들어선 이들의 새로움을 발현시킬 수 있도록 하는 일이 교육의 임무이기에, 교육은 보수적이어야 한다고 주장한다. 이때의 '보수성'은 기존 체제를 단지 '보호'하려는 태도와는 무관하다. 그것은 '새로움'을 '보전'하는 일이다.

그렇다면 이 새로움은 어떻게 보전될 수 있는가? 무엇보다 중요한 것은 그 새로움이 기존 세계에 드러날 수 있게 하는 바탕을 다지는 일이다. 새로움은 '무無'의 상태에서 비롯되는 것이 아니다. 새로움을 위한 '과거'의 토대가 필요하다. 아렌트는 그 토대를 이루는 것으로 '과거'를 대표하는 권위, 전통, 종교의 중요성을 언급했다. 하지만 아렌트는 그 '과거'를 대표하는 것들이 인간의 삶에 안정감을 주고 미덕을 제시한다는 이유로 단순히 그 심연을 파고들어 그 자체를 부활시키는 것이 새로움이 발현되도록 하는 일은 아니라고 했다. 아렌트에게 그 새로움을 보전하는 일은 벤야민Walter Benjamin이 그랬던 것처럼 저 깊은 바다 밑으로 내려가 '진주조개'를 채취하는 잠수부처럼 그 어떤 변화에도 견뎌 내며 새롭게 결정화된 무언가를 삶의 세계로 가져다 놓았을 때 가능한 일이다. 이 단단한 토대 위에서만 이 세계에 새로 들어선 이들은 그들보다 앞선 많은 이들과 함께하면서 '늦었지만' 창의적이고 혁신적인 것을 드러낼 기회를 얻게 된다. 그런데 만일 누군가 호미 바바Homi Bhabha가 주목했듯이 "너는 너무 늦게 왔다"라는 말을 듣는다면, 그리고 교육이 그 늦음의 감각을 깨우는 일에만 관심을 둔다면 그러한 교육을 접할 때마다 이 세계에 새로 온 이들은 기존의 세계를 그대로 답습해야 한다는—세계에 새로운 어떤 것이 더해질 수 없다는— 사실로 인해 쉽게 낙담하거나 분노할 수도 있다. 왜냐하면 그 일이 다른 복수의 존재들 사이에서 그들 자신의 자리를 찾는 일을 어렵게 하기 때문이다. 기존의 세계가 이전과 별반 다르지 않고, 낡고 판에 박힌 진부한 상태라면 그것은 더욱 그들을 지치게 할 것이다. 이런 가운데 더 이상 나아질 것 같지 않은 전 지구적 위기— 불평등, 부조리, 차별, 혐오, 폭력, 전쟁, 환경파괴 등— 상황은 모두의 '자유'를 위협하게 된다. 새로움의 발현, 곧 어떤 새로운 시작이 요청되는 이유다.

이것이 아렌트가 평생 자신의 '활동적 삶'과 '정신적 삶'에 대한 사상을 통해 구현해 내고자 했던 바다. 그리고 그 사상의 정점에 있는 탄생성은 그것이 지닌 곤란함에도 불구하고 혹은 그러한 이유에서 교육적이고 정치적인 실패의 징후가 아니라 이 세계를 위한 새로운 시작의 가능성으로 이해된다. 새로운 시작의 가능성이 보장되어야만 우리는 진부한 세계에서 벗어나 이전에는 '자유'를 누리지 못했던 이들이 자유를 희망하고 실현할 수 있는 세계를 그려 볼 수 있다. 흔히 사람들은 과거와 달리 많은 이들이 자유로운 삶을 영위하고 있다고 단언한다. 아주 틀린 말은 아니지만, 그렇다고 그들의 말에 전적으로 동조할 수도 없다. 오늘날 우리는 과연 '진정으로' 자유롭다고 할 수 있는가? 인류는 분명 인간의 자유를 확대하는 방향으로 문명을 발달시켜왔다. 하지만 오늘날의 디지털 기술 문명은 '뉴' 파놉티콘 세상을 가능하게 함으로써 겉으로는 인간의 다양성을 존중하는 다원화되고 세계화된 세상을 표방하고 있는 것처럼 보이지만, 실상은 거대 권력 및 자본 시스템 안에서 획일화된 기준과 그에 따른 '동일한' 삶을 강조하는 구조를 취하고 있다. 사람들이 이전보다 발전한 세계를 만들어 내기 위해 갈망하는 그 '새로운 형태'는 아렌트가 '탄생성'이라는 개념을 통해 더 나은 세계를 위해 보전해야 할 책임이 있는 것으로 제시한 것과 의미가 사뭇 다르다. 아렌트적 관점에서 '성장' 동력으로서의 새로움은 전혀 새롭지 않다. 그 성장의 끝자락엔 기존의 권력과 체제를 공고히 할 사적 이익만 남기 때문이다.

불확실하고 불안정한 세계에서 사람들이 자신의 욕망이나 이익, 자기 보존을 위해 유용한가 그렇지 않은가를 기준으로 그 가치를 재단하고 평가하는, 그런 과정에서 새로운 형태의 무언가를 수용하는 것은 자기 삶의 안락과 보호를 위한 것이다. 그것은 함께 살아가는 세계에서 개별 인간이 자신의 인격을 말과 행위로 표현하는 가운데 드러나는 '새로움', 곧 모두가 편견과 차별 없이 자신을 자유롭게 드러낼 수 있도록 세계를 더 나은 공간으로 이행하게 하는 그런 '새로움'과는 거리가 멀다. 이렇게 기술적·기계적 성장과 발전을 위해 유용성과 효율성이 삶의 기준이 되는 세상에서 사람들에게 안전과 안락을 보장하는 것이 궁극적 가치를 띠는 곳에서 정치와 교육의 본래 역할은 쇠락할 수밖에 없다. 그리고 그 자리는 사람들의 '쾌적한 자기 보존'을 보장하는 '법'이 대신할 수밖에 없다. 물론 법은 서로 다른 인간이 최소한 다른 이들의 삶을 침해해서는 안 된다는 원칙하에 인간의 자유로운 행위가 드러나는 공론의 장을 '보호'한다는 점에서 중요하다. 다만, 아렌트가 우려했듯이 인간 삶의 전 영역에서 '안전'과 '보호'라는 명목으로 법이 전적으로 무한한 영향력을 행사한다면 그것은 인간의 자율성과 자유를 확장할 기회의 영역인 교육과 정치의 힘, 그 본래의 가능성을 잃게 만들 수 있다.

아렌트가 강하게 비판했던 리틀락 지역의 흑백통합교육 여부를 정부군이 개입해 강제했던 일을 포함해 최근 우리 사회에서 벌어진 교권과 학생 인권을 둘러싼 여러 사안에 대해 간단히 교사와 학생을 대립시킴으로써 학생인권조례, 아동학대처벌법 등의 제정이나 폐지로 문제를 해결하려는 시도, 사건의 경중에 따라 가해자와 피해자 입장을 고려할 때 처벌이 불가피할 수도 있겠으나 학내 구성원들 간의 불화를 단시일에 해결하고자 만든 여러 법적 제재 등은 인간의 자율성과 행위의 자유를 불신하고 통제하는 방식으로 작동했다. 이는 세계를 나은 방향으로 새롭게 보전하기 위해 인간의 행위와 판단 능력을 확장하는 데 바탕을 둔 교육과 정치의 자율적인 힘을 제한한다. 인간의 자유로운 행위를 위한 자율적 힘의 영역이 와해되고, '안전'을 이유로 인간 사이에 '보호의 담'이 점점 높고 단단해질 때, 인간은 마치 거대한 미로에 갇힌 것처럼 그 법적 보호의 '경계선'-'쾌적한 자기 보존'의 영역- 밖으로 빠져나오기 쉽지 않다. 그러므로 우리는 그 '새로움'이라는 것이 기계적 성장과 사적 보호를 위한 것인지, 아니면 아렌트가 강조한 공통세계를 위한 것인지 구분할 필요가 있다. 아울러, 공통세계를 '보호'가 아닌 자유로운 행위의 공간으로 창조해 내기 위해서 교육과 정치의 역할이 무엇보다 중요하다.

아렌트에게 교육은 실패나 실수를 감수하더라도 이 세계에 새로 온 이들에게 행위할 수 있는 기회를 열어 주는 일이며, 정치는 그것이 가능하도록 서로 타협하고 그런 가운데 서로에게 실망하고 낙담하더라도 세계에 계속해서 참여하고자 하는 의지가 발현되도록 하는 일이다. 아렌트의 생각은 이러한 교육과 정치가 가능할 때 서로를 책임지는 자세로 우리가 세계와 관계할 수 있게 된다는 것이다. 그리고 비로소 세계도 서로의 '새로움'을 더해 감으로써 나아질 수 있다는 것이다. 이로써 교육과 정치를 구분해야 한다는 아렌트의 주장에 담긴 그 본래의 의도를 확인하게 된다. 그것은 아렌트식으로 말하면, 교육은 왜 교육하지 않고, 정치는 왜 정치하지 않는지에 대한 비판과 관련이 있다. 아렌트는 특정한 이론이나 사상에 기대어 자신이 생각하는 교육과 정치를 규명하려고 하지 않았다. 이런 '난간 없는 사유'를 지향했던 아렌트는 공통의 세계에 새로움을 더하기 위해 인간의 자유와 책임을 강조했으며, 이를 위해 '우리의 세계'를 철저히 분석하고 이해하려 했다. 그것은 교육과 정치의 본래 의미와 역할을 복원하려는 노력이기도 했다. 미셸 우엘벡Michel Houellebecq은 소설 『복종Soumission』에서 지금까지 중도좌파와 중도우파의 양당 정치 시스템이 작동하던 프랑스 정치 풍토를 뒤엎고 '이슬람박애당'이 집권하면서 그들이 어떻게 '교육'으로 프랑스를 이슬람화하고, 세계를 이슬람화하는지를 그려 낸다. 이 작품에서 교육은 "아이들을 장악하는 자가 미래를 장악한다"라는 슬로건 아래 철저하게 정치 권력을 공고히 하는 수단으로 전락한다. 또한 자유롭게 사유함으로써 자신의 의견을 형성하고, 이를 다른 이들과 교류함으로써 확장된 사고 능력을 지닐 수 있었던 사람들, 그리고 이런 사람들이 공적 세계에 평화롭게 드러냈던 행위를 통한 정치적 삶 역시 이슬람화를 강조한 교육과 문화로 파괴된다. 이 작품은 아렌트가 왜 교육과 정치를 엄밀히 구분해야 한다고 주장했는지를 여실히 보여 준다. 그것은 교육과 정치가 제 의미를 상실하지 않으면서 공통 세계를 위한 책임을 다해야 한다는 것과 관련이 깊다.

이를 위해, 지금의 시대를 제대로 보고, 과거의 깊은 심연으로 내려가 미래를 위한 새로움의 토대를 공글리는 일이 필요하다. 그 과정에서 20세기 심연에서 건져 올린 '진주조개', 아렌트의 사상은 21세기를 위해 유효한 성찰을 가능하게 할 것이다. 낸시 프레이저Nancy Fraser도 긍정했듯이, 21세기에 아렌트의 정치적, 역사적, 철학적 사유 방식은 우리에게 중요하다. 아렌트는 '자각적 파리아'로서 언제나 '난간 없는 사유'로, 이전과는 전혀 다른, 전에 없었던, 그리고 진부하지 않은 새로운 접근을 끊임없이 시도했기 때문이다. 그리고 그것은 자신의 사적 이해관계나 이익, 명예나 권력을 위한 것이 아닌, 전적으로 '우리의 세계'를 위한 것이었다는 점에서 더욱 그렇다. 아렌트의 이러한 사고방식에 주류 지식인들은 당혹감을 감추지 못하고, 친숙하고 지배적인 사유 체계에 길들여진 이들은 아렌트가 행한 여러 개념−활동적 삶(노동, 작업, 행위)과 정신적 삶(사유, 의지, 판단), 공적 영역과 사적 영역 그리고 사회 영역, 전통과 권위 등의 구별을 근간으로 한 교육과 정치−의 '구분'을 마뜩잖게 여길 것이다. 끊임없이 기존의 익숙한 개념들을 낯설게 바라보면서 세계를 제대로 이해하기 위해 애썼던 아렌트는 우리가 세계를 향해 갖추어야 할 태도가 무엇인지 알려 준다.

이 책의 저자들은 이러한 아렌트의 사유 방식을 본받아 아렌트에게 공감하기도 하고 비판하기도 하면서 아렌트 사상에 깃든 교육적 메시지들을 여러 관점에서 질문함으로써 우리 시대에 긴요한 교육의 역할과 책임이 무엇인지를 전하고 있다. 우리 역시 이 책을 읽으면서 각자 나름의 방식으로 저자들에 의해 아렌트 사상이 교육학적으로 과도하게 해석되거나 왜곡되고 있는 부분은 없는지, 그러면서도 아렌트 사상을 통해 그간 간과되어 온 교육의 대립적 개념이나 입장들이 저자들에 의해 어떻게 새롭게 이해되고 있는지를 확인함으로써 우리의 교육을 위한 '새로운 토대'를 다질 수 있어야 할 것이다. 부디 이 책이 '이렇게' 읽혀서 저자들과 번역자의 부족함이 거듭 채워질 수 있길 바란다. 끝으로, 공통의 세계를 위해 우리 모두의 '탄생'이 서로에게 '희망'이 되길 바라며, 이 번역서가 나오기까지 도움을 주신 모든 분께 감사한다.

나타샤 레빈슨Natasha Levinson

켄트주립대학교Kent State University의 기초교육 및 특수교육 분야에서 조교수로 재직하고 있다. 주로 아렌트의 공적인 삶에 대한 개념이 학교 안팎의 도덕교육에 제기하는 물음들을 고찰하는 데 관심을 두고 있다. 자신의 첫 번째 책 *Learning to Live Together: Hannah Arendt on the Political Foundations of Moral Life*(가제)를 작업하고 있다.

맥신 그린Maxine Greene

컬럼비아대학교Teachers College, Columbia University 철학 및 교육학 명예교수 (주소: 1080 Fifth Avenue, New York, NY 10128). 주요 연구 영역은 미학, 사회철학, 그리고 교사 교육이다.

모르데하이 고든Mordechai Gordon

퀴니피악대학교Quinnipiac University 교육대학 조교수. *Educational Theory* 와 *the Journal of Thought*에 한나 아렌트에 관한 논문을 발표했으며, 현재 조 킨첼로Joe Kincheloe와 *Civics in the Pursuit of Justice: Citizenship Education in the Twenty-first Century*를 공동으로 작업하고 있다.

스테이시 스미스Stacy Smith

메인주 루이스턴에 위치한 베이츠 칼리지Bates College 교육학과에서 조교수로 재직하고 있다. 그녀의 교육 및 연구 관심 분야는 정치철학과 민주주의 교육의 관계, 확산되는 학교선택운동, 교육적 평등에 영향을 미치는 문화다원주의에 관한 문제다. 최근에 이러한 관심사를 담은 *Foundational Perspectives in Multicultural Education and The Democratic Potential of Charter Schools*를 출간했다.

아론 슈츠Aaron Schutz

밀워키에 있는 위스콘신대학교University of Wisconsin 교육정책 및 지역사회학과 조교수. 연구 관심사는 한나 아렌트, 자율권, 교육 민주주의, 교육 기준과 평가이다. *Teachers College Record, Review of Educational Research, American Educational Research Journal*에 다수의 글을 발표했다.

저자 소개

앤 레인Ann Lane

산타크루즈에 위치한 캘리포니아대학교University of California 미국학과에서 강의하고 있다.

에두아르도 두아르테Eduardo Duarte

호프스트라대학교Hofstra University 교육대학에서 가르치고 있으며, 비판이론과 문화연구 분야와 관련해서 폭넓게 많은 책을 출판하고 발표했다. 그는 뉴욕대 사회연구소the New School for Social Research에서 철학박사 학위를 취득했으며, 그곳에서 한나 아렌트의 작품들을 연구하고 가르치기도 했다.

엘리자베스 영 브륄Elisabeth Young-Bruehl

뉴욕의 컬럼비아대학교Columbia University 정신분석 훈련 및 연구 센터 Center for Psychoanalytic Training and Research 교수이자, 개인병원에서 정신분석가로 활동하고 있다. 『한나 아렌트 전기a Biography of Hannah Arendt』 (1982)로 하코트 어워드Harcourt Award를 비롯해 여러 문학상을 수상했다. 그녀의 또 다른 작품으로는 안나 프로이트의 생애에 관한 책과 함께, Creative Characters, The Anatomy of Prejudices, 최근 발표한 Cherishment: A Psychology of the Heart가 있다.

제롬 콘Jerome Kohn

한나 아렌트 블뤼허 문학 신탁기관Hannah Arendt Bluecher Literary Trust의 이사이자 뉴스쿨대학교New School University의 한나 아렌트 센터 및 아카이브 Hannah Arendt Center and Archive의 책임자다. 그는 아렌트의 미출간된, 미수집된 원고들을 편집하여, 1994년 첫 번째 책 『이해의 에세이, 1930-1954 Essays in Understanding, 1930-1954』를 출간했다. 아렌트 사상의 다양한 측면들에 대한 다수의 논문을 작성했으며, 래리 메리Larry May와 함께 Hannah Arendt: Twenty Years Later(1996)를 편집했다.

피터 유벤Peter Euben

산타크루즈에 있는 캘리포니아대학교University of California 정치학 교수. The Tragedy of Political Theory, Corrupting Youth, Platonic Noise의 저자이며, Greek Tragedy and Political Theory의 편집자이기도 하다.

킴벌리 커티스Kimberley Curtis

듀크대학교Duke University에서 정치학과 여성학을 가르치고 있다. Our Sense of the Real: Aesthetic Experience and Arendtian Politics의 저자이며, 최근에 Democratic Contestations: Injury, Reaction, and Resistant Identities in Second Wave Feminism이라는 저서를 출간했다.

삶의 행복을 꿈꾸는 교육은
어디에서 오는가?

● **교육혁명을 앞당기는 배움책 이야기** 혁신교육의 철학과 잉걸진 미래를 만나다!

참된 삶과 교육에 관한
생각 줍기